比较教育研究

路径与方法 第二版

[英]马克·贝磊 [英]鲍勃·安德森 [南非]马克·梅森◎主编
李梅 蒋凯 谢爱磊◎主译　　王琰 郑杰 等◎审校

Comparative
Education Research

Approaches and Methods
Second Edition

华东师范大学出版社
·上海·

图书在版编目（CIP）数据

比较教育研究：路径与方法：第二版／（英）马克·贝磊，（英）鲍勃·安德森，（南非）马克·梅森主编；李梅，蒋凯，谢爱磊主译. -- 上海：华东师范大学出版社，2025. -- ISBN 978 - 7 - 5760 - 5706 - 5

Ⅰ. G40 - 059.3

中国国家版本馆 CIP 数据核字第 2025MM2668 号

Comparative Education Research: Approaches and Methods (Second Edition)
Edited by Mark Bray, Bob Adamson and Mark Mason
© Comparative Education Research Centre (CERC), The University of Hong Kong 2014
Simplified Chinese translation copyright © 2025 by East China Normal University Press Ltd.
All Rights Reserved.
上海市版权局著作权合同登记 图字：09 - 2024 - 1012 号

比较教育研究：路径与方法（第二版）

主　　编	［英］马克·贝磊　［英］鲍勃·安德森　［南非］马克·梅森
主　　译	李　梅　蒋　凯　谢爱磊
责任编辑	孙　娟
责任校对	陈梦雅　时东明
装帧设计	卢晓红
出版发行	华东师范大学出版社
社　　址	上海市中山北路 3663 号　邮编 200062
网　　址	www.ecnupress.com.cn
电　　话	021 - 60821666　行政传真 021 - 62572105
客服电话	021 - 62865537　门市（邮购）电话 021 - 62869887
地　　址	上海市中山北路 3663 号华东师范大学校内先锋路口
网　　店	http://hdsdcbs.tmall.com
印 刷 者	上海邦达彩色包装印务有限公司
开　　本	787 毫米×1092 毫米　1/16
印　　张	25.25
字　　数	450 千字
版　　次	2025 年 5 月第 1 版
印　　次	2025 年 5 月第 1 次
书　　号	ISBN 978 - 7 - 5760 - 5706 - 5
定　　价	88.00 元
出 版 人	王　焰

（如发现本版图书有印订质量问题，请寄回本社客服中心调换或电话 021 - 62865537 联系）

序

本书是2007年出版的《比较教育研究：路径与方法》的第二版。本书的编者、作者和出版社对于第一版所受到的普遍欢迎感到由衷高兴！刊于学术杂志的25篇书评对本书赞赏有加。世界各大洲的比较教育课程也普遍采用本书作为主要参考书，本书已被翻译成中文、波斯文、法文、意大利文、日文、西班牙文出版，并在世界比较教育学会联合会（World Council of Comparative Education Societies）成员学会会议上广为推介。本书为不同语言和不同地区的比较教育对话和交流作出了贡献。

本书第二版依然受益于这些对话与交流，我们对于第一版进行了全面更新和修订，特别是新增了"种族、阶层与性别比较"一章。考虑到全书篇幅不宜过长，我们精简了个别章节，但这些精简的章节仍然可以在第一版中查阅。

来自学生、学者和评论者的反馈显示，对于不同比较单位的讨论颇有价值。书中的一些章节从贝磊（Bray）和托马斯（Thomas）1995年创立的比较教育模型立方体谈起，这一立方体强调从三个维度进行多层面比较分析的重要性。第一版和第二版都针对不断发展的比较教育领域，对比较分析立方体框架进行了重新审视。广泛的讨论显示，这个比较立方体仍然具有价值，尽管如当初贝磊和托马斯所言，它不可能涵盖所有的比较教育研究，许多其他的比较路径也是可取的。

对本书一个非常有意思的评论来自2011年莎尔塔那（Sultana）的看法，他解释说他作为比较教育硕士课程的负责人选用本书。长期以来，他苦于难以找到非常合适的比较教育课程主要参考书，因为大多数比较教育著作要么是以主题架构，要么是以区域或国别为主要章节，作为课程参考书不太适合。他认为本书与其他同类参考书迥然不同。他特别欣赏第一部分提到的分析框架，第三部分的结论章节以及第二部分的比较单位部分。这一内容架构上的特点也同样受到其他读者好评（如Kubow, 2007; Langouët, 2011），因此第二版完整保留了这些亮点。

本书第一版和第二版的作者都与香港大学比较教育研究中心具有某种学术联系。香港大学比较教育研究中心创建于1994年，在学术界已声名远扬。源于研究中心所在的地理位置和文化空间，本书诸多章节都以东亚作为示例对象，同时也具有全球视野，不时囊括来自其他地区的事例。这也是特别吸引莎尔塔那（Sultana，2011：330）的地方，当然我们希望这种广泛的视野对其他读者同样具有吸引力。

比较教育领域生机勃勃，并不断在发展演变。我们期望本书第二版既能反映比较教育的学术活力，同时也为其蓬勃发展贡献智慧。

编　者
（李梅 译）

参考文献

Bray, Mark & Thomas, R. Murray (1995): 'Levels of Comparison in Educational Studies: Different Insights from Different Literatures and the Value of Multilevel Analyses'. *Harvard Educational Review*, Vol. 65, No. 3, pp. 472 - 490.

Kubow, Patricia K. (2007): Review of *Comparative Education Research: Approaches and Methods*, in *Comparative Education Review*, Vol. 51, No. 4, pp. 534 - 537.

Langouët, Gabriel (2011): 'Recensions', *La revue française d'éducation comparée*, No. 7, pp. 145 - 148.

Sultana, Ronald (2011): 'Review Article — Comparative Education: Initiating Novices into the Field', *International Journal of Educational Development*, Vol. 31, No. 3, pp. 329 - 332.

目 录

导论 / 1

第一部分　方向

第一章　　比较教育的行为者与目的　/ 17
第二章　　学术探究与比较教育领域　/ 43
第三章　　比较教育中的质性与量化研究方法　/ 66

第二部分　比较单位

第四章　　地域比较　/ 89
第五章　　教育制度比较　/ 128
第六章　　历史比较　/ 155
第七章　　种族、阶级和性别比较　/ 182
第八章　　文化比较　/ 206
第九章　　价值观比较　/ 237
第十章　　教育政策比较　/ 259
第十一章　课程比较　/ 280
第十二章　教学创新比较　/ 300
第十三章　学习方法比较　/ 328
第十四章　教育成绩比较　/ 347

第三部分　结论

第十五章　　不同的模式、不同的重点及不同的洞见　/375

作者简介　　/392
译后记　　/396

导 论

马克·贝磊　鲍勃·安德森　马克·梅森

自从比较教育发展成为一个明确的研究领域以来，方法问题就自然成为该领域关注的一个焦点。不同年代关注的侧重点各有不同，自 21 世纪以后，比较教育领域出现了许多学术交流的新视角、新工具和新平台。新视角包括那些因全球化力量增强和国家职能不断变化而产生的视角，新工具包括不断进步的信息和传输技术，学术交流新平台则包括网络和电子杂志等。

本书导论首先采用历史视角，着重介绍比较教育领域的一些经典著作，并指出本研究领域的历史演变。虽然进行比较教育研究的人员类型多样，但是本书重点关注本领域专业学者的研究，导论中的评论主要聚焦于此。接着将转向新世纪出现的研究模式，考察新动态和新重点。最后介绍本书的内容，分析其特点和贡献。

相关历史观点

贝雷迪（Bereday，1964：7）曾在其经典著作《教育中的比较方法》(*Comparative Method in Education*) 的开篇断言，从方法角度说，比较教育已经进入第三个历史阶段。他认为，第一阶段贯穿整个 19 世纪，"由第一位具有科学思维的比较教育学者朱利安（Marc-Antoine Jullien de）于 1817 年在巴黎首创"，此阶段可称为借鉴阶段，其特点表现为：以对描述性数据进行分类为重点，并对数据加以比较，从而辨识出一个国家最好的教育实践，达到让其他地方进行仿效的目的。第二阶段为 20 世纪上半叶，"在进行任何一种移植之前提出先建立一个准备过程"。其肇始于英国学者萨德勒（Michael Sadler），他强调（尤见于 Sadler，1900），教育体系与其所依托的社会之间存在着错综复杂的联系。而萨德勒的继承者们也都非常关注教育现象背后的社会动因。贝雷迪认为，德国的施奈德（Friedrich Schneider）和赫克尔（Franz Hilker）、美国的康德尔（Isaac Kandel）和乌里奇（Robert Ulich）、英国的汉斯

(Nicholas Hans)和洛威瑞斯(Joseph Lauwerys)以及瑞士的罗瑟洛(Pedro Rosselló)都是萨德勒的继承者。他把这个阶段命名为预测阶段。

贝雷迪将比较教育第三阶段命名为分析阶段,其侧重点在于"理论和方法的演变以及有助于扩展视野的比较过程步骤与手段的形成"。他还补充道(Bereday,1964:9),这个新的历史阶段虽延续了预测阶段的传统,但它假定"在预测和随后的试图借鉴之前,存在一个对本领域进行系统化的过程,目的在于展示整个国家教育实践的全景"。而贝雷迪的著作本身就是对这种分析方法的一项极大贡献。这本书也因此成为比较教育领域课程的核心读物,直到今天仍具有重要价值。事实上,本书就有一位作者(第四章的马丽明)是以贝雷迪的比较四步法来开展研究的。

然而,即使是在当时,也并非所有的学者都认同贝雷迪的这一比较教育历史阶段划分。就算接受了此划分,他们也并不一定认同这三个阶段之间的连续性,即预测阶段紧跟并取代借鉴阶段,分析阶段紧随并取代了预测阶段。

在1969年出版的另一本名为《比较教育科学的探索》(*Toward a Science of Comparative Education*)(Noah & Eckstein, 1969:3—7)的经典著作中,也许可以找到关于比较教育发展五阶段的类似评论。第一阶段称为"旅行者故事"阶段,在此阶段中,业余爱好者对外国培养孩子的方法进行介绍,以此作为对外国制度和惯例更为宽泛描述的一部分。第二阶段为教育借鉴阶段,此阶段从19世纪开始就变得很明显。第三阶段则是以国家间的相互了解为兴趣,对外国的情况进行百科全书式的研究。诺亚和埃克斯坦还认为(Noah & Eckstein, 1969:4),从20世纪起,出现了第四和第五阶段,关注点都是为了对全球范围内观察到的各种教育和社会现象寻求解释。第四阶段试图找出影响国家教育体系形成的力量和因素。第五阶段则"利用经济学、政治学和社会学中的经验主义和定量方法来界定教育与社会的关系",被称为社会科学解释阶段。

这种描述比较教育特征的有用性得到了广泛认同,但对于其阶段连续、一个阶段结束后就被另一个阶段所取代的说法,并没有得到太多的肯定。事实上,诺亚和埃克斯坦也曾声明,这两个阶段并非泾渭分明、相互分离的,"比较教育领域的这些研究类型,每一类型都是延续至今的,并且可能出现在当代的研究文献中"。然而,比起不同阶段的共存性,他们对不同历史阶段的描述却更具重要意义。几十年后回头再看,这五个分类在文献中仍如此清晰可见。尽管部分学者可能在个人职业发展过程中经历了从过于单纯的想法渐变为更严密的分析阶段,但整个比较教育研究领域在路径和复杂程度上仍是兼收并蓄、百花齐放的。

尽管如此,20世纪60年代的这两本书以及相关著作(如King,1964;Bristow & Holmes,1968)还是在比较教育领域引发了长时间的关于方法论的大讨论。这场讨论在世界不同地方表现各异,特别是英语国家与诸如阿拉伯语、汉语或俄语国家(Benhamida,1990;Djourinski,1998;Wang,1998)之间的情况大不相同。然而在其中,英语国家发挥了重要的学术领导作用,值得对其加以特别评论。此外,即便是当时那个年代,英语也已经被视为不同国家学者之间进行对话的一门国际性语言——这一模式在21世纪尤甚。比如,1971年,位于德国汉堡的联合国教科文组织教育研究所举行的国际专家会议中所出现的另一项重要研究,也是以英文形式呈现的。此次会议的召集人是来自日本的比较教育学者小林(Tetsuya Kobayashi)先生,他是当时在任的教育研究所所长,而会议的参与者除来自英语国家如加拿大、英国和美国以外,还来自德国、法国、以色列、波兰、瑞典和瑞士。

会议结集而成的那本《比较教育的相关方法》(*Relevant Methods in Comparative Education*)一书(Edwards et al.,1973),可视为阐述比较教育方法问题的另一部里程碑式著作。比如,巴贝尔(Barber,1973:57)对诺亚和埃克斯坦把比较教育视为一门科学的观念进行了批评,认为这种观念过于实证主义,过于强调控制;赫尔斯(Halls,1973:119)则认为,给比较教育学者贴上诸如"归纳型""问题解决型""定量型"等各种各样的标签,会使得他们存在着一种身份危机;而努南(Noonan,1973:199)则对国际教育成就评价协会(International Association for the Evaluation of Educational Achievement,IEA)新近研究中所呈现的替代性范式表示赞同。

在1977年美国《比较教育评论》(*Comparative Education Review*)期刊关于"比较教育的发展现状"(The State of the Art)的特别专辑以及英国《比较教育》(*Comparative Education*)期刊关于"比较教育的现状及远景"(Comparative Education: Its Present State and Future Prospects)(Vol.13,No.2,1977)的专题研究中,类似的多样性皆显而易见。毫无疑问,英国《比较教育》主编是认同其美国同行(Kazamias & Schwartz,1977:151)所作的介绍性说明的:

> 20世纪50年代中期,比较教育创立之初,旨在促进一个受敬重的研究领域的发展,其性质、范围和价值皆尚未确定。在当时,仍有可能鉴别出哪些人是那个时代里比较教育研究的权威代言人以及哪些著作界定了比较教育的轮廓

和主题。从康德尔及其著作《比较教育》(*Comparative Education*)(1933)、《教育的新纪元》(*The New Era in Education*)(1955)和汉斯(Hans)及其著作《比较教育:一项关于教育因素和传统的研究》(*Comparative Education: A Study of Educational Factors and Traditions*)(1949)可以看出,事实的确如此。但时至今日,要作出这样的鉴别已不再可能。原因在于,缺少一个内在一致的知识体系和一套被整个研究领域的专业研究者所普遍认同的原则、标准或研究。与此相反,各种各样的思想、理论、趋势或关注点共同存在,而它们之间并不一定相互联系。

比较教育应得到进一步扩展且更加深化,1977年"比较教育的发展现状"专辑刊出十年后,《比较教育评论》上发表的比较教育方法论文章被编辑成册,其编者(Altbach & Kelly, 1986: 1)评论道:

> 在这个领域中,不存在一种唯一的研究方法;而是不断地出现多种多样、各不相同的研究导向。大家不再徒劳地去界定一套单一的比较教育方法论,而本书的作者也无人会认为,一种单一方法会发展为金科玉律。

例如,在梅斯曼(Masemann, 1986)那部赞成批判人种志方法的著作中,泰森等人(Theisen et al., 1986)就把焦点放在了教育成就跨国研究中的学习成绩不佳问题上;埃泼斯坦(Epstein, 1986)则以"当前的左派与右派"(Currents Left and Right)为标题探讨比较教育里的意识形态问题。在书的末章,编者(Altbach & Kelly, 1986: 310)宣称,自1977年以来,已出现四种针对既定研究传统的挑战:

- 挑战在界定比较研究时把民族国家或国家特性作为主要参数;
- 质疑比较研究过程中的输入—产出模式以及对量化方法的排他性依赖;
- 挑战以结构功能主义为重要理论前提来束缚学术发展;
- 提出新的探究课题,如知识生产与知识利用、学生流动、性别以及学校的内部工作方式。

编者还断言(Altbach & Kelly, 1986: 1),学者们已开始进行国内比较和超越国家层面的比较。不过,他们并没有在书中提供支持这一论断的有力证据。毫无疑问,比较教育确实已转向越来越多的国内研究——本书会对其中一部分进行评述,但从整体上而言,这种特征出现的时间是在20世纪90年代以后,而非20世纪80年代之前。

新世纪透视

2000年英国《比较教育》期刊又出版了另一专辑,题为"21世纪的比较教育"(Comparative Education for the Twenty-First Century)(Vol.36,No.3,2000)。该专辑评价了自1977年特别专题以来比较教育所取得的发展,第一篇论文的作者克罗斯利和贾维斯(Crossley & Jarvis,2000:261)就作了如下评论:

> 在集体论文和大量文献中,重复着很多于1977年首次提出、至今仍然是根本性的问题,说明比较教育研究中,延续过去传统的重要性。其中,最为明显的包括:比较教育领域的多学科性和应用性、"误用研究结果"的危险性、理论分析和严谨方法的重要性、政策导向性潜力以及文化背景概念的一贯重要性和整个研究领域的转向。

与此同时,克罗斯利和贾维斯也指出,自1977年以来,世界已发生重大改变。他们指出(2000:261),与1977年的情况相比,参与2000年特别专题的撰稿人大部分都以一种更为乐观但也更充满疑问的心态去看待比较教育的未来。这是很多因素综合产生的结果:

> 其中最为突出的是国际比较研究的成倍增长和不断拓展的研究兴趣、信息技术的影响、对教育文化维度的更多认可以及全球化在世界范围内对所有社会维度和社会政策影响的增强。

的确,这些因素越来越显示出重要性,而且这一趋势在近十年间一直持续。

抛开"数字鸿沟"的问题不谈,科学技术的不断蔓延的确已大大提高获取资源的便利性,减少了学者因远离图书馆及其他信息渠道所产生的不利。正如威尔逊(Wilson,2003:30)所认为的那样:

> 网页在国际组织和国家统计服务行业中的出现使我们这个领域的研究方式发生了彻底改变。同时,搜索引擎的发展也使我们的研究能力发生了转变。

与此同时,科技也扩大了比较教育的影响,通过电子杂志、网站和其他媒介,更多读者能获取比较教育学者的研究成果和见解,这在以前是难以想象的。然而,因特网本身也存在一些弊端,包括注重英语而导致英语处于主导地位(Mouhoubi,2005;Tietze & Dick,2013)。

另一个具有重要意义的转变是全球重心的转移。一般认为,比较教育的主要根基在西欧，由西欧至美国，后来，又在世界其他地方成为一个重要的研究领域（Manzon，2011）。在当代，亚洲模式则尤为令人兴奋。日本和韩国从20世纪60年代开始就建立了全国比较教育学会，中国和菲律宾晚些时候也成立了比较教育学会，1995年以来，亚洲区域性比较教育学会就日益活跃（Mochida，2007）。而中国比较教育研究的发展一直特别引人瞩目（Bray & Gui，2007；Manzon，2013）。以上这些发展正带来基于不同学术传统和社会重点的、新的研究视角。

克罗斯利和贾维斯（Crossley & Jarvis，2000：263）在那本具有里程碑意义的《比较教育》专辑中指出，比较教育领域的新方向包括"新的实际问题以及分析单元更多样化、更多层面（包括世界层面的、国内层面的和微观层面的比较）的可能性"。在这本专辑里，克罗斯利（Crossley，2000：328）还评述道：

> 尽管已有可能通过支持共同的努力来促进微观质性田野研究……以及区域性研究……但在论著中国家层面仍作为主导框架，很少有论著能明确地进行多层次考察。

接着，克罗斯利还特别提到了贝磊和托马斯（Bray and Thomas，1995）写的一篇强调多层次分析价值的论文，他认为这篇论文值得给予更多的关注。贝磊和托马斯的这篇论文，重点是一个立方体，它呈现了一套比较维度和层次。本书的好几个章节都明显地参考了贝磊和托马斯的这篇论文，实际上，它从很多方面为本书提供了一个核心主题。本书最后一章还依照本书作者的论文对这个立方体进行了重新评价。

《国际比较教育手册》（*International Handbook of Comparative Education*）的出版是比较教育研究的又一个里程碑（Cowen & Kazamias，2009a）。这本手册共计两卷80章。编者在第一卷中呈现了大量的历史资料，而在第二卷中则着重于新出现的主题。该书在编辑导论部分强调（Cowen & Kazamias，2009b：4）：

> 两卷书都认为对"优质的"比较教育研究的界定已经发生了改变。编者分析了不断变化的学术议程、不断变化的关注视角，以及用于构建"比较教育"的不同学术语言。他们问为什么会这样——为什么"比较教育"改变了它对认知的关注、对世界的解读，改变了采取行动的愿望？他们展示了比较教育如何回应世界上真实的、不断变化的政治和经济事件，同时也反映了在特定的时间和地点里的强大思潮。

第二卷的一个主要部分是关于后殖民主义，另一个主要部分是关于文化、知识和教学法。前者主要包括课程、人权和社会正义的章节；后者包括宗教和价值观的章节。后续的部分集中讨论比较教育的研究分布、跨文化研究、情境背景的重要性和比较教育中比较单元的概念。然而,即使是这本两卷的手册也不能涵盖整个比较教育领域,但无论如何,正如编者在结论中所补充的那样(Cowen & Kazamias,2009c:1295):

> 一本手册不是用来圈定一个领域,修正一个标准,而是用来预告,然后揭示一个研究领域……这本手册没有设想到的新的比较教育领域可以——而且将会——被创造出来。

本书的部分目的是为新一代的研究人员提供工具,以便他们确实能够扩展研究领域,开展前人尚未涉及的研究。

贝磊和托马斯的立方体

图 0.1 摘自论文《教育研究的比较层次:来自文献的不同观点以及多层次分析的价值》(Levels of Comparison in Educational Studies: Different Insights from Different Literatures and the Value of Multilevel Analysis),重现了贝磊和托马斯(Bray & Thomas,1995:475)建立的立方体。论文一开始就指出,在更宽泛的教育研究范畴内,不同的研究领域具有不同的方法和概念侧重点,而"交叉繁衍"的范围多少是有限的。比较教育往往为跨国比较所主导而很少进行国内比较。与之相反,其他很

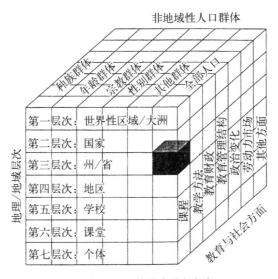

图 0.1 比较教育分析框架
资料来源:Bray & Thomas (1995),第 475 页。

多领域则聚焦在当地而没有从国际研究的视角中汲取营养。论文还进一步指出，尽管比较教育领域过去一直为跨国研究所主导，但其他的很多领域却缺乏这样的视角。两位作者都认为，加强不同领域之间的联系会使各个领域有所增益。

如图0.1所示，该立方体模型的第一个维度为地理/地域层次，分别为世界性区域/大洲、国家、州/省、地区、学校、课堂及个体；第二个维度为非地域性人口群体，包括种族、年龄、宗教、性别乃至全部人口；第三个维度为教育和社会方面的要素，如课程、教学方法、教育财政、教育管理结构、政治变化及劳动力市场等。每一个比较教育研究都会涉及这三个维度，从而可以在这个模型中找到相应的位置。例如，图0.1的阴影部分所呈现的就是在两个或更多的省级地域针对全部人口所作的一项课程比较研究。

贝磊和托马斯这篇论文首要的一点就是他们提倡进行多层次分析的比较教育研究，目的在于实现对教育现象多层次的、整体的分析。他们认为，很多研究都只停留在一个单一的层次，因而看不到教育体系中处于较高层次的模式如何影响较低层次，反之亦然。尽管由于受限于研究目的和资源的可获得性，研究者通常只能采取单一层次的分析，但贝磊和托马斯认为，研究者至少应该认识到自己在感兴趣的教育现象上研究焦点的有限性以及与其他层次的相互影响。

不管是从著作（如Arnove，2001；Phillips & Schweisfurth，2008；Watson，2012；Brock & Alexiadou，2013）还是从更广义的文献角度（如Ballantine，2001；Winzer & Mazurek，2012）来看，贝磊和托马斯的这个比较框架都受到了广泛引用。比较教育学界普遍认同此框架的有用性，有些研究者还更进一步努力使框架中的暗含因素变得更为明了。例如，沃森（Watson，1998：23）重点介绍了依据地区的宗教和殖民历史来进行国家和社会划分的可选择性方法。事实上，尽管也许将其冠名为"多地点性"或"多地域性"比"非地域性"更具适用性，但这样的替代性分类方法已经在贝磊和托马斯框架的"非地域性人口群体"维度上得以呈现。在本书的最后一章，将借鉴其他章节的内容，对用什么样的方式能使上述的立方体得到完善和补充进行评论，以拓展比较教育领域的理论概念。

本书的特点

关于这本书的特点，前面已有所提及，但为使读者能清楚本书的筹备和写作背景，仍有必要对它们进一步加以阐述。

正如早前提到的重心转移，本书是东亚比较教育研究力量得到提升的部分体现。每位作者都与香港大学比较教育研究中心有着某种形式的联系。三位编者都曾担任中心的主任，大部分作者都是或曾是中心的学术人员或研究生，而其他作者也都或长或短地访问过此中心。由此而言，本书具有某种程度的东亚色彩。然而，作者们所选择的案例和采用的材料来源于世界各地，因此，从其主旨和相关性而言，本书具有全球性特征。

另一个特点在于，客观考察和个性化表述共存。有些作者努力寻求以一种客观的方式来呈现自己的观点，而其他作者则较为主观甚至带有自传性质。应该说，每一种风格都作出了有用的贡献。分析者的背景和视角非常重要，对于比较教育这样的研究领域而言，或许尤为如此。它们都顺应了一个重新兴起的、学者叙述自己职业历程的传统，也符合个人背景对形成其现在的比较教育思维模式的影响方式（如Postlethwaite，1999；Jones，2002；Hayhoe，2004；Klees，2008；Sultana，2009）。这个方法显示了学识如何能在特定的个人职业生涯中发生演变，也表明研究者所选择的方法反映了个人的背景和更多的学术标准。

从结构上看，本书主要分为三部分。第一部分为一组阐述比较教育特性的章节。其中，第一章界定了比较教育研究的主要目的，并对不同研究者所可能使用的不同视角进行了评论。第二章将比较教育领域与教育研究的其他领域联系起来，但都依然是在广义的教育研究领域和其他学科领域范围之内。第三章对质性和量化方法进行了比较，显示其各自的优点和局限性，并且以读写能力作为研究主题实例来说明两种方法的各自优劣。

第二部分则转向具体的分析单位。此部分在书中所占的篇幅最长，为本书之核心所在。在比较教育的范围内，每个分析单位的比较研究案例都可能随处可见，但如要严格考虑其方法的优点和局限，合适的案例就没那么常见了。这些章节各自独立，从多种层面来考虑各自的主题；它们共同组成一个马赛克，在相当程度上展现了整个研究领域的情况。从地域开始，以教育成就收尾，这十一章对一系列范围广泛的比较单位予以了关注。

最后一部分又重新回到一个更为宽广的议题上来。它描述了比较教育领域的某些延续的多样性以及部分已是清晰可见的趋势和问题，然后突出强调了一些需从路径比较和比较教育研究的方法中吸取的经验教训。

本书第一版主要是团队合作和协调的成果，而在第二版的写作中同样吸取了这种经验。分析的更新和改进得益于学生和世界各地同行的交流共鉴。大部分章节都已在香港大学举办的相关学术会议和比较教育研究中心的研讨会上出现过。编者和作者希望，读者能觉得本书像我们的写作过程一样令人兴奋。当然，我们也仅将本书视为比较教育发展过程中的一项阶段性成果，因为比较教育还有许多维度需要我们大家共同去探索和发展。

（梁洁 译，李梅、刘童 校）

参考文献

Altbach, Philip G. & Kelly, Gail P. (1986): 'Introduction: Perspectives on Comparative Education', in Altbach, Philip G. & Kelly, Gail P. (eds.), *New Approaches to Comparative Education*. Chicago: The University of Chicago Press, pp. 1-10.

Arnove, Robert F. (2001): 'Comparative and International Education Society (CIES) Facing the Twenty-First Century: Challenges and Contributions'. *Comparative Education Review*, Vol. 45, No. 4, pp. 477-503.

Arnove, Robert F. (2013): 'Introduction: Reframing Comparative Education: The Dialectic of the Global and the Local', in Arnove, Robert F.; Torres, Carlos Alberto & Franz, Stephen (eds.), *Comparative Education: The Dialectic of the Global and the Local*. 4th edition, Lanham: Rowman & Littlefield, pp. 1-25.

Ballantine, Jeanne H. (2001): *The Sociology of Education: A Systematic Analysis*. Upper Saddle River, New Jersey: Prentice Hall.

Barber, Benjamin R. (1973): 'Science, Salience and Comparative Education: Some Reflections on Social Scientific Enquiry', in Edwards, Reginald, Holmes, Brian & Van de Graaff, John (eds.), *Relevant Methods in Comparative Education*. Hamburg: UNESCO Institute for Education, pp. 57-79.

Benhamida, Khemais (1990): 'The Arab States', in Halls, W. D. (ed.), *Comparative Education: Contemporary Issues and Trends*. Paris: UNESCO, and London: Jessica Kingsley, pp. 291-317.

Bereday, George Z. F. (1964): *Comparative Method in Education*. New York: Holt, Rinehart & Winston.

Bray, Mark & Gui, Qin (2007): 'Comparative Education in Greater China: Contexts, Characteristics, Contrasts, and Contributions', in Crossley, Michael; Broadfoot, Patricia & Schweisfurth, Michele (eds.), *Changing Educational Contexts, Issues and Identities: 40 Years of Comparative Education*. London: Routledge, pp. 319–349.

Bray, Mark & Thomas, R. Murray (1995): 'Levels of Comparison in Educational Studies: Different Insights from Different Literatures and the Value of Multilevel Analyses'. *Harvard Educational Review*, Vol. 65, No. 3, pp. 472–490.

Bristow, Thelma & Holmes, Brian (1968): *Comparative Education through the Literature: A Bibliographic Guide*. London: Butterworths.

Brock, Colin & Alexiadou, Nafsika (2013): *Education around the World: A Comparative Introduction*. London: Bloomsbury.

Cowen, Robert & Kazamias, Andreas M. (eds.) (2009a): *International Handbook of Comparative Education*. 2 volumes, Dordrecht: Springer.

Cowen, Robert & Kazamias, Andreas M. (2009b): 'Joint Editorial Introduction', in Cowen, Robert & Kazamias, Andreas M. (eds.), *International Handbook of Comparative Education*. Dordrecht: Springer, pp. 3–6.

Cowen, Robert & Kazamias, Andreas M. (2009c): 'Conclusion', in Cowen, Robert & Kazamias, Andreas M. (eds.), *International Handbook of Comparative Education*. Dordrecht: Springer, pp. 1295–1296.

Crossley, Michael (2000): 'Bridging Cultures and Traditions in the Reconceptualisation of Comparative and International Education'. *Comparative Education*, Vol. 36, No. 3, pp. 319–332.

Crossley, Michael & Jarvis, Peter (2000): 'Introduction: Continuity and Change in Comparative and International Education'. *Comparative Education*, Vol. 36, No. 3, pp. 261–265.

Djourinksi, Alexandre (1998): *Comparative Education*. Moscow: Academia. [in Russian]

Edwards, Reginald; Holmes, Brian & Van de Graaff, John (eds.) (1973): *Relevant Methods in Comparative Education*. Hamburg: UNESCO Institute for Education.

Epstein, Erwin H. (1986): 'Currents Left and Right: Ideology in Comparative Education' in Altbach, Philip G. & Kelly, Gail P. (eds.), *New Approaches to Comparative Education*. Chicago: The University of Chicago Press, pp. 233–259.

Halls, W. D. (1973): 'Culture and Education: The Culturalist Approach to Comparative Studies, in Edwards, Reginald, Holmes, Brian & Van de Graaff, John (eds.), *Relevant Methods in Comparative Education*. Hamburg: UNESCO Institute for Education, pp. 119–135.

Hayhoe, Ruth (2004): *Full Circle: A Life with Hong Kong and China*. Hong Kong: Comparative Education Research Centre, The University of Hong Kong.

Jones, Phillip W. (2002): 'Comparative and International Education: A Personal Account'. *Change: Transformations in Education*, Vol. 5, No. 1, pp. 90–105.

Jullien, Marc-Antoine (1817) *Esquisse et Vues Préliminaires d'un Ouvrage sur l'Éducation Comparée*. Paris: Société Établie à Paris pour l'Amélioration de l'Enseignement Élémentaire. Reprinted 1962, Genève: Bureau International d'Éducation.

Kazamias, Andreas M. & Schwartz, Karl A. (1977): 'Introduction'. *Comparative Education Review*, special issue on 'The State of the Art', Vol. 21, Nos. 2 & 3, pp. 151–152.

Kelly, Gail P. & Altbach, Philip G. (1986): 'Comparative Education: Challenge and Response', in Altbach, Philip G. & Kelly, Gail P. (eds.), *New Approaches to Comparative Education*. Chicago: The University of Chicago Press, pp. 309–327.

King, Edmund J. (1964): *Other Schools and Ours*. Revised edition, New York: Holt, Rinehart & Winston.

Klees, Steven J. (2008): 'Reflections on Theory, Method, and Practice in Comparative and International Education'. *Comparative Education Review*, Vol. 52, No. 3, pp. 301–328.

Manzon, Maria (2011): *Comparative Education: The Construction of a*

Field. Hong Kong: Comparative Education Research Centre, The University of Hong Kong, and Dordrecht: Springer.

Manzon, Maria (2013): 'Teaching Comparative Education in Greater China: Contexts, Characteristics and Challenges', in Wolhuter, Charl; Popov, Nikolay; Leutwyler, Bruno & Skubic Ermenc, Klara (eds.), *Comparative Education at Universities World Wide*. 3rd edition, Sofia: Bulgarian Comparative Education Society, and Ljubljana: University of Ljubljana Faculty of Arts, pp. 237–255.

Masemann, Vandra Lea (1986): 'Critical Ethnography in the Study of Comparative Education', in Altbach, Philip G. & Kelly, Gail P. (eds.), *New Approaches to Comparative Education*. Chicago: The University of Chicago Press, pp. 11–25.

Mochida, Kengo (2007): 'The Comparative Education Society of Asia (CESA)', in Masemann, Vandra; Bray, Mark & Manzon, Maria (eds.), *Common Interests, Uncommon Goals: Histories of the World Council of Comparative Education Societies and its Members*. CERC Studies in Comparative Education 21, Hong Kong: Comparative Education Research Centre, The University of Hong Kong, and Dordrecht: Springer, pp. 309–315.

Mouhoubi, Samy (2005): 'Bridging the North South Divide'. *The New Courier* [UNESCO], November, pp. 60–62.

Noah, Harold J. & Eckstein, Max A. (1969): *Toward a Science of Comparative Education*. New York: Macmillan.

Noonan, Richard (1973): 'Comparative Education Methodology of the International Association for the Evaluation of Educational Achievement (IEA)', in Edwards, Reginald, Holmes, Brian & Van de Graaff, John (eds.), *Relevant Methods in Comparative Education*. Hamburg: UNESCO Institute for Education, pp. 199–207.

Phillips, David & Schweisfurth, Michele (2008): *Comparative and International Education: An Introduction to Theory, Method and Practice*. London: Continuum.

Postlethwaite, T. Neville (1999): *International Studies of Educational Achievement: Methodological Issues*. CERC Studies in Comparative Education 6, Hong Kong: Comparative Education Research Centre, The

University of Hong Kong.

Sadler, Sir Michael (1900): 'How Far Can We Learn Anything of Practical Value from the Study of Foreign Systems of Education?' Reprinted 1964 in *Comparative Education Review*, Vol. 7, No. 3, pp. 307 – 314.

Sultana, Ronald G. (2009): 'Looking Back Before Moving Forward: Building on 15 Years of Comparative Educational Research in the Mediterranean', in Borg, Carmel; Mayo, Peter & Sultana, Ronald G. (eds.), *Mediterranean Studies in Comparative Education*. Malta: Mediterranean Society of Comparative Education (MESCE) and Euro-Mediterranean Centre for Educational Research (EMCER).

Theisen, Gary L.; Achola, Paul P. W. & Boakari, Francis Musa (1986): 'The Underachievement of Cross-National Studies of Achievement', in Altbach, Philip G. & Kelly, Gail P. (eds.), *New Approaches to Comparative Education*. Chicago: The University of Chicago Press, pp. 27 – 49.

Tietze, Susanne & Dick, Penny (2013): 'The Victorious English Language: Hegemonic Practices in the Management Academy'. *Journal of Management Inquiry*, 22 (1), 122 – 134.

Wang, Chengxu (1998): *The History of Comparative Foreign Education*. Beijing: People's Education Press. [in Chinese]

Watson, Keith (1998): 'Memories, Models and Mapping: The Impact of Geopolitical Changes on Comparative Studies in Education'. *Compare: A Journal of Comparative Education*, Vol. 28, No. 1, pp. 5 – 31.

Watson, Keith (2012): 'South-East Asia and Comparative Studies'. *Journal of International and Comparative Education*, Vol. 1, No. 1, pp. 31 – 39.

Wilson, David N. (2003): 'The Future of Comparative and International Education in a Globalised World', in Bray, Mark (ed.) *Comparative Education: Continuing Traditions, New Challenges, and New Paradigms*. Dordrecht: Kluwer, pp. 15 – 33.

Winzer, Margret & Mazurek, Kas (2012): 'Analyzing Inclusive Schooling for Students with Disabilities in International Contexts: Outline of a Model'. *Journal of International Special Needs Education*, Vol. 15, No. 1, pp. 12 – 23.

第一部分 方向

第一章　比较教育的行为者与目的

马克·贝磊

任何关于教育的比较研究，其性质取决于研究目的及问题提出者的身份。本章首先区分从事比较教育的各类群体，然后着重分析其中的三大群体：政策制定者、国际机构与学者。尽管本书主要讨论这三大群体中的后者即学者所进行的比较研究，但如能将学者的研究目的和方法与其他群体做比较，并指出异同，是具有启示意义的。

不同行为者，不同目的

从事比较教育的有以下人员：

- **家长**通常会比较各种学校与教育制度，是为了选择最能有效满足孩子需要的学校；
- **教育实践者**——包括学校校长与教师——为改善自身学校的运作做比较研究；
- 各国的**政策制定者**检视各地的教育制度，是为了找出达成本国社会、政治等诸方面目标的途径；
- **国际机构**比较不同国家的教育状况，是为了给各国政府与其他机构提出更好的建议；
- **学者**从事比较教育，则是为了促进在诸多领域的认识理解，包括影响教育系统形成的因素及教育系统在社会与经济发展中所起的作用。

当家长进行比较时，他们的考虑非常实际，而且与他们子女不断变化着的需要紧密相关。当孩子接近或已达到入托年龄时，家长就主要关心幼儿园的情况；当孩子接近或已达到小学入学年龄时，家长就主要关心小学的情况，以此类推。家长可能有一套悉心确定的标准，然后基于这套标准来做系统的比较。不过他们的目的、方法与上面提到的其他人群都不同,也不是本书主要阐述的对象。

在某些方面,学校校长和教师这些教育实践者也与家长相类似。不同的是随着时间推移,他们的兴趣不太可能呈线性向更高层次的教育体制延伸(比如,从幼儿园到小学到初中,等等)。不过他们的考虑也很实际,他们对某一问题的关注度会因问题的解决而降低。

对于政策制定者,我们也要做些评论。本书会对他们多花些笔墨,因为他们更有可能在公众领域发布他们的研究结果,外界也会仔细斟酌他们的研究结果。一定程度上,由于有这些精细研读的存在,政策制定者可能会更注意方法论上的问题。不论是分析政策制定者们常用的比较方法,还是分析他们从比较研究中得到的结论,对我们都会大有裨益。有时他们为未来决策进行比较研究,有时则是为了验证已经做出的决定是否合理。放眼全球,我们会发现,不同的文化因素与政治因素明显影响了政策制定者的比较研究方法。

国际机构所做的比较研究工作与本书的关注重点更为契合。一些机构直接与教育相关,从事比较研究就是其存在的部分理由。联合国教科文组织(UNESCO)就是一个典型例子。在教育领域里,其他的重要机构还有世界银行(World Bank)和经济合作与发展组织(OECD)。尽管这些机构具有各自的研究重点,但它们在比较研究上的共性明显大于差异性。国际机构从事比较研究时,具有实际的蓝图目标,这一点与教育实践者、政策制定者相似,尽管国际机构可能会有其他的贡献,如把实际情况作广泛的概念化、理论化。

学者们也可能关注实际问题,特别是在被委以咨询任务与进行应用研究时。然而,或许学术工作的主要部分是概念化、理论化。学术界存在着各种各样的理论,新潮理论层出不穷,世界各地研究的重点也不尽相同。例如:中国与保加利亚在比较教育领域就有各自关注的重点。因此,本书以教育学术研究为主,但同时也兼顾多个视角。

政策制定者与比较教育

从现实角度讲,比较教育领域往往与教育模式模仿有很大的关系。某一环境下的政策制定者往往搜集其他地方的教育模式的信息,"跟踪"那些他们可能效仿的模式,然后进行模仿,有时原封不变,有时做些改动。在一些情况下,这种实践被称为"教育政策借用"（educational policy borrowing）（见 Steiner-Khamsi，2004；Phillips & Ochs，2007；Steiner-Khamsi & Waldow，2012），但"借"可能是个不恰当的说法，因为"借"就意味着教育模式一旦用过之后就要归还，而这毕竟极为罕见。

当政策制定者寻找值得效仿的理念时，他们得首先决定从哪里寻求这些理念。综观全球，各种各样的倾向性都会影响政策制定者寻找哪些才是值得探究的模仿对象。一是来自语言的影响：懂英语的政策制定者往往从讲英语的国家开始，而懂阿拉伯语的政策制定者则常常从讲阿拉伯语的国家入手，诸如此类。另一倾向性源于政治上的联系，比如欧盟（European Union）、东南亚国家联盟（the Association of Southeast Asian Nations）或加勒比海共同体（Caribbean Community）。第三种影响则与国家之间的等级观念有关，不太发达的国家往往向发达国家借鉴，经济发达的国家则倾向于向发达国家借鉴。工业化国家很少有从欠发达国家学习理念与实践的，尽管我们可以探讨这样做的必要性。

举例而言，英国就有不少教育输入的明证：自 20 世纪 80 年代和 90 年代起，英国的一些教育改革至少部分地受到美国经验的启发。这包括高等教育的学生贷款，磁力学校（magnet schools），培训与企业委员会，教育—商业协议，社区学院，教师证书制度与就业培训（Finegold el al.，1992：7）。

篇幅所限，我们没法一一详细讨论以上数种教育改革，不过我们还是可以从第一点——大学生贷款的借鉴模式当中获得一些有益的见解。麦克法兰（McFarland，1993：51）提到，英国教育大臣为了学习大学生贷款项目的经验曾三次访问美国，在其发言及书面文件中频频提到他们的好榜样——美国模式——的许多长处。贷款计划随后就在英国启动了，这其实也是后来激进教育改革的一揽子计划中的一部分，而激进教育改革是由随后执政的工党政府所推行的。政治目标的力量使政策制定者忽视了许多细节：第一，大学生贷款项目在美国是怎样运行的；第二，它在英国运行的前景会是如何。不过，政策制定者还是认为比较教育这个工具是很有效的。美国被英国当作教育模式的他山之石是有道理的，这不仅因为它在全球市场取得了胜利，也因为两国首脑彼此之间的私人联系（Whitty，2012）。

另有许多国家也把美国当作教育模式的源泉之一，瑞士就是其中之一。瑞士不但明确表示要向美国学习，还聘请了美国顾问为他们制定一套学校改革方案（Steiner-Khamsi，2002：76）。而在英国，教育改革的行动受到国内政治力量的极大制约。当国内政治图景改变的时候，输入教育模式的策略也随之改变。经历了激烈的辩论与教师工会的抗议之后，瑞士教育部公开地表明自己与美国模式有所疏离。当局转而从欧洲改革中寻找经验，特别是荷兰与丹麦。据斯特纳-卡姆西（Steiner-Khamsi, 2002: 79）所说，这个转变更适合政策制定者，因为在瑞士教育领域中欧洲模式并不著名，也就不易招致批评与争议。在这种情况下，比较教育不但用来寻找教育理念，也使得政府更易于将希望采取的行动合法化。

在殖民时代，输入教育模式是通行的做法：有的从宗主国输入，有的从实力相当的其他殖民地国家输入。有时候它们还会对这些输入的模式做些改变（如 Gifford & Weiskel, 1971; Altbach & Kelly, 1978; Thomas & Postlethwaite, 1984）。所以，在整个大英帝国里，教育系统的许多共同特征一方面可以反映出殖民地的政治架构，一方面又显示出它们的学校系统与法国、葡萄牙、西班牙等其他帝国是颇有区别的。例如，在英国的殖民地中学通常以证书会考（certificate exam）[①]为目标与终结，而在法国殖民地中学却以中学毕业文凭考试（baccalauréate）[②] 为目标与终结。其他区别还包括母语教学的作用（或者不存在母语教学）、有关班级规模及教师工资的相应政策。

在后殖民时代，一些旧有的联系保存下来，一些新的关系也发展起来。中国香港地区是个明显的例子。它曾经被英国殖民统治，而到1997年中国政府对香港恢复行使主权。香港发生这一政治变化后不久，四项报告出台了。从这四项报告中我们或许可以看出政策制定者是如何向外部资源寻求灵感的。

- 1999年的一份咨询报告中包括了一项关于世界其他地区发展的附录（香港教育统筹委员会，1999，附录4）。这些地区包括中国内地（大陆）和台湾地区以及日本、新加坡、英国与美国等国家的一些地区。
- 2000年的一份咨询文件中的改革计划有一份附录，名为《其他地区的改革》（*Reforms in Other Places*）（香港教育统筹委员会，2000，附录1）。这些地区包括中国上海与台北，以及新加坡、日本、韩国、美国等国家的一些城市。

---

① 证书会考（certificate exam）也译作"证书考试"或"中等教育一般证书会考"，是指英国学生至16岁完成义务教育后所参加的考试。有意进入高等学府深造者，凭借在这次考试中所取得的成绩，进入预科学校继续攻读两年，预科结束之后再进行一次高级考试，按成绩高低进入大学。——译者注

② 中学毕业文凭考试（baccalauréate），又译"中学毕业会考"或"业士学位考试证书"，是法国中学生在修高中三年课程期间的考试，分两次进行，分别在第二学年与第三学年末。两次考试通过者取得高中会考及格证书，并凭借此成绩进入大学学习。——译者注

- 2002 年的一份有关高等教育的报告包括一份附录,题为《世界大学治理与管理实例》(*International Examples of Institutional Governance and Management*)(Sutherland 2002,附录 D)。所列举的大学有宾夕法尼亚大学(美国)、威斯康星-麦迪逊大学(美国)、华威大学(英国)、墨尔本大学(澳大利亚)、伦敦帝国理工学院(英国)。
- 2003 年由教师教育与资格咨询委员会(Advisory Committee on Teacher Education & Qualifications)发布的教师能力文件包含了一份教师专业发展的附件,它名为《部分地区的教师专业持续发展与实践》(*Teachers' CPD Policies and Practices in Selected Regions*)(教师教育与资格咨询委员会,2003,附录 C)。这些地区包括苏格兰、英格兰与中国内地。

以上文件的资料来源地区组成了一串有趣的组合。看得出,英国遗留的影响依然强烈,因为英国(包括英格兰与苏格兰)仍占有显著地位。不过,世界上许多其他地区也列在这串名单当中。名单中大多数地方都是讲英语地区或汉语地区,这反映了中国香港的双语性质,因为香港的正式语文是中文与英文。此外,还有亚洲的发达工业国:日本与韩国。它们位列其中是因为人们认为它们与香港地区有一些文化上的相似性,且其经济成就也备受瞩目。值得一提的还有比较单位。人们有时会把香港地区和一些国家(新加坡、日本、苏格兰、美国等)放一起做比较;但是名单上还有三个城市(中国上海、中国台北与美国芝加哥)。有关高等教育的报告选择了一批大学作为比较,其所比较的大学都位于发达的英语国家——澳大利亚、英国与美国。

值得思索的是,当中国香港地区与它的东亚邻居们关注英美等国模式的时候,有时英国、美国也会关注东亚模式。20 世纪 90 年代中期,英国的教育标准办公室(Office for Standards in Education)发布了一份评述教育成果的比较研究。这篇报告是跨国教育研究的一个很有力的例子,受到广泛的关注(Crossley & Watson, 2003:2, 6;Alexander, 2008:9)。报告特别着重于亚太地区学生的优异成绩,尤其是日本、中国香港地区、韩国与新加坡。报告提到说,这些学生取得如此优异的成绩一方面是出于一些文化的原因,英国固然不可能照搬,但另外如系统维度、学校与课堂,确实是可以借助政策决定而改变的。

美国的教育政策制定者也同样不时地向东亚学习。例如,在 2009 年,美国总统巴拉克·奥巴马(Barack Obama)赞扬了韩国的教育体系,告诫美国教育者"每一年我们的孩子都比韩国孩子至少在学校里少待一个月"（*Korea Times*，2009）。他呼吁美国人"不但要扩展有效的课后班，更要反思学校日程安排，延长学习时间"。他的言论使韩国人感到惊讶，因为他们感觉自己的学校系统压力太大，更青睐如美国般较为放松的体制（见 Park，2012）。美国教育者也认真看待教育成果的国际研究，特别关注为何亚洲某些地区的学生成绩尤为出色及能从中汲取什么（如 OECD，2011；Tucker，2011）。

上文中我们把重点放在跨国比较上，其实政策制定者也会从国家内部的比较中得到教益。这在联邦体制下可能特别突出——联邦制下的州与州之间、省与省之间，教育结构与教育内容都有相当大的差别。例如，印度的《教育情况年报》将全国 35 个邦及联邦属地中的大多数进行常规比较，包括学生入学率、设备、儿童学习情况方面的数据（如 Pratham，2013）。它提到这些方面教育可用资源的极大差异，也提出了促进平等与质量的措施。加拿大的经济社会情况与印度相距甚远，但它也以数据展示全国 13 个省与地区在学生入学率、教育支出、课程设计上的对比（如 Statistics Canada，2013）。

最后需要提及的是，比较既可以是空间维度上的，也可以是时间维度上的。上文提到的加拿大报告（Statistics Canada，2013）也是从时间维度上作了详尽的比较。这样的例子比比皆是。政策制定者尤其喜欢将工作业绩与他们的前任作比较——通常意在表明在当代政策制定者推行的政策下，社会获得了多少益处，或将会获得多少益处；不过有时他们也会以史为鉴，为的是避免栽跟头，或者避免过分自信带来的危险。

学者们常常不屑于政策制定者所做的比较研究。他们会说，政策制定者的研究过于受制于意识形态，而且这些研究不论在设计、操作或诠释方面都差强人意。同样地，政策制定者们也往往对学者的工作有怨言，特别是当那些研究不能及时地提出明确建议的时候。无论如何，双方都可以从彼此身上学到一些东西，而国际机构则是第三种不同的比较教育研究主体，也能为我们带来新见解。

国际机构与比较教育

因篇幅所限，我们有必要从数量繁多的国际机构中选择几个与教育相关的机构。我们选择了联合国教科文组织、世界银行、经济发展与合作组织。这三者的内部状况与外部形态都经历过不少变化，关于这些变迁，我们不加详究，不过琼斯（Jones，2006）、瑞兹维与林咖（Rizvi & Lingard，2009）及辛格（Singh，2011）都做过这方面的工作。

联合国教科文组织

联合国教育、科学及文化组织（The United Nations Educational, Scientific and Cultural Organization）成立于二战后重建背景下的1945年，其宪章的起草者意识到增进各国人民之间相互认识和了解的重要性。它的成立从这样的一份宣言肇始："既然战争肇于人心，'保卫和平'之念就应被根植于人心。"（UNESCO，1945）宣言还阐明了该组织的宗旨：

> 通过教育、科学及文化来促进国家间的合作，致力于世界和平与安全，以增进对正义、法治及联合国宪章所确认的世界人民不分种族、性别、语言或宗教均享人权与基本自由的普遍尊重。

冲突已成为世界的一个主要问题，联合国教科文组织依然坚定秉承保卫和平的宗旨。联合国教科文组织的总部设在法国巴黎，此外它有涵盖全球的系统，包括国家办公室（National Offices）、小组办公室（Cluster Offices）、地区局（Regional Bureaus）与联络处（Liaison Offices）。它还有许多专门机构与研究中心，其中特别与教育相关的包括：

- 非洲能力建设国际研究所（the International Institute for Capacity-Building in Africa），位于埃塞俄比亚的斯亚贝巴；
- 联合国教科文组织终身学习研究所（UNESCO Institute for Lifelong Learning），位于德国汉堡；
- 国际教育规划研究所（the International Institute for Educational Planning），位于法国巴黎与阿根廷布宜诺斯艾利斯；
- 拉丁美洲与加勒比海高等教育国际研究所（the International Institute for Higher Education in Latin America and the Caribbean），位于委内瑞拉加拉加斯；
- 国际教育局（the International Bureau of Education），位于瑞士日内瓦；
- 教育信息技术研究所（the Institute for Information Technologies in Education），位于俄罗斯莫斯科；

- 甘地和平与可持续发展教育研究所（The Mahatma Gandhi Institute of Education for Peace and Sustainable Development），位于印度新德里；
- 联合国教科文组织统计所（the UNESCO Institute for Statistics），位于加拿大蒙特利尔。

联合国教科文组织在中期战略2014—2021中阐明了其总体目标及教育领域的当务之急（UNESCO，2013）。其总体目标是"促进世界持续和平"以及"促进可持续发展和消除贫困"。这些目标的提出，源于对贫富差距以及持续关注平等和包容之需要的认识。教育领域的三个战略性目标是：

- 发展教育体系，增加高质量的全民终身学习机会；
- 增强学习者的能力，使其成为具有创造力和负责任的公民；
- 规划未来教育议程。

联合国教科文组织中期战略（2013：21）指出：

> 教育既是一种基本人权，也是实现其他人权并达到国际发展目标的载体。教育对消除贫困、促进健康、性别平等、环境可持续性方面都有着直接的影响。教育是社会包容和社会转型的核心，人们也公认，如果不对教育进行重大投资，任何一个国家都无法改善其人民的生活水平。

为了实现目标，联合国教科文组织进行了比较教育研究，用以确定在世界各地增加教育机构的数量，提高教育质量，以及恰当地定位教育导向上的实用方法。因此，在某种程度上，联合国教科文组织与上文提到的政策制定者的比较研究类似。的确，联合国教科文组织尤其对国家政府发挥着很强的政策咨询作用。对国家层面的关注反映出联合国教科文组织是联合国的分支——联合国是由国家这个基本构建单位组成的。联合国教科文组织的成员既包括工业化国家，也包括不发达国家，而后者是其工作的重点。

在联合国教科文组织的统计年鉴中或许可以看到其以国家为单位的分析。表1.1说明了这一点，这是一份有关初级中等教育的表格。所有的国家都列为单独一行，这意味着无论人口数量或其他指标上有何差异，各国地位平等。于是，有着13亿人口、365.8万名初中教师的中国与只有20万人口、3 000名初中教师的马尔代夫所占的空间是一样的。联合国教科文组织召开官方大会时每个国家也通常都被视为平等的成员。

表 1.1 亚洲部分国家初中教育统计

国　　家	总毕业率			教　师		生师比
	总毕业率	男	女	教师总数（千人）	女教师比例（%）	
阿塞拜疆	93	95	91	…	…	…
孟加拉国	…	…	…	205	20	31
不丹	67	67	67	2	41	22
柬埔寨	35	38	32	25	36	24
中国	89	86	93	3 658	49	15
印度	…	…	…	1 913	42	31
印度尼西亚	76	74	77	915	49	13
哈萨克斯坦	112	113	112	…	…	…
马尔代夫	…	…	…	3	41	8
蒙古国	103	100	105	…	…	…
缅甸	47	45	48	60	86	36
巴基斯坦	35	41	29	…	…	…
菲律宾	69	62	77	136	76	39
韩国	…	…	…	103	68	19
泰国	76	71	81	129	56	22
乌兹别克斯坦	98	100	96	…	…	…
越南	…	…	…	314	69	17

注：(1) 总毕业率指就某一层次的教育（此例为初中教育），无论年龄，实际毕业生总数占该层次理论上应毕业人数的比率。(2) 大部分数据来自 2010 年，少量来自其他年份。(3) …表示无数据。
资料来源：联合国教科文组织统计所（2012），第 98—103 页，118—120 页。

当然，联合国教科文组织也意识到还有其他的分析单位。表 1.1 的数据从报告中提取，尽管原报告不包含任何次国家（sub-national）层面的分析，它仍提供了一些超国家（supra-national）层面的分析。图 1.1 即是一例，它展示了世界范围内小学适龄儿童失学的估算数据，分析了这个年龄段中已经辍学，将来可能入学，以及永不可能入学的儿童的比率。所选取的地区综合了地理与政治标准。因此，北非的一些国家与阿拉伯国家并置，而不与撒哈拉以南非洲地区归为一类；西欧与北美并置，而不与中欧、东欧归为一类；墨西哥与拉丁美洲并置，而不与北美归为一类。

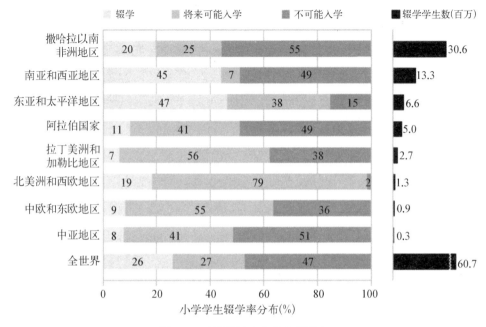

图1.1 世界范围内小学生辍学率

注：2010年数据。
资料来源：联合国教科文组织统计所（UNESCO Institute for Statistics, 2012: 10）。

一方面，联合国教科文组织的许多工作都是非常贴近现实的，因为它致力于在成员中扩大教育数量，提升教育质量；另一方面，它也在扮演着一个概念化的角色。不论是总部和地区局（如，Ho, 2012; UNESCO, 2012）或是它的研究所发行的分析性的出版物都是明证（如，Schiefelbein & McGinn, 2009; Bray & Varghese, 2011; Nafukho et al., 2011）。

此外，联合国教科文组织对比较教育领域的贡献还在于它发行的两份重要期刊。一份是《国际教育评论》（*International Review of Education*），由教科文组织终身学习研究所编辑。虽然期刊名中用了"国际"而非"比较"二字，但期刊将自己描述为"在正式教育/非正式教育的比较教育理论与实践领域里历史最悠久的国际刊物"（*IRE*, 2013）。这份刊物创立于1931年，经历数次浮沉后，终于在1955年联合国教科文组织教育研究所的帮助下获得重生（Roche, 2013: 153）。期刊多刊登以英文发表的论文，不过也刊登以法语发表的论文，到2013年因编辑变更也开始刊登以德语发表的论文（Roche, 2013: 154）。

另一份刊物名为《展望：比较教育评论季刊》(*Prospects: Quarterly Review of Comparative Education*)，由联合国教科文组织在瑞士的国际教育局发行。该期刊在1969年创建之初由联合国教科文组织在法国的总部编辑发行，那时刊名为《教育展望：季度公报》(*Prospects in Education: A Quarterly Bulletin*)，1972年它被更名为《展望：教育评论季刊》(*Prospects: Quarterly Review of Education*)，1995年刊名中又被加上了"比较"一词。这份期刊与《国际教育评论》不同，后者在每期刊物中可以使用两种语言，而《展望：比较教育评论季刊》则以整辑期刊的形式被翻译成其他几种语言。期刊创立之初，用的是英文与法文；之后没过多久又加上其他几种语言。编辑部于1993年搬迁到国际教育局，那时《展望：比较教育评论季刊》已经用英文、法文、西班牙文、阿拉伯文、中文与俄文六种语言发行。由于财务和物流的原因，无法长期维持以六种语言发行整辑刊物，该刊后通常以英文发行，但有时也以其他语言发行。

世界银行

早在第二次世界大战期间，金融专家就已经意识到，战后的世界极其需要国际合作来处理财政与金融问题。几次预备会议之后，1944年，"44国联盟"的代表在美国的布雷顿森林开会，并建立了国际货币基金组织（International Monetary Fund）和国际复兴开发银行（International Bank for Reconstruction and Development）。今天，国际复兴开发银行的简称"世界银行"更为人熟知。"国际复兴开发银行"这个较长的名字体现了它的初衷，即提供贷款帮助重建饱受战争之苦的欧洲国家。当重建的目标实现之后，该银行开始转向世界上的欠发达国家。这一重心的转移向人们解释了为什么银行的全名不再被经常使用。在布雷顿森林会议召开后一年，即1945年，联合国（the United Nations）成立。1947年世界银行加入了联合国这个大家庭，所以严格来说它是联合国的一个分支机构。然而，它的管理运行结构与教科文组织和联合国其他分支机构是不同的。

世界银行是一个多部门机构，项目从农业到水资源供应，应有尽有。最初教育事业并没有包括在内，但是20世纪60年代初之后教育部门的重要性越来越显著（Jones，2006：101—131）。2013年，世界银行宣布它是发展中国家教育的最大外部资助者之一，它对71个国家的教育事业提供了90亿美元的综合借贷（World Bank，2013）。从2002—2012，64%的新项目用于基础教育，17%用于高中或职业教育，

19%用于高等教育（World Bank, 2012: 3）。和联合国教科文组织一样，世界银行将重点置于联合国千年发展目标（Millennium Development Goals）与"全民教育"（Education for All）计划。

世界银行总部设在美国华盛顿特区。英语是主要的工作语言，不过在一些特定项目中也会使用其他语言。2013年世界银行网站（www.worldbank.org）的某些信息就有17种语言版本：阿拉伯语、印度尼西亚语、保加利亚语、中文、英语、法语、柬埔寨语、日语、蒙古语、葡萄牙语、罗马尼亚语、俄语、西班牙语、泰语、土耳其语、乌克兰语、越南语。世界银行在各个国家都设有办事处，全球职员超过一万人。

与联合国教科文组织一样，世界银行主要着眼于比较教育的实际应用方面，主要以国家为重点来分析。不过，世界银行也做过许多分析性的教育研究，既有政策文件（如World Bank, 2011），又有特定主题的研究（如Patrinos et al., 2009; Majgaard & Mingat, 2012; Sondergaard et al., 2012）。因其使命，绝大部分的研究都聚焦欠发达国家。不过，自20世纪90年代以来，东欧与中欧日益受到重视，成为世界银行的关注对象之一。

虽然世界银行并没有任何的教育专刊，但它在《世界银行研究观察者》（*The World Bank Research Observer*）与《世界银行经济评论》（*The World Bank Economic Review*）上会发表一些有关教育的文章（如Dang & Rogers, 2008; Cigno, 2012; Van de Sijpe, 2013）。但世界银行毕竟是一个金融机构，它的比较教育研究重点是与经济和财政相关的课题，而非教学和课程（Collins & Wiseman, 2012; Klees et al., 2012）。再次，在这些研究中，国家是主要的分析单位。

美国主导的比较与国际教育学会（Comparative and International Education Society, CIES）是比较教育与国际教育领域里最大的学会。在一次对其成员的问卷调查中，请调研对象列举出他们心目中比较教育领域最具影响的官方与非官方组织（Cook et al., 2004: 140—141）。问卷列举了188个不同的组织，世界银行被19.7%的答卷者选中，名列榜首。排名第二至第六的组织依次是联合国教科文组织（15.8%）、美国国际开发署（7.8%）、联合国儿童基金会（5.0%）、联合国（3.7%），以及经济合作与发展组织（3.5%）。当然，我们必须考虑到419个问卷调查对象中有69.3%的人是美国居民，因此有可能他们的眼光多少会有些偏颇，偏向于在美国特别知名的组织以及大量发行英文资料的组织。不过，有近三分之一的调研对象是美国以外的居民，所以我们也不能简单地说这个调查只反映了美国的民意。

经济合作与发展组织

经济合作与发展组织（The Organisation for Economic Co-operation and Development，OECD）成立于1961年，虽晚于联合国教科文组织与世界银行，但与这二者都起源于同一历史时期。它的前身是由美国和加拿大支持的于1948年成立的欧洲经济合作组织（Organisation for European Economic Co-operation），帮助二战后欧洲的经济重建。经济合作与发展组织（以下简称经合组织）一度被称为富裕国家的"富人俱乐部"（Woodward，2009：1），在某种程度上它自己也接受这个称谓（OECD，2008：8），虽然在官方发表中它补充说：

> 经合组织是志同道合的国家的大本营。从根本上说，只有承诺市场经济与多元的民主国家才能成为其成员。这个组织很富有，因为它的30个成员国（2012年增加到34个）提供了世界上60%的商品与服务，但它绝不排外。它也邀请非成员国签署经合组织的协议与条约。经合组织也与100多个其他国家和经济区在共同关注的问题上分享专业知识，交换意见。

经合组织的总部在巴黎，它的主要工作语言是英语与法语。与世界银行一样，经合组织也有多方面的工作内容。经济部是其最大的部门，负责核心事务。其他部门涉及环境、科技、食品、通信与就业。经合组织有一些半独立的部门，如核能机构（Nuclear Energy Agency）、国际能源机构（the International Energy Agency）与欧洲交通部长会议（the European Conference of Ministers of Transport）。

教育也是经合组织众多工作内容中重要的一项，而且其重要性与日俱增。教育总局（后更名为教育技能司）创立于2002年，前身是经合组织内部的一个下级部门。经合组织的官方声明（OECD，2008：19—20）中提到，此部门"帮助成员国实现全民高质量学习，从而促进个人发展、可持续经济发展，增强社会凝聚力"。它特别关注评估与提高教育成绩、推进素质教育，通过教育增强社会凝聚力。

经合组织广为人知的教育出版物就是年刊《教育概览》（*Education at a Glance*）。第一期是在1992年发布的，之后几期扩展了研究范围，也提高了可信度与数据的可比性。这殊非易事。亨利等人（Henry et al.，2001：94）这样评论道：

> 因数据采集的时间，或数据收集方法问题，国家数据往往可能是不完整的、不可靠的或者不匹配的……诸如美国、澳大利亚、加拿大与德国等联邦国家所提供的数据都是经过加权平均的，但加权平均的过程却可能不尽相同。由于定

义与方法上的变化,即便是加总(aggregation)①也并非一直是可靠的。特别是在收集高等教育参与的数据时,情况尤为如此,高等教育部门的改革因分配补助和福利,总在改变学生分类的方式。

尽管如此,经合组织还是锲而不舍地致力于方法论的尽善尽美。它设计了加总与准确估计(approximation)②的技术,借以中和所得到的数据,并努力说服成员国用共同的方式收集数据。《经济合作与发展组织国际比较教育统计手册》(*The OECD Handbook for Internationally Comparative Education Statistics*)(OECD,2004)绘图说明了自第一期《教育概览》后这方面的进步。

《教育概览》的大部分都是以国家为分析单位的,只是有时候图表中会将比利时的佛兰芒语区教育系统与法语区教育系统分开对待。图1.2就展现了这样的区分。

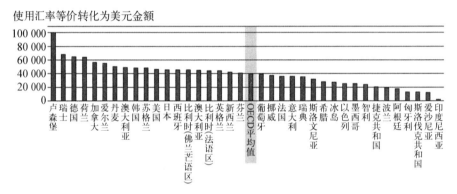

图1.2 初中教师的工资(单位:美元,按购买力换算为美元)

注:此图展示的是2011年具有15年教龄的公立学校教师的法定年薪,但瑞士是具有11年教龄的教师年薪,美国、瑞典、阿根廷、匈牙利是教师的实际基本工资,印度尼西亚、阿根廷是2010年的数据。
资料来源:OECD(2013a),p.378。

这张图还把英格兰与苏格兰区分开,但是同时把美国视为一个整体而不区分它50个州之间的差异。这一期的《教育概览》(OECD,2013a)中的其他图表将英国与比利时作为一个单位对待,而不再区分它们的内部差异。

---

① 加总(aggregation),统计学术语,指将单个数据全部相加,可以避免其他统计方式(如加权平均)所产生的误差。所依据的是大数原理。——译者注
② 准确估计(approximation),统计学术语,指在无法得知确切数据的情况下,对其进行尽可能逼近真实数目的估计。——译者注

从方法论的角度有必要再说几句。因为这张图需要统一的货币单位，所以它采用美元作单位，不过，所依据的不是当时的官方兑换率，而是根据购买力（也就是说，它意味着1美元在某些地区可以比另外一些地区购买到更多的东西）。当然，这样的计算依赖于对购买力的准确估计，也确实可能会掩盖一国内部不同城市或地区的差别；无论如何，以购买力计算依然胜过未经调整的汇率。

另一点值得注意的是，表1.2对国家/地区的排序方式。正如亨利等人（Henry et al.，2001：95—96）评述的那样：

> 诚然，建起这样一个"竞赛场"就等于为国家/地区之间的成绩大赛铺平了道路——虽然许多人还不肯承认这一点。把表格或数据放在一起比较，对某个国家/地区来说可能殊为不利，因为它们往往意味着某些弦外之音……无论自己在OECD平均水平之上，或低于平均水平，甚或齐平，都会招致某些人过于简单的论断，或是带有政治动机的评论。那些评论往往无视《教育概览》附录中关于方法论和数据解读上的注意事项。

表1.2 PISA阅读、数学、科学测试结果排名

	阅读	数学	科学		阅读	数学	科学
中国上海	556	600	575	捷克	478	493	500
韩国	539	546	538	斯洛伐克	477	497	490
芬兰	536	541	554	克罗地亚	476	460	486
中国香港	533	555	549	以色列	474	447	455
新加坡	526	562	542	卢森堡	472	489	484
加拿大	524	527	529	奥地利	470	496	494
新西兰	521	519	532	立陶宛	468	477	491
日本	520	529	539	土耳其	464	445	454
澳大利亚	515	514	527	迪拜	459	453	466
荷兰	508	526	522	俄罗斯	459	468	478
比利时	506	515	507	智利	449	421	447
挪威	503	498	500	塞尔维亚	442	442	443
爱沙尼亚	501	512	528	保加利亚	429	428	439
瑞士	501	534	517	乌拉圭	426	427	427
波兰	500	495	508	墨西哥	425	419	416
冰岛	500	507	496	罗马尼亚	424	427	428

续 表

	阅读	数学	科学		阅读	数学	科学
美国	500	487	502	泰国	421	419	425
列支敦士登	499	536	520	特立尼达和多巴哥	416	414	410
瑞典	497	494	495	哥伦比亚	413	381	402
德国	497	513	520	巴西	412	386	405
爱尔兰	496	487	508	黑山共和国	408	403	401
法国	496	497	498	约旦	405	387	415
中国台北	495	543	520	突尼斯	404	371	401
丹麦	495	503	499	印度尼西亚	402	371	383
英国	494	492	514	阿根廷	398	388	401
匈牙利	494	490	503	哈萨克斯坦	390	405	400
葡萄牙	489	487	493	阿尔巴尼亚	385	377	391
中国澳门	487	525	511	卡塔尔	372	368	379
意大利	486	483	489	巴拿马	371	360	376
拉脱维亚	484	482	494	秘鲁	370	365	369
斯洛文尼亚	483	501	512	阿塞拜疆	362	431	373
希腊	483	466	470	吉尔吉斯斯坦	314	331	330
西班牙	481	483	488				

注：背景无阴影的国家和地区测试分数在统计上显著高于OECD平均数。深色阴影的国家和地区测试分数在统计上与OECD平均数无甚差别。浅色阴影的国家和地区测试分数在统计上显著低于OECD平均数。数据源于PISA2009评估。以粗体标识的国家和地区在报告发布时为OECD成员。
数据来源：OECD (2010), p.15。

经合组织更在一些出版物中将它的关注点明显地扩大，超出了成员国的范围。例如2013年的《教育概览》（第21页）提到它"涵盖了两个非OECD成员国，因为它们也参与了经合组织教育体系项目指标（OECD Indicators of Education Systems programme，INES），即巴西和俄罗斯联邦；也涵盖了未曾参加INES的其他G20国家（如阿根廷、中国、印度、印度尼西亚、沙特阿拉伯与南非）"。再次，这些数据大多依然以国家为单位，无论像中国、印度尼西亚、俄罗斯这些国家的内部差异有多么明显。

相关地，我们观察到经合组织在教育领域的另一举措——国际学生评估项目（the Programme for International Student Assessment，PISA）。这个项目专门评估15岁学生的数学、科学、阅读成绩，每三年一次。在第一次评估中，43个国家和地区的教育系统实施了问卷调查;在 2003 年的评估中,参与的国家和地区数量减少至 41 个;但在 2006 年又增加到 58 个,2009 年为 65 个,2012 年为 67 个。

经合组织曾解释(OECD,2013b:13):

> PISA 以宽泛的方法测量知识、技能与态度,反映当前学校重点工作的变化。PISA 测评的是 15 岁学生将来所需要的技能,并测评他们如何应用所学知识的能力,即学生如何应用在学校及非学校环境里的所学持续终身学习的能力;PISA 也评估他们的选择与决策。

这份文件补充说(OECD,2013b:14),"PISA 的结果便于国家政策制定者比较本国与其他国家教育体系的绩效"。这些结果常见于国家和地区排名中,特别是报纸和其他媒体会摘取其要旨发布出来。经合组织一再强调:数据的解读不应流于"国家和地区排名"这样过于简单的信息;但它自己的部分报告也免不了突出了这一特色。例如表 1.2 复制了经合组织关于 2009 年 PISA 测试的概要里的第一张表格。各个国家和地区根据总分排列,不但互相之间比较,也与 OECD 平均水平比较。

除了调查国家和地区排名,PISA 研究还分析学生的学习动机、自信心以及学习策略。在分析过程中还可以按照性别、家庭背景与其他分析单位把学生分类。PISA 对政策制定者有很大的影响力(Andere,2008;Pereyra et al.,2011;Breakspear,2012;Meyer & Benavot,2013),在某些情况下,PISA 报告还会引起国内热议或自足自喜。前者的例子如德国的"PISA 震惊",在这之前,德国政策制定者对国内教育体系较为满意,直到被 PISA 结果震惊——他们的排名远低于自己的期望(Waldow,2009)。而后者,如芬兰,芬兰已经吸引了源源不断的取经者,取经者们试图了解芬兰如何以及为何能一直稳定地高居 PISA 榜首或接近榜首(Simola & Rinne,2011;Varjo et al.,2013)。自 2009 年 PISA 公布结果后,上海也受到了类似追捧(Sellar & Lingard,2013)。

PISA 是一个强大的工具,但也有其局限性。梅耶和班纳福(Meyer 和 Benavot,2013:21)指出:

> 依赖于数字与统计的 PISA 体系,并不意味着它就锚定透明、客观、无可争议的事实。事实上 PISA 制作的"云数据"可轻易地被任何人用于支持先入为主的想法。这反而制造了透明的对立面,因为关于分类和测量构建的关键假设和关键决定是暗箱操作的,源于复杂的幕后判断和决定。

而 PISA 的支持者则恰恰可能会反驳,说它毕竟提供了一个比以往更为先进的工具。不过，PISA 的比较有时缺乏方法论的深度，而比较教育领域的工具与传统则可以弥补这一不足，例如对内容和历史的质性判断（Pereyra et al.，2011）。

学者与比较教育

接下来我们将用较少篇幅来讲述比较教育领域学者的工作性质，因为第二章将就此主题长篇细述——事实上本书的主要篇幅也是关于学术领域的。尽管当学者为他人提供咨询或完成其他实际性的任务时，他们从事比较教育的目的与教育实践者、政策制定者的目标是一致的，但总的来说，学者关心的是概念化、理论化的研究。有时学者与政策制定者及国际机构合作分析数据，但他们的另一角色，正如上述对一些国际机构的批评（Singh，2011；Collins & Wiseman，2012；Klees et al.，2012；Meyer & Benavot，2013），是指出国际机构或政策制定者可能存在意识形态和方法论上的偏见。

大部分人认为比较教育是一个跨学科领域，欢迎不仅有着其他领域方法论和视角"装备"的学者，同时吸纳在比较的背景下研究教育问题的学者（Manzon，2011）。那么接下来的问题就是如何定义这个领域，它的边界在哪里，它如何随时间而改变。

界定这个研究领域的一个简单办法就是观察学术团体的组成成员和专业学会的工作。上文我们提到过的成立于 1956 年的美国比较与国际教育学会（CIES），它拥有 2 300 个个人会员和机构成员，历史最久，规模最大。类似的学会分布于世界各地，有些基于国家（如中国、捷克与印度的研究学会），有些是地区层次的组织（如香港的研究学会），有些是区域性的（如欧洲与亚洲的学会），还有两个是基于语言的（如法语和荷兰语学会）。这些学术学会大多数都是世界比较教育学会联合会（the World Council of Comparative Education Societies，WCCES）的成员。世界比较教育学会联合会成立于 1970 年，作为各学术团体的大伞，它在 2013 年已经拥有 39 个下属团体（Masemann et al.，2007；WCCES，2013）。

此外，比较教育领域的许多成就也是由一些个人与团体所贡献的，尽管他们可能不属于上面提到的那些专业学会。很多学者更强烈地表明自己归属于他们的母学科，比如心理学、数学或社会学，也倾向于在那些领域而非比较教育领域的学术会议与期刊上发表文章。因此，比较教育的领域就不限于清晰地将自己标明为与"比较教育"有关的那些学术团体的研究,而是比这宽广得多。

不过,对于那些将自己归于比较教育领域的学者,如果分析一下他们的特征和倾向性,我们会了解更多。上文中提到 2001 年的 CIES 成员调查(Cook et al., 2004)揭示了这是一个相当折中的、可以说是"中心缺失的"研究领域(p.136)。不过,调查者也确实发现,"为了更好地了解本国的教育系统,人们学习他国的教育系统,并从全球角度审视教育问题。而为了更深入地理解这些传统,许多人走到了一起。"(p.130)在学者们提供的他们的研究主题中,最常被提到的是全球化(占所有答卷的 7.9%),教育中的性别问题(7.6%),教育与发展(4.6%),教育公平(4.0%),多元文化、种族与民族(3.7%)。除此之外还有非常多的其他研究主题。比较教育的研究方法和研究的地理聚焦也明显呈现出不同形态。

如果我们撇开 CIES 的模式,关注其他比较教育学会的模式,那么会看到更具多样性的图景。我们将在第二章详述这一观察。

结论

在这一章里我们勾勒了比较教育领域不同主体的目的与方法上的一些差异。为人父母者与政策制定者的目的与方法就大不相同,而国际机构与学者也不尽相同。此外,这些目的与方法也会随着时间而产生显著的变化。

本书主要关注学者的工作,因此探讨理论与求知。不过,有一点却是对任何一方面都适用的,并联系上文中对库克等人(Cook et al., 2004:13)的引用,从事比较教育的许多人都发现他们不仅对其他文化、其他社会有了更深的了解,而且对自己的认识也大为增进。关于这一点,比较教育的开山鼻祖之一迈克尔·萨德勒爵士(Sir Michael Sadler)在 1900 年(1964 年重印,p.310)就清楚有力地阐释过。他说:

> 当我们以正确的态度与学术的严谨来做研究时,它的结果就是:研究外国教育制度可以使我们更好地研究并了解我们自己。

这段引用的重点在于一个人向外展望,会认识另一个社会,然后可以把那个社会的图景与自己的相互比照。萨德勒爵士(p.312)提出,这样的比照既会增加人们对自己教育制度的肯定,也会促使人们认识到固有制度的不足。他说:

> 假如我们带着同情之心去洞察研究别国的教育制度——同情心与洞察力都是这一工作所必不可少的——那么我相信结果是让我们在心中"学会珍视",珍

视那些我们从前不曾珍视过的自己的长处；我们还会意识到在我们自己的教育制度里还有多少事物亟待改变。

一旦分析家明确了问题，下一步自然就是解决问题。萨德勒爵士之后的时代里，艾萨克·康德尔（Isaac Kandel）就是一个重要的人物。他在1933年的书中（p.xix）列出了一系列他认为可以引出广泛的议题的问题。之后，康德尔指出：

> 研究这些问题时，使用比较方法的最重要的价值在于分析问题的成因，在于比较不同系统的区别，在于探讨造成这些不同的潜在原因，并最终探究可能的解决办法。

这段文字的论调更趋向于理论目标，从某种意义上说本书契合的正是康德尔一书所建立的体系。然而，自康德尔写下这些句子，比较教育领域已经历了重大的演进。一些比较教育的演进方式，一些通过使用不同的"比较单位"增进理解的宝贵方法，将在本书后面章节加以详述。

（胡竞菲 译，郑杰 校）

参考文献

ACTEQ [Advisory Committee on Teacher Education & Qualifications] (2003): *Towards a Learning Profession: The Teacher Competencies Framework and the Continuing Professional Development of Teachers*. Hong Kong: ACTEQ.

Alexander, Robin (2008): *Essays on Pedagogy*. London: Routledge.

Altbach, Philip G. & Kelly, Gail P. (eds.) (1978): *Education and Colonialism*. New York: Longman.

Andere, Eduardo (2008): *The Lending Power of PISA: League Tables and Best Practice in International Education*. CERC Monographs in Comparative & International Education & Development 6, Hong Kong: Comparative Education Research Centre, The University of Hong Kong.

Bray, Mark & Varghese, N. V. (eds.) (2011): *Directions in Educational Planning: International Experiences and Perspectives*. Paris: UNESCO International Institute for Educational Planning (IIEP).

Breakspear, Simon (2012): *The Policy Impact of PISA: An Exploration of the Normative Effects of International Benchmarking in School System Performance*, OECD Education Working Papers 71, Paris: Organisation for Economic Co-operation and Development (OECD).

Cigno, Alessandro (2012): 'How to Deal with Covert Child Labor and Give Children an Effective Education, in a Poor Developing Country'. *World Bank Economic Review*, Vol. 26, No. 1, pp. 61 – 77.

Collins, Christopher S. & Wiseman, Alexander W. (eds.) (2012): *Education Strategy in the Developing World: Revising the World Bank's Education Policy*. Bingley: Emerald.

Cook, Bradley J.; Hite, Steven J. & Epstein, Erwin H. (2004): 'Discerning Trends, Contours, and Boundaries in Comparative Education: A Survey of Comparativists and their Literature'. *Comparative Education Review*, Vol. 48, No. 2, pp. 123 – 149.

Crossley, Michael & Watson, Keith (2003): *Comparative and International Research in Education: Globalisation, Context and Difference*. London: RoutledgeFalmer.

Dang, Hai-Anh & Rogers, F. Halsey (2008): The Growing Phenomenon of Private Tutoring: Does It Deepen Human Capital, Widen Inequalities, or Waste Resources? *World Bank Research Observer*, Vol. 23, No. 2, pp. 161 – 200.

Finegold, David; McFarland, Laurel & Richardson, William (1992): 'Introduction', in Finegold, David; McFarland, Laurel & Richardson, William (eds.), *Something Borrowed, Something Blue? A Study of the Thatcher Government's Appropriation of American Education and Training Policy. Oxford Studies in Comparative Education*, Vol. 2, No. 2, pp. 7 – 24.

Gifford, Prosser & Weiskel, Timothy C. (1971): 'African Education in a Colonial Context: French and British Styles', in Gifford, Prosser & Louis, William Roger (eds.), *France and Britain in Africa*. New Haven: Yale University Press, pp. 663 – 711.

Henry, Miriam; Lingard, Bob; Rizvi, Fazal & Taylor, Sandra (2001): *The OECD, Globalisation and Education Policy*. Oxford: Pergamon Press.

Ho, Esther S. C. (2012): *Student Learning Assessment*. Bangkok:

UNESCO.

Hong Kong, Education Commission (1999): *Review of Academic System: Aims of Education — Consultation Document*. Hong Kong: Education Commission.

Hong Kong, Education Commission (2000): *Review of Education System: Reform Proposals — Consultation Document*. Hong Kong: Education Commission.

International Review of Education (*IRE*) (2013): 'Aims and Scope of the Journal', *International Review of Education*, Vol. 59, No. 2.

Jones, Phillip W. (2006): *Education, Poverty and the World Bank*. Rotterdam: Sense.

Kandel, Isaac L. (1933): *Studies in Comparative Education*. London: George G. Harrap & Company.

Klees, Steven J.; Samoff, Joel & Stromquist, Nelly P. (eds.) (2012): *The World Bank and Education: Critiques and Alternatives*. Rotterdam: Sense.

Korea Times (2009): 'Obama Lauds Korea's Education of Children', 11 March. www.koreatimes.co.kr/www/news/nation/2009/03/113_41066.html accessed 5 August 2013.

Majgaard, Kirsten & Mingat, Alain (2012): *Education in Sub-Saharan Africa: A Comparative Analysis*. Washington DC: The World Bank.

Manzon, Maria (2011): *Comparative Education: The Construction of a Field*. CERC Studies in Comparative Education 29, Hong Kong: Comparative Education Research Centre, The University of Hong Kong, and Dordrecht: Springer.

Masemann, Vandra; Bray, Mark & Manzon, Maria (eds.) (2007): *Common Interests, Uncommon Goals: Histories of the World Council of Comparative Education Societies and its Members*. CERC Studies in Comparative Education 21, Hong Kong: Comparative Education Research Centre, The University of Hong Kong, and Dordrecht: Springer.

McFarland, Laurel (1993): 'Top-up Student Loans: American Models of Student Aid and British Public Policy', in Finegold, David;

McFarland, Laurel & Richardson, William (eds.), *Something Borrowed, Something Blue? A Study of the Thatcher Government's Appropriation of American Education and Training Policy*. Oxford Studies in Comparative Education, Vol. 3, No. 1, pp. 49–67.

Meyer, Heinz-Dieter & Benavot, Aaron (eds.) (2013): *PISA, Power and Policy: The Emergence of Global Educational Governance*. Oxford: Symposium.

Nafukho, Frederick Muyia; Wawire, Nelson H. W. & Lam, Penina Mungania (2011): *Management of Adult Education Organisations in Africa*. Hamburg: UNESCO Institute for Lifelong Learning (UIL).

OECD (2004): *OECD Handbook for Internationally Comparative Education Statistics: Concepts, Standards, Definitions and Classifications*. Paris: Organisation for Economic Co-operation and Development (OECD).

OECD (2008): 'The OECD'. Paris: Organisation for Economic Co-operation and Development (OECD).

OECD (2010): *PISA 2009 Results — What Students Know and Can Do: Student Performance in Reading, Mathematics and Science*. Paris: Organisation for Economic Co-operation and Development (OECD).

OECD (2011): *Strong Performers and Successful Reformers in Education: Lessons from PISA for the United States*. Paris: Organisation for Economic Co-operation and Development (OECD).

OECD (2013a): *Education at a Glance 2013: OECD Indicators*. Paris: Organisation for Economic Co-operation and Development (OECD).

OECD (2013b): *PISA 2012 Assessment and Analytical Framework: Mathematics, Reading, Science, Problem Solving and Financial Literacy*. Paris: Organisation for Economic Co-operation and Development (OECD).

Park, Se Hoon (2012): 'Why the Korean School System is not Superior'. *New Politics*, Vol. XIII, No. 4. http://newpol.org/content/why-korean-school-system-not-superior, accessed 5 August 2013.

Patrinos, Harry Anthony; Barrera-Osorio, Felipe & Guáqueta, Juliana (2009): *The Role and Impact of Public-Private Partnerships in Education*. Washington DC: The World Bank.

Pereyra, Miguel A.; Kotthof, Hans-Georg & Cowen, Robert (eds.) (2011): *PISA Under Examination: Changing Knowledge, Changing Tests, and Changing Schools*. Rotterdam: Sense.

Phillips, David & Ochs, Kimberly (2007): 'Processes of Policy Borrowing in Education: Some Explanatory and Analytical Devices', in Crossley, Michael; Broadfoot, Patricia & Schweisfurth, Michele (eds.), *Changing Educational Contexts, Issues and Identities: 40 Years of Comparative Education*. London: Routledge, pp. 370–382.

Pratham (2013): *Annual Status of Education Report (Rural) 2012*. New Delhi: ASER Center. http://www.pratham.org/file/ASER-2012report.pdf, accessed 5 August 2013.

Rizvi, Fazal & Lingard, Bob (2009): 'The OECD and Global Shifts in Education Policy', in Cowen, Robert & Kazamias, Andreas (eds.), *International Handbook of Comparative Education*. Dordrecht: Springer, pp. 437–453.

Roche, Stephen (2013): 'Plus ça change: Change and Continuity at the *International Review of Education*'. *International Review of Education*, Vol. 59, No. 2, pp. 153–156.

Sadler, Sir Michael (1900): 'How Far Can We Learn Anything of Practical Value from the Study of Foreign Systems of Education?' Reprinted 1964 in *Comparative Education Review*, Vol. 7, No. 3, pp. 307–314.

Schiefelbein, Ernesto F. & McGinn, Noel F. (2008): *Learning to Educate: Proposals for the Reconstruction of Education in Latin America*. Geneva: UNESCO International Bureau of Education (IBE).

Sellar, Sam & Lingard, Bob (2013): 'Looking East: Shanghai, PISA 2009 and the Reconstituting of Reference Societies in the Global Education Policy Field'. *Comparative Education*, Vol. 49, No. 4, pp. 464–485.

Simola, Hannu & Rinne, Ristu (2011): 'Education Politics and Contingency: Belief, Status and Trust Behind the Finnish PISA Miracle', in Pereyra, Miguel A.; Kotthof, Hans-Georg & Cowen, Robert (eds.), *PISA Under Examination: Changing Knowledge, Changing Tests, and Changing Schools*. Rotterdam: Sense, pp. 225–244.

Singh, J. P. (2011): *United Nations Educational, Scientific and Cultural Organization (UNESCO): Creating Norms for a Complex World*. London: Routledge.

Sondergaard, Lars; Murthi, Mamta; Abu-Ghaida, Dina; Bodewig, Christian & Rutkowski, Jan (2012): *Skills, Not Just Diplomas: Managing Education for Results in Eastern Europe and Central Asia*. Washington DC: The World Bank.

Statistics Canada (2013): *Summary Elementary and Secondary School Indicators for Canada, the Provinces and Territories, 2006/2007 to 2010/2011*. Ottawa: Tourism and Centre for Education and Statistics Division, Statistics Canada.

Steiner-Khamsi, Gita (2002): 'Reterritorializing Educational Import: Explorations into the Politics of Educational Borrowing', in Nóvoa, António & Lawn, Martin (eds.), *Fabricating Europe: The Formation of an Education Space*. Dordrecht: Kluwer Academic Publishers, pp. 69–86.

Steiner-Khamsi, Gita (ed.) (2004): *The Global Politics of Educational Borrowing and Lending*. New York: Teachers College Press.

Steiner-Khamsi, Gita & Waldow, Florian (eds.) (2012): *Policy Borrowing and Lending in Education: World Yearbook of Education 2012*. London: Routledge.

Sutherland, Stewart R. (Chair) (2002): *Higher Education in Hong Kong: Report of the University Grants Committee*. Hong Kong: University Grants Committee.

The World Bank (2011): *Learning for All: Investing in People's Knowledge and Skills to Promote Development — World Bank Group Education Strategy 2020*. Washington DC: The World Bank.

The World Bank (2012): *Education: Year in Review 2012*. Washington DC: The World Bank.

The World Bank (2013): 'Education: Overview'. http://web.worldbank.org/wbsite/external/topics/exteducation/0,,contentMDK:20575742~menuPK:282393~pagePK:210058~piPK:210062~theSitePK:282386,00.html, accessed 6 August 2013.

Thomas, R. Murray & Postlethwaite, T. Neville (eds.) (1984): *Schooling in the Pacific Islands: Colonies in Transition*. Oxford:

Pergamon Press.

Tucker, Marc S. (2011): *Surpassing Shanghai: An Agenda for American Education Built on the World's Leading Systems*. Cambridge, MA: Harvard University Press.

UNESCO (1945): *Constitution of the United Nations Educational, Scientific and Cultural Organization*. Paris: UNESCO.

UNESCO (2012): *Youth and Skills — Putting Education to Work: Education for All Global Monitoring Report 2012*. Paris: UNESCO.

UNESCO (2013): *Medium-Term Strategy 2014 - 2021: 37 C/4*. Paris: UNESCO.

UNESCO Institute for Statistics (2012): *Global Education Digest 2012 — Opportunities Lost: The Impact of Grade Repetition and Early School Leaving*. Montreal: UNESCO Institute for Statistics.

Van de Sijpe, Nicolas (2013): 'Is Foreign Aid Fungible? Evidence from the Education and Health Sectors'. *World Bank Economic Review*, Vol. 27, No. 2, pp. 320 - 356.

Varjo, Janne; Simola, Hannu & Rinne, Risto (2013): 'Finland's PISA Results: An Analysis of Dynamics in Education Politics', in Meyer, Heinz-Dieter & Benavot, Aaron (eds.), *PISA, Power and Policy: The Emergence of Global Educational Governance*. Oxford: Symposium, pp. 51 - 76.

Waldow, Florian (2009): 'What PISA did and did not do: Germany after the 'PISA-shock''. *European Educational Research Journal*, Vol. 8, No. 3, pp. 476 - 483.

Whitty, Geoff (2012): 'Policy Tourism and Policy Borrowing in Education: A Trans-Atlantic Case Study', in Steiner-Khamsi, Gita & Waldow, Florian (eds.), *Policy Borrowing and Lending in Education: World Yearbook of Education 2012*. London: Routledge, pp. 354 - 370.

Woodward, Richard (2009): *The Organisation for Economic Co-operation and Development (OECD)*. London: Routledge.

World Council of Comparative Education Societies (WCCES) (2013): 'About Us' www.wcces.com accessed 5 August 2013.

第二章　学术探究与比较教育领域[①]

马克·贝磊

前一章指出比较教育就其本质而言是跨学科的。本章将详细阐释这一主题，并分析比较教育与其他学术研究领域之间的相互关联。

托尼·比彻（Tony Becher）发表于1989年的著作为我们考察这一问题提供了绝佳起点。2001年，这本名为《学术部落及其领地：知识探索与学科文化》（Academic Tribes and Territories: Intellectual Enquiry and the Culture of Disciplines）的著作以托尼·比彻和保罗·特罗勒尔（Paul Trowler）合著的形式再版。这本书的两个版本都透彻地分析了学术领域的方方面面，而第二版在第一版的基础上拓展了相关分析并进行了更新，以便涵括影响高等教育规模和形式的诸多重要因素。尽管这两个版本主要关注的是英国和美国的状况，但书中描述的状况对其他国家也不无相关性。该书对教育研究领域并未深入讨论，只是一带而过，但是，对照其他研究领域，不难勾画出教育研究领域的模式和趋势。本章的论述主要是以第二版以及特罗勒尔等人编辑的续篇（Trowler et al., 2012a）为蓝本。此外，本章还借鉴了许多其他学者的成果，特别是奥利维拉（Oliveira, 1988）的概念模式（conceptual schema）。

部落的界定与领地的描绘

比彻和特罗勒尔所言的部落是指学术共同体。这一共同体一方面由学术共同体的成员构成，另一方面由聘用这些学术成员的机构以及学术成员所在的系、中心或其他学术单位构成。而领地是学术共同体聚焦的学术思想，包括方法论范式、学科内容和话语模式。

[①] 本章改写自马克·贝磊发表于《比较与国际教育评论》（Comparative and International Education Review）的英文论文（Bray, 2004b）。非常感谢该杂志同意将此文收入本书。

该书的副标题是学科文化。文化是指"一套习以为常的价值、态度和行为方式，它通过既定背景下的一群人的反复实践得以阐明和强化"（Becher & Trowler，2001：23）。该书关注的焦点是"多个学科领域的践行者——他们长期致力于思想领域的工作……这有助于持续探索并形成相关学科的主题"。

这一说法由此引发了何为学科的问题。许多研究者（如 Furlong & Lawn，2011；Manzon，2011；Bridges，2014）指出，学术学科的概念并不是直接产生的。比彻和特罗勒尔也认识到了这一点，说道（2001：41）：

> 例如，对于统计学是否能从其母学科，即数学中独立出来，成为一门独立的学科也许存在疑问。这有赖于在何种程度上一流学术机构在其组织结构中将统计学独立门户（它们是否将统计学列为羽翼丰满的独立院系之一），同时也有赖于在多大程度上一个相对独立的国际共同体形成了，并具有自己的专业学会和专门期刊。

尽管如此，比彻和特罗勒尔断言（p.41），"那些有志于和从事学术事务的人们似乎在理解何为学科上毫不费力，他们对讨论学科的边界或疑难案例充满信心"。

各个学科群在此范围内有其各自的特征。表 2.1 根据硬/软和纯/应用的矩阵将学科群分为四类。每一类之间的边界也并非泾渭分明，但分类是为了对其加以区分。这一分类将教育列为应用性的软学科，说明了它的功能性与应用性，并且关注"提升专业和准专业实践"。这与纯粹的硬学科形成鲜明对比，例如，硬学科是累积性的、原子状的（atomistic）①，关注的是普适性的、定量化的和简化的知识。

表 2.1　学科群与知识属性

学　科　群	知　识　属　性
纯自然科学（如物理学）："硬的纯科学"	累积性的；原子状的（晶体的/树状）；关注普遍的、定量的、简化的规律；与人无涉；价值无涉；对知识的证明和淘汰有清晰的原则；对现在和将来要解决的重大问题达成共识；形成发现与解释
人文（如历史）与纯社会科学（如人类学）："软的纯社会学科"	反复性的；整体的（有机统一的/河流状的）；关注特殊的、质性的、复杂的规律；与人相关的；价值负载的；对知识的淘汰存在争议；对需要解决的重大问题缺乏共识；形成理解和鉴识

---

① 原子状的（atomistic）：指其由非常多的、彼此相对独立的/不相关的部分组成。——译者注

续 表

学 科 群	知 识 属 性
技术科学（如机械工程、临床医学）："硬的应用科学"	目的性的；实效的（依靠硬知识来获得实践知识）；关注对物质环境的掌握；应用启发式的途径；采用定性和定量方法；判断的原则是目的性的、功用性的；形成产品和技术
应用社会科学（如教育、法律、社会管理）："软的应用科学"	功能性的；实用的（依靠软知识来获得实践知识）；关注提升专业或准专业实践；很大程度上应用个案研究和判例法；形成协议与程序

资料来源：Becher & Trowler（2001），第36页。

比彻和特罗勒尔以城乡生活方式的差异作为类比来区分不同学科关注的重心（p.106）：

> 我们可能将人多事杂的特点与都市生活联系起来，而将人少事少的特点与乡村生活相联系。在人口密集的都市，生活节奏快，甚至有时变得狂乱；集体活动众多；空间和资源的竞争激烈；信息网络传播速度快，使用率高。尽管乡村也时有忙碌和竞争，时有集体参与的活动，时有传言和闲话如野火般蔓延，但总体而言，乡村生活的特点与都市生活完全不同。

在这一分类中，都市和乡村的专业类别不仅在交流模式上不同，而且城乡居民所面临问题的性质和范围、居民之间的相互关系以及他们获取资源的机会也不同。都市型学科的学者一般选择较窄的研究领域，包括独立和可拆分的问题；乡村型学科的学者一般涉及更广阔的知识领域，其所研究的问题往往没有明确的学科界限和轮廓。都市型学科研究中的竞争相当激烈，甚至是你死我活，是一场全力以赴去寻求重大问题的解决方案的竞赛。而乡村型学科研究中，采用分工原则更有意义。因为可以研究的题目众多，没有必要去研究别人已经涉足的领域。合作研究是都市型学科研究的一个特点，比在乡村型研究中更为常见。都市型学科研究的成果或著述往往篇幅不长，由多个作者署名，而且发表周期短。而在乡村型学科研究中，研究者常常要等一年或者更长时间才能发表文章。与都市型学科研究相比，乡村型学科研究领域的专著更为重要。

虽然其中很多特点至今仍然存在，但几十年来已经带来了比彻和特罗勒尔（2001：xiii）所说的"重要的地貌大变迁"（Major geomorphic shifts）。这些变化在本世纪仍如此明显，以至于特罗勒尔等人（2012b：257）至少在一定程度上同意马纳通加和布鲁（Manathunga & Brew，2012：51）的观点，认为部落和领地的隐喻可能得到有效的调整，好比潮水汹涌的海洋，浪潮在海洋这一"空间内相互涌动，并在出现问题或有所需求时，融合形成不同时代的知识群"。然而无论用什么比喻，大多数分析人士都会同意，最重要的变化包括：国家介入的作用日渐凸显，对绩效的要求日益苛刻，学者日益面临着"追逐金钱"的需要。研究资金提供方的要求改变了学者的知识产品的性质，科研评估机制及类似模式增强了问责程序，增加了学术界的焦虑。这些变化也影响到了教育，包括比较教育以及其他领域。

教育、比较教育与其他研究领域之间的关系

尽管表2.1明确指出，教育属于独立的学科领域，但它作为学科的基础却并非没有争议。教育领域中确实有系、学位和专业期刊，但它的知识实体（intellectual substance）往往借鉴其他学科，而且几乎没有教育研究所独有的鲜明特征（Furlong & Lawn，2011）。

如果对教育是一门学科有所怀疑，那么比较教育是一门学科就更值得怀疑了。一些人确实把比较教育描述为一门学科（如 Youngman，1992；Higginson，2001；Wolhuter & Popov，2007），但多数人把它看作一个研究领域，它欢迎来自其他领域、能够利用工具、富有远见并愿意在比较的背景下关注教育问题的学者参与其中（Manzon，2011）。如黎成魁（Lê Thành Khôi，1986：15）所持的就是这样一种观点，他把比较教育称为"一个涉及所有学科的研究领域，它致力于理解和解释教育现象"。

奥利维拉（Oliveira）在两部作品中对此作了更详细的说明。他于1988年发表了奠基性论文，二十年后在其一部西班牙语的著作中对此进行了详细的阐述（Olivera，2009），以下叙述主要借鉴了这篇论文。首先他指出（1988：174），从科学层面上看，大多数关于教育的知识是：

> 来自"教育"哲学、"教育"心理学、"教育"社会学、"教育"经济学、"教育"政治学等的不同性质的论文著述。它们的作者通常并不涉足教育系统，因而他们对教育领域的研究自然地带有自己所在学科的偏向。经济学家对教育所生产的"人力资源"的实际能力水平感到担忧，并试图去评价获得这些能力的成本如何；社会学家想知道教育是不是能够使人们适应社会环境，或者是否

能够推动变革或革命；哲学家则从更广泛的视角探究教育的意义和目标，以及在今天的世界这些目标是什么，而且应该是什么。

奥利维拉指出，"教育科学"的这些领域的所有贡献是有价值的，甚至是必不可少的；但他认为，对于儿童成长和发展的日常过程中的具体特征而言，对于教育者和被教育者之间的人际关系而言，以及对于相应的制度安排框架而言，这些论文著述仍然停留在研究的边缘。接着奥利维拉宣称，教育领域的确存在一个独特的学科知识体系，并且应该有一个标签（label）来反映这一点。现有的一些常用名称，他认为是远远不够的。因此可以说，"Pedagogy"（教学法）① 一词具有误导性，因为它不是指一种知识，而是一种行为——一种"引导"儿童的行为。首先引导他们追随教师，然后引导他们去学习，诸如此类。奥利维拉认为还有一些术语的使用是不恰当的，如教学论（Didactics），复数的"教育科学"（Sciences of Education）和单数的"教育科学"（Science of Education）等术语。他声称（p.176），"'教育'（education）一词从语义上看，是不合常理的：教育是一种活动而不是一种知识，这好比社会不等于社会学，语言不等于语言学，动物不等于动物学一样"。

为了解决这一困难，奥利维拉吸收克里斯汀森（Christensen, 1984）和麦卡（Steiner Maccia, 1964）先前的建议，声称没有比"educology"（教育学）更合适的单词了。他认为，这个单词"清晰地确定了所有有关教育的知识，它可以来自任何学科，不管是科学知识还是实用知识"。他接着指出，这个单词最初可能看起来古怪，甚至显得学究气，正如"社会学"（sociology）一词——当时另一个希腊文和拉丁文的混合体；但是，他断言说，"这个词可以使教育科学如此清晰和准确，因此应该被广泛地采用"。

奥利维拉认识到，比名称更重要的是教育学内容的基本理论结构。也就是说，整个教育知识领域的基本理论结构，其中每一项研究都能在其中找到其位置，并检验是否与已有知识相一致。奥利维拉借助一个图表来提出划分的界限，他一方面将人文科学（human sciences）和"教育"的科学（sciences 'of education'）分离，另一方面将"教育学"置于两者中间。反过来，所有这些都与客观现实性（object-realities）相联系，正如图2.1所示。

---

① 教育学（Pedagogy），这个术语在美国通常指教学法方面的研究。——译者注

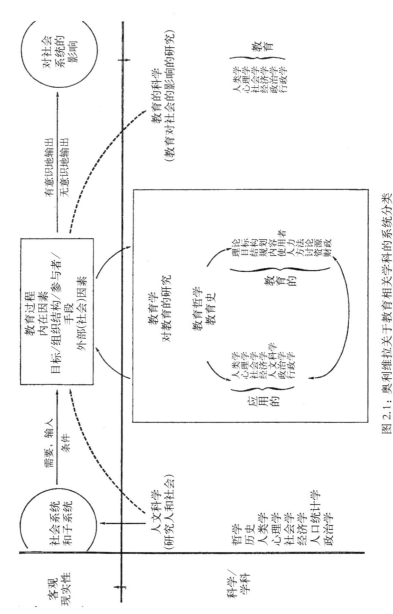

图2.1：奥利维拉关于教育相关学科的系统分类

资料来源：Oliveira (1988)，第178页。

本章要讨论的问题是比较教育在图 2.1 应如何定位，因为该图中显然未出现比较教育。为了回答这一问题，奥利维拉首先指出（p.179），从常识或前科学知识（pre-scientific knowledge）的层面来看，对不同事物的比较，并由此在头脑中所形成的事物之间的联系，是概念和观点的起源。对相同的思维过程加以提炼，它在科学层面上用于构建定义，对现象进行测量或建立模型。图 2.1 的每个构成部分都是基于比较的，科学之间的差异本身就是比较的结果（是将对象、观点和方法加以比较得到的结果）。

但是，奥利维拉接着指出（p.180），如果比较作为一种方法如此普遍，那么，一门"比较的"科学，只有当它上升到一个抽象程度较高的层面时，才是名副其实的科学——事实上，它成为了"对各种比较的比较"（a comparison of comparisons）。因此，特别是在社会学科中，"只有当研究者对先前已详细阐述过的一系列理论表述进行比较时才能使用形容词'比较的'，这些理论表述指的是与独特社会群体有关的类似现实"。在很多比较研究领域，包括比较教育中，一个常见的社会群体可以是一个民族或一个国家；但是不论怎样，这些群体是"独立"（discrete）的单位，总是能够作为"系统"来对待。既然先前已有的每个系列知识本身在某程度上是比较的结果，那么，对它们的比较探究实际上呈现了一种第二层级比较方法的使用。

反过来，这就解释了为什么图 2.1 中没有包括比较教育：也许该图中需要一个第三维度，因为比较教育代表的实际上是更高的认识论水平。奥利维拉对此解释道（p.181）：

> 比较教育探究真理的路径涵盖了这个图形中心部分所列学科的所有具体对象。但是，严格地说，它并不直接针对其中任何一个对象，因为它关注的不是任何单个的教育情境，而是同时关注两个或两个以上的教育情境。为了同时对几个真正的对象展开研究，每种情境都必须是可处理的，也就是说，通过第一层面的抽象过程，从而让这些情境具备可比性。

这样，比较教育研究从多个抽象模型开始着手，并应用自身的理论工具和方法论工具，得出了它自身的第二层面的数据，并获得了它自己的结论。这些结论可以是多种多样的，包括规律或准规律、有待进一步完善的初步理论（provisional theory）、对原有理论的确认或反驳、对未来研究的新假设等。正如奥利维拉最后的总结（p.181）：这些成果（现已具有真正的比较性质）"当然能够运用于原先研究的任何系统之中；但最重要的是，它们拓展并最终改进了特定研究的数据和结论，并为各个学科提供了反馈"。

比较教育的方法论与关注焦点

正如上文所述，对比较教育产生最大影响的学科集中在社会科学领域。在某种程度上，在社会科学范围内占主导地位的研究范式的转移导致了比较教育领域研究范式的转移。这包括了特别是在欧洲和北美20世纪60年代和70年代实证主义的兴起，20世纪80年代和90年代后现代主义的普遍流行，以及2000年代和2010年代全球化视角的广泛存在（Epstein，1994；Paulston，2000；Cowen & Kazamias，2009a；Davies，2009；Larsen，2010）。然而从事比较教育研究的学者倾向于利用来自社会科学的一套相对有限的工具，其中部分原因已在前文解释过了，即从某种程度上看，很多（甚至大多数）比较教育研究是第二层次的比较，它依赖于通过比较而确定的单位。比较教育领域的书籍和期刊论文中有很多基于文献综述的评论文章，然而很少有基于调查的研究，几乎没有任何研究基于实验方法。

为了进一步理解这种现象，福斯特等人（Foster et al.，2012）分析了2004—2008年间发表在四本主要的英语杂志上的文章。一本是美国的《比较教育评论》（*Comparative Education Review*）；另三本分别是英国的《比较教育》（*Comparative Education*）、《比较：比较教育杂志》（*Compare: A Journal of Comparative Education*）、《国际教育发展杂志》（*International Journal of Educational Development*）。福斯特等人发现（p.712），这些期刊刊登的"关于社会（社会背景）的教育文章比教育管理和治理（直接教育背景）的文章多出近三分之一，且是直接探讨教与学（教育内容）文章的两倍多"。有41%的文章关注教育政策和规划，其次是教育理论（24%）、态度和价值（21%）以及全球化（20%）。关注信息与通信技术、教育领导力、考试和教材的文章只各占2%。从地理区域上看，24%的文章聚焦非洲，23%关注亚洲，17%集中于欧洲，21%的文章不只关注一个区域。

福斯特等人（Foster et al.，2012：728）也考察了这些文章的研究方法。超过半数（53%）的文章采用文献述评和历史分析，35%采用调查/定量分析，27%采用访谈/焦点小组访谈的方法；只有1%使用实验或准实验方法，还有1%使用跟踪或纵向研究。

该调查在一定程度上类似于瑞斯特等人（Rust et al., 1999）的早期调查。瑞斯特等人的调查聚焦于《比较教育评论》《比较教育》和《国际教育发展杂志》三本期刊，时间跨度更长，即从1957年到1995年。他们发现（p.100），20世纪60年代的论文中48%的文章主要依据文献述评，15%是历史研究，到20世纪80至90年代，这两大类文章明显减少，26%的文章主要依据文献述评，5%是历史研究。针对某个项目的评论性文章增多了，同样，基于参与性观察和基于访谈与问卷的研究也有所增加。从这个角度看，比较教育领域至少增加了一些标准的社会科学工具的应用。

然而，在世界的不同地区，在特定的历史时期，主导的研究主题和研究方法论不尽相同。麦格拉斯（McGrath, 2012: 709）在一篇对福斯特等人（Foster et al., 2012）文章的社论中谨慎地指出，该分析是在两个拥有相关研究文化的国家出版的英文期刊上进行的。这种文化在其他地方不一定能够找到。沿着这个思路，柯恩和卡扎米亚斯（Cowen & Kazamias, 2009b: 4）强调了多种比较教育（multiple comparative educations）共存的状况。他们的观察一方面适用于某些国家内部的不同群体，另一方面关注处于不同国家的多个群体。他们观察到，对前者而言，这些群体有着不同的研究方法论和研究领域，群体之间可能彼此交流，也可能互不交往；对后者而言，这些群体有着不同的学术传统，使用着不同的语言，他们与其他国家以及使用不同语言的同行可能相互交流，也可能互不交往。

首先说第一类研究群体。关注鲍尔斯顿（Paulston, 1997; 2000; Weidman & Jacob, 2011）为比较教育领域制作的研究地图是有益的。图2.2再现了其中的一幅地图（Paulston, 1997: 142），它展示了国际和比较教育领域的一些范式和理论。虽然该图描绘了人文主义方法和实用主义方法的一些重叠之处，但也显示了在哪些领域它们完全独立。从文献综述的角度来看，我们可以得出类似的结论：该领域中的许多学者往往忽略了和他们持不同观点的学者，不过仍能够发表他们的研究成果，一方面因为他们发表文章的期刊关注点的折中性质，一方面也因为这些期刊服务于不同受众。埃泼斯坦（Epstein, 1992: 23）是指出比较教育领域中一些对立的认识论取向根本不能调和的观点的学者之一。

不同国家用不同范式从事研究的学者群体之间存在的差异，以及同一国家并使用同一语言但彼此没有交流的学者群体之间的差异，增加了生活在不同国家并使

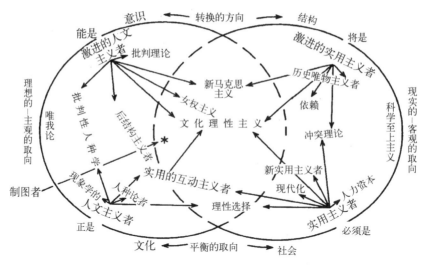

图 2.2 比较与国际教育理论和范式的宏观图式

资料来源：Paulston (1997)，第 142 页。

不同语言的学者群体之间存在的差异。当然，即使学者们使用的语言不同，也有可能使用相似的范式从事研究，但是，当他们没有共同语言时，运用不同范式的可能性就会增加。关于这一点，将 20 世纪 70 年代中期以来，哈罗德·诺亚和马克斯·埃克斯坦的著述以及顾明远的著述进行比较是有启发意义的。这些著者的成套作品集已由香港大学比较教育研究中心出版（Noah & Eckstein, 1998; Gu, 2001），所以比较它们相当方便。诺亚和埃克斯坦生活在美国，他们主要是在说英语的环境中从事研究，他们主要关注的是在实证主义框架下的方法论问题，并且主要关注面向第一世界国家的问题。与之截然不同，顾明远的著作以说俄语和中文的国家为背景。他的作品，特别是在他个人事业的早期，以马克思列宁主义为框架，特别关注中国向工业化国家汲取的经验。尤其在 20 世纪 70 年代和 80 年代，顾明远所处的比较教育界的环境与诺亚和埃克斯坦所在的环境迥然不同。

在世界任何地方，比较教育领域的一个基本的挑战是比较教育领域的著述在多大程度上进行了实质性比较。长期以来，该领域的很多学者（如 Cummings, 1999; Little, 2000; Wolhuter, 2008）不满地抱怨道，甚至在明确冠以"比较"一词的期刊，如《比较教育》和《比较教育评论》中，所刊发的许多文章都是单一国家的研究，而这类研究中比较的性质和程度有待商榷。在比较教育领域的研讨会上，筛选论文的过程往往比专业期刊更加宽松，因而研讨会论文概念架构松散的问题更为明显。因此，正如奥利维拉（Oliveira，1988：166—167）所指出的：

> 从世界比较教育学会联合会的过去两届大会（巴黎，1984；里约热内卢，1987；共收到超过350篇论文）上看，提交的会议论文非常能说明问题。只有少部分论文（巴黎大会为19%，里约热内卢大会为26%）是真正的比较研究，它们研究的要么是世界范围的教育问题，要么涉及两个和两个以上国家的具体议题研究。另外13%—17%的论文探讨的是比较教育研究的理论、认识论或方法论问题。但是，另一方面，一半的文章（里约热内卢大会约45%）都是个案研究，这类文章只不过是在对某个制度、某个历史过程、某一改革或某个国家的特定形势进行描述，有时也有一些分析。其中不仅没有比较，而且它们没有试图得出任何结论，或至少提出在其他情境中可以使用的某些假设。这样，很多论文（里约热内卢约7%）只是泛泛地对教育进行了一些反思，或概括性地描述了某些改革，但却并未提及任何具体的情境。

造成这种状况的部分原因在于，比较教育领域和国际教育领域两者连成了一体，用威尔森（Wilson，1994）的话来说，是一个连体婴儿。"国际教育"一词对不同的人有着不同的含义。比方说，有些人把国际教育描述成一个过程，一个培养个体将自己定位于国际取向的过程（如 Gellar，2002）；而有的人则用国际教育这一术语指"国家间各种类型的教育和文化关系"（Scanlon & Shields，1968：x）。瑞斯特（Rust，2002：iii）认为比较教育和国际教育的区别在于：比较教育研究领域更具有学术性，更注重分析，更注重其科学的一面，而国际教育则与合作、理解和交流的关系更加密切。在美国，比较教育学会（Comparative Education Society，CES）于1956年成立，在1968年更名为比较和国际教育学会（Swing，2007），但该学会的官方刊物保留了《比较教育评论》的名称。其他把这两个领域放在一起的专业学会包括加拿大比较和国际教育学会（Comparative & International Education Society of Canada，CIESC），英国国际和比较教育协会（British Association for International & Comparative Education，BAICE），澳大利亚和新西兰比较和国际教育学会（Australian & New Zealand Comparative & International Education Society，ANZCIES）。

这些名称反映出的含糊性导致了研究领域的含糊不清。美国比较和国际教育学会的期刊的编辑发现，他们很难拒绝那些关于国际教育的文章，因为"国际教育"和"比较教育"都是该学会的名称的构成部分，即使期刊本身的名字仅指向学会名称中的"比较教育"这一部分。有段时间同样的情形出现在英国国际和比较教育协会主办的期刊上。该期刊的名称是《比较：比较教育期刊》(Compare: A Journal of Comparative Education)，但在 2009 年，该期刊将副刊名改为"比较与国际教育杂志"(A Journal of Comparative and International Education) (Bray, 2010)，这使该问题得到了解决。加拿大比较和国际教育学会的期刊则有相反的倾向，它的名称是《加拿大教育和国际教育》(Canadian and International Education)，名称上根本未出现"比较"一词。而澳大利亚和新西兰比较和国际教育学会的期刊——《国际教育期刊：比较视角》(International Education Journal: Comparative Perspectives) 呈现出一种不同的形式。

世界比较教育学会联合会的名称中没有出现"国际"一词，从这个意义上说，和上述四个学会不同，它较少使人产生一种含糊不清的感觉。然而，这四个学会是世界比较教育学会 39 个组成成员中的一分子，因此整个联合会也受到这种模糊性的影响，特别是美国的比较和国际教育学会一直是联合会中规模最大、也最为活跃的成员（Masemann et al., 2007）。这样当世界比较教育学会联合会举办世界比较教育大会时，就会使用宽泛的定义。在前面提到的 1984 年的巴黎大会和 1987 年的里约热内卢大会的案例中，正如奥利维拉所指出的（Oliveira, 1988: 168），会议组织者感到他们无权拒绝任何奥利维拉所说的那些论文，因为并没有一个公认的标准来界定什么是比较教育，什么不是比较教育。同样的问题在之后的每次会议中重现。

研究的"地貌变迁"

如上所述，比彻和特罗勒尔（Becher & Trowler, 2001）观察到高等教育领域发生的一些主要变化，特别是在英国和美国。这些变化带来了比彻和特罗勒尔所说的学术领地的"地貌大变迁"（major geomorphic shift）。其原因包括国家的干预作用不断强化，对绩效的要求日益增强，学者越来越需要"追逐金钱"。这种变化影响到了比较教育和其他领域。然而，在世界各地，这种"地貌大变迁"的性质不尽相同；同时，尽管发生了"地貌大变迁"，传统的延续性在很多方面仍然显而易见。

在英国和美国，国家影响比较教育领域的一个途径是通过对外援助政策。实际上，福斯特等人（Foster et al., 2012）的论文起源于英国政府国际发展署（UK government's Department for International Development，DFID）委托的工作，该部门希望在英国外援框架内支持研究资助的规划。瑞斯特等人（Rust et al.，1999）发现，在20世纪80年代和90年代，在他们调查的三本英文杂志中，对援助项目进行评述的论文比早些年更为突出。其中很多项目是在英国政府的国际发展署或其前身和美国国际发展署（the United States Agency for International Development，USAID）的资助下进行的。这些项目通常聘请学者为咨询专家，并且这些政府组织选择关注的项目类型反过来影响到了比较教育领域。例如，如果项目主要关注初等教育，而不是中等或职业教育，那么，学术论文也是关于初等教育领域。此外，英国和美国的期刊上的很多论文已经关注外来援助项目本身的作用，其中不仅包括双边组织的项目，还包括多边组织的项目，如世界银行和联合国教科文组织。

多边国际组织与穷国和富国政府的政策也影响到一些特定国家在比较教育领域的受关注程度。这一点可以通过对比比较教育会议与文献对中国和尼日利亚的关注程度来说明。20世纪七八十年代，尼日利亚受到的关注相对较多，一是因为尼日利亚有一些外国援助项目；二是因为尼日利亚靠出口石油赚取的收入为其教育系统中聘请了许多外国人士；三是因为尼日利亚政府资助大量本国人出国接受高等教育。到了20世纪90年代，石油产业的繁荣烟消云散，外国机构对尼日利亚的兴趣减少。另外，非尼日利亚人在尼日利亚从事研究日益艰难，部分原因是社会动荡不安。相比之下，20世纪90年代以前，英国和美国比较教育学会杂志和会议上关于中国的研究寥寥无几。这主要是因为那时中国政府实行相对封闭的政策，既不允许外国专家入境开展研究，也不太鼓励中国学者出国。与此相关的是，英国和美国政府在中国的项目很少。然而，到了21世纪，形势发生了急剧转变。许多中国学者在英国和美国大学研习，并带着他们的观念和资料。外国专家发现通过项目更容易赴华，这些项目包括一些由外国政府资助的援助项目和国际交流项目。另一个重要因素是，中国学者精通英文的人越来越多，他们既可以直接阅读英文文献，也可以直接用英文和外界开展交流。

对比较教育领域具有重大意义的另一个"地貌变迁"是苏联的解体。由于国家是主要的分析单位，苏联解体为15个独立主权的国家让比较教育领域对这些国家的研究著述大大增加。此外，同中国一样，在这些国家英语的使用范围比以前更广泛。

绩效（performance）① 是比彻和特罗勒尔提出的第二个原因。英国因其"科研评估机制"（Research Assessment Exercises）而闻名，而中国香港地区和很多其他地区都有类似的方案。这些评估增加了研究者发表文章的压力，并且造成比较教育领域内已有期刊的扩版和新期刊的发行。以下事实可以说明这些现象：

- 1992 年，荷兰发行的《教育国际评论》（*International Review of Education*），从一年四期扩展到一年六期；
- 1993 年，英国的《比较：比较教育杂志》从过去的一年两期增加到三期，到 2003 年扩展到一年四期，2007 年增加到五期，2009 年增加到六期；
- 1998 年，英国的《国际教育发展杂志》，从一年四期增加到六期；
- 2002 年，中国的《比较教育研究》从一年六期增加到十二期。

自世纪之交以来出现的新期刊包括：

- 《比较与国际教育评论》（*Comparative and International Education Review*），2003 年在希腊创刊；
- 《比较与国际教育研究》（*Research in Comparative and International Education*），2006 年在英国创刊；
- 《国际与比较教育杂志》（*Journal of International and Comparative Education*），2012 年由马来亚大学创办。

除此以外，许多比较教育领域的学者也在一些非比较教育的杂志上发表文章。他们还出版书籍，并为编纂的作品集撰写章节内容。发表渠道的增加，一方面说明高等教育的全面发展，从而表明了在高校工作的学术人员的数量在增长，但另一方面也反映了学术人员开展研究和发表研究成果的压力与日俱增。

"地貌变迁"的第三个因素，比彻和特罗勒尔（Becher and Trowler, 2001）认为是创收的压力不断增加。这主要是因为政府普遍倾向于降低对高等教育中的资金投入程度，与此同时，高等教育的扩张又加剧了高等院校之间的竞争。许多院校试图通过招募海外付费的留学生来增加非政府收入。这一趋势在澳大利亚尤为明显。在澳大利亚，吸纳海外留学生接受高等教育已经发展为一项重要产业（Ninnes & Hellstén, 2005; Zipin & Brennan, 2012）。在这一过程中，高等院校及其工作人员都

---

① 研究绩效/表现能力（performativity）：用语言表述行动。这里指对研究者的研究成就用统计已发表著述的方式进行评估。——译者注

变得更有国际意识。国际化进一步促进了比较教育领域的发展。

与上述现象相关的全球化的到来和影响产生了另一种地貌变迁。伊斯顿（Easton，2007：7—8）指出，全球化在众多方面都是一个有悠久历史之根的旧概念，然而对20世纪90年代以及本世纪最初几十年而言，它的程度、性质和影响却前所未有。从某种方面来看，全球化强调了跨国视角的必要性，并为研究分析提供了新的主题，从而促进了比较教育领域的新生。然而，从另一个角度讲，全球化又在某种程度上削弱了比较教育研究，因为更多的学者认为自己具有国际和比较的视角，却在这一领域已有的方法论和传统方面基础薄弱或缺乏根基（Crossley & Watson，2003：1—11；Mitter，2009：98）。

最后一个影响到比较教育研究地貌变迁的因素是技术。低费用的航空飞行机会增加，为希望在国外从事研究的学者的工作带来便利，这是技术因素的一个影响。因特网的出现或许更重要，它极大地拓宽了信息获取渠道。伴随因特网出现的电子邮件，使分散在全世界的学者都能够以低廉的费用相互即时交流。新技术也带来了出版业的变化，许多新期刊完全基于互联网，而大多数传统期刊已经同时发行纸质版和电子版。

上述通过对比诺亚和埃克斯坦的著作与顾明远的著作来强调的地貌差异趋于缩小，部分原因是其中一些研究地貌的变迁是全球性的。对此举一例，随着中国的开放，英语越来越普及，中国学者越来越关注西方国家的文献和方法论。在论文著述资料的翻译和学者的跨国互访的推动下，中西方两种文化之间的学术交流大大增加。

然而，尽管发生了这些地貌变迁，本世纪中比较教育领域的一些特征与以前的时代一样明显。因此，回顾奥利维拉关于巴黎（1984）和里约热内卢（1987）的世界比较教育大会上的文章缺乏学科一致性的评论，对随后的几届世界比较教育大会[①]上的论文进行分析不太可能改变其观点。尽管在有些方面，对比较教育领域的限定试图更严格一些，但在世界所有地区，比较教育仍是一个界定不明确的领域。以汉语、德语、英语、法语、日语、韩语或西班牙语出版的期刊，它们在方法论的侧重点和撰稿人所选的主题上或许彼此不同，但这些期刊表现出的折中主义以及在

[①] 随后的世界大会分别在蒙特利尔（1989）、布拉格（1992）、悉尼（1996）、开普敦（1998）、韩国忠清北道（2001）、哈瓦那（2004）、萨拉热窝（2007）、伊斯坦布尔（2010）和布宜诺斯艾利斯（2013）举行。

方法论上远不如比较教育领域的大多数纯粹主义者所期望的那样严谨这一事实方面大致类似。

结论

在多大程度上教育可以被视为一门学科仍然是有争议的。比彻和特罗勒尔（Becher 和 Trowler，2001）认为，教育确实是一门学科，尽管它属于软学科和应用学科一类。其他观察者可能认为比较教育只是一个研究领域，它欢迎其他研究领域受过训练的学者加入。比较教育领域在过去数十年和几个世纪里有了长足的发展，正如奥利维拉（Oliveira，1988：174）所指出的那样，直到现在"一名教育工作者并不容易被科学界接受，除非他或她接受过其他社会学科领域的正规训练"。不过，奥利维拉提出了一个主张教育学学科身份的强有力的理由，并建议更广泛地使用"educology"这个词来命名"教育学"。

如果教育不容易被人们描绘为一门学科，那么，比较教育就更难得到学科地位。在"比较教育"的名称下，它的学术部落是一个非常松散的由单个人组成的群体。它与另一个称之为"国际教育"的学术部落有关，并且在某种程度上，两个部落位于相同的领地中。这些部落成员之间有相当多的通婚，导致后代的特征发生相应的混合（Wilson，1994：450；Turner，2010：268—270）。

建立一个环境，欢迎各个学科的学者汇聚在一起。这种做法的一个优势在于，它能够允许和鼓励各种研究方法交叉融合。这种做法在某种程度上确实发生在比较教育领域：经济学者、社会学者、人口统计学者和政治学者相聚一堂，他们通过对不同国家和文化的教育系统和进程的相异观点来相互启发。然而，学科相互交叉融合的程度在许多方面使人失望。就像在多科性大学里，法学院、理学院、建筑学院、牙医学院和教育学院往往并没有很多学术交流，而是趋向于在同一地理空间中占据不同的知识领域。比较教育研究领域也被划分开来。实证主义者和新马克思主义者偶尔会碰撞，更多的时候他们相互学习，但总的来说，他们彼此忽视。对于心理学家和人类学家，以及转向专业领域的学者，如非洲研究专家和汉学家等，也可以做出类似的评论。

让我们回到比彻和特罗勒尔所说的"都市"和"乡村"型研究领域之间的差异。比较教育从本质上讲是"乡村"性质的。比较教育研究者通常涉猎广泛的学术领域，其中的问题往往界限并不分明或难于描述。而且，比较教育领域的竞争没有像芯片技术领域和艾滋病研究领域那样激烈。虽然比较教育领域的团队合作研究可能有益处，但即使研究者组成了合作团队，团队往往也是组织松散。相反，比较教育界往往认为，研究者各有分工更为明智，因为有大量主题有待探究，而解决别人已经深入研究的议题没有多大意义。和其他乡村领域的研究一样，比较教育研究的论文要发表往往要等上相当长的时间。除了期刊文章，书籍篇幅长度的研究成果也是一种重要的学术产出形式。

然而，像其他的研究领域一样，比较教育的研究领地在最近几年也发生了一些地貌变化。国家对高等教育干预的增加、对研究绩效的要求以及资金的压力，这些在一定程度上导致了这种变化。其他因素包括技术的进步和地缘政治的变化。研究地貌的这些变化改变了比较教育领域内部群体自我定义的方式，也改变了各群体之间以及与其他领域学者建立联系的方式。某些思维方式，如与冷战政策相关的思维方式，已经不合时宜；而另一些思维方式，包括全球化相关的思维方式，开始风行。

然而，比较教育领域继续接受着大量在学术上不够严谨的描述式论文，这在比较教育的学术会议上表现尤为明显。比较教育学术会议的筛选论文过程比期刊更宽松。因此，除了广泛的学科性和跨学科性特征，还可以给比较教育领域加上大量的非学科性特征。或者，稍微调整下"非学科性"一词，可以说比较教育领域包含着相当多的非学科的思维方式。这种思维既接受严格的学术著述，也宽容那些尚显含糊的观点和不够严密的分析方法。有些学术会议组织者和出版人为此现象辩护，理由是非比较教育领域出身的学者，特别是新近进入该领域的学者，至少能够有机会向听众说出自己的观点，并有可能用更严谨的态度对待自己的论文。但其他比较教育领域的研究者和观察者认为，这种折中主义和学科思维的缺乏对该领域和知识探索的发展是有害的（Wiseman & Anderson, 2013）。

其中，奥利维拉（Olivera, 1988: 175）中肯地指出：

> 从原则上讲，只有教育学者是发展教育科学的最恰当群体（如同社会学是由社会学者发展的，经济学是由经济学者发展的，人口统计学是由人口统计学者发展的），同时教育学者需要其他社会科学家的帮助，但又不屈从于他们。但是，从另一方面讲，教育工作者通常并非训练有素的科学工作者。不论如何，他们的职业要求投入大量时间，这使他们没有空闲时间来科学地阐释自己在工作中获得的数据。

对于学科内部的思考，以及对于跨学科的思考，这个论断都可以作为一个强有力的依据。思考的过程中，我们应当分析各个学科的性质以及促进这些学科发展的各种因素。

（李梅 译，王琰、朱冠怡 校）

参考文献

Becher, Tony (1989): *Academic Tribes and Territories: Intellectual Enquiry and the Cultures of Disciplines*. Buckingham: The Society for Research into Higher Education & Open University Press.

Becher, Tony & Trowler, Paul R. (2001): *Academic Tribes and Territories: Intellectual Enquiry and the Culture of Disciplines*. 2nd edition. Buckingham: The Society for Research into Higher Education & Open University Press.

Bray, Mark (2010): 'Comparative Education and International Education in the History of *Compare*: Boundaries, Overlaps and Ambiguities'. *Compare: A Journal of Comparative and International Education*, Vol. 40, No. 6, pp. 711–725.

Bridges, David (2014): 'The Discipline(s) of Educational Research' in Reid, Alan D.; Hart, E. Paul & Peters, Michael A. (eds.), *A Comparison to Research in Education*. Dordrecht: Springer, pp. 31–39.

Christensen, James (1984): 'Comparative Educology: A Bridging Concept for Comparative Educational Enquiry'. Paper presented at the Fifth World Congress of Comparative Education Societies, Paris. [as cited in Olivera 1988]

Cowen, Robert & Kazamias, Andreas M. (eds.) (2009a): *International Handbook of Comparative Education*. Dordrecht: Springer.

Cowen, Robert & Kazamias, Andreas M. (2009b): 'Joint Editorial Introduction', in Cowen, Robert & Kazamias, Andreas M. (eds.), *International Handbook of Comparative Education*. Dordrecht: Springer, pp. 3–6.

Crossley, Michael & Watson, Keith (2003): *Comparative and International Research in Education: Globalisation, Context and*

Difference. London: RoutledgeFalmer.

Cummings, William K. (1999): 'The InstitutionS of Education: Compare, Compare, Compare!'. *Comparative Education Review*, Vol. 43, No. 4, pp. 413–437.

Davies, Lynn (2009): 'Comparative Education in an Increasingly Globalised World', in Zajda, Joseph & Rust, Val (eds.), *Globalisation, Policy and Comparative Research: Discourses of Globalisation*. Dordrecht: Springer, pp. 13–34.

Easton, Brian (2007): *Globalisation and the Wealth of Nations*. Auckland: Auckland University Press.

Epstein, Erwin H. (1992): 'The Problematic Meaning of "Comparison" in Comparative Education', in Schriewer, Jürgen in cooperation with Holmes, Brian (eds.), *Theories and Methods in Comparative Education*. 3rd edition, Frankfurt am Main: Peter Lang, pp. 3–23.

Epstein, Erwin H. (1994): 'Comparative and International Education: Overview and Historical Development', in Husén, Torsten & Postlethwaite, T. Neville (eds.), *The International Encyclopedia of Education*. 2nd edition, Oxford: Pergamon Press, pp. 918–923.

Foster, Jesse; Addy, Nii Antiaye & Samoff, Joel (2012): 'Crossing Borders: Research in Comparative and International Education'. *International Journal of Educational Development*, Vol. 32, No. 6, pp. 711–732.

Furlong, John & Lawn, Martin (eds.) (2011): *Disciplines of Education: Their Role in the Future of Education Research*. London: Routledge.

Gellar, Charles A. (2002): 'International Education: A Commitment to Universal Values'. in Hayden, Mary; Thompson, Jeff & Walker, George (eds.), *International Education in Practice: Dimensions for National and International Schools*. London: Kogan Page, pp. 30–35.

Gu Mingyuan (2001): *Education in China and Abroad: Perspectives from a Lifetime in Comparative Education*. CERC Studies in Comparative Education 9. Hong Kong: Comparative Education Research Centre, The University of Hong Kong.

Higginson, J. H. (2001): 'The Development of a Discipline: Some Reflections on the Development of Comparative Education as Seen through the Pages of the Journal *Compare*', in Watson, Keith (ed.), *Doing Comparative Education Research: Issues and Problems*. Oxford: Symposium, pp. 373–388.

Larsen, Marianne A. (2010): *New Thinking in Comparative Education: Honouring Robert Cowen*. Rotterdam: Sense.

Lê Thành Khôi (1986): 'Toward a General Theory of Education', *Comparative Education Review*, Vol. 30, No. 1, pp. 12–29.

Little, Angela (2000): 'Development Studies and Comparative Education: Context, Content, Comparison and Contributors'. *Comparative Education*, Vol. 36, No. 3, pp. 279–296.

Manathunga, Catherine & Brew, Angela (2012): 'Beyond Tribes and Territories: New Metaphors for New Times', in Trowler, Paul; Saunders, Murray & Bamber, Veronica (eds.), *Tribes and Territories in the 21st Century: Rethinking the Significance of Disciplines in Higher Education*. London: Routledge, pp. 44–56.

Manzon, Maria (2011): *Comparative Education: The Construction of a Field*. Hong Kong: Comparative Education Research Centre, The University of Hong Kong, and Dordrecht: Springer.

Masemann, Vandra; Bray, Mark & Manzon, Maria (eds.) (2007): *Common Interests, Uncommon Goals: Histories of the World Council of Comparative Education Societies and its Members*. CERC Studies in Comparative Education 21, Hong Kong: Comparative Education Research Centre, The University of Hong Kong, and Dordrecht: Springer.

McGrath, Simon (2012): 'Editorial: Researching International Education and Development'. *International Journal of Educational Development*, Vol. 32, No. 6, pp. 709–710.

Mitter, Wolfgang (2009): 'Comparative Education in Europe', in Cowen, Robert & Kazamias, Andreas M. (eds.), *International Handbook of Comparative Education*. Dordrecht: Springer, pp. 87–99.

Ninnes, Peter & Hellstén, Meeri (eds.) (2005): *Internationalizing Higher Education: Critical Explorations of Pedagogy and Policy*. CERC Studies in Comparative Education 16. Hong Kong: Comparative Education Research Centre, The University of Hong Kong, and

Dordrecht: Springer.

Noah, Harold J. & Eckstein, Max A. (1998): *Doing Comparative Education: Three Decades of Collaboration*. CERC Studies in Comparative Education 6. Hong Kong: Comparative Education Research Centre, The University of Hong Kong.

Olivera, Carlos E. (1988): 'Comparative Education: Towards a Basic Theory', *Prospects: Quarterly Review of Education*, Vol. XVIII, No. 2, pp. 167 – 185.

Olivera, Carlos E. (2009): *Introducción a la Educación Comparada*. San José, Costa Rica: Editorial Universidad Estatal a Distancia.

Paulston, Rolland G. (1997): 'Mapping Visual Culture in Comparative Education Discourse'. *Compare: A Journal of Comparative Education*, Vol. 27, No. 2, pp. 117 – 152.

Paulston, Rolland G. (ed.) (2000): *Social Cartography: Mapping Ways of Seeing Social and Educational Change*. New York: Garland.

Rust, Val D. (2002): 'Editorial: The Place of International Education in the *Comparative Education Review*'. *Comparative Education Review*, Vol. 46, No. 3, pp. iii – iv.

Rust, Val D.; Soumaré, Aminata; Pescador, Octavio & Shibuya, Megumi (1999): 'Research Strategies in Comparative Education'. *Comparative Education Review*, Vol. 43, No. 1, pp. 86 – 109.

Scanlon, David G. & Shields, James J. (1968): 'Introduction', in Scanlon, David G. & Shields, James J. (eds.), *Problems and Prospects in International Education*. New York: Teachers College Press, pp. ix – xxii.

Swing, Elizabeth Sherman (2007): 'The Comparative and International Education Society (CIES)', in Masemann, Vandra; Bray, Mark & Manzon, Maria (eds.), *Common Interests, Uncommon Goals: Histories of the World Council of Comparative Education Societies and its Members*. CERC Studies in Comparative Education 21, Hong Kong: Comparative Education Research Centre, The University of Hong Kong, and Dordrecht: Springer, pp. 94 – 115.

Steiner Maccia, Elizabeth (1964): 'Logic of Education and Educatology: Dimensions of Philosophy of Education'. *Proceedings of the*

Twentieth Annual Conference of the Philosophy of Education. [as cited in Olivera 1988]

Trowler, Paul; Saunders, Murray & Bamber, Veronica (eds.) (2012a): *Tribes and Territories in the 21st Century: Rethinking the Significance of Disciplines in Higher Education*. London: Routledge.

Trowler, Paul; Saunders, Murray & Bamber, Veronica (2012b): 'Conclusion: Academic Practices and the Disciplines in the 21st Century', in Trowler, Paul; Saunders, Murray & Bamber, Veronica (eds.), *Tribes and Territories in the 21st Century: Rethinking the Significance of Disciplines in Higher Education*. London: Routledge, pp. 241–258.

Turner, David A. (2010): 'The Twin Fields of Comparative and International Education', in Masemann, Vandra; Majhanovich, Suzanne; Truong, Nhung & Janigan, Kara (eds.), *A Tribute to David N. Wilson: Clamouring for a Better World*. Rotterdam: Sense, pp. 261–270.

Weidman, John C. & Jacob, W. James (eds.) (2011): 'Mapping Comparative, International and Development Education: Celebrating the Work of Rolland G. Paulston', in Weidman, John C. & Jacob, W. James (eds.), *Beyond the Comparative: Advancing Theory and its Application to Practice*. Rotterdam: Sense, pp. 1–16.

Wilson, David N. (1994): 'Comparative and International Education: Fraternal of Siamese Twins? A Preliminary Genealogy of Our Twin Fields'. *Comparative Education Review*, Vol. 38, No. 4, pp. 449–486.

Wiseman, Alexander & Anderson, Emily (eds.) (2013): *Annual Review of Comparative and International Education*. Bingley: Emerald.

Wolhuter, C. C. (2008): 'Review of the Review: Constructing the Identity of Comparative Education'. *Research in Comparative and International Education*, Vol. 3, No. 4, pp. 323–344.

Wolhuter, Charl & Popov, Nikolay (eds.) (2007): *Comparative Education as Discipline at Universities World Wide*. Sofia: Bureau for Educational Services.

Youngman, Frank (1992): 'Comparative Education as an Academic Discipline', in Kouwenhoven, G. W.; Weeks, Sheldon G. & Mannathoko, Changu (eds.), *Proceedings of the Comparative Education*

Seminar. Gaborone: Botswana Educational Research Association, pp. 19–27.

Zipin, Lew & Brennan, Marie (2012): 'Governing the Claim of Global Futures within Australian Higher Education', in Adamson, Bob; Nixon, Jon & Su, Frank (eds.), *The Reorientation of Higher Education: Challenging the East-West Dichotomy*. CERC Studies in Comparative Education 31, Hong Kong: Comparative Education Research Centre, The University of Hong Kong, and Dordrecht: Springer, pp. 247–268.

第三章　比较教育中的质性与量化研究方法

方睿明

研究方法虽多种多样,但大体上可归为质性研究和量化研究。或许在这两者之间难以划出鲜明的分界线,或许研究方法本身也并非互不相容。然而,这种分类还是值得我们关注的,因为它为不同研究提供了不同的见解。

本章第一部分将介绍量化研究与质性研究方法的特征,及它们在研究的目的、结构与理论上的不同。同时还讨论诸如客观性、价值观、研究者与研究对象之间的关系等问题。第二部分讨论了用质性和量化方法研究读写能力(literacy①)这一比较教育领域中的一个重要研究话题。首先,采用量化方法和质性方法的研究者在研究读写能力问题时分别具备哪些优势;其次,质性或量化研究虽然采取了不同的方法,但它们的目的是一致的,即都是为了寻找四个基本问题的答案。这四个基本问题是:如何准确地定义和描述读写能力?读写能力存在哪些变量?哪些因素能够提高读写能力?读写能力的结果是什么?下面将使用研究文献中的具体例子,比较量化与质性研究方法分别是如何回答这些问题的。

教育领域中的量化与质性研究方法

在其《教育研究导论》(*Educational Research Primer*)(2004)一书中,皮恰诺(Picciano)简要地比较了教育领域中的量化与质性研究方法。他将量化研究方法定义为"收集计量数据,然后用统计方法对数据加以分析"(p.51);与之相对,质性研究方法则基于"意义、概念、情境、描述与环境"(p.32)。"量"指的是事物的数量,而"质"则指的是事物的本质。

---

① "literacy"既可以译为"识字",也可以译为"读写能力",考虑到21世纪对于"读写能力"的强调,本书将其翻译为"读写能力"。——译者注

在诸多量化研究中，皮恰诺提及描述性研究、关联性研究、因果关系比较研究以及实验研究；而质性的研究方法包括民族志研究、历史研究与案例研究。为了解释这些研究方法的异同，皮恰诺依次比较了它们的目的、数据来源、数据收集方法、数据分析及研究报告。例如，定量的关联性研究，其目的是以数据来描述变量之间的关系，并根据这些关系来预测结果。而质性的民族志研究，则是为了描述和解释在自然的情境下发生的现象。因目的的不同，它们的数据来源也不同。关联性研究基于定量数据，这些数据通常来自学校数据库、测验分数、调查和问卷；而民族志研究则基于观察、田野调查笔记，甚至照片和录像。

在详细介绍各种质性与量化的研究方法前，皮恰诺（p.32）在序言里写道："两类研究方法孰优孰劣的激烈辩论持续了很多年。我们无意加入到这场辩论中去，因为我们认为这两种方法都是很受尊重的，只要能够被运用得当，它们能对人类的知识库作出同等重要的贡献。"我们会像那些致力于弥平二者对立的学者那样（Brannen，2005；Onwuegbuzie & Leech，2005；Gorard & Taylor，2004；Greene，2007；Howe，2003），检验这两种宽泛的方法如何研究相似的社会与教育的基本问题，它们各自如何选择具体的方法论去回答具体的研究问题。

量化研究

在教育领域使用量化研究方法，最主要的目的是找出有助于解释与预测教育现象的规律（Ary et al.，2010；Bryman，1988；Hartas，2010）。"事物之间存在关联性"是一个规律，它意味着事物之间的功能性依存，而因果关系的规律则意味着不同事件之间会有明确的前后发生次序。量化研究者坚信，存在普遍性的推理过程，这意味着研究者认为，不论时间空间，某些规律具有普遍性，是放诸四海而皆准的。由于这些规律的存在，我们就可以解释与预测不同背景下诸多现象之间的联系。

布莱曼（Bryman，1988）认为，建立因果关系是量化研究的一个重要任务。对现象的解释，或"为什么"的问题，都暗示对原因的探索——要找出某些特定的因素，同时排除无关因素。如何确定因果关系？一种非常有效地建立因果关系的方式就是实验；但许多研究者借助大规模的调查来收集数据，通过相关性研究来确定因果关系。布莱曼指出，要通过这种方式得出因果关系，研究者必须指明两个变量之间的关系，即两者之间的联系与第三个变量无关，同时两者在时间上先后发生，符合逻辑顺序。

由于量化研究者研究普遍适用性推理的使命，他们的研究就有了第二个目的——将其研究发现推广到更大的人群和更多的地点。量化研究者说，为了实现这个目的，在实验研究和调查研究中要使用随机的、有代表性的样本。然后，研究者试图让他们的研究结果可重复验证，这样就能有力地说明研究结果的普遍性。提倡比较方法的学者将"普遍推广"与"解释"这两个目的合为一体，认为，解释性的变量越是置于丰富变化的环境中，越能说明它们的普遍适用性（May，2011）。他们认为，环境的多变程度在"社会"这一层面达到顶点，而这正是跨国研究和跨文化研究的合理性的基石（van de Vijver & Leung，1997）。

量化研究的第三个目的是演绎，即对理论或假设进行检验，并证明其正确性。这个目的促使量化研究表现出"正确性论证"（confirmatory）的特点。这个目的也反映了典型的量化研究过程。通常量化研究过程是先提出一个宽泛的理论，接着陈述一些具体的假设；然后将作为变量的一些概念加以操作定义以便收集数据；最后分析数据。

这种具有固定程序的研究过程，可说是量化研究传统的一个最典型特征。不论是进行大规模调查还是采用实验方法，研究者都必须在研究之初就明确具体的研究问题，然后再考虑收集数据工具的设计（如问卷法）和数据收集。正因为此，研究结果的大致轮廓在研究启动时就已经勾勒成形了。这种方式意味着，研究的焦点集中但也局限于几个相对有限的概念。为研究这些概念，研究者必须对这些概念进行操作处理，使其成为变量，以便研究者观察、测量、找出它们之间的相关性。正如布莱曼所说（Bryman，1988：22），真实的世界就会"被分割成可操作的一组概念：社会阶层、种族偏见、宗教趋同、领导风格、激进，诸如此类"。然而，量化研究的这些特征，使它具有精确、严密、可靠、解释力强的优点。"硬数据"是通过结构严整、体系完善的过程得来的，也便于与其他研究互作验证。

根据量化研究的方法论，研究方法和数据不应受研究者本人的影响。这强有力地支持了大量研究客观可靠的说法。研究者与研究对象之间有限地接触，或者不存在直接接触，这样，研究者保持着超然的科学的观察者形象。研究者以局外人（outsider）的、客位的（etic）视角，尽可能避免与研究对象的接触。据此，量化研究被视为是客观的、价值无涉的。选择随机样本、设计标准化问卷，这一切都是为了减少甚或消除人为的偏差。

质性研究

质性研究在客观性与价值上的观点以及下文中的其他方面，都体现了其与量化研究在方法和目的上的差异（Greene，2007；Hartas，2010）。质性研究的传统是质疑客观性，认为研究的过程和研究所揭示的"事实"都与价值取向息息相关。质性研究方法视研究者自身为获取数据的一种工具，而不是把研究者与研究对象截然分离，相反地，研究者与研究对象会保持持续而紧密的联系，进而否认追寻客观的必要性。库巴与林肯（Guba & Lincoln，1994：107）坚持认为："只有当研究者与现象（在社会科学里，"现象"往往指人）之间存在互动时，研究结果才能产生。这一观点相比研究结果从客观的观察中产生的论断，常常更为合理地描述了探究的过程。"

与此相关，质性研究者的一个根本目的是获取研究对象的观点、价值观、行动、过程与事件。质性研究者试图凸显的是主位的（emic）、局内人（insider）的观念，对研究对象共情。通过诸如细致的参与性观察、结构灵活的深度访谈，研究对象被给予更多的维度以分享他们的看法，而研究者也倾向于在探究过程中放弃对研究对象的管控。

以方法论而言，量化研究寻求的是有普遍解释力的规律，而质性研究有时则否认这种规律的存在。换言之，质性研究采用的是个殊性研究方法（ideographic approach），而非一般规律研究方法（nomothetic approach），其研究的结论是就特殊的时间、地点而言的（Bryman，1988；Greene，2007）。研究者无意把在某一特定地点做出的研究泛化到其他地方，他们只对这个特定背景下的事件、过程与行为感兴趣。质性研究不单关注某几个变量，而是整体的、自然的，从多个层次多个角度检视整个社会实体——如学校或社区。质性研究的目标是寻找一种解释的、共情的理解，并且试图获取研究对象对他们自身特定而完整的背景所赋予的意义。

布莱曼（Bryman，1988）认为，质性研究者关注研究对象的角度，避免了先入为主的结构与成见。因此，质性调查具有开放、灵活的特征。这与量化研究截然不同。后者在研究肇始时就决定了那些可操作、可测量的主要概念。质性研究者可能有，也可能没有具体的研究问题作为预设的调查目标。相反，研究焦点很可能是在研究过程当中才浮现出来，允许探索研究过程中意外出现的问题。也就是说，不可知的事件可能会成为研究的对象。因此，我们可以说质性研究是归纳的、探索性的，而不是演绎的、论证式的。

同样，质性研究中理论的作用也是在研究过程中出现的。由于质性研究者坚持采用局内人观点，采用归纳的、灵活的、非结构的方式，他们通常并不在研究初始时就设定一个准备接受验证的理论。一个预设的理论可能被视为研究过程中的束缚，也可能证实与研究对象的观点非常不一致。"扎根的"理论的发现、形成、解释是与数据的收集和分析同时进行的。

最后，在如何呈现研究结果方面，质性研究倾向于提供丰富的、深刻的、翔实的描述，而不是阐明精心设计并检验的概念之间的统计关系。质性研究的详细描述有助于解释研究对象的观点，有助于我们理解他们对某些现象的看法。同时，质性研究者会超越纯粹的描述，对复杂的现象进行分析、解读并提供解释。

对比较教育的启示

上文讨论了使用质性研究与量化研究方法的一些问题，这些问题与比较教育密切相关。一方面，在比较教育一些领域运用量化方法有相当大的呼声。这与比较教育领域发生的变化有关，该领域经历了从历史的、解释性的研究，到运用统计数据和量化数据分析程序的转变。一些学者执着于对普遍性解释及适用于不同社会与文化里的教育现象的普遍准则的追求。一些学者与政策制定者希望能将教育理论、教育实践与教育政策搬用到国外，也希望针对全球问题找出全球解决方法。许多大规模的数据库中贮存的全球学生成绩，国际机构采集到的大量教育数据，这些数据因为其自身的便利可取和影响力，吸引着资深学者和初出茅庐者。最后，由政府和国际组织委托的研究课题也很可能特别倾向于某种理论和方法。

另一方面，质性研究的呼声也相当高。有时是针对可见的量化研究的缺陷。质性研究者都坚信：文化背景、政治背景、社会背景具有强大的影响力，比较教育领域的质性研究者有着很强的共识，即文化、政治和社会背景的重要性，以及教育无法脱离它的特定文化。质性研究受到推崇的另一原因是，很多研究者意识到大量跨国统计数据的缺陷和问题，即这些数据常常被不加分辨地使用又不考虑其潜在偏向，以及基于某种分析单位（通常是国家）进行比较研究时，不考虑地方情况及内部变化。至于研究的客观性和价值有涉问题，质性研究者们会尤其注意可能的潜在偏见和未经质疑的假设——特别当研究者在不同于自己文化背景的情况下做研究时。质性研究者认为，必须意识到偏见并质疑自己的假设，同时尝试去理解社会和文化背后的假设，这些都是调查研究的目标。

关于读写能力的量化和质性研究

为了深化对质性研究和量化研究的讨论与比较，本章将就一系列关于读写能力这一特定主题的研究进行描述和分析。本章认为这两种类型的研究都可以就基本相似的问题寻找答案。读写能力是比较教育研究者重点关心的问题，这不仅仅是因为一些有影响力的国际机构如联合国教科文组织和世界银行对研究议题的影响(Crossley & Watson, 2003)。《比较教育评论》《国际教育评论》《国际教育发展杂志》发表了大量关于读写能力的研究论文。它们当中既有对读写能力成绩的大规模的、跨国的量化研究，也有小规模的、深入的民族志研究。

尽管读写能力研究因研究方法、研究背景和具体研究问题而大相径庭，这两类研究方法在目的上还是表现出基本的相似之处。具体来说，它们都在寻求至少是四个基本问题的答案：

1. 如何精确地定义并描述读写能力？
2. 读写能力存在哪些变量？
3. 哪些因素能够提高读写能力？
4. 读写能力教育的影响是什么？

下面分析的一些研究，或为民族志研究，或为大规模量化研究，或为采用混合方法的研究。为了区分量化和质性方法，文中简单地根据研究数据的性质来分类。在本文讨论中，主要以数字和统计数据的形式来呈现研究结果的研究被视为量化研究，政策和历史研究则被视为广义的质性研究。

如何精确地定义并描述读写能力？

"读写能力的准确定义是什么？如何精确地描述读写能力？"这是量化与质性研究都在探究并寻找答案的基本问题，但是在研究这个问题的方法和对问题的解读上，两种研究方法却有着分别。量化研究方法认为：要回答这两个问题，就要找到一种精确的、客观的方法来测量读写能力，通常研究肇始就将它确定下来。2011年跨国研究"国际读写能力研究进展"（Progress in International Reading Literacy Study，PIRLS）把以往国际教育成就评估协会（International As-sociation for the Evaluation of Educational Achievement，IEA）对读写能力的调查中提炼出的定义加以优化，这样定义阅读读写能力:"理解和运用书面语言的能力,这一能力为社会需要的和/或个人重视的。"(Mullis et al., 2009: 11)

另一项跨国研究——国际成人读写能力调查(the International Adult Literacy Survey, IALS)曾把功能性读写能力明确地定义为"在家中、工作中及日常生活中能够理解并运用印刷信息的能力",并直接测量了三个相关的领域:散文、公文和量化素养(Darcovich, 2000: 369)。学界认为这是一种创新,因为它测量了三个领域内不同程度的读写能力水平——比绝大多数文献中采用的文盲—脱盲的简单二分法更准确。

詹宁斯(Jennings, 2000)也提出,圭亚那政府向国际援助机构提交的成人读写能力报告中,"圭亚那成人具备读写能力的比率达到97.5%"的说法是夸大的,因为这个读写能力比率的计算是以小学入学率为基础的,而不是基于对读写能力水平的直接评估。"离校青年功能性读写能力调查"(Functional Literacy Survey of Out-of-school Youth)将读写能力定义为"在一个人所处的族群和社区中,他/她能够在读写、计算及解决基本问题时,有效运用读写技能的能力"。根据这个定义,詹宁斯估计圭亚那的真正读写能力比率要低20个百分点有余。

针对类似问题,拉维和斯派特(Lavy & Spratt, 1997)批评说,国家层面的人口普查统计存在以下问题:不准确、不具可比性、假设被质疑、定义不清和错误解读。他们认为,解决这些问题对读写能力教育的政策和项目的发展具有重要意义。他们以摩洛哥读写能力研究为例。摩洛哥在各种读写能力技能上对个体作了直接评估,同时要求答卷人就阅读、写作和数学能力进行自我评估。拉维和斯派特比较了直接评估和自我评估的结果,发现自我评估报告很少低估并且往往高估本人的读写能力水平。因此他们总结说(p.128)"'良好的读写能力比率'……事实上,可能其中相当部分人口的实际读写能力水平非常低下"。

另一个比较客观读写能力(直接评估)与主观读写能力(自我评估)之间差异的研究案例来自埃塞俄比亚与尼加拉瓜。夏弗纳(Schaffner, 2005)总结说,在家庭中调查读写能力时所采用的方法夸大了真正的读写能力比率,尤其是在平均受教育年限较少的国家。这一发现有助于人们理解在绝大部分学生中普及读写能力素养究竟需要多少年。

玛道克(Maddox, 2005: 123)在介绍他的质性研究时提到:"评估的过程往往围绕着范围狭窄的能力测试,而没有去寻求人们如何将这些学习能力应用到日常生活中去。"这一评论中肯地揭示了在回答"如何最精确地定义和描述读写能力?"时,量化研究与质性研究之间的差异。量化研究者关心如何精确而客观地评估、测量读写能力技能,而质性研究者认为只有回答了"读写能力对本人意味着什么?"才有可能做出准确而有价值的结论。例如,许多人认为读写能力是与国家发展水平相联系的一种公共行为,而玛道克的意见则相反。他以民族志方式研究了孟加拉国妇女的读写能力问题,发现她们往往秘密进行读写活动,因为读写能力会为她们带来风险和伤害。他还发现,能够自如阅读阿拉伯文的妇女并不认为懂得阅读《古兰经》就是读写能力的一种表现形式,尽管这终究还是可以提高妇女在群体中的地位。在解释这些现象的时候,玛道克并没有依赖数字,而是对妇女及其读写能力行为进行个案研究。

艾珂曼(Aikman, 2001:106—107)对秘鲁原住民做了民族志调查。她问道:"哈拉肯巴人(Harakmbut)认为怎样才算有读写能力?哈拉肯巴人认为读写能力对自我发展有什么实际的用途?"她在另一情况下将这些问题又问了一遍:"在外部的发展话语情境下哈拉肯巴人如何看待读写能力与发展?"她发现,对这些原住民来说,学习阅读西班牙文意味着自我提升与获得资源,从而保护和增强原住民的权利。学习阅读他们自己的语言在她所研究的群体内部有几种意义,一方面使他们珍视自身的文化,但同时也使他们强化了自己的"他者"角色,并在秘鲁大社会中丧失了地位与威严。

与专家、社会科学研究及政府报告中"读写能力即是权力"的说法不同,洛克希尔(Rockhill, 1993)对加利福尼亚州讲西班牙语的移民做了几个生活史访谈,借此发现在日常生活中的读写能力教育经历以及读写能力与权力关系是如何互动的。她的访谈对象表示非常希望学会读写。洛克希尔因此问道:"她们获得读写能力是为了获取权力吗?是为了行使权利吗?是为了抗争吗?如果是,那么与谁抗争?抗争什么?如何抗争?"(p.163)学术文献与政策文献中往往提到读写能力是在公共活动的经济、政治与文化领域获取权力的手段,但洛克希尔批评道:"赋权、抗争、权利这些概念,无法解释我们访谈的女性想获得读写能力的热切愿望,无法解释她们如何看待自己的生活,无法解释读写能力赋予的生活意义,无法解释她们经历过的冲突。"(pp.164—165)

以上这些例子都说明,学术、政治、经济话语与访谈对象所经历的读写能力教育之间,存在着落差。对此,另一些质性研究者也更为鲜明地进行了对比,比较了读写能力教育的推行者和实施者与学习读写的人之间迥然不同的读写能力观念。库里克与斯特劳德（Kulick & Stroud, 1993）发现，巴布亚新几内亚噶潘村（Gapun）的村民只"紧紧抓住"读写能力教育对他们最有用的那几方面，在解释其中原因时，他们指出，读写能力教育的推行者、教会和学校所关注的方面，实际上与村民所关注的方面大不相同。他们写道（p.55）：

> 噶潘村的村民对阅读和写作有他们自己的理解，这些观念源于他们自己文化所注重的内容。不论是过去或将来，这些观念才是村民们对书面词语的意义的理解，而不是来自外部的、在完全不同的文化背景下形成的关于读写能力的观念。

戴尔与乔克斯（Dyer & Choksi, 2001）也谈到了他们在这方面的研究。他们发现，印度的拉巴里（Rabari）游牧民对读写能力的观念与他们作为学者的预设观念完全不同。学者从协助发展的角度来看，拉巴里人使用新的读写方法是为了发展他们的畜牧业，他们在大草原背景下参与读写能力教育项目也是为了更好地发展自身的知识和经验。而恰恰相反，做了民族志研究后，学者意识到，拉巴里人学习读写是为了尽可能减轻对他人的依赖。他们认为，读写能力是和"坐办公室"关联着的，他们希望读写能力能使自己的子女摆脱游牧生活方式，从而过上更好的生活。

总而言之，量化与质性研究者都在回答"如何准确地定义、描述读写能力"这个基本问题。对量化研究者而言，他们的目标是得到测量读写能力的更为客观可靠的方法，有时使用全国的数据，有时通过对研究对象进行测量。"读写能力"的含义来自现存文献，在研究之初就已明确。相反，针对个体的质性研究虽也考虑读写能力的外部定义，但更倾向于研究对象对读写能力的定义，以及他们心中读写能力的用途。政策制定者则倾向于分析国家政府与国际机构对读写能力的定义，因为他们有权力制定教育政策，不论他们的观念与他们的目标人群的观念是否吻合。不论是哪种情况，外部行为人与研究对象之间，甚或研究对象内部之中，对于如何测量和理解读写能力都有着不同的见解。因此，量化与质性研究关注的第二个基本问题是"读写能力的变量（variations）是什么"，并试图通过自己的方法来回答。

读写能力存在哪些变量？

帕蓬（Papen, 2001）对纳米比亚的国家读写能力项目（the National Literacy

Programme，NLPN）作了一个民族志研究。她比较了该项目中不同社会与不同机构背景下与读写能力相关的行为和意义，例如师资培训、与国家读写能力日相关的活动。基于对政府文件的分析、评价报告、政治话语以及学者本人的观察，她得出结论：对读写能力的某种认知压倒了其他认知，并进而影响了该项目采取的读写能力活动。这虽然只分析了一个地理实体——纳米比亚，但它却是一项广义上的比较教育研究，因为它涉及了不同背景、不同层次的比较（Bray & Thomas，1995）。

其他的质性研究则调查了不同语言、不同机构、不同当事人对于读写能力的不同理解。雷德与维克朗（Reder & Wikelund，1993）对美国阿拉斯加的渔民群落作了一项民族志研究。在这项研究中，他们描述了"村落的"与"外来的"读写实践被赋予了不同的社会意义，二者之间存在冲突。"村落的"读写实践通常与东正教会、渔业密不可分，而"外来的"读写实践则源自学校及政府机构。与此类似，布莱索与罗比（Bledsoe & Robey，1993）对塞拉利昂的门德人做了民族志研究，发现在实现社会目标方面，掌握阿拉伯语与掌握英语具备不同的意义与优势。他们认为学阿拉伯文与学英文的意义不同，作用也不同——阿拉伯文与宗教、仪式、秘密、超自然力量联系在一起，而英文则与政府、官僚、技术、物质财富联系在一起。另一例，罗宾孙-潘（Robinson-Pant，2000）在尼泊尔的偏远地区做了民族志的读写能力研究，比较了男女两性对读写能力的差异化认知。她注意到，阿鲁塔地区（Arutar）受过教育的男性对于读写能力的概念与他们的老师——援助机构的教员——是一致的；而女性学习者的看法却完全不同，甚至与主流的、援助机构的、男性的观点完全相反。

量化研究者同样对男性与女性在读写能力方面进行了比较，但其研究焦点并非探究读写能力含义的差异，而是聚焦读写能力的差异。许多人都研究了两性在读写能力成果与识字率（literacy rate）上的差异，主要是通过直接测评与自我评估报告（Fuller et al.，1994；Jennings，2000）。学者们还用量化方法从以下方面检视在读写能力成果与识字率上的差异，包括母语（Ezzaki et al.，1999；Gunawardena，1997）、群体类型（城市/乡村）（Fuller et al.，1999；Gunawardena，1997；Lavy & Spratt，1997）、受教育水平（Jennings，2000；Lavy & Spratt，1997）、社会经济地位（Jennings，2000；Lavy & Spratt，1997）。富勒等人（Fuller et al.，1999）还比较了墨西哥各州的识字率差异，以及不同时期的识字率差异。国际教育成就评价协会通过直接测评所做的阅读能力研究也比较了各国儿童的阅读水平，以及基于性别、父母出生地、父母职业、教师性别以及其他各种因素所显示出来的读写能力水平差别（Elley, 1994；Mullis et al., 2003；Mullis et al., 2009）。

在检验读写能力的变量时，上述质性研究者注重的是不同群体、个人、机构对于读写能力的不同观念，并与不同语言、不同实践相联系。他们使用描述与直接引用的方式来呈现报告。在一些情况下，他们认为，教育者与受教育者对于读写能力的不同理解会影响读写能力项目的结果。量化研究者对比较大量不同群体的读写能力成效有着类似的关注。他们相信，一旦发现特定群体的读写能力成效低于其他群体，就应该找出应对方法来提高他们的读写能力成效。这正是一项量化性实验研究的最重要目的——这项研究比较了参与功能性读写能力课程的成人与参加"传统"读写能力课程的成人，也比较了两类学生在培训前和培训后的阅读测试成绩（Durgunoğlu et al., 2003）。这项比较的目的是检验读写能力课程的作用。在其他众多量化与质性研究中，研究者们总是乐于检测各种因素对读写能力结果的影响。这就引出了两个研究学派共同探索的第三个基本问题：什么因素可提高读写能力？下文将展示，双方以不同的方式来回答这个问题。

哪些因素能够提高读写能力？

曼古柏（Mangubhai, 1999）做了一个实验研究。他研究斐济的书海计划（the Book Flood Project）——专门的教育干预计划——是否提高了学生的阅读水平。其他一些量化研究者也使用了统计方式来检验学校教育是否能够提升读写能力。德克斯特等人（Dexter et al., 1998）研究了墨西哥农村的妇女、读写能力和健康问题，他们提出一个假设：一位妇女在童年所受教育的年限越长，她在参加与健康相关的语言和读写能力活动时就表现得越好。他们通过直接评估和访谈收集了许多资料，并对资料进行了回归分析。另一组使用统计方法的是厄萨齐等人（Ezzaki et al., 1999: 184）。他们提出："摩洛哥农村的许多儿童在学前学习《古兰经》，这一经历是否有利于提高他们上学之后的读写能力？这一早期优势是否能够一直在学校教育中保持下去？"他们做了直接评估，访谈了学生、家长、教师，并查阅了学校档案，然后采用方差分析（ANOVA），研究在说阿拉伯语和巴巴里语的儿童中，学前学过《古兰经》的儿童与学前没有学过《古兰经》的儿童在阅读能力上的差异。

富勒等人则专注于学校教育的特征与实践。他们希望通过回归分析，找出博茨瓦纳中小学内部各种因素对英语读写能力的影响（Fuller et al., 1994）以及巴西儿童早期读写能力的问题（Fuller et al.，1999）。他们做了直接评估，观察了课堂，对教师与校长做了访谈及问卷调查。他们设定的变量有：学校规模、班级大小、教材供应、教师资格与工作满意程度、课堂中自主阅读与写作的频率、学生用于学习的时间与没有用于学习的时间等，并希望从中找出有价值的结论。

如何回答"什么因素可提高读写能力"时，以上这些量化研究回答的是一个更具体的问题：哪些干预措施或投入措施对成功提升读写能力的影响最大？有一项课题研究的是土耳其成年人的功能性读写能力，研究者在评估时注重的是这些读写能力课程的投入（Durguno ğlu et al.，2003）。为了弄清这些投入是否确实有效，也为了评估这项读写能力计划是否相对成功，研究者比较了参与者参与前后的测试成绩，也比较了参与者和非参与者的测试成绩。参与前后的成绩比较显示出差异并不显著。研究者对此的解释是，该项读写能力教育计划的持续时间过短。

普契纳（Puchner，2003）对马里农村的四个读写能力教育项目作了质性研究。那些参与过读写能力教育项目之后掌握读写能力和仍未掌握读写能力的村民，都是她的观察与访谈对象。因此，在某种程度上可以认为，这个研究分析了教育投入的质量。普契纳在解释为什么这些项目不太成功时，总结了以下几个原因：项目规划者的短视，针对妇女的项目既少且弱，以及恶劣的教室环境。除了与教育投入有关的因素，她还列出许多其他社会因素，包括男性与女性之间的关系、性别角色、妇女去上课的困难、在当地环境下读写能力的有限用途，等等。最后一个因素也解释了参与者对这些读写能力项目的态度与反应，以及他们原本的期望。在这里可以看到，质性研究者在回答"什么因素可促成/阻碍读写能力"这个问题时，他们采取的方法是提出另一个问题："有读写能力潜力的人是如何对待读写能力这件事的？获取读写能力之后，这又能会对他们的成功产生什么影响？"

另一些质性研究者也认同这一方法。白茨（Betts，2003）充分地报告并解释了萨尔瓦多郊区人民在参与当地读写能力课程时的想法。当地的读写能力教育参与率十分低下，这是因为很多因素阻碍村民前来上课，当地人也并没有强烈地获取读写能力的动机。作出这些解释之后，白茨提出了"逃课政治"（the politics of absence）这一说法。它有双重含义，既体现对"读写能力即权力"这一主流话语的服从，同时也体现了对这个主流话语的反抗。还有一些质性研究则特别注重被访谈人对他们为什么参加/不参加读写能力课程的解释。洛克希尔（Rockhill，1993）从她与洛杉矶的墨西哥移民妇女的访谈中发现她们获取读写能力的一个大障碍来自她们的丈夫。

他们的权威可以任意允许或禁止她们去学校上课，而一旦她们受教育并学会认字，可能就会抗拒这种权威。

最后，几个质性政策研究也检验了国家读写能力教育政策受到的来自国际层面的影响。珀夫与杨曼（Mpofu & Youngman，2001）发现，国际上对读写能力的传统观念与话语极大程度上影响了博茨瓦纳与津巴布韦的国家政策，而在一定程度上导致了读写能力教育运动的低效。芒迪（Mundy，1993）研究了非洲南部地区的读写能力教育政策，她提出，评价一个国家的读写能力教育的投入与成果时，不能不考虑外部决定因素，比如要考虑到世界经济的变化以及非洲因此恶化的经济地位，又比如国际援助、国际机构专家意见对国家读写能力政策发展带来的影响。

读写能力教育的影响是什么？

分析读写能力教育影响的质性研究，从读写能力教育的受益者的视角出发描述了读写能力的用途，并在读写能力教育的整体背景中分析读写能力教育的影响。艾珂曼（Aikman，2001）访谈过的哈拉肯巴人说，他们认为读写能力教育的影响之一就是：掌握基本的西班牙文之后可以更好地实现自我发展，也可以从更多的渠道获取资源，可以比从前更充分地行使他们的固有权利。罗宾孙-潘（Robinson-Pant，2000）访谈了尼泊尔妇女。她们认为，参加过扫盲活动后就拥有了"受过教育"这种崭新的社会地位。在书面回答"私人目的与公共目的"时，她们提到：自己拥有了社会空间（教室）、私人空间与个体的声音。瓦因斯坦-许（Weistein-Shr，1993）所观察、访谈的苗族移民通过读写能力获得了一个与新的公共机构打交道的工具，一个苗族文化群体与美国文化群体之间沟通的工具，一个新的社会地位，以及一个研究苗族口述传统的工具。无独有偶，玛道克（Maddox，2005）也提到，他的访谈对象——孟加拉国的妇女——所接受的读写能力教育促成了她们勇于面对父权社会的挑战，因为读写能力增强了妇女的相对地位，使她们得以争取自己的权利。与此同时，读写能力使妇女可以加入到公共机构中，可以拥有一些个人活动空间，但她们也会面临一些新的风险和伤害。

罗宾孙-潘（Robinson-Pant，2001）用民族志的方法，研究了尼泊尔读写能力教育运动中妇女学员的读写能力情况与人体健康之间的联系。她的发现与帕西那相似：学员与非学员之间尽管在健康知识测验上成绩不同，但对健康的追求是十分相似的。

对此她解释道（pp.161—192）：

> 详尽的生活经历访谈（lifeline interview）显示，在如何作出与健康相关的决定时，情况是非常复杂的。从访谈中我们认识到，妇女并不缺乏这方面的意识，而是受困于落后的医疗服务、缺少恰当的计划生育的指导、丈夫及婆家人对计划生育的反对、重男轻女的思想等。后者逼迫妇女不断生育，直至生出男孩。

罗宾孙-潘的这项研究是质性研究，它通过访谈对读写能力及与健康有关的行为作了一个全景式的分析。与此相反，一些量化研究则将"读写能力教育的影响"这一主题具体转化为测量几个客观的、可操作的、可测量的指标。德克斯特（Dexter, 1998）将受教育年限作为墨西哥妇女读写能力程度的指标，对这些妇女进行了直接测验，观察她们如何完成与健康相关的口头与书面任务，并检视她们完成任务的情况与读写能力程度是否有关联性。施奈尔-安佐拉等人（Schnell-Anzola et al., 2005）的研究兴趣在于，确定读写能力是否促进了学校教育对个人健康的影响。他们对委内瑞拉的161名母亲做了访谈，并直接评估了她们的读写能力，以及运用读写能力来进行健康方面的交流。研究者提出了一个假定：母亲所受的教育最终影响到孩子的健康——这种影响是通过四个步骤来完成的：母亲所受的教育会影响她们的识字能力与语言能力，并进一步影响她们是否懂得运用读写能力来进行健康方面的交流（例如读懂健康信息），接着影响到这些母亲是否有效地利用医疗服务，最后影响到孩子的身体健康。

另一些量化研究则调查了读写能力教育的经济影响。"国际成人读写能力调查"对大量人口进行了功能性读写能力的直接测评，揭示了测评成绩与个人的经济地位之间的关系——以个人收入作为测量标准。达克维奇（Darcovich，2000：375）写道：

> 读写能力水平高的劳动者通常较读写能力水平低者收入更高，尽管这一比较并不适用于所有层次、所有国家。只要读写能力水平对于收入能力的影响确实存在，那么在涉及性别、父母受教育程度、被调查者人受教育程度时，这种相关性愈发明显。

此处我们可以看到，不同于罗宾孙-潘在她的小规模全景式质性研究中展现的复杂情况，量化研究者使用了数据控制，将其简单化。

结论

上文展现的有关读写能力的各种研究向我们揭示了它们各自方法论的基本特征。量化研究,尤其是跨国比较研究,追求的是可应用于不同背景下的普遍性解释。其中一些通过实验、统计模型与技术来找出事件之间的联系与因果关系。研究者倾向于在一开始就设定清晰的研究问题与研究假设,接着是对方法论的详细描述:取样、数据来源、变量与数据分析过程。理论概念,包括"读写能力"本身,也被当作变量来处理,必须经过准确的测量。研究数据来自直接评估、阅读测验、固定问题与超然的观察,而很少聆听研究对象的声音或观念。

质性研究则依赖于研究对象对"读写能力有什么意义"的理解以及他们对此的解释。质性研究着眼于具体的、小规模情境下的事件。研究者不局限于特定的变量,而是对读写能力的意义、用处与实践作出全景描绘。他们倾向于探索、解释,研究报告并不遵从固定的结构,或在一开始就陈述问题或者假设;他们的描述是细致翔实的,佐以理论诠释。

尽管二者之间存在这些差别,这两种研究方法都在试图回答与读写能力相关的至少四个基本问题,这有助于我们对读写能力教育的全面理解。第一个问题是:我们如何精确地定义和描述读写能力?量化研究者回答说:我们需要找出一种能够精确测量读写能力的标准。质性研究者回答说:我们需要了解人们自己在实际生活中是如何使用读写能力概念并进行读写能力运用实践的,而不应该依赖外部施动者关于该如何使用读写能力技能的说辞。

第二个问题是:读写能力存在哪些变量?量化研究者回答说:为了找出答案,我们应该比较不同人群的读写能力,以此判定其间的差异是偶然的还是固有的。质性研究者回答说:我们应该发掘在不同个体或人群之间,他们对于读写能力的理解和实践有哪些不同。

第三个问题是:哪些因素能够提高读写能力?量化研究者回答说:我们应当找出哪些投入因素(无论是否可以人为改变)能够提高读写能力及识字率。质性研究者则回答说:假如读写能力教育投入的影响确实存在,那么我们应该先研究接受读写能力教育者对于读写能力教育的态度,以及这些态度如何促进/阻碍了他们。质性政策研究者回答说:我们应该探究哪些政策是成功的读写能力教育政策,哪些是失败的读写能力教育政策。

第四个问题是：读写能力教育的影响是什么？量化研究者回答说：我们应该研究读写能力教育是否为普通人具备读写能力之后的生活带来了好处。如果确实如此，这些好处体现在什么方面？质性研究者回答说：我们不应该忽视读写能力教育的接受者在受益于读写能力的同时，是否也有可能经历了不利的处境。

本章集中讨论了读写能力这一研究问题，并借此比较了两类研究方法。由此，我们可以进一步理解量化研究与质性研究在方法论上的区别，以及它们二者是否可以兼容的问题。当我们就下面几个问题问一问自己，答案就不言而喻了：如果我们仅仅使用一种方法来研究读写能力问题，会有什么后果？比如，如果我们只知道人们对读写能力的独特概念，只知道他们如何利用自己的读写能力技能，而不清楚他们能否依靠这些能力来达到社会对他们的期望，那会有什么后果？如果我们只知道哪些教育投入可以提高读写能力水平，却不知道哪些主观因素影响了当地人是否入学的决定，也不知道读写能力教育的内容是否切合或者符合当地实际需要，是否能吸引学员，那么后果会是什么？考虑过这些问题之后，我们可以明白，尽管两类研究方法存在着不同，也各有长短，只有将二者并举，学者才能更全面地理解重大的教育问题。

本章的最后一个问题就是：如何清晰地将量化研究与质性研究方法应用于比较教育研究？本章所列举的读写能力研究中，涉及跨国比较的往往是那些读写能力程度的国际量化研究。在国家这个单位之下，也同样有一些关于识字率、读写能力技能、读写能力成果的量化研究。有时，即便在一个较小的范围内，也会有对各种不同方面进行比较的量化研究，如测量读写能力技能的标准、新型与传统的教学方法、教学经验、课程安排、语言小组、投入与成果等。而注重情境的质性研究，正如上文所言，通常着眼于一个较小的地方，如区、村等单位。不过，如同量化研究一样，质性研究也做多个维度的比较，如从政策、文化、个体的层面，对读写能力教育的含义、作用、价值、投入与成果进行比较。

（胡竞菲 译，郑杰、李梅 校）

参考文献

Aikman, Sheila（2001）：'Literacies, Languages and Developments in

Peruvian Amazonia', in Street, Brian V. (ed.), *Literacy and Development: Ethnographic Perspectives*. London: Routledge, pp. 103 – 120.

Ary, Donald; Jacobs, Lucy Cheser & Sorensen, Chris (2010): *Introduction to Research in Education*. 8th edition, Belmont, California: Wadsworth.

Betts, Julia (2003): 'Literacies and Livelihood Strategies: Experience from Usulután, El Salvador'. *International Journal of Educational Development*, Vol. 23, No. 3, pp. 291 – 298.

Bledsoe, Caroline H. & Robey, Kenneth M. (1993): 'Arabic Literacy and Secrecy among the Mende of Sierra Leone', in Street, Brian (ed.), *Cross-cultural Approaches to Literacy*. Cambridge: Cambridge University Press, pp. 110 – 134.

Brannen, Julia (2005): 'Mixing Methods: The Entry of Qualitative and Quantitative Approaches into the Research Process'. *International Journal of Social Research Methodology*, Vol. 8, No. 3, pp. 173 – 184.

Bray, Mark & Thomas, R. Murray (1995): 'Levels of Comparison in Educational Studies: Different Insights from Different Literatures and the Value of Multilevel Analyses'. *Harvard Educational Review*, Vol. 65, No. 3, pp. 472 – 490.

Bryman, Alan (1988): *Quantity and Quality in Social Research*. London: Routledge.

Crossley, Michael & Watson, Keith (2003): *Comparative and International Research in Education: Globalisation, Context and Difference*. London: RoutledgeFalmer.

Darcovich, Nancy (2000): 'The Measurement of Adult Literacy in Theory and in Practice'. *International Review of Education*, Vol. 46, No. 5, pp. 367 – 376.

Dexter, Emily R., LeVine, Sarah E. & Velasco, Patricia M. (1998): 'Maternal Schooling and Health-Related Language and Literacy Skills in Rural Mexico'. *Comparative Education Review*, Vol. 42, No. 2, pp. 139 – 162.

Durgunoğlu, A. Y.; Öney, B. & Kuşcul, H. (2003): 'Development and Evaluation of an Adult Literacy Program in Turkey'. *International*

Journal of Educational Development, Vol. 23, No. 1, pp. 17-36.

Dyer, Caroline & Choksi, Archana (2001): 'Literacy, Schooling and Development: Views of Rabari Nomads, India', in Street, Brian V. (ed.), *Literacy and Development: Ethnographic Perspectives*. London: Routledge, pp. 27-39.

Elley, Warwick B. (1994): 'Conclusions', in Elley, Warwick B. (ed.), *The IEA Study of Reading Literacy: Achievement and Instruction in Thirty-two School Systems*. Oxford: Pergamon, pp. 223-231.

Ezzaki, Abdelkader; Spratt, Jennifer E. & Wagner, Daniel A. (1999): 'Childhood Literacy Acquisition in Rural Morocco: Effects of Language Differences and Quranic Preschooling', in Wagner, Daniel A. (ed.), *The Future of Literacy in a Changing World*. Cresskill, New Jersey: Hampton Press, pp. 183-198.

Fuller, Bruce; Edwards, John H. Y. & Gorman, Kathleen (1999): 'Does Rising Literacy Spark Economic Growth? Commercial Expansion in Mexico', in Wagner, Daniel A. (ed.), *The Future of Literacy in a Changing World*. Cresskill, New Jersey: Hampton Press, pp. 373-396.

Fuller, Bruce, Hua, Haiyan & Snyder, Conrad W. (1994): 'When Girls Learn More Than Boys: The Influence of Time in School and Pedagogy in Botswana'. *Comparative Education Review*, Vol. 38, No. 3, pp. 347-376.

Gorard, Stephen & Taylor, Chris (2004): *Combining Methods in Educational and Social Research*. Maidenhead, UK: Open University Press.

Greene, Jennifer C. (2007): *Mixed Methods in Social Inquiry*. San Francisco: John Wiley & Sons.

Guba, Egon G. & Lincoln, Yvonna S. (1994): 'Competing Paradigms in Qualitative Research', in Denzin, Norman K. & Lincoln, Yvonna S. (ed.), *Handbook of Qualitative Research*. Thousand Oaks, California: Sage, pp. 105-117.

Gunawardena, Chandra (1997): 'Problems of Illiteracy in a Literate Developing Society: Sri Lanka'. *International Review of Education*, Vol. 43, No. 5-6, pp. 595-609.

Hartas, Dimitra (ed.) (2010): *Educational Research and Inquiry:*

Qualitative and Quantitative Approaches. London: Continuum.

Howe, Kenneth R. (2003): *Closing Methodological Divides: Toward Democratic Educational Research*. Dordrecht: Kluwer Academic Publishers.

Jennings, Zellyne (2000): 'Functional Literacy of Young Guyanese Adults'. *International Review of Education*, Vol. 46, No. 1-2, pp. 93-116.

Kulick, Don & Stroud, Christopher (1993): 'Conceptions and Uses of Literacy in a Papua New Guinean Village', in Street, Brian (ed.), *Cross-Cultural Approaches to Literacy*. Cambridge: Cambridge University Press, pp. 30-61.

Lavy, Victor & Spratt, Jennie (1997): 'Patterns of Incidence and Change in Moroccan Literacy'. *Comparative Education Review*, Vol. 41, No. 2, pp. 120-141.

Maddox, Bryan (2005): 'Assessing the Impact of Women's Literacies in Bangladesh: An Ethnographic Inquiry'. *International Journal of Educational Development*, Vol. 25, No. 2, pp. 123-132.

Mangubhai, Francis (1999): 'Literacy in the South Pacific: Some Multilingual and Multiethnic Issues', in Wagner, Daniel A. (ed.), *The Future of Literacy in a Changing World*. Cresskill, New Jersey: Hampton Press, pp. 213-239.

May, Tim (2011): *Social Research: Issues, Methods and Process*. Maidenhead, UK: Open University Press.

Mpofu, Stanley T. & Youngman, Frank (2001): 'The Dominant Tradition in Adult Literacy: A Comparative Study of National Literacy Programmes in Botswana and Zimbabwe'. *International Review of Education*, Vol. 47, No. 6, pp. 573-595.

Mullis, Ina V. S.; Martin, Michael O.; Gonzalez, Eugenio J. & Kennedy, Ann M. (2003): *PIRLS 2001 International Report: IEA's Study of Reading Literacy Achievement in Primary School in 35 Countries*. Chestnut Hill, MA: International Study Center, Boston College.

Mullis, Ina V. S.; Martin, Michael O.; Kennedy, Ann M.; Trong, Kathleen L.; & Sainsbury, Marian (2009): *PIRLS 2011 Assessment Framework*. Chestnut Hill, MA: TIMSS & PIRLS International Study

Center, Boston College.

Mundy, Karen (1993): 'Toward a Critical Analysis of Literacy in Southern Africa'. *Comparative Education Review*, Vol. 37, No. 4, pp. 389–411.

Onwuegbuzie, Anthony J. & Leech, Nancy L. (2005): 'On Becoming a Pragmatic Researcher: The Importance of Combining Quantitative and Qualitative Research Methodologies'. *International Journal of Social Research Methodology*, Vol. 8, No. 5, pp. 375–387.

Papen, Uta (2001): ' "Literacy — Your Key to a Better Future"? Literacy, Reconciliation and Development in the National Literacy Programme in Namibia', in Street, Brian V. (ed.), *Literacy and Development: Ethnographic Perspectives*. London: Routledge, pp. 40–60.

Picciano, Anthony G. (2004): *Educational Research Primer*. London: Continuum.

Puchner, L. (2003): 'Women and Literacy in Rural Mali: A Study of the Socio-economic Impact of Participating in Literacy Programs in Four Villages'. *International Journal of Educational Development*, Vol. 23, No. 4, pp. 439–458.

Reder, Stephen & Wikelund, Karen Reed (1993): 'Literacy Development and Ethnicity: An Alaskan Example', in Street, Brian (ed.), *Cross-Cultural Approaches to Literacy*. Cambridge: Cambridge University Press, pp. 176–197.

Robinson-Pant, Anna (2000): 'Women and Literacy: A Nepal Perspective'. *International Journal of Educational Development*, Vol. 20, No. 4, pp. 349–364.

Robinson-Pant, Anna (2001): 'Women's Literacy and Health: Can an Ethnographic Researcher Find the Links?', in Street, Brian V. (ed.), *Literacy and Development: Ethnographic Perspectives*. London: Routledge, pp. 152–170.

Rockhill, Kathleen (1993): 'Gender, Language, and the Politics of Literacy', in Street, Brian (ed.), *Cross-Cultural Approaches to Literacy*. Cambridge: Cambridge University Press, pp. 156–175.

Schaffner, Julie (2005): 'Subjective and Objective Measures of Literacy: Implications for Current Results-oriented Development

Initiatives'. *International Journal of Educational Development*, Vol. 25, No. 6, pp. 652 - 657.

Schnell-Anzola, Beatrice; Rowe, Meredith L. & LeVine, Robert A. (2005): 'Literacy as a Pathway Between Schooling and Health-related Communication Skills: A Study of Venezuelan Mothers'. *International Journal of Educational Development*, Vol. 25, No. 1, pp. 19 - 37.

van de Vijver, Fons & Leung, Kwok (1997): *Methods and Data Analysis for Cross-Cultural Research*. Thousand Oaks, CA: Sage Publications.

Weinstein-Shr, Gail (1993): 'Literacy and Social Practice: A Community in Transition', in Street, Brian (ed.), *Cross-cultural Approaches to Literacy*. Cambridge: Cambridge University Press, pp. 272 - 293.

第二部分 比较单位

第四章　地域比较

马丽明

传统上，比较教育常将地理实体作为比较分析的基本单位。但正如本书所显示，比较还可以基于其他多种分析单位，包括文化、政策、课程和系统等。不过，这些分析单位又会不可避免地从属于一个或多个地域。从这一点来说，将地理实体作为比较研究的切入点，仍是从事比较教育研究必不可少的基本步骤。

贝磊和托马斯（Bray & Thomas，1995）曾根据研究的层次和类型设计了一个立方体多维模型，以便对比较教育研究进行分类。他们强调，该立方体多维模型的分类并非尽善尽美；在该模型的基础上，还可以增加新的比较单位。本章将着重分析该立方体多维模型的地理或区域这一维度，并探究该模型中其他未加以清晰说明的分析单位。本文以贝磊和托马斯的文章为研究起点，系统梳理发表于该文之后的一些文献。这样做有三个主要目的：其一，对此后关于比较分析单位的著述做基本的追溯与描述；其二，对贝磊和托马斯的多维模型中并未清晰说明的分析单位做进一步的阐释；其三，选择一些研究实例——这些研究将某一层次或多个层次的地理实体作为比较分析的单位——从而说明这类研究的一些方法论问题。

本章共分为四个部分。第一部分对比较教育研究中的几种研究方法进行评述。第二部分对贝磊和托马斯的多维模型加以深入说明。第三部分将重点分析区域这一维度，详细说明研究者如何将地理实体作为比较分析的基本单位。第四部分将总结以地理实体作为比较分析的基本单位时，可能遇到的一些方法论问题。

比较教育研究的一般方法和工具

首先，我们要对"分析单位"的相关概念进行梳理。在社会科学研究中，分析单位指研究的主要实体，说明了分析"谁"或"什么"。最常见的分析单位有个人、团体、组织、社会产物和社会互动。比较社会学文献进一步区分了分析单位的两个含义：观察性和解释性（Ragin，2006）。观察单位指用于数据收集和数据分析的单位，解释单位指用于解释所获结果模式的单位。本章中，地理这一分析单位既是观察单位又是解释单位。一方面，地理分析单位说明数据收集达到了什么层次；另一方面，又说明了理论解释可能涉及的各个层次（例如个人、机构、国家、区域或多级）。

本质上，比较教育研究是有关区域的研究，它力图对不同地方所存在的教育现象进行比较分析。传统上，该类研究一般将宏观的社会单位尤其是民族国家（nation-state）作为比较研究的分析单位（例如 Sadler, 1900; Kandel, 1933; Bereday, 1964; Fafunwa & Aisiku, 1982; Gu, 1986）。

表 4.1 比较案例研究分析

	最相似的系统（msS）	最不同的系统（mdS）
最相似的结果（msO）	msS - msO	mdS - msO
最不同的结果（mdO）	msS - mdO	mdS - mdO

资料来源：Berg-Schlosser (2001)，p.2430。

进行比较教育研究的目的有很多种（如 Philips & Schweisfurth, 2007: 7—25），此处要重点说明两种——解释和因果分析，因为正是它们促使比较研究的基本方法得以形成与发展。解释性研究的目的是理解教育现象，而因果分析研究的目的则是阐明因果关系及其复杂性，找出导致相似或不同结果的因果条件。雷金和阿莫罗索（Ragin & Amoroso, 2011）指出，比较方法可以用来解释结果的共性或多样性。表 4.1 将比较案例研究分为四类，区分了系统/案例和结果。

在解释性研究中，贝雷迪（Bereday）所提出的比较研究方法很有价值。在他的经典著作《教育中的比较方法》（*Comparative Method in Education*）（1964）中，他从两个方面来分析比较教育研究——区域研究（在一个国家或地区之内）和比较研究（对几个国家或地区进行共时比较）。更让人感兴趣的是，他还提出了比较分析的四个步骤（见图 4.1）——描述、解释、并置以及共时比较。他提出（参见该书 9—10 页），并置的目的在于确定进行有效比较所需的标准参照项，以此作为提出假设的依据。

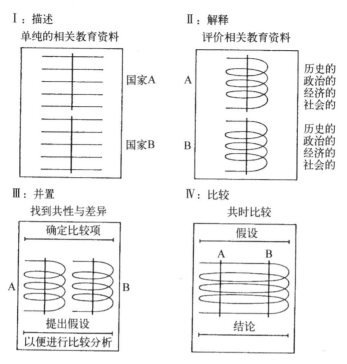

图 4.1 贝雷迪的比较教育研究模型

资料来源：Bereday（1964：28）。

任何一项比较研究，都要首先确定一些参照项，只有以参照项为基础，才能对被比较对象进行研究。一般而言，被比较单位之间应该"存在充分的相似之处，因为对它们之间差异的比较必须建立在一个基础之上，即它们拥有足够的共性或可比性"，只有这样，比较分析才有意义（Bray，2004a：248）。因此，为进行有效比较，要先建立一个特定的共性维度，在此维度上对两个或多个案例/背景进行比较（Steiner-Khamsi，2009）。在进行比较研究时，研究者所要做的，不是机械地对两个或更多地区进行对比，并找出它们之间的相似之处或者差异之处；相反，研究者应当关注它们的背景环境，因为正是环境背景造就了这些相似之处或者差异之处，同时，研究者还应深入分析教育现象之间存在的因果关系。换句话说，任何有意义的比较研究都应当能够发现被比较单位之间存在的相似或差异之处，分析它们相似或者差异的程度，以及找出相似性和差异性的形成原因，并分析哪些原因仍在产生影响，这些原因之间是否存在相关性。例如，库勃和法参（Kubow & Fossum，2007）

曾提出一种非常有用的"盒式"并置工具,并运用它来分析人口、地理和社会政治等因素如何对所比较国家的教育产生了影响(见表4.2)。

表4.2 不同环境背景中的并置分析

巴 西		南 非
人口特点:三个主要种族影响了巴西的文化:土著人或称"印第安人",葡裔欧洲人以及非洲人(由于早期的沿海种植园使用奴隶的缘故而来到巴西)。		**人口特点**:大约四分之三的南非人口是非洲人后裔;10.9%是欧洲人后裔(主要为英国人或荷兰人后裔),8.9%为混血后裔;2.6%是亚洲人后裔(主要为印度人后裔)。
分析:数个世纪的民族通婚与文化融合影响了巴西人,结果,一个更为统一和独特的巴西"民族"出现了。现在的巴西人大部分都是混血,尽管如此,超过一半的巴西人还是自称为白人。	**人口特点及其对教育的影响**(人口的特点对教育有着怎样的影响?)	**分析**:1948年极端种族隔离主义者上台之后,种族隔离现象在南非变得尤为严重。1953年,统治者专门建立了种族隔离的"班图"教育系统;1963年,他们又为混血和有色人种建立了专门的学校系统;1965年,他们还为"印度人"建立了专门的学校系统。
对教育的影响:尽管有证据显示,那些弱势种族在教育机会的获得上仍然有些障碍,但是,由于大多数巴西人都自认为是主导或高地位的种族,所以基本上没有人认为种族主义是个大问题,也很少有人认为它对教育机会产生了负面影响。		**对教育的影响**:种族隔离政策下的四种学校系统使得不同种族居民在教育机会的获得上存在明显差异。这种情况一直延续到20世纪七八十年代。当时,对种族隔离的反抗产生,并导致该系统的土崩瓦解,曼德拉(Mandela)也于1994年当选为第一任黑人总统。

资料来源:Kubow & Fossum(2007),p.129。

有些比较研究试图对两个或更多的教育现象之间的因果相关性进行分析,这时,确定具有可比性的参照项就更为重要,因为研究所强调的是这些参照项与所研究教育现象之间的因果相关性。雷金(Ragin,1987:45,47—48)曾分析了这种案例取向的研究路径,并提出这种研究路径可分为三个基本步骤:

- 对于表现出一个相同教育结果的各被比较单位,找出它们之间隐含的相似之处;

- 说明所找出的相似之处与所研究的教育现象之间具有因果相关性；
- 在上述相似之处的基础上，对所研究的教育现象形成一般性的解释。

在另外一些比较研究中，两个被比较单位之间从表面上看差异显著，但是它们包含的教育现象却表现出了一个相同的结果（见表 4.1 中 mdS‐msO）。正如雷金（Ragin，1987：47）所作的解释：

> 调查者应当考虑到，表面上看起来不同的特性（例如不同的激励系统）却可能有着相同的结果。它们可能在更为抽象的……而非直观的层次上，有着共同的因果相关性。因此，两个研究对象的"表面上的一个差别"，从较为抽象的层面分析，可能有一个隐含的共同原因，而正是这一隐含的共同原因使得两个研究对象拥有了一个相同的结果。

雷金还援引了一些例子来说明自己的观点。这些例子表面上看起来非常相似（例如，表现出"表面上的共性"），而结果却非常不同（见表 4.1 中 msS-mdO）。在这些情形中，比较研究者就需要找出被比较单位之间的一些重要差别，因为它们是被比较单位拥有不同结果的重要诱因。总之，雷金指出（p.49），"通过分析一定环境背景下的不同之处与相似之处，我们就有可能发现，各种条件的不同组合如何能够产生出相似的结果，而相似的原因又如何发挥了不同的作用，导致了不同的结果"（Ragin & Amoroso，2011）。在这方面，克罗斯利（Crossley，2009）广泛地论证了背景环境在教育研究中的中心地位，他称赞贝磊和托马斯（1995）的框架是一个有效的模型，可以对不同层次的背景环境进行并置与比较。

这些方法论要点不但适用于以地域为单位的比较研究，也同样适用于本书所讨论的基于其他分析单位的研究。我们把这些方法论要点视为一种分析的透镜，通过它，我们可以仔细地审视和评估本章所举的这些以地域为单位的说明性案例。对于我们的比较教育研究，地理实体提供了多种聚焦点。从地理实体出发，我们既可以对世界性区域进行宏观研究，也可以对班级和个体等进行微观研究，研究的层次可以非常多样。

贝磊和托马斯的比较教育分析框架

在本书的导论中，我们曾经提及贝磊和托马斯的立方体多维模型（见图 0.1）。这个模型为我们提供了一种将比较研究进行分类的三维图式。它的第一维度是地理或地域维度，贝磊和托马斯共列出了区域的七个层次。第二维度是人口维度，它是非地域性的，是按人口统计学方法所作的人群分组。第三维度是教育和社会维度，它包含了教育与社会的不同方面。这些维度解决了比较分析中"哪里""谁""什么"这些问题。

20 世纪 70 年代以来，学者们更加关注空间的概念（如 Sobe & Fischer, 2009；Symaco & Brock, 2013），他们表示在比较教育之外的学术领域出现了"空间转向"。例如，列斐伏尔（Lefebvre, 1991）将空间定位为一种社会生产，而这种社会生产受社会实践和观念的影响。这些学者从社会文化的角度来看待空间，而非从自然和区域的角度。这和另外一些学者的观点不谋而合，这些学者认识到，地缘政治的变迁对比较教育的研究领域产生了一些影响。他们因而设想并运用了一些新的分析单位和比较空间（spaces of comparison）（如 Cowen, 2009a；Crossley & Watson, 2003；Welch, 2008），文化维度就是其中之一。除了文化维度外，他们还建议，在对地域分组并进行比较研究时，还应关注与教育有关的政治和经济维度。拉普利（Rappleye, 2010：74）提出，对空间的理解必须基于共有国际空间和国家关系的特定社会空间。空间的多种形式——它们是以殖民历史、宗教、经济合作和认知文化等为基础的地理分类——都可以被嵌入贝磊和托马斯立方体多维模型中的地理/地域维度。例如，说到殖民历史，我们可以将撒哈拉以南的非洲地区（Sub-Saharan Africa）划分为前英国殖民地、前法国殖民地或者前葡萄牙殖民地，这种分法为比较研究提供了极具弹性的空间。至于共同的宗教信仰和政治历史，斯罗娃等人（Silova et al., 2007）对中亚和阿塞拜疆六个新独立国家的研究就是一个例证。此外，地区经济体也能为比较研究提供有意义的比较单位。科恩（Cowen, 2002：275）曾这样解释：

> 这些经济体已经在西欧、中欧、北美、东南亚以及南美洲出现。不同的经济体影响着教育资格的互认，专业劳动力的流动，在大学和研发产业之间建立新的联系，以及各种新型的个体多元身份的形成。所有这些都可能会使这些原本各自分离的国家和教育系统在教育的某些方面（例如课程及其评估）出现融合的趋势。

地区经济体可以较为容易地嵌入立方体模型中的世界性区域这一层次。尽管这种不同社会单位相互融合的趋势仍在继续发展，另一种与之相反的分化趋势也出现了。这种分化趋势显著说明在一些社会群体的形成过程中，例如布莱顿人（Bretons）①、加泰罗尼亚人（Catalans）②和苏格兰人（Scots）。这些社会群体拥有强烈的亚民族认同感（Cowen，2000a：5）。不过，从另一方面来说，这些现象也为比较研究开辟了新的研究切入点。科恩总结说，比较教育研究者现在被要求"在至少八九个维度上展开棋局般的推演"（2000b：340）。

随着经济全球化的深入发展，"知识流散"（knowledge diaspora）现象日益引起关注，它促使跨越国家和地区边界的、新型的认知群体的形成（Welch，2008）。此外，比较教育研究者还注意到另一个现象，得益于信息和通信技术不断发展，"虚拟"大学（Guri-Rosenblit，2001）和课堂的出现并发展，给比较分析呈现了一个新的研究对象。这些虚拟组织不存在于任何实际存在的地域中，而只存在于"网络空间"中。尽管学校和课堂仍然是基本的分析单位（立方体模型中的第五层次和第六层次），教与学的虚拟模式还是将新元素和新动力引入到了比较研究之中。

上述讨论有助于我们了解，在使用地理实体作为比较分析的基本单位时，我们还可以有怎样的选择。学者发现了许多可供选择的衍生空间单位。它们由于地缘政治、经济、社会文化和技术的变迁而产生。它们既可以按文化分类（根据宗教、语言、民族等分类），也可以按照政治或经济合作体分类，还可以按照认知群体分类。实际上，这些衍生的分析单位可以看成是潜在地蕴含在贝磊和托马斯的分析框架之中，因为它们必然会与一个或者多个区域相联系。在本章的后面部分，我们会举出一些比较教育研究的实例。这些实例的比较研究切入点是立方体多维模型中区域维度的不同层次，其中有些以传统的空间范围作为分析单位，有些则以一些新的空间范围作为分析单位。

地理实体作为分析单位

本部分将重点讨论贝磊和托马斯立方体模型中的地理或地域这一维度。我们将逐一分析立方体模型正面的七个地理层次，从最高层次的世界性区域/大洲直至个体这一最低层次。讨论中还将举出一些比较研究的实例，分析它们的意义，并依此解

---

① 布莱顿人（Bretons），生活在法国西北部的布列塔尼地区，以法语或布莱顿语为语言，信仰罗马天主教。——译者注

② 加泰罗尼亚人（Catalans），生活在西班牙加泰罗尼亚地区。该地区位于伊比利亚半岛东北部，以加泰罗尼亚语为母语，以加泰罗尼亚语和西班牙语为官方语言。——译者注

释比较对象，评估这些研究在方法论上的有效性。

第一层次：世界性区域/大洲

贝磊和托马斯（Bray 和 Thomas，1995：474）曾对世界性区域/大洲这一层次的比较研究的本质、基本假设以及比较研究者所面临的挑战作过说明：

> 很多研究著述关注世界不同区域的教育。对世界性区域加以界定的典型名词包括：巴尔干半岛国家、欧洲共同体、加勒比海地区和南太平洋地区。很多宏观研究将大洲作为分析单位，研究者们将非洲、南美洲或亚洲等世界性区域作为研究的分析单位。
>
> 这些区域比较研究都有一个基本的假设：一个区域内部具有某些共同特点；这些共同特点使该区域与其他区域在教育上产生了重要差别。区域内部的共同特点可能包括语言、政治组织、殖民历史、经济体系、国家发展目标以及文化根源等。此类跨区域比较的研究者面临着三个重大挑战：首先，他们必须使读者相信，他们所列出的区域共性，即某一区域内部的共同特点，确实为该区域内部成员所共有；其次，他们要证明，作为比较对象的两个或多个区域，其区域共同特点的本质存在着重要的相似之处或不同之处；最后，他们还要证明，对于教育而言，这些不同之处或相似之处意义重大。

这个精辟分析为下文的讨论指明了方向。在下文所援引的各个例子中，我们将看到，研究者是如何以不同的方式将区域作为比较单位的。第一个例子是一项以区域经济体为研究对象的质性研究。第二个例子则是一项量化研究，在该研究中，研究者"构建"了世界性区域的分类。

第一项研究将三个区域性经济体作为比较分析的对象：欧盟（EU），北美自由贸易区（NAFTA）以及亚太经合组织（APEC）。戴尔和罗伯逊（Dale & Robertson，2002）曾将这三个区域组织作为全球化的对象进行了分析，并探讨了它们对国家教育体系的影响。该项研究横跨了三个大洲，采用的研究方法主要为定性研究。

像欧盟、北美自由贸易区和亚太经合组织这样的跨国组织，其成立是各国政府间协商的结果。成立之时，为了实现某些共同目标，各国政府都赋予了这些组织一些自治权（autonomy）。因而，虽然这些区域性组织共享地理基础（尽管是人为建构的），它们所具备的统一性和约束力还是来自各成员国的政治意愿——强烈的政治意愿使得区域内部的各种分歧显得不那么重要了。从这个意义上来说，区域性组织为研究者打开了一扇窗，通过它，研究者可以切实可行地研究他们感兴趣的问题。

然而，戴尔和罗伯逊还注意到，这些区域性组织都置身于一个复杂的，由制度关系、文化和政治实践以及全球化发展等构成的网络之中（2002：18）。各区域性组织的成员国之间有着显而易见的诸多不同，如领土的大小、成员国的多样性等。2013年，北美自由贸易区有3个成员国，欧盟则有28个成员国，亚太经合组织有21个成员国（其中有些成员国还位于亚洲-太平洋地区之外）。戴尔和罗伯逊还指出（2002：29）：

> 亚太经合组织成员的多样性使它与另外两个组织之间的差异十分明显。亚太经合组织各成员的经济实力相差悬殊，既有像美国这样的富裕大国，也有像巴布亚新几内亚这样的贫穷小国。各成员之间，文化和宗教信仰上也有明显差异。很多国家的教育体系还有着殖民历史所留下的印记（但它们的殖民历史有所不同，因而这些印记也各不相同），因而，从总体上说，这些成员在教育体系和教育供给上都相应地存在着广泛的差异。

表4.3 通过区域性组织来看全球化的发展

影响教育政策和实践的外部变量	欧盟的形式和目的	北美自由贸易区的形式和目的	亚太经合组织的形式和目的
影响力强度之维度（软权力或硬权力）： • 政策制定 • 日程制定 • 规则制定			
影响的性质（直接影响或间接影响），从两方面衡量： • 教育政治（politics of education） • 教育决策（education politics）			
影响的途径： • 战略 • 战术 • 工具			
影响的范围（对不同层次教育的影响程度），通过如下两个维度衡量： • 主权 • 自治权			

资料来源：Dale & Robertson（2002），p.19。

这个研究案例在比较方法的应用上具有启发意义。从某种程度上看，它的研究路径有些类似于贝雷迪所提的并置策略，通过并置找出比较的基础。作者描述和分析了三个世界性区域组织的目的、形式以及它们对教育的影响（分析的依据是几个关键变量，如影响力的强度、广度以及机制）（见表4.3）。研究者的比较分析是逐步展开的。首先，他们以北美自由贸易区为个案并对其进行深入分析。紧接着，他们以欧盟为个案进行分析并将其与北美自由贸易区进行了对比，最后，他们再以亚太经合组织为个案进行分析并与前两者进行了比较。该项研究是根据如表4.3所示的框架而系统展开的，这种做法值得效仿。

这三个组织的比较中潜藏着这样一个主题：一个组织，其成员的多样化程度越高（可以体现在经济实力、宗教、文化与教育系统的特征等各个方面），其成员间的联系就越松散。如果对亚太经合组织和欧盟以及北美自由贸易区的教育政策进行比较，我们就能够很容易发现这一点。亚太经合组织各成员国在教育政策上采取差异的策略，欧盟各国则采取协调的策略，北美自由贸易区的策略则是建立规则。一个此类性质和规模的区域性研究是很有启发意义的，它为进一步研究打下了基础，我们可以对各成员国/各经济体的背景环境进行研究，进而找出它们采取趋同或者趋异策略的原因。

在第二个研究案例中，地理分组则是建立在地缘临近的基础上。根据地缘临近原则进行地理分组是一种较为传统的分类方法。表4.4显示了世界主要地区的青年识字率（World Bank，2013a）。世界银行提供的完整的表格还包括其他实体，例如小国和最不发达国家。

表4.4　世界各地区青年识字率

	占青年总人口百分比
阿拉伯世界	88%
东亚和太平洋地区	99%
欧洲和中亚	99%
拉丁美洲和加勒比地区	97%
中东和北非地区	92%
南亚	80%
撒哈拉以南非洲地区	70%

资料来源：Excerpts from World Bank (2013a)。

但是，我们需要进一步分析每一个区域，不论它们在地理上是否接近。以中东和北非地区为例，该地区有 21 个国家。共同的信仰伊斯兰教将这些国家维系起来，成为一个世界性区域，但是在领土面积、人口、经济繁荣程度以及其他维度上，这些国家之间存在着诸多差异。阿尔及利亚和巴林就处于两个极端。阿尔及利亚是该地区较大的国家，拥有 919 595 平方英里领土和 3 850 万人口，而巴林的领土面积只有 267 平方英里，人口只有 130 万。在经济繁荣程度方面，2011 年阿联酋的人均 GDP 高达 42 384 美元，而也门只有 2 485 美元（World Bank, 2013b）。因而，这个例子旨在强调方法论，而并无任何贬低之意。"地域"一词传达了显而易见的共性，但也隐含着人口统计学意义上的诸多差异。这些差异越大，它们同所研究教育对象之间的因果相关性越多，我们就越应该倍加谨慎地阐释我们的研究结果。

上文的讨论肯定了对世界性区域进行比较研究的价值。研究者超越国家层面来进行数据收集和分析，从中发现某些趋势，从而推进对教育现象的深入理解，改善教育政策的制定。但是，世界性区域的分类方法——这种超越国家层次的地理分组，并非必然具有天然合理性或体现了区域共性，它涵盖了（却又遮蔽了）区域内部存在的相当丰富的多样性。

以世界性区域为基础的分类，由于其分类的宽泛，可能会遭到质疑。因为"地域"一词到底指代什么，本身就存在含混之处。这样的例子很多，如"欧洲"（Fox et al., 2011; Nóvoa, 2002）、"加勒比海地区"（Louisy, 2004）、"地中海地区"（Bray et al., 2013）以及"拉丁美洲地区"（Beech, 2002）。在使用上述词时，研究者都强调，超越国家层面的这种区域分组的做法本身就是一个价值负载和建构的过程，它绝非只是根据自然或地理条件来进行客观分类的过程，而是同时也考虑到了地缘政治力量。建构世界性区域、界定它们间的边界的过程说明：研究者需要意识到区域内部的多样性，并始终对此保持敏感，只有这样，他们的分析才能够避免偏颇、具有意义。可见，世界性区域这一层次的分组，尽管非常有用，却不可避免地会让我们无法看到较低层次所存在的重要差异。因而，世界体系这一学派的比较研究者，在分析数据和提出建议时，需要倍加谨慎。

第二层次：国家

自比较研究领域出现以来，国家便是这一领域中占主导地位的分析单位（参见，如 Kandel, 1933; Hans, 1949; Bereday, 1964）。时至今日，情况仍然如此。

在讨论国家层次的比较研究所运用的理论和方法论之前，有必要对一些基本的概念进行澄清。跨国比较研究在使用"国家"（country）和"民族"（nation）这两个词时，经常将这两者当作同义词互用，不够严谨。因而，此处有必要暂时抛开论题，做些概念上的澄清。格蒂斯（Getis et al.，2002：314—315）曾对国家（states）、国家（countries）、民族（nations）以及民族-国家（nation-states）做出如下的概念区分：

> 国家（state）是一个独立政治实体，它拥有明确且永久居住的领土，以及对内政和外交事务拥有完全的主权。国家（country）是"国家"（state）一词在领土和政治意义上的同义词。民族（nation）指一群有共同文化和领土的人，由于共同的信念和习俗而紧密维系在一起的整体。严格说来，民族国家（nation-state）指的是一个国家（state），它的领土范围正是某个特定民族或人群所占据的地方，或者这个国家的人民普遍具有凝聚力，并坚持一套共同的价值观。

本文在讨论中，将尽量精确地使用这些词语。

第一项研究案例可以用来说明前文提及的雷金所称的"表面上的共性"。"表面上的共性"指的是：两个研究对象表面上非常相似，但却产生了不同的结果；对不同的结果进行因果相关性追溯，研究者又可以发现，"表面上的共性"之中隐含着重要的差异。

斯罗娃等人（Silova，2007）比较了欧亚大陆六个新独立国家，即阿塞拜疆、哈萨克斯坦、吉尔吉斯斯坦、塔吉克斯坦、土库曼斯坦和乌兹别克斯坦，他们考察了教育在维持社会凝聚力方面的作用。文章描述了前苏联和苏联时代遗留给1991年独立前各国的教育遗产/影响，梳理了身份、宗教和教育之间的复杂关系。然后分析了这些国家独立后，由国家资助的非宗教教育体系的系统危机。报告指出，这些国家的基本政治和经济出现问题，导致教育不同程度的恶化。乌兹别克斯坦和土库曼斯坦的教育危机体现了政治的"临界点"，即当机构和专业能力耗尽时，教育系统不再有能力自我恢复。吉尔吉斯斯坦和塔吉克斯坦的教育系统处于中等水平，正接近经济临界点。与此同时，阿塞拜疆和哈萨克斯坦的非宗教教育制度在恶化，但还没有陷入危机。

该研究仔细地选择了比较分析单位。研究者找出这些分析单位的"表面上的共性"，以此为基础，对于所研究教育现象为什么会产生不同的结果，进行了有说服力的比较和分析。第三个例子中，我们要探讨的比较研究案例所剖析的是"表面上的差异"。"表面上的差异"指的是，两个或多个研究对象虽然从表面上看差异显著，但却有着一个相似的结果。佳尼（Canen，1995）的研究就属于这种情况。

佳尼的研究聚焦巴西和英国。她研究了两国在教育系统的选拔过程中，教师对学生的看法对于选拔的影响。她指出，虽然这两国表现出巨大的环境差异，但是，它们都面临着一个相似的挑战，即所在社会具有的多元文化性质给它们所带来的挑战。以此为脉络，她将"多元文化性"作为这两个国家在社会环境背景方面的重要共同点，因为正是这个共同点与两国教育系统的一个相似特点之间存在着因果相关性。她是这样总结的（p.235）：

> 尽管组成巴西社会和英国社会的人口不同，但是，巴西和英国却都拥有极具选拔性质的教育系统——这种教育系统对特定人群不利，而且，在这种教育系统中，教师对学生的看法和期望起着重要的作用。在巴西，那些在社会上和经济上处于不利处境的儿童在学业上经常也是不成功的。他们的失败已经引起一些研究者的关注。研究者发现，学校中至少有两种类型的文化（大众文化和精英文化），并因而强调，教师应当根据学生群体的文化类型来开展教学，因为这样的教学才是有效教学。在英国，研究者强调，应当根据白人儿童和少数民族儿童的需要开展多元文化教育，这样才能够淡化各种偏见和种族意识，才能使学生获得收效明显的平等机会。

佳尼的研究也许还可以更进一步，对巴西和英国之间存在何种程度的差异作出深入分析。同时，在两国的地区和州这一层次，两国之间也存在着相当显著的差异，这一点从关于人口、种族混居和教育等方面的统计数据中可以明显看出。因此，假如她针对地区这一较低层次，对教育系统的选拔性进行分析，她所得出的研究结论可能更加具有启发性。巴西传统上被划分为五大地区：东北部、北部、东南部、南部和中西部；而在英国内部，英格兰、威尔士、苏格兰和北爱尔兰这几个地区的教育实践之间也有着一些重大差异。尽管如此，我们仍然认为，佳尼的这篇研究论文是一个非常具有启发性的典型研究案例。它说明，对差异显著的两个背景环境中的同一个教育现象进行比较研究，是很有价值的。

第三个例子是一项大规模的跨国比较研究。一般而言，涉及众多国家的跨国比较研究通常都旨在对教育成就、教育支出和其他方面进行比较分析。这类研究既包括量化研究，也包括质性研究。例如，费勒（Ferre）等人2004年曾对15个欧洲国家初级中等教育的趋同趋势进行过研究。他们对15个欧洲国家中等教育的各个方面进行了详细比较，包括教育管理、课程和教师教育。

这些跨国比较研究有助于我们发现不同国家之间的相似之处，但是研究者也提到，要系统地获得具可比性和相同意义的数据是非常困难的。这是因为在欧盟内部，从国家层次上看，各国表现出了多样性的特点；同时在各国内部，在地区层次甚至在学校层次，多样性表现得就更为明显了。这些方法论上的要点，研究者在其著作的稍前部分中都已有所提及：最重要的一点是，这 15 个欧洲国家的初级中等教育在结构上有很大不同，因为修学年限为 3—6 年不等，学生的入学年龄也在 10—13 岁不等。此外，在有些国家，小学和中学之间的机构区分十分明晰和确定（主要是北欧国家和葡萄牙）；而在另外一些国家，初级中等教育和高级中等教育之间实行"直通车"式的初高中一贯制（奥地利、德国、爱尔兰和英国）；而其余国家则将初等教育、初级中等教育和高级中等教育完全分开（Naya，2004：45—46）。

而且，另一个方法论要点也可以加上去，即欧律迪斯（Eurydice，2013）列出的欧盟国家为什么会分别提到比利时的"法语区"和英国的"英格兰地区"。比利时的法语区既不是一个领土意义上的国家（country），也不是一个具有民族国家（nation-state）意义的政治实体①。与此类似，英格兰也不是一个国家，而是英国的一个地区。所有这些地域名称中隐含的差别，作者在总表格中并没有提及，他只是简单地在每个格子里写上了一个"国家"（country）。这种做法会误导读者，让读者产生一种错觉：所有这些国家都是对等的或相同性质的实体。

这个例子说明，大规模跨国比较研究隐含着一些复杂的方法论问题。它强调了这样的事实：即使在欧洲之中，不同国家之间还是存在着重要的差异。正如贝磊与托马斯（Bray 和 Thomas，1995：478）所言，大规模的跨国比较"遮蔽了一些重要事实，即对不同民族所作的区分十分随意含糊；研究者注意到的是地理、历史和政治的多种因素，因此会不经意地建构出一些有着不同的规模和内涵的比较单位"。因此，在充分重视大规模国际比较研究对我们理解不同国家的教育现象所作贡献的同时，研究的实施者和研究结果的运用者在叙述研究成果和阐释研究成果时，需保持必要的谨慎。

---

① 比利时在 1993 年就确定了一个包含三层政府架构的管理体系，其中最高一层是联邦政府（the Federal State），第二层是基于语言划分的共同体（the Communities），第三层是地区（the Regions）。三者从法律的角度来看都是平等的。比利时有三个共同体：法语共同体、佛兰芒语共同体和德语共同体；有三个地区：法兰德斯地区、布鲁塞尔首都地区和瓦隆地区。

将国家作为分析单位，这种做法从法律上看不无合理之处，因为每个国家都会有一个作为最高政治实体并行使内政和外交主权的政府，因而传统上，国家被看作是国际治理的实体单位。此外，在许多国家，教育的一些重要方面由中央政府控制，这决定了国家教育体系的结构。因此，研究者可以得到的很多教育方面的数据往往是以国家为基础收集的。由此可见，与世界体系理论的比较相类似，跨国比较研究的作用在于它为我们提供了一个大框架，它有助于我们理解和解释教育与社会之间的关系。

然而，已经有不少的研究者开始质疑将国家（country）或者单一民族国家（nation-state）作为主导性研究框架的这一做法（如 Cowen，2009b；Carney，2010；Alexiadou & van de Bunt-Kokhuis，2013）。他们援引了一些以世界体系为理论框架的分析著述和一些关于国家内部各地区之间差异的著述，指出其中存在的一些突出问题，并据此指出将单一民族国家作为比较分析的单位是不恰当的。他们的主要观点是：国家间的权力关系是不平等的，而不同国家的学校系统就存在于这样的权力格局中（Kelly & Altbach，1988：14）；单一民族国家内部的各个地区之间的教育同样存在着重要的差异，因而，从某种程度上来说，国内不同地区之间的比较已经同跨国的比较具有同等的重要性了。格蒂斯等人（Getis et al.，2011）也强调了国际移民流动、民族主义、分离主义运动以及非政府组织扩散所起的作用，它们都挑战了以国家（state）为中心的社会分析观。

第三层次：州或省

地域比较的第三层次是州或省。州或省这一层次的单位之所以能够在比较研究中获得使用，其原因在于：许多国家实施了高度分权的政治体制。这种体制既存在于那些地理面积较大的国家，例如澳大利亚、加拿大、印度和美国，也存在于那些地理面积较小的国家，如瑞士（Bray，2013）。同样地，我们也可对像英国这样的国家进行"国内国际"研究（Raffe et al.，1999；Taylor et al.，2013）。在这一层次，可供选择的单位还可以包括特别行政区，例如香港和澳门——中华人民共和国的这两个特别行政区拥有高度的自治权（Bray & Koo，2004）。

当一个国家内部各地区间存在显著的差异时，将州或省作为比较分析的基本单位尤为合适。在这种情况下，国内的比较研究较之于跨国的比较研究更能够形成有意义的成果。我们可以在同一国家内部的不同下属单位间进行比较，甚至可以将这种比较拓展至不同国家或地区。就这些比较方法，下文将给出一些例子加以说明——它们能够很好地证明这一层次研究的长处所在，不过，它们也能够同时说明，较之于更低一层次的研究，这类研究可能会存在某些缺陷。

这里所举的第一例来自戈尔德施米特与艾尔曼（Goldschmidt & Eyermann, 1999）。他们就美国在国际阅读与数学成就测试中的表现做过一项量化研究，并借此对美国各州教育支出和结果之间的关系进行了检验。对于教育支出，他们用公共生均支出同国内生产总值或州生产总值之比进行了描述。对于学生学习结果，他们用国家教育进展评估（the National Assessment of educational Progress, NAEP）项目对41个州八年级学生数学评估的结果进行了描述。之后，他们再用这些数学统计结果同11个其他国家进行了对比。在对比过程中，其他国家八年级学生的数学成绩是以国际教育进展评估（IAEP）1991年的评估结果为依据的。尽管这项分析并没有得出什么有意义的结论，不过，研究者还是在最后将美国的这41个州同其所研究的另外11个国家都放在了一张表格中进行对比（见表4.5）。

这种革新的做法也带来了一些有意思的研究结果，正如作者所评论的（pp.37—38）：

> 从国际比较的结果看，一些州做得相对较好，而另一些则相对差些。具体来说，北达科他州、爱荷华州、缅因州、内布拉斯加州以及威斯康星州与匈牙利、瑞士以及意大利差不多。所有这些州和国家看起来在教育支出上都"物有所值"。而像亚拉巴马州、路易斯安那州、密西西比州与约旦的情形则较为相似。这些州教育投入的强度还不够，也没有得到好的分数回报。
>
> 最受关注的应当是佛罗里达州、西弗吉尼亚州和阿肯色州，它们在教育上投入了很多（考虑到它们居民的人均收入时，情况尤为如此），但从国家评估测试的结果看来，它们在教育上的收获应当算是很小了。不过，也有一些州的情况完全不同，像明尼苏达州、新罕布什尔州、爱达荷州和犹他州，它们都像韩国，教育系统的效率很高，是低投入、高产出的典型。

作者总结说：从这种类型的分析中，人们能够为美国的教育系统找到一种最好、最富效率的模式。他们认为这种模式要比直接模仿像韩国或者瑞士这样的国家要好。当然，这也并不意味着，美国及其各州应当关上大门，排除从其他国家或者地方学习的可能性。

表 4.5　1990年部分国家和美国各州八年级学生预期数学
　　　　成绩和人均教育支出百分比差

	百分比差			百分比差	
	NAEP*	支出		NAEP	支出
韩国	6.7	-25.4	北达科他州	5.8	17.7
明尼苏达州	5.0	-1.8	爱荷华州	5.7	10.8
新罕布什尔州	3.5	-13.8	**匈牙利**	5.1	21.5
爱达荷州	2.8	-6.8	**瑞士**	4.1	32.1
犹他州	2.7	-20.9	缅因州	3.8	12.7
以色列	2.5	-13.4	内布拉斯加州	3.5	2.5
法国	2.4	-14.1	威斯康星州	3.5	8.7
康涅狄格州	1.2	-6.1	**意大利**	2.2	8.1
马萨诸塞州	1.1	-10.2	怀俄明州	1.9	3.2
密苏里州	1.0	-11.7	**爱尔兰**	1.7	3.2
			科罗拉多州	1.6	2.6
			宾夕法尼亚州	1.4	14.5
			加拿大	1.1	6.1
			印地安那州	0.7	2.8
			新泽西州	0.6	0.9
			俄克拉何马州	0.2	4.0
俄亥俄州	-0.2	-2.2	密歇根州	-0.2	11.5
弗吉尼亚州	-0.5	-10.5	罗得岛	-0.9	23.5
西班牙	-0.7	-27.6	纽约州	-1.1	7.3
亚利桑那州	-0.9	-0.5	得克萨斯州	-1.2	3.2
肯塔基州	-2.3	-17.9	马里兰州	-1.5	5.8
特拉华州	-2.4	-12.9	南卡罗来纳州	-2.5	8.0
乔治亚州	-3.3	-15.1	新墨西哥州	-3.0	4.5
加利福尼亚州	-3.3	-26.1	佛罗里达州	-3.1	11.8
田纳西州	-3.6	-15.3	西弗吉尼亚州	-3.2	23.1
北卡罗来纳州	-3.7	-7.7	**葡萄牙**	-3.4	19.8
夏威夷州	-4.4	-40.9	阿肯色州	-4.4	6.1
亚拉巴马州	-6.2	-6.8			
约旦	-6.6	-99.5			
路易斯安那州	-7.3	-31.3			
密西西比州	-8.2	-4.5			

注：*对于外国而言，1991年的IAEP的分数同1990年的NAEP的分数是相关联的。
资料来源：Goldschmidt & Eyermann (1999)，p.40。

上述分析充满洞见以及创造性，不过，从方法论的角度而言，我们还可以进一步评论。跨国比较和国内比较都面临着一些困难。正如研究者所意识到的（p.40），在他们所分析的单位中，地区内部或者地区之间也都存在着差异：

> 根据各州或者各国的具体情况不同，在同一国家的一个地区内部，经济实力可能就颇为不同；在社会和文化相似的不同地区内部，教育成就也可能颇为不同。

首先，在计算"人均教育成本"时，各地可用于支持教育的经济实力可能并不相同。第二，在比较各国学生的成绩时，分数可能并不具可比性，因为各国的教育系统有所不同，同年级的学生可能年龄并不相同。本章不会针对这两个问题展开论述，因为本书的后面章节将对此专门予以说明。此处直接转向第三个方法论问题。该例虽然清晰地说明了在像美国这样高度分权的国家的内部进行比较分析的价值，但另一方面，该研究却忽视了它作为比较项的一些国家内部也存在着相似的分权结构。例如，该研究将加拿大和瑞士与美国的一些州进行了比较（例如，北达科他州和爱荷华州）。但是研究者却忽视了，加拿大和瑞士本身也是高度分权的国家，其内部的各个地区之间也存在着显著的差异。在该研究中，假如我们将加拿大的安大略或不列颠哥伦比亚，或者瑞士各州，与美国的各州进行比较，所得到的研究结果可能更有意义。

在国内比较这方面，瑞士可以提供一个有趣例子。各州政府在教育事务上有自主权，如课程结构和内容、学年长度和教学手段（德语、法语、意大利语或罗曼什语）。这种高度分散的系统以文化和语言多样性为特征（表 4.6），是内部比较的一个典型例子。费卢兹和萨米欧（Felouzis & Charmillot, 2013）对瑞士 12 个州进行了多层次的分析，探讨学校追踪与教育不平等之间的关系。他们发现，瑞士各州的教育系统相似度很高，因此可对其进行比较；但同时它们也存在差异，所以又能研究这种差异所带来的影响。这简直是构成了一种"学校实验室"。

表 4.6 瑞士各行政区的人口统计与社会文化特点

行政区	2011 年人口（人）	德语人口（%）	法语人口（%）	意大利语人口（%）	罗曼什语人口（%）
苏黎世	1 392 000	85.0	3.5	5.8	0.3
伯尔尼	958 000	85.7	11.0	3.2	*

续 表

行政区	2011年人口(人)	德语人口(%)	法语人口(%)	意大利语人口(%)	罗曼什语人口(%)
卢赛恩	382 000	90.7	1.9	3.1	*
乌里	35 000	94.1	*	*	*
施维茨	148 000	90.3	*	3.5	*
上瓦尔登	36 000	94.0	*	*	*
下瓦尔登	41 000	95.5	*	*	*
格拉鲁斯	39 000	90.2	*	*	*
楚格	115 000	86.1	3.1	3.6	*
弗里堡	285 000	29.4	68.1	2.0	*
索洛图恩	257 000	89.5	2.6	4.8	*
巴塞尔市(city)	186 000	80.8	6.1	6.8	*
巴塞尔区(land)	275 000	89.3	4.0	5.6	*
沙夫豪森	77 000	89.0	*	*	*
外阿彭策尔	53 000	*	*	*	*
内阿彭策尔	16 000	*	*	*	*
圣加仑	483 000	90.0	1.2	3.5	*
格劳宾登	193 000	76.3	*	12.3	15.6
阿尔高	618 000	89.4	2.3	5.1	*
图尔高	252 000	91.0	1.3	4.1	*
提契诺	337 000	11.1	5.3	87.7	*
沃	726 000	7.1	85.0	5.2	*
瓦莱	317 000	28.0	66.5	3.7	*
纳沙泰尔	173 000	5.9	88.8	6.1	*
日内瓦	460 000	5.8	80.8	7.3	*
汝拉	70 000	6.7	92.2	3.7	*
瑞士	**7 956 000**	**65.6**	**22.8**	**8.4**	**0.6**

资料来源：Swiss Federal Statistics Office (SFSO)，2013。
* 如果变异系数大于10%，SFSO不会显示该值。

海佳（Hega，2001）曾对瑞士26个行政区（州）的教育政策制定过程进行分析。她对各个州的第二语言教学政策进行了深入的分析。海佳强调瑞士每个州的文化、语言和宗教信仰的相互作用，从而形成了其独特的教育文化。她认为，"瑞士各地区独特的教育文化体现在很多方面，例如在教学活动中设置哪些学科，采用哪些教学法；教育机构的组织结构和管理方式；以及按照特定方法培训出的、具有特定

态度与技能的教学人员"。(p.223)

从方法论的角度来说,这个研究案例说明了在这样高度分权且文化多样的政府体系内,其内部有多复杂,其各个组成部分之间又是如何互动的。国家内部的亚单位之间的比较,可以让我们看到各国内部那些更为细致而又重要的细节。假如没有这类比较,在以国家为单位的较宽泛的比较研究中,这些细节可能并不能为研究者所发现,研究者的分析也极有可能落入过于简单的境地。

与更高层次的比较一样,宏观层面的比较可能遮蔽一些微观层面存在的不同。这里所举的最后一个研究实例,是一项针对属于亚国家单位的两个地区的国际比较研究。佛拉与肯普纳(Fry & Kempner, 1996)曾对巴西东北部和泰国东北部进行过一项比较研究。研究者先对巴西内部的各个地区进行比较,他发现巴西的各地区之间存在明显的差异,而巴西东北部是该国最穷的地区。随后,研究者对巴西东北部的地理和经济状况、文化、移民特点、宗教和教育理念进行了多学科的分析。在此之后,研究者又用相同的方式对泰国进行了分析,并发现泰国东北部地区处于类似被忽视、欠发达的情况。最后,他又对巴西和泰国的这两个地区进行了比较分析。而这种比较分析的基础就是:它们都是各自国家中经济最不发达的地区。研究者发现(p.357):

> 对某一地区及其居住人口的忽视可能源于亚国家帝国主义或者称为内部的殖民主义。经常,工业化最为发达的地区可能会剥夺(同一个国家内部的)较不发达地区的资源和人力资本。最为明显的例子是庞大的巴西外债。从国际货币基金组织所借的资金主要用来支持工业化发展水平较高的南方,而欠发达的东北部和农业地区则一直受到了忽视。

正如作者所言,对巴西和泰国的整体经济和教育水平进行研究,有可能导致我们过高估计这两个国家的总体经济发展程度,而其内部的"另类巴西"或者"另类泰国"(p.335)不为所知。该例对两个国家的两个具有相似性困境的地区进行了跨文化的比较研究,这种比较研究所给我们的启示是无法在一般的跨国比较或者针对同一国家不同地区间的比较所能获得的。此处的情况正验证了贝磊(Bray, 2004: 250)的那句话:比较研究能够使"熟悉的东西变得陌生,也能使陌生的东西变得熟悉"。

本节共给出了三个例子,这些例子都向我们表明了亚国家单位的比较能够向我们提供理解教育现象的一些有益视角,让我们可以对教育现象的理解更为丰富和深入。如果没有它们，我们可能只能依靠那些对更高层次比较单位的研究，而忽视这些重要的理解。其中第一个例子用一个大国的 41 个州与其他国家进行了比较。第二个例子则对规模较小的瑞士的 26 个行政区进行了研究。最后一例则向我们表明了如何能够将来自两个半球不同国家的两个地区进行对比。

第四层次：地区

在讨论这一层次比较研究的实例之前，有必要对"地区"（district）一词进行说明。"地区"是基于行政管理的目的而划分出来的具有一定行政边界的镇或者县的区域。它所指涉的范围低于省或者州一级，高于学校或者院校一级。它既可以指像城市或者镇这样的城市单位，也可以指像县或者村这样的农村单位。

地区一级的比较研究非常实用，因为通常省内的各个地区间可能会存在明显的差异。有时候，关于一国或者一省的整体数据有可能并不可信，它们可能会使我们忽视在各个地区间所存在的显著差异。在某些情况下，更高级别区域的数据收集可能存在一定的困难。遇到这些情况的时候，地区一级的研究就显得非常有意义（Bray & Thomas, 1995: 480—481）。上述情况在后面的实例中将会提及。这些实例有的将城市作为分析单位，有的则将村庄或街道作为分析单位。

鲁（Lo, 2004）曾对香港和上海两地的初中历史课程进行过比较研究。这两个城市都是飞速发展的金融中心，都意欲在中国的经济市场中占据一席之地。同中国其他的城市有所不同，上海是快速发展的大都市，并吸引了大量的国外投资。从这个方面而言，它比中国的其他城市更像香港。不过，香港和上海在政治体系上却有着许多不同：依官方的说法，香港是资本主义体系，而上海则是社会主义体系。不过，近些年来的政治变革，让这两个地方变得越来越相似起来。香港自 1997 年脱离英国殖民统治，回归中国之后，其历史课程开始越来越强调国家（中国）的身份认同。相反，在上海，由于中国现代化进程的驱动，其历史课程开始强调全球意识。从这个角度来说，这两个城市可以算得上是分析各自历史课程发展路径的绝佳案例。

从方法论的角度，我们也可以看出两个城市之间一些细微的差异。很显然，上海只是中国的一座城市，而香港却是一个非常不一样的特别行政区。尽管在经济自由这点上，香港与中国的其他城市（包括上海）都有着相似之处。但是，与后者相比，它的运作非常不同。在分析课程政策的趋同和分化时，香港的这点特征需要慎重地加以考虑。

在我们所举的第二个案例中，研究者将村庄作为分析的基本单位。普契纳（Puchner, 2003）曾对马里南部某区的四个村庄进行研究，分析了既有的权力关系是如何影响到妇女的读写能力的。该项民族志研究的假设如下（pp.440—441）：

> 在妇女的读写能力上，我们必须注意到：社区的政治和权力结构会影响（实际上是决定了）社区整体，尤其是当地女性的读写能力。

通过对四个社区的深入比较分析，该研究深入探讨了各村庄的微妙权力关系，并为中央政府的政策制定者提供了案例。研究者提醒政策制定者：在实施任何旨在提高读写能力的结构性调整时，应当充分考虑那些决定妇女在社区中权力和地位的重要因素（p.457）。从方法论的角度来说，这种微观层面的比较民族志研究是非常有价值的，它能够帮助我们找出那些促使教育现象产生的重要因素。但是，假如研究者能够再考虑到那些在村庄之上（例如省或者国家）的社会政治背景、文化和宗教传统的话，该项研究就更有意义了。

另一项由代尔（Dyer, 1996）所作的人类学研究也值得一提。这项研究涉及印度的初等教育改革政策。研究者选择了印度古吉拉特邦巴洛达区（Baroda District, Gujarat State of India）的三个地方作为个案。他们根据这些地方的社会经济背景选择了三组初等学校，这些学校分别代表了印度的三类地区：奇荷达乌代普尔（Chhota Udepur）部族地区、卡尔贾恩（Karjan）农村地区以及帕德拉（Baroda city）城市地区。该研究证明了州的同一个区中所存在的多样化以及其意义（p.38）：

> 中央政府的政策制定者需要意识到，教育的各种背景环境具有极其丰富的多样性。正如本文所揭示的那样，即使是同一州内的同一地区，也不能简单地认为其内部就完全是同质的。在诸如印度这样内部存在着诸多差异的国家，要做出任何教育变革，都必须考虑到这种异质性。

上述的几个例子都清晰地阐明了"地区"这一层次分析的有用性。它能够帮助我们找出那些在塑造社会与教育之间关系方面有着重要影响的因素，而这些通常是宏观层次的研究所无法揭示的。这些研究的分析单位可以大到一个城市或者城镇，小到村庄或者街道，它们使那些更高层次的分析所展示给我们的图景更为完整。

第五层次：学校

当我们将学校作为分析的层次时，研究焦点的性质就改变了。正如贝磊与托马斯（Bray 和 Thomas, 1995：481）所注意到的，在世界性区域、国家、省和地区这些层次所做的比较研究可以将焦点指向人——既可以包括那些没有上学的人,也可以包含那些正在上学的人。而将学校作为分析单位的研究,则必须研究将学校包括在内的社区。而且,将学校作为分析的单位还意味着应当关注机构的文化,这与广义的文化含义是非常不同的。作者认为:

> 这一层次研究的一个特点是,它能够体现出一些个人化的特征……能够在各个"普通"的行动者当中关注个体的不同所带来的影响。另一个重要的因素是,学校的数量能够多到让研究者做有意义的随机抽样,而在像世界性区域、国家或省这些层次的研究,这通常是办不到的,尽管在某些情况下,在地区这一层次可以办到。

大部分以学校为单位的比较研究都将视角聚焦于同一国家、省或者地区的一些实体上(如 Hansen & Woronov,2013)——尽管有些研究者也做过一些跨国的比较研究(如 Vidovich,2004)。实际上,针对学校的跨国比较研究也可以在同一政治实体内部进行,像贝磊与大和洋子(Bray & Yamato,2003)的研究就表明,在香港这块小小的地方,其国际学校就代表了不同国家的教育体系。下面我们将讨论两个类似的研究实例。

贝纳沃特与莱西(Benavot & Resh,2001)曾对以色列犹太人的世俗初级中学的课程实施进行过比较研究。他们用分层抽样的方法选择了 104 所具有代表性的学校。通过研究,他们发现:尽管以色列的教育体系较为中央集权,在具体实施课程指导大纲时,学校和学校之间还是会存在着明显的不同。该质性研究证明了对低层次单位进行研究的重要性。它表明:即便是在中央集权的教育体系内,我们也不能想当然地认为,其内部是同质且没有差异的。

维多微克(Vidovich,2004)研究了两所分别在新加坡和澳大利亚的学校。这两所学校的课程都有一定程度的国际化。新加坡的这所学校是一所"独立"、非宗教性质的学校。虽然它也在教育部的管理之下,但是却比一般的公立学校享受更多的自由。与此不同,澳大利亚的这所学校则是一所传统的新教学校,并且一直"独立"于政府的管理之外。

通过对这两所学校的比较分析,研究者发现,影响这两所学校课程政策的诸要素既有相似之处,也有不同之处。虽然说全球化都对这两所学校课程的国际化产生了影响,但是,相比澳大利亚的学校,新加坡的学校对经济全球化更为敏感。而至于国家的影响,虽然这两所学校都被称为"独立"的学校,新加坡的学校认为教育部对它影响很大，而澳大利亚的学校则自认为是超越了国家影响的一个教育机构，认为自己与其他学校明显不同（p.449）。

这些差异直接指向影响学校课程决策的那些深层背景性因素。尽管将不同地方的两所学校进行对比非常有价值，但是，在比较时，我们也应当弄清究竟是哪些背景性因素造成了这些差异。对于新加坡而言，国家的规模、政治历史以及文化都是影响该国教育政策以及人们如何理解学校"独立"的因素。新加坡国土本来就小，政府为了确立新加坡在经济竞争方面的优势和推进其多元文化的整合，推行的是强控制的政策。尽管其宣称分权，教育政策一般都在教育部的强力控制之下。而澳大利亚则不同，其国土面积广大，政府又有分权的传统，所以其学校"独立"的概念与新加坡的肯定有所不同。

上述例子表明，像学校这样小的实体是非常有意义的比较分析单位，它能够丰富和加深我们对教育现实的理解。第一个例子中，研究者对一个中央集权系统内部的学校进行了广泛的比较，该项研究表明即便是中央集权也承认多样性和多元化。在第二个例子中，研究者对不同国家的两所学校进行了对比研究，该研究表明，我们需要在比较时对重要的背景性差异进行分析，研究它们是如何塑造了学校这一层次的某些差异。

第六层次：课堂

在传统的比较教育文献中，课堂从未取得过非常重要的地位。教育系统和政策的更高层次单位一直是研究者关注的焦点。不过，亚历山大（Alexander, 1999：109）注意到，越来越多的研究者开始将他们的注意力投向课堂这一层次的比较研究，这主要归功于如下因素：

> 由经合组织所开展的关于投入与产出的研究对"过程"变量投入的极大的关注；有关学校效率的研究越来越多，这类研究将关注的焦点由系统和学校层次逐渐扩展至课堂这一层次；教育统计学家的努力——他们对教育事业的整体，包括教学都有所关注；教育决策者们开始在各种各样的国际排行榜的刺激下意识到课堂中所发生的事情是非常重要的；教学开始成为教育研究的核心。

课堂为比较分析提供了一个有趣的场所。而虚拟课堂的出现，也为研究者开辟了一块崭新的充满挑战的研究空间。下文将给出一个关于课程的例子，而课程一般被视为一个与课堂相关的派生空间单位。

安德森-利瓦伊（Anderson-Levitt，2004）曾对法国、几内亚和美国（见表4.7）三国一、二年级的阅读课程进行对比。他们之所以选择法国和几内亚，是因为这两者之间曾存在过殖民隶属关系；美国则被用来同这两国进行对比，选择美国的一个重要原因是，美国一直在同法国进行竞争，这两国都谋求影响几内亚国内的阅读教学。

表4.7 课程结构的比较

法国 注重整体-分析	法国 主流做法	几内亚	美国 传统做法	美国 注重过程和语言
小组讨论或者写文本（理解）	小组集体写文本（理解）	计划如何写文本（理解）	单词准备（理解）	
全班阅读	全班阅读	全班阅读	小组阅读	小组阅读 个人阅读
单词学习	单词学习	单词学习		
			理解问题（理解）	个人写文本（理解）
				教师给学生读课文或者与学生一起读课文（理解）
对发声专门讲解（编码：分析）	单词学习 对发声专门讲解（编码：分析）	单词学习 对发声专门讲解（编码：分析）	音节教学（编码：分析）	音节教学（编码：分析）
练习	练习	练习	工作表：课堂作业	课堂作业，中心
	听写（编码：综合）			

资料来源：Extracted from Anderson-Levitt (2004), p.246.

在使用课程这一单位时，利瓦伊曾提到（Levitt, 2004: 233—234）：

> 我的分析将"课程"（lesson）作为比较的基本单位，但是，课程这一概念本身是非常含混的。在英文研究文献中，"课程"经常指一次连续的教与学活动。但是，正如我们将要看到的，法国和几内亚的教育者都将一堂课视为一系

列的活动,这些活动使用同样的材料,按照同一目标组织,时间上则可能持续两天或者更久……在美国课堂中,课程的概念尤为复杂。他们使用小组教学,也有个人项目,这就意味着,一次课,像语言类课程就有可能包含许多同时的活动。

以上所举的例子,从课程这一细微环节入手,向我们揭示了比较分析的多种视角。它所得出的研究结论也超越了教室这一狭小空间,向我们展示了几内亚、法国以及美国阅读课程之间所存在的相似与差异之处。

第七层次:个体

贝磊和托马斯多层次分析模型的最小层次是个体。正如他们的解释(p.483):

> 研究者也可以将目光投向像校长、教师、父母和学生这些个体。从这一分析单位出发的研究可以有多种学科取向,不过,较之从其他单位出发的研究,该类研究更接近心理学。

例如,在他们所引用的例子中,有很多是关于学生学习方式、教师课堂组织的"个性化报告",还有很多是由政府或者其他机构所开展的关于教师、学生或者其他个体的大规模调查。安德鲁斯(Andrews, 2013)调查了芬兰四个不同学校的数学老师,潘迪奇等人(Pantić et al., 2011)调查了来自五个西巴尔干国家的教师。

大部分关于个体的比较研究都局限于某一层次,而下文中所给出的例子却是采用了多层次的分析,这个例子是一项关于学生的比较研究项目,它在法国和英国开展,名为跨国教育系统的质量(Quality in Educational Systems Transnationally, QUEST)。该项目的研究者们尝试超越个体这一单一层次,他们意识到更高层次的因素对结果变量也有着重要的影响。他们探究了国家的文化对学生的态度、课堂实践以及学习结果的影响(Broadfoot, 1999:241)。该项研究从法、英两国各选了两个地区进行对照,在每个地区他们都选择了4所学校(共16所学校,每个国家8所),并从这些学校中共选择了800名年龄在9—11岁的学生(每个国家各400名学生)。研究小组注意到(p.251):

> 在本例中,国家的文化对教育的结果有着潜在的影响。较之英国学生,法国学生的分数分布要相对集中。法国有开展无差别教学的传统,教师期望所有的学生都能获得成功,结果是,确实大部分学生都能掌握教师所教的内容。相比之下,英国的教学重视差异,结果是,有些学生很好地掌握了所教的内容,

而有些学生却落在后面。

作者还利用了民族志研究，用来自学生的"个性化"报告来充实研究。他们还注意到：在研究中，当要求学生进行表述时，来自英国的学生更为个性化，并乐于表达自己；法国的学生看起来甚至不愿做个人陈述。最后，作者总结道（p.254）：

> 两群学生之间的不同也能够反映出教师对学生学业成就期望的不同，还有他们对教育目标看法的不同。这些不同源于两国各自不同的文化。两国不同的文化还影响到了两国各自的教育政策制定思想，而这些又相应地强化了两国教师对教育的不同看法。

该项研究的分析涉及多个层次，研究既涉及学生和课堂这两个较低的层次，又涉及跨文化差异和教学传统这两个较高的层次，研究者还试图寻求其相互关联。这也正回应了心理学的一项原理——发展中的个体总是置于一定的生态环境之中，"某一层次总是存在于另一层次之中，就像一组俄罗斯套娃（Russian dolls）"（Bronfenbrenner，1979：3），它们之间的关系需要从一个总体的角度来考虑、分析和解释。该项研究还综合使用了量化和质性的研究路径。尽管该类研究需要充实的人力和经济资源（因而不易开展），却可加深我们对教育现象的认识。

跨层次比较

在对贝磊和托马斯立方体模型的七个层次进行讨论之后，本部分将对多层次比较分析的价值进行分析。

贝磊和托马斯（1995：484）注意到：

> 有很多研究使用的都是多层次的比较研究设计，其目的在于获得对教育现象更为完整和深入的理解。尽管许多此类研究还存在各种各样的缺陷，但是，由于它们一般都是从不同的角度来思考研究问题，这为更为全面和精确地呈现教育现象创造了条件。
>
> 在多层次分析中，大部分的研究都涉及个体、课堂和学校这几个层次。这些研究一般都不对州或省、国家以及世界性区域这几个层次加以细致的考虑和分析，这样一来，它们的解释就仍然缺乏均衡和完整性——尽管相较之前的研究，它们可能提供了更多的信息。

比较研究者非常欢迎这种多层次的比较分析，该类研究文献在近些年也一直有增无减（如 Hickling-Hudson，2004；Shabaya & Konadu-Agyemang，2004；

Alexiadou & van de Bunt-Kokhuis，2013）。亚历山大（Alexander，2001：511）曾解释道：多层次的分析对于我们而言非常重要，它有助于我们更适切、更全面地把握和理解教育现象：

> 教学并不始于课堂且止于课堂。我们只有在将教学实践置于地方和国家的同心圆中，置于课堂、学校、系统和州之中，并反复地穿梭于其中，探究教师和学生在教室中的行为是如何地反映出更广范围的社会的价值观之时，我们才能够真正地理解教学。

"穿梭于"国家、省、地区、学校、课堂、个体以及跨国、跨世界性区域的各个层次之间，这使得研究者们能够找到"空间的连续性，从具体的文化场景中找到教学的共通性"（Alexander，2001：519）。

下面是我们所举的最后一例：一项多层次的比较研究，研究者为迈克尼斯（McNess，2004）。迈克尼斯曾对英国和丹麦的教师工作进行调查，她所使用的是一种拓展性的案例研究路径，该路径将宏观层次的国际和国家政策背景同中观层次的学校和个体案例研究结合到了一起。她使用了一个概念，即"累接滤波器"（iterative filter）（2004：318），来描述多层次分析的过程：

> 这是一个持续的，不断聚焦的过程，我们在全球和国家背景下对信息进行过滤。这样，我们就能够对地区实践和微观的班级情况进行阐释。这也合乎布朗芬布伦纳"生态环境"这一概念……（1979，p.3）。为了理解整体，不同层次之间的关系需要被研究。因此，分析从宏观的政策层面转移到微观的个人意图层次，处在中间则是缓冲的中层系统——学校和班级结构，同时也考虑到地方和地区的生态系统。这种反复不是一个单向的过程，而是回路的一个部分。这样，在每一层次所收集的数据都能够为研究问题的不断聚焦提供有用的信息。这种宏观和微观层次的互惠能够用于建构数据的意义，使其不断精致化，并用来检验资料的效度。

该例在宏观、中观以及微观社会单位之间的这种穿梭，很好地说明了"教育质量"这一情景化的定义。该研究表明，"质量"既不是普世的也不是静止的，而是非常具体化和情景化的，并在很大程度上由惯例、实践、当前的政策以及教师的个人实践所决定（p.326）。该实例还显示了如何能够在不需要大量的人力和资金投入的情形下获得对现实有意义的理解与诠释。

结论：地域比较分析的方法论

本章以贝磊和托马斯（Bray 和 Thomas，1995）所提的基本框架为纲，探讨如何将地域作为比较分析的基本单位。我们对可以比较的各层次地理单位进行讨论，并增加了一些被其他研究者所使用的不同空间单位。这些派生出来的空间单位，部分产生于地缘政治、经济、技术以及社会文化转型。但实际上，贝磊与托马斯的立方体多维模型包含了这些空间单位，并对其准确定位。我们还引用了一些非常专业的研究，用以说明在具体的研究中如何使用这些单位，以及这些单位的长处。这些案例中，既有单一层次的比较研究，也有多层次的比较研究。在讨论的过程中，我们还针对方法论做了些评论。

本章从引论开始就介绍了教育比较研究的一般方法，为在第二部分引入贝磊与托马斯框架埋下伏笔。我们认为，在比较研究中——无论这种研究是解释性的还是因果分析性的，为了使研究结果有一定意义，研究者必须建立比较的基础。这意味着，比较研究者在选择比较的单位时，必须努力地找到可比较的项目，并找到它们与教育现象之间的联系。为了实现这个目的，研究者应当在一定的背景下对不同单位之间的相似和不同之处进行对比，以验明这些相似与不同是否有意义。研究者应当对变化的轴心（the axis of variation）非常敏感。这样，我们就可以从轴心出发，判断某些因素偏离轴心的程度，从而判断它们之于教育现象有着怎样的因果意义。

如上所述，为了使得比较有意义，分析单位之间必须有一定的相似性，只有这样，它们的差异才更有意义。不过，在上文的例子中，也有些研究者并未遵循这一定律。佳尼（Canen，1995）似乎掩盖了巴西和英国这两国内部的多样化；维多微克（Vidovich，2004）对澳大利亚和新加坡两国间的显著差异也并未给予足够的关注。在这两个例子中，研究者都将被比较的国家当作同质相等的实体进行比较。这样便使得他们无法全面公正、客观准确地分析数据。在比较澳大利亚和新加坡课程时（Vidovich，2004），研究者忽视了这两国在大小上的差异，这点正是造成这两国教育政策差异的重要因素。

这些例子中所出现的情况回应了比较教育学者的呼吁。这些学者强调，在进行比较分析时，应当建立比较的基本项目——拥有共同点的最小基础——这些项目对于被研究的教育现象而言，有着因果意义。从这点上来看，比较研究有些像开展一项实验室研究。为了使得实验拥有效度并有意义，一些变量需要保持恒定。实现这种目的的方式就是选择有足够相似性的分析单位。规模和背景上的差异——就像对澳大利亚和新加坡的比较中所出现的那样——是形成低层次的学校和课程特点的重要系统性因素。据此，在对像澳大利亚（规模庞大又极具多元化和高度分权的国家）和新加坡（规模小，也较为多元，但是高度集权的国家）这样的两个国家进行比较时，就应当再三考虑了。不论怎样，这些研究还是取得了一些有意义的成果，因为它们使得我们能够穿透这些"表面上的不同"（Ragin, 1987），意识到这些不同从一个更为抽象的层次或者从因果联系上来看，是并不显著的。至少，它们仍然能够认识到这些外部因素的作用，以及其发现的局限之处。

本章主要阐明了贝磊与托马斯立方体的地理维度所蕴含的各种可能性，并比较了其七个层次：世界性区域、国家、州或省、地区、学校、课堂以及个体。另外还有一些其他可供选择的空间单位，例如世界经济体、城市、虚拟（非物质实体）课堂，我们也进行了讨论。每一个层次都抓住了所研究的教育现实的一维或一角，有着其自身的长处和不足。在较高层次（世界性区域、国家、州或省、地区）的分析有助于研究者对教育或者人口地理学特点有一定的把握。不过，假如研究者将分析局限于这些层次，他们就会容易忽视那些在中观和微观层次所体现出来的重要特点以及它们对教育现象的重要影响。戴尔与罗伯逊（Dale & Robertson, 2002）就是一例，他们对三个地区经济体的教育策略与议程进行了分析，并发现不同的地区间有着显著的多样性。而只有通过对微观层次（学校、课堂、个体）以及高度分权和（或）多元化情况下的中观层次（省、学区）的分析，才能够让我们对这些实体中决定教育现象中的那些因素有更为完整和深入的了解。从此点出发，克罗斯利和瓦里美（Crossley & Vulliamy, 2011）主张在国家较大，而国家内部存在较大差异的情况下，开展注重背景环境的研究，并考虑在学校和个体层次存在的那些动态教育现象。

对地域的比较教育分析，可以是这种从较高地域层次逐渐转向较低地域层次的研究路径，也可以是从较低地域层次逐渐转向较高地域层次的研究路径。在较低层次展开的研究也有可能脱离它们所置身其中的宏观环境。一方面，这些研究的结论可能会缺乏可迁移性，无法应用到其他环境中；另一方面，它们也有可能由于局限于某一层次的分析，而无法对造成某些教育现象的原因进行完整的评估。正如萨德勒（Sadler, 1900: 310）所警告的："在学校外所发生的事情有可能比校内所发生的事情更重要，前者很有可能控制了后者的发生，是后者能够得以解释的原因。"这说明，为了理解低层次（个体、课堂和学校）的那些研究，研究者需要对高层次的框架（系统、州等）有一定的了解。只有这样，一般的研究才能够完整地呈现出宏观和微观各层次间的联系。

局限于某一层次的比较分析有长处也有其短处。分析其利弊促使我们去思考多层次比较研究的重要性——也许只有通过多层次的比较分析，我们对教育现象的理解才能够更为平衡与全面。每一个层次都反映了更广阔的文化（Alexander，2000：531）。不同的地理单位，彼此虽然所指不同，却紧密相连。它们就像生态环境，是一组嵌入的结构，一层嵌入于另一层之中，环环相扣（Bronfenbrenner，1979：3）。不同层次的地理单位之间彼此影响，相互塑造，就像是"全球与地方的对话"（Arnove，2013：1）。对不同空间层次相互关系的理解，有助于我们对教育现象的本质进行更为深刻的理解（Schriewer，2006）。这种对教育现象的深入理解，不仅仅有益于我们的理论发展，更是有利于教育政策的改善。

然而，多层次分析不必仅仅局限于教育研究的领域之内，仅仅借鉴教育研究的有限工具。相反，我们鼓励比较教育研究者进行跨学科的合作研究——正如这一研究领域一贯所主张的那样。因而，贝磊和托马斯（Bray 和 Thomas，1995：488）曾主张"从其他领域汲取养分"，这样微观层次的量化研究，就有可能从跨国比较研究中获益。类似的宏观层次的比较研究者也能够从其他研究领域获益。这些领域调查了州、学区、学校、课堂以及个体等较低层次的多样情况，能够使得宏观层次的分析更为均衡、深入和完整。

多层次比较研究是可取且可行之策——尽管大部分此类研究都需要一国或跨国的资源流动。本章也给出了一些例子，在这些多层次的比较研究中，研究者一般注重低层次的课堂和个体（如 Anderson-Levitt，2004；McNess，2004）。也有一些研究者将研究的焦点置于某单一层次，不过，他们论述自己的研究在整个知识地图（knowledge map）中的地位，说明了自身研究发现的范围和局限。本章所提供的立方体多维模型便有助于一般的研究者认识自身的研究以及局限。

在跨文化比较研究过程中，我们需要平衡理论和语言，强调某一特殊社会现象的空间和时间局限。这些都将有助于我们理解和发现那些复杂教育现象中所存在的有意义的关系（McNess，2004：326）。本章表明地域的比较为我们在不同的层次研究丰富的教育现象提供了令人兴奋的可能性。它也为我们打开了一扇讨论之窗，通过这扇窗，我们就能够继续发掘那些与地域相关的分析单位。

（谢爱磊 译，冯慧、孙昱 校）

参考文献

Alexander, Robin (1999): 'Comparing Classrooms and Schools', in Alexander, Robin; Broadfoot, Patricia & Phillips, David (eds.), *Learning from Comparing: New Directions in Comparative Educational Research*, Vol. 1: *Contexts, Classrooms and Outcomes*. Oxford: Symposium Books, pp. 109–111.

Alexander, Robin (2000): *Culture and Pedagogy: International Comparisons in Primary Education*. Oxford: Blackwell.

Alexander, Robin (2001): 'Border Crossings: Towards a Comparative Pedagogy'. *Comparative Education*, Vol. 37, No. 4, pp. 507–523.

Alexiadou, Nafsika & van de Bunt-Kokhuis, Sylvia (2013): 'Policy Space and the Governance of Education: Transnational Influences on Institutions and Identities in the Netherlands and the UK'. *Comparative Education*, Vol. 49, No. 3, pp. 344–360.

Anderson-Levitt, Kathryn M. (2004): 'Reading Lessons in Guinea, France, and the United States: Local Meanings or Global Culture?'. *Comparative Education Review*, Vol. 48, No. 3, pp. 229–252.

Andrews, Paul (2013): 'Finnish Mathematics Teaching from a Reform Perspective: A Video-Based Case-Study Analysis'. *Comparative Education Review*, Vol. 57, No. 2, pp. 189–211.

Arnove, Robert F. (2013): 'Introduction: Reframing Comparative Education: The Dialectic of the Global and the Local', in Arnove, Robert F.; Torres, Carlos Alberto & Franz, Stephen (eds.), *Comparative Education: The Dialectic of the Global and the Local*. 4th edition, Lanham: Rowman & Littlefield, pp. 1–25.

Beech, Jason (2002): 'Latin American Education: Perceptions of Linearities and the Construction of Discursive Space'. *Comparative Education*, Vol. 38, No. 4, pp. 415–427.

Benavot, Aaron & Resh, Nura (2001): 'The Social Construction of the Local School Curriculum: Patterns of Diversity and Uniformity in Israeli Junior High Schools'. *Comparative Education Review*, Vol. 45, No. 4,

pp. 504–536.

Bereday, George Z. F. (1964): *Comparative Method in Education*. New York: Holt, Rinehart & Winston.

Berg-Schlosser, Dirk (2001): 'Comparative Studies: Method and Design', in Smelser, Neil J. & Baltes, Paul B. (eds.), *International Encyclopedia of the Social and Behavioural Sciences*. Amsterdam: Elsevier, pp. 2427–2433.

Bray, Mark (2004): 'Methodology and Focus in Comparative Education', in Bray, Mark & Koo, Ramsey (eds.), *Education and Society in Hong Kong and Macao: Comparative Perspectives on Continuity and Change*. 2nd edition. CERC Studies in Comparative Education 7, Hong Kong: Comparative Education Research Centre, The University of Hong Kong, pp. 237–350.

Bray, Mark (2013): 'Control of Education: Issues and Tensions in Centralization and Decentralization', in Arnove, Robert F.; Torres, Carlos Alberto & Franz, Stephen (eds.), *Comparative Education: The Dialectic of the Global and the Local*. 4th edition, Lanham: Rowman & Littlefield, pp. 201–222.

Bray, Mark & Koo, Ramsey (eds.) (2004): *Education and Society in Hong Kong and Macao: Comparative Perspectives on Continuity and Change*. 2nd edition. CERC Studies in Comparative Education 7, Hong Kong: Comparative Education Research Centre.

Bray, Mark; Mazawi, André & Sultana, Ronald (eds.) (2013): *Private Tutoring across the Mediterranean: Power Dynamics, and Implications for Learning and Equity*. Rotterdam: Sense.

Bray, Mark & Thomas, R. Murray (1995): 'Levels of Comparison in Educational Studies: Different Insights from Different Literatures and the Value of Multilevel Analyses'. *Harvard Educational Review*, Vol. 65, No. 3, pp. 472–490.

Bray, Mark & Yamato, Yoko (2003): 'Comparative Education in a Microcosm: Methodological Insights from the International Schools Sector in Hong Kong', *International Review of Education*, Vol. 49, Nos. 1 & 2, pp. 49–71.

Broadfoot, Patricia (1999): 'Comparative Research on Pupil

Achievement: In Search of Validity, Reliability and Utility', in Alexander, Robin; Broadfoot, Patricia & Phillips, David (eds.), *Learning from Comparing: New Directions in Comparative Educational Research*, Vol. 1: *Contexts, Classrooms and Outcomes*. Oxford: Symposium Books, pp. 237 – 259.

Bronfenbrenner, Urie (1979): *The Ecology of Human Development: Experiments by Nature and Design*. Cambridge: Harvard University Press.

Canen, Ana (1995): 'Teacher Education in an Intercultural Perspective: A Parallel between Brazil and the UK'. *Compare: A Journal of Comparative Education*, Vol. 25, No. 3, pp. 227 – 238.

Carney, Stephen (2010): 'Reading the Global: Comparative Education at the End of an Era', in Larsen, Marianne A. (ed.), *New Thinking in Comparative Education: Honouring Robert Cowen*. Rotterdam: Sense, pp. 125 – 142.

Cowen, Robert (2000a): 'Educación Comparada'. *Propuesta Educativa*, Vol. 10, No. 23, pp. 4 – 6.

Cowen, Robert (2000b): 'Comparing Futures or Comparing Pasts?'. *Comparative Education*, Vol. 36, No. 3, pp. 333 – 342.

Cowen, Robert (2002): 'Sketches of a Future: Renegotiating the Unit Ideas of Comparative Education', in Caruso, Marcelo & Tenorth, Heinz-Elmar (eds.), *Internationalisierung / Internationalisation. Semantik und Bildungssystem in vergleichender Perspektive / Comparing Educational Systems and Semantics*. Frankfurt am Main: Peter Lang, pp. 271 – 283.

Cowen, Robert (2009a): 'Then and Now': Unit Ideas and Comparative Education', in Cowen, Robert & Kazamias, Andreas M. (eds.), *International Handbook of Comparative Education*. Dordrecht: Springer, pp. 1277 – 1294.

Cowen, Robert (2009b): 'The National, the International, and the Global', in Cowen, Robert & Kazamias, Andreas M. (eds.), *International Handbook of Comparative Education*. Dordrecht: Springer, pp. 337 – 340.

Crossley, Michael (2009): 'Rethinking Context in Comparative Education', in Cowen, Robert & Kazamias, Andreas M. (eds.), *International Handbook of Comparative Education*. Dordrecht: Springer,

pp. 1173–1187.

Crossley, Michael & Vulliamy, Graham (2011): *Qualitative Educational Research in Developing Countries: Current Perspectives*. New York: Garland Press.

Crossley, Michael & Watson, Keith (2003): *Comparative and International Research in Education: Globalisation, Context and Difference*. London: RoutledgeFalmer.

Dale, Roger & Robertson, Susan, L. (2002): 'The Varying Effects of Regional Organizations as Subjects of Globalization of Education'. *Comparative Education Review*, Vol. 46, No. 1, pp. 10–36.

Dyer, Caroline (1996): 'Primary Teachers and Policy Innovation in India: Some Neglected Issues'. *International Journal of Educational Development*, Vol. 16, No. 1, pp. 27–40.

Eurydice (2013). *Recommended Annual Taught Time in Full-time Compulsory Education in Europe 2012/13*. *Eurydice Facts and Figures*. Eurydice taught_time_EN.pdf. Accessed 24 September 2013.

Fafunwa, A. Babs & Aisiku, J. U. (eds.) (1982): *Education in Africa: A Comparative Survey*. London: George Allen & Unwin.

Felouzis, Georges & Charmillot, Samuel (2013): 'School Tracking and Educational Inequality: A Comparison of 12 Education Systems in Switzerland'. *Comparative Education*, Vol. 49, No. 2, pp. 181–205.

Ferrer, Ferran; Naya, Luis & Valle, Javier (eds.) (2004): *Convergencias de la Educación Secundaria Inferior en la Unión Europea*. Madrid: Secretaria General de Educación, Centro de Investigación y Documentación Educativa [CIDE], Ministerio de Educación y Ciencia.

Fox, Christine; Majhanovich, Suzanne & Gök, Fatma (2011): 'Bordering and Re-bordering in Education: Introduction'. *International Review of Education*, Vol. 57, Nos. 3–4, pp. 247–260.

Fry, Gerald & Kempner, Ken (1996): 'A Subnational Perspective for Comparative Research: Education and Development in Northeast Brazil and Northeast Thailand'. *Comparative Education*, Vol. 32, No. 3, pp. 333–360.

Getis, Arthur; Getis, Judith; Bjelland, Mark D. & Fellmann, Jerome D.

(2011): *Introduction to Geography*. 13th edition. New York: McGraw-Hill Higher Education.

Goldschmidt, Pete & Eyermann, Therese S. (1999): 'International Educational Performance of the United States: Is There a Problem that Money can Fix?' *Comparative Education*, Vol. 35, No. 1, pp. 27–43.

Gu, Mingyuan (1986 [translated to English and printed in 2001]): 'Issues in the Development of Comparative Education in China', in Gu, Mingyuan, *Education in China and Abroad: Perspectives from a Lifetime in Comparative Education*. CERC Studies in Comparative Education 9, Hong Kong: Comparative Education Research Centre, The University of Hong Kong, pp. 219–226.

Guri-Rosenblit, Sarah (2001): Virtual Universities: Current Models and Future Trends. *Higher Education in Europe*, Vol. 26, No. 4, pp. 487–499.

Hans, Nicholas (1949): *Comparative Education: A Study of Educational Factors and Traditions*. London: Routledge & Kegan Paul.

Hansen, Mette Halskov & Woronov, T. E. (2013): 'Demanding and Resisting Vocational Education: A Comparative Study of Schools in Rural and Urban China'. *Comparative Education*, Vol. 49, No. 2, pp. 242–259.

Hega, Gunther M. (2001): 'Regional Identity, Language and Education Policy in Switzerland'. *Compare: A Journal of Comparative Education*, Vol. 31, No. 2, pp. 205–223.

Hickling-Hudson, Anne (2004): 'South-South Collaboration: Cuban Teachers in Jamaica and Namibia'. *Comparative Education*, Vol. 40, No. 2, pp. 289–311.

Kandel, Isaac L. (1933): *Studies in Comparative Education*. London: George G. Harrap & Company.

Kelly, Gail P. & Altbach, Philip G. (1988): 'Alternative Approaches in Comparative Education', in Postlethwaite, T. Neville (ed.), *The Encyclopedia of Comparative Education and National Systems of Education*. Oxford: Pergamon Press, pp. 13–19.

Kubow, Patricia K. & Fossum, Paul R. (2007): *Comparative Education: Exploring Issues in International Context*. 2nd edition, Upper Saddle

River: Pearson Merrill Prentice Hall.

Lefebvre, Henri (1991): *The Production of Space*. Oxford: Blackwell.

Lo, Tin-Yau Joe (2004): 'The Junior Secondary History Curricula in Hong Kong and Shanghai: A Comparative Study'. *Comparative Education*, Vol. 40, No. 3, pp. 343–361.

Louisy, Pearlette (2004): 'Whose Context for What Quality? Informing Education Strategies for the Caribbean'. *Compare: A Journal of Comparative Education*, Vol. 34, No. 3, pp. 285–293.

McNess, Elizabeth (2004): 'Culture, Context and the Quality of Education: Evidence from a Small-Scale Extended Case Study in England and Denmark'. *Compare: A Journal of Comparative Education*, Vol. 34, No. 3, pp. 315–327.

Naya, Luis (2004): 'Administración Educativa y Gestión de Centros', in Ferrer, Ferran, Naya, Luis & Valle, Javier (eds.), *Convergencias de la Educación Secundaria Inferior en la Unión Europea*. Madrid: Secretaria General de Educación, Centro de Investigación y Documentación Educativa [CIDE], Ministerio de Educación y Ciencia, pp. 17–48.

Nóvoa, Antonio (2002): 'Fabricating Europe: The Formation of an Education Space', in Nóvoa, Antonio & Lawn, Martin (eds.), *Fabricating Europe*. Dordrecht: Kluwer Academic Publishers, pp. 1–13.

Pantić, Nataša; Wubbels, Theo & Mainhard, Tim (2011): 'Teacher Competence as a Basis for Teacher Education: Comparing Views of Teachers and Teacher Educators in Five Western Balkan Countries'. *Comparative Education Review*, Vol. 55, No. 2, pp. 165–188.

Phillips, David & Schweisfurth, Michele (2007): *Comparative and International Education: An Introduction to Theory, Method and Practice*. London: Continuum.

Puchner, L. (2003): 'Women and Literacy in Rural Mali: A Study of the Socio-Economic Impact of Participating in Literacy Programs in Four Villages'. *International Journal of Educational Development*, Vol. 23, No. 4, pp. 439–458.

Raffe, David; Brannen, Karen; Croxford, Linda & Martin, Chris (1999): 'Comparing England, Scotland, Wales and Northern Ireland: The Case for 'Home Internationals' in Comparative Research'.

Comparative Education, Vol. 35, No. 1, pp. 9 - 25.

Ragin, Charles C. (1987): *The Comparative Method: Moving beyond Qualitative and Quantitative Strategies*. Berkeley: University of California Press.

Ragin, Charles C. (2006): 'Comparative Sociology and the Comparative Method', in Sica, Alan (ed.), *Comparative Methods in the Social Sciences*. London: SAGE, pp. 159 - 178.

Ragin, Charles C. & Amoroso, Lisa M. (2011): *Constructing Social Research: The Unity and Diversity of Method*. 2nd edition. London: SAGE.

Rappleye, Jeremy (2010): 'Compasses, Maps, and Mirrors: Relocating Episteme(s) of Transfer, Reorienting the Comparative Kosmos', in Larsen, Marianne A. (ed.), *New Thinking in Comparative Education: Honouring Robert Cowen*. Rotterdam: Sense, pp. 57 - 79.

Sadler, Sir Michael (1900): 'How Can We Learn Anything of Practical Value from the Study of Foreign Systems of Education?'. Reprinted 1964 in *Comparative Education Review*, Vol. 7, No. 3, pp. 307 - 314.

Schriewer, Jürgen (2006): 'Comparative Social Science: Characteristic Problems and Changing Problem Solutions'. *Comparative Education*. Vol. 42, No. 3, pp. 299 - 336.

Shabaya, Judith & Konadu-Agyemang, Kwadwo (2004): 'Unequal Access, Unequal Participation: Some Spatial and Socio-Economic Dimensions of the Gender Gap in Education in Africa with Special Reference to Ghana, Zimbabwe and Kenya'. *Compare: A Journal of Comparative Education*, Vol. 34, No. 4, pp. 395 - 424.

Silova, Iveta; Johnson, Mark S. & Heyneman, Stephen P. (2007): 'Education and the Crisis of Social Cohesion in Azerbaijan and Central Asia'. *Comparative Education Review*, Vol. 51, No. 2, pp. 159 - 180.

Sobe, Noah & Fischer, Melissa (2009): 'Mobility, Migration and Minorities in Education', in Cowen, Robert & Kazamias, Andreas M. (eds.), *International Handbook of Comparative Education*. Dordrecht: Springer, pp. 359 - 371.

Steiner-Khamsi, Gita (2009): 'Comparison: *Quo Vadis?*', in Cowen, Robert & Kazamias, Andreas M. (eds.), *International Handbook of Comparative Education*. Dordrecht: Springer, pp. 1143 - 1158.

Swiss Federal Statistical Office (2013): Regional Portraits: Cantons (2008 – 2012). http://www.bfs.admin.ch/bfs/portal/en/index/regionen/kantone/daten.html, Accessed 24 September 2013.

Symaco, Lorraine Pe & Brock, Colin (2013): 'Editorial: Educational Space'. *Comparative Education*, Vol. 49, No. 3, pp. 269–274.

Taylor, Chris; Rees, Gareth & Davies, Rhys (2013): 'Devolution and Geographies of Education: The Use of the Millennium Cohort Study for 'Home International' Comparisons across the UK'. *Comparative Education*, Vol. 49, No. 3, pp. 290–316.

Vidovich, Lesley (2004): 'Towards Internationalizing the Curriculum in a Context of Globalization: Comparing Policy Processes in Two Settings'. *Compare: A Journal of Comparative Education*, Vol. 34, No. 4, pp. 443–461.

Welch, Anthony R. (2008): 'Nation State, Diaspora and Comparative Education', Joseph Lauwerys Lecture, Comparative Education Society in Europe Biennial Conference, July; University of Athens.

World Bank (2013a): Data by Topic. World Bank Indicators. http://data.worldbank.org/topic/education. Accessed 20 September 2013.

World Bank (2013b): Data by Country. World Bank Indicators. http://data.worldbank.org/country. Accessed 30 August 2013.

第五章　教育制度比较

马克·贝磊　蒋凯

　　大量的比较教育研究聚焦教育制度。①但是，这一焦点有时是模糊而非清晰的，并且分析单位没有得到清晰的定义。本章首先指出学术界关注教育制度的一些突出实例，接下来讨论将教育制度作为比较教育研究分析单位的方法论问题。本章指出，一些国家有多种教育制度，因而聚焦教育制度的比较研究可以是关于某一国家或地区内部不同教育制度的，也可以是关于不同国家之间的不同教育制度的。

熟悉的途径，松散的运用

　　在比较教育领域，对教育制度的关注由来已久。例如，萨德勒（Sadler, 1900）广为引证的演讲的标题即为"我们从别国教育制度研究中究竟能学到什么有实际价值的东西？"（How Far Can We Learn Anything of Practical Value from the Study of Foreign Systems of Education）。康德尔（Kandel, 1933: 83—206）的书聚焦于六个国家的国家教育制度；克莱梅和布朗（Cramer & Browne, 1956）编著的书的名称为《当代教育：国家教育制度的比较研究》（*Contemporary Education: A Comparative Study of National Systems*）。在接下来的年代中又出现了莫尔曼（Moehlman, 1963）的书，书名为《比较教育制度》（*Comparative Educational Systems*）。

　　在随后的几十年中，这一研究焦点持续下来。20世纪80年代出版的书籍包括艾格纳斯和科斯尼（Ignas & Corsini, 1981）的《比较教育制度》（*Comparative Educational Systems*）和卡梅伦等人（Cameron et al., 1983）主编的三卷本《国际教

---

① 在本章，根据行文需要，教育制度（systems of education 或 education systems）有时译为教育体制、教育系统或教育体系。——译者注

育制度手册》(*International Handbook of Education Systems*)。接下来，波斯特怀特（Postlethwaite）主编了《比较教育与国家教育制度百科全书》(*Encyclopedia of Comparative Education and National Systems of Education*)，该书的第一、二版分别于1988年和1995年出版。在21世纪初出版的书籍还包括斯德和沃尔舒特（Steye & Wolthuter, 2000）的《新兴国家的教育制度》(*Education Systems of Emerging Countries*)，以及马洛-费格森（Marlow-Ferguson, 2002）的《世界教育百科全书：全球教育制度调查》(*World Education Encyclopedia: A Survey of Educational Systems Worldwide*)、格雷格和瓦尔特洛娃（Greger & Walterová, 2012）编著的《后共产主义国家的教育制度转型》(*The Transformation of Educational Systems in Post-Communist Countries*)。

然而，上述书籍中的部分书并没有澄清教育制度的定义。正如本书上一章所指出的，地域比较主导了比较教育领域，并且关注国家或民族国家。上文提到的许多书籍以国家作为其基本分析单位。这些书籍的作者在提到国家教育制度时，想当然地使用"教育制度"一词；但是，很少有人探讨这些国家的教育制度的概念边界，或考察其教育制度在国家边界内共存或跨国界的程度。许多作者在陈述国家教育制度时，似乎认为所研究的这些国家只有单一的教育制度。

这一点可以通过相距四个年代的两个例子而得到进一步的解释。莫尔曼（Moehlman, 1963）的书认为读者对教育制度具有不言而喻的理解，全书分章介绍了11个国家的教育，国家疆界与教育制度边界基本一致。特别不合适的是，该书假定美国有统一的教育制度。作者在美国部分提到，美国50个州"管理各自的教育系统"。但是，这一观察没有得到阐述，作者没有提出美国不同的州的教育制度的差异，美国一章的大多数内容（pp.75—81）将美国教育制度作为一个整体进行了概述。更近的例子是，马洛-费格森（Marlow-Ferguson, 2002）主编的教育百科全书是分国别组织起来的，按字母顺序，从阿富汗开始到津巴布韦结束，基本上是假定各国有统一的教育制度并对其进行描述。尽管在一些国家——如比利时、加拿大和瓦努阿图——的内部有不同语言、结构差异甚殊的教育制度，该书还是对这些国家各自做概括性的描述，作者似乎认为这些国家有统一的国家教育制度。这一点不但误导读者而且错过了概念理解的机会。比较国家内部的教育制度，对确认各教育制度的相似性与差异性具有启迪意义，也有利于增进对形成这些教育制度模式的力量的理解。

进一步说，按国别研究教育制度的趋向模糊了一个事实，即一些教育制度跨越了国家边界。例如，宗教团体如罗马天主教教会或伊斯兰教团体主办的中小学，可能具有跨越国界的共性（Daun & Arjmand, 2005; Griffin, 2006; Brock, 2010）。在另一个非常不同的领域，29个欧洲国家的高等院校通过"博洛尼亚进程"（以意大利城市博洛尼亚命名——当时29个欧洲国家的代表在此达成共识）逐步实现协调统一，该进程旨在"推动欧洲高等教育体系一体化发展"（Bologna, 2013）。再举一个例子说，许多拥有大量国际社区的城市举办遵照其他国家的教育制度的学校，这些学校由来源国的相关机构管理或认证（Hayden & Thomson, 2008; Bates, 2011）。

定义和确认教育制度

必须承认，用词谨慎的学者在定义教育制度时也遇到了很大的困难。在上文提到的经典学者中，康德尔（Kandel, 1933: 83）关注国家教育制度，他写道："虽然人们经常使用国家教育制度一词，但是给它下定义并不容易。"他补充道，找到一个合适的定义的困难在于：

> 主要原因并不在于大量正式或非正式的影响形塑了一国成员的态度和视界，而在于缺乏检验国家教育制度的单一标准。

教育制度的定义问题没有得到解决，对当代学者仍然具有挑战性。对比较教育学者而言，由于一个事实的存在，即在一些语言中，英文的"教育制度"一词可能有好几个对应的词语，每一个词都有细微的差别和不同的含义。例如，在中文中，有四个相关的词语：

- **教育制度**，即一个国家各种教育机构的体系，包括学校制度（即学制）和管理学校的教育行政机构体系。教育制度是一定社会历史阶段的产物，一定程度上受到社会的政治、经济、文化影响和学生身心发展特点的制约。在有的国家，被视为按国家性质确立的教育目的、方针和设施的总称。
- **教育体制**，即"教育管理体制"。国家组织和管理教育的形式、方法和制度的总称，构成要素包括：（1）教育决策体系；（2）教育信息的传递和反馈体系；（3）教育调节体系；（4）教育组织体系。
- **教育系统**，亦称"教育体系"。为达到一定的教育目的，实现一定教育、教学功能的教育组织形式整体。作为一种有控制的信息传递系统，教育系统包括人员、财务、信息、机构四个要素。具体可分为教育目的、教育内容、教育方法、教育活动、教育媒体、教育设施、教育环境、学生、教师、教学管理人员等要素。这些要素相互独立、相互联系、相互作用而构成有机整体。因研究角度不同,可有不同的类型和层次。①

- **教育体系**,亦称"教育系统"。

就本章的目的而言,可以将制度(或系统,system)理解为组成一个复杂整体的一组相互作用、相互联系、相互依存的成分。阿尔波特(Allport,1995:469)给出的系统的一般定义为:

> 以某种形式相互联系、相互依存并且依照某种规律或方式运行,以产生某些有特色的整体效果的动态成分的有边界的结合体。换言之,系统是与某种活动相联系的事物,维持某种整合和一致性;一个特定的系统可以从它与其他系统的区别中辨认出来,但是这些系统之间保持动态的联系。

这一定义与中文中所称的系统最为接近。由于这一定义可以运用到教育部门和其他部门,它对本章而言是有帮助的。此外,它还可以适用于国内教育制度和跨国教育制度,以及国家教育制度。

还有必要参考阿切尔(Archer,1979)《教育制度的社会起源》(*Social Origins of Educational Systems*)这本被广泛地认为有创造性贡献的书。像她的许多前贤一样,阿切尔特别关注政府管理的国家教育制度。她将政府教育制度定义为(p.54):

> 致力于正规教育、其整体控制和监督至少部分地由政府负责、组成部分和过程相互联系的全国范围的和多样化的学校教育机构的总和。

她补充道,当教育的各组成部分停止分离以及作为互不联系的制度或独立网络而变得相互联系以构成一个整体时,教育制度就形成了。从地域上看,阿切尔的大多数分析都是基于丹麦、英格兰、法国、日本和俄罗斯的。她指出,在这些国家,政府对教育系统具有塑造、监管和管理的职责。

但是,教育制度也可以由其他团体和政府一起来运作。本章将列举由教会或其他非政府团体运作的教育制度。此外,政府也可以运作多种教育制度或亚教育制度。

---

① 本章所列举的教育制度、教育体制、教育系统的定义,参见顾明远主编的《教育大辞典》[增订合编本(上)],上海教育出版社1998年版,第749、762、776、782、798页有关词条。——译者注

一个方法论问题可能与分类有关,并关系到特定的安排是否为教育制度或亚教育制度。虽然这一探究领域具有方法论上的挑战,是一个有吸引力的课题,但是答案常常具有一定的主观性。

为什么比较教育制度?

在许多情况下,比较教育制度的逻辑依据与开展其他单位的比较,尤其是地域比较相类似。特别是当进行国家教育制度比较的时候,其理由与马丽明在上一章提到的理由相似。马丽明提到了开展比较教育研究的解释性分析和因果分析的原因,强调了经典学者的工作。贝雷迪是其中一位聚焦教育制度方面的代表性学者,当然他在教育研究实践中还关注其他广泛的问题。因此,当他(Bereday,1964:5)写下"人们研究外国教育制度,仅仅是因为他们的求知欲,因为人们永远具有通过探究获得智识的冲动"时,他实际上是在陈述整个比较教育领域的理由,而不是仅仅关注教育制度本身。

然而,教育制度特别是国家教育制度为什么会得到如此多关注的问题,还是没有得到解释。部分答案在于,19世纪以来民族国家成为组织和管理社会、政治、经济生活的基本单位。国家政府的教育职责不断增强,从而扩大了国家教育制度之间的差异。从19世纪初开始,教育日益成为增强国家力量的工具。这一传统可能在20世纪后半期达到了顶峰。近年来,这一观点受到了全球化力量的侵蚀(如,参见Mitter,2004;Spring,2009;Marginge et al.,2013)。但是,许多国际机构仍然在民族国家的基础上工作,维持并促进国家教育制度的观念(如,参见 UNESCO International Bureau of Education,2000;Asian Development Bank,2001;UNESCO,2011;Commonwealth Secretariat,2012)。许多学术工作或清晰或含蓄地促进了民族国家有国家教育制度的观念(如,Adams,2004;Wolhuter et al.,2007;Thieme et al.,2012)。

更进一步说,研究教育制度的一个主要原因可能是避免"一国一制"的观念。例如,在将比利时法语区与佛来芒语区的教育制度做区分,将桑给巴尔岛与坦桑尼亚大陆的教育制度做区分,将加拿大魁北克省与安大略省的教育制度做区分时,这一目标就实现了。在将私立学校与公立学校做比较,将职业技术学校与学术文法学校做比较时,这一目标也实现了。此外,将教育制度的边界与国家的边界相等同具有风险,反映了一种静态的视角,这是因为国家边界在不断发生变化。不从地域的角度分析教育制度,更能反映教育制度的边界和形式的灵活性。因而,关注教育制度,在某些情况下可能降低了过于泛化和简化的风险,并且有助于表明教育变革的动态性。

一组例子:中国的教育制度

上述观点可以通过一些例子得到说明。第一个例子是中国的情况,主要是中国内地、香港和澳门的情况。① 这三个地方中每一个地方的教育制度都具有非常不同的特征;但是,差异不但存在于三地之间而且存在于各地内部。因而,分析中国教育制度的情况,显示了在一个国家内部做有启发性的多重比较的潜力。

中国内地的教育制度

中国内地有14亿人口,其中接受中小学教育和高等教育的人口为2.9亿。中国内地有289座大中城市,其中48座城市的人口超过了50万人(China, 1985)。

20世纪80年代中期教育体制改革以来,中国内地的教育发生了重大变化。程介明(Cheng, 1991: 3)发现,"如果从其辽阔的疆域和巨大的人口来看,中国内地的教育制度相当统一"。这一特征主要是高度集权管理的结果。但是,程介明进一步谈道:"持续进行的改革与当地情况使各地区之间有相当大的差异。"中国内地不同地区之间以及各地区内部的教育多样性不断发展(Mok, 2003; Gong & Tsang, 2011; Qi, 2011)。

先看教育结构方面,在过去几十年中,中国内地的许多地方在基础教育阶段采用"六三三"学制(也就是六年小学教育,三年初中教育,三年高中教育)。但是,直到20世纪90年代仍有一些地区在中小学阶段采用"五四"学制、"五三"学制、"五一三"学制、九年一贯制和其他混合学制。到2010年,多数省份的小学生主要在六年制小学就读,但各省之间仍然有一些差别(表5.1)。不同的教育结构需要不

---

① 台湾是中国领土不可分割的一部分,但限于资料和数据,本章所指的中国的教育制度没有涉及中国台湾地区的教育制度。——译者注

同的课程，并产生了不同的结果。中央政府政策鼓励发展六年制小学教育；但是，多种学制仍然存在，其中有政府鼓励教育分权的原因。

表 5.1 中国内地部分省份在六年制小学就读的小学生人数及其比例（2010 年）

省 份	小学生总数（人）	在六年制小学的学生比例（%）	省 份	小学生总数（人）	在六年制小学的学生比例（%）
北 京	653 225	99.99	青 海	518 992	98.06
福 建	2 388 917	100.00	山 东	6 292 476	86.77
贵 州	4 334 971	100.00	上 海	701 578	12.25
黑龙江	1 879 609	69.69	天 津	505 895	88.63
河 南	10 705 303	99.99	云 南	4 352 084	99.99
湖 北	3 655 512	99.99	新 疆	1 935 789	99.99
湖 南	4 791 601	100.00	*中国内地*	*99 407 043*	*99.78*

资料来源：China（2011），pp.526，534。

在各地教育系统内部，同样存在差别。几十年前，政府将一些中小学定为重点学校，绝大多数重点学校位于城市和县城（Guo，2005：151）。这些学校吸收了所在区域内最好的学生、教师和其他教育资源。设立重点学校的依据是，要将重点资源投向更资优的学生，以便为他们升入大学做准备。重点学校还作为在职教师培训中心和课程革新试验中心。重点学校招收约 5% 的中小学生，但是大多数通过竞争激烈的全国高考进入重点大学的学生毕业于这些学校。后来，中央政府旨在促进义务教育均衡。《国家中长期教育改革和发展规划纲要（2010—2020 年）》倡导缩小教育差距（China，2010：22）。但是，教育部承认在中小学阶段取消重点学校还需要一个较长的过程。

进一步的差别体现在中国的少数民族教育上（Zhao，2010；Postiglione，2012）。2010 年，55 个少数民族约有 1.14 亿人口，占全国人口的 8.49%（China National Commission for UNESCO，2004：12）。国家鼓励实行双语教育，支持在民族地区的学校教育中使用少数民族语言和国家通用汉语。这一政策在各地的执行力度并不一致，但是在大多数地区，至少在小学阶段采用少数民族语言教学。

民办学校的发展也促进了教育多样性。2010 年，民办学校有在校小学生 538 万人，占全体小学生人数的5.4%；民办中学在校生979万人，占全体中学生人数的9.8%（China，2011：3—4）。民办中小学生所占的比例并不高；但是，这在中国内地非常重要，因为在20世纪80年代前根本就不存在民办学校。另外，在中等职业教育阶段，在民办学校就读的学生的比例为9.1%（Hu & Xie，2003：179）。许多民办学校设在城镇地区，为新兴精英阶层的子女服务；但也有一些民办学校设在农村地区，为希望学习其他类别课程的家庭的子女服务。

进一步说，在一些大城市，设立了与国外教育制度相联系的国际学校（international school）。国际学校学生总规模较小，但增长趋势明显。例如，2012年北京16所公立中学设有国际部，有5所中外合作办学国际中学，几所民办中学设立了国际部（Liu，2012）。在上海和中国内地其他地方，也可以看到类似的发展趋势（Bray & Yamato，2006；Robinson & Guan，2012）。一些国际学校开设英语课程，其他一些学校开设日语或韩语课程等其他课程。在未来的一些年中，教育多样化可望得到显著发展。

中国香港的教育制度

与中国内地相比，香港可谓非常小。它曾经被英国殖民统治，1997年，中国政府对香港恢复行使主权。但是，作为一个特别行政区，香港保留了高度自治，自主管理本行政区内的教育。香港有偏远乡村地区，但它主要还是一个城市社会。对香港进行区域内比较教育研究颇有新意，更有意义的是比较这一城市社会中不同类型的学校系统，而不是比较为特定地理区域服务的教育系统。

就像中国内地的学校一样，人们可能将香港的学校描绘为处在一个单一的全区域范围的教育制度之下。然而，一些学校处在这一制度之外，与此同时即使在这一制度内部也存在各种亚制度。表5.2现实，在2012/13学年仅有6.1%的学校直接由政府举办（称为官立学校）；72.2%的学校为资助学校（aided school），它们由不同的部门管理，但一般被看作是公立教育部门的一部分。但是，资助学校中的部分学校采用"制度中的制度"，由诸如罗马天主教教会和其他宗教团体以及慈善组织举办。三所按额津贴学校属于受资助学校的范畴，基于几十年前的拨款方式，按学生人数接受政府的拨款。

表 5.2　香港中小学校的举办者（2012/13 学年）

	小学	中学	合计
官立学校	34	32	66
资助学校	423	362	785
按额津贴学校	0	3	3
直接资助计划学校	21	61	82
私立学校	50	32	82
国际学校	41	29	70
总计	**569**	**519**	**1 088**

资料来源：Hong Kong, Education Bureau：www. edb. gov. hk。

除官立学校外，香港还有资助学校和按额津贴学校这两类私立学校。香港在 1991 年创立了直接资助计划（Direct Subsidy Scheme，DSS），允许资助学校变成私立性质的同时继续获得政府的拨款，也允许符合特定标准并遵守有关规章制度的私立学校接受政府拨款。直接资助计划和香港主流教育制度不一样，因此在制度内部创建了一种其他类型的制度（Hong Kong, Education Bureau, 2013）。表 5.2 中的私立学校不接受政府经常性拨款，但是其中一些私立学校接受政府安排的校园用地和其他形式的资助。私立学校在课程和其他方面有比较大的弹性。

表 5.2 中最后一种类型的学校即国际学校的多样性更大。在 2011/12 学年，英基学校协会（English Schools Foundation，ESF）创办了 15 所国际学校，以集团校的形式运作，大多采用国际文凭课程（International Baccalaureate curriculum）。其他国际学校采用澳大利亚、加拿大、法国、德国、日本、韩国、挪威和新加坡等国的课程（Hong Kong, Education Bureau, 2012）。因此，一些国际学校实际上是在香港地区境内遵照外国教育制度办学（Bray & Yamato, 2003：58—59；Ng, 2012：124）。

从方法论角度看，一个可能更有意思的问题是，在香港的一些国际学校以一种以上的制度运作。例如，德瑞国际学校（German-Swiss International School）的一个部门采用德国课程，另一个部门采用英格兰课程。类似地，法国国际学校的一个部门采用法国课程，另一个部门采用国际文凭课程；韩国国际学校的一个部门采用韩国课程，另一个部门采用英格兰课程。在这些国际学校，对不同部门的教师的期待不一样；在法国国际学校和韩国国际学校，不同部门的学生支付的学费也不一样。

因而，对教育制度的比较分析，不但可以在香港辖区内进行，还可以在单个学校内部进行。

在主流教育制度内，香港学校的一个显著特点是教学语言的差异。在这一点上，该地区学校历史演进的其他方面具有启迪意义。表5.3显示了20世纪90年代中期对学校的官方分类，当时按教学语言分为英中学校（Anglo-Chinese Schools）与中文学校。前者在中文科目和中国历史课程之外均采用英文教学，后者在英文科目之外均采用中文教学。英中学校采用"五二"学制，中文学校在20世纪90年代初以前采用"五一"学制。香港中文大学于1963年成立，提供四年制本科教育，在其成立时香港的中文学校达到了顶峰；香港大学在英中学校繁盛时创立，提供三年制本科教育。

表5.3 按教学语言分的香港中等学校（1993/94学年）

	官立学校	资助学校	私立学校	合　计
英中学校	33	299	56	388
中文学校	2	14	7	23
英中和中文学校	3	5	4	12
英文学校	1	5	15	21
其他语言学校	—	—	2	2
英文和其他语言学校	—	—	2	2
总计	**39**	**323**	**86**	**448**

说明：以上学校数据仅指日间学校。
资料来源：Hong Kong, Education Department (1993), p.55。

随着时间的推移，香港地区中学的教学语言差别变得模糊了。为了吸引学生，越来越多的英中学校宣称以英文作为教学语言，但实际情况是在许多班级采用中文教学。香港中文大学在继续招收中文学校毕业生的同时，扩大了招收英中中学毕业生的数量（Lee, 1993）。1988年，香港地区政府先是规定，包括香港中文大学在内的所有本地高校的基本学制为三年，而后规定主流教育制度内的所有中学应当采用"五二"学制。因而，作为区域内比较教育研究的一个关注点，香港两种教学语言的教育制度之间的差别没有以前那么大了。

20世纪90年代后期，香港一项新的教育政策扩大了采用不同教学语言的学校之间的差别。通过严格的筛选，只有114所公立中学（约占全部中学的1/4）获准在

1998年及以后使用英文作为教学语言。这一政策的实施又创生了两类学校,并且可以从教学语言的角度清晰地辨认这些学校,做相互比较(Standing Committee on Language Education & Research,2003;Education Commission,2005)。

2009年,香港特区政府进一步实施教育改革计划(Hong Kong,2011),改革原来的"六五二三"学制(也就是六年小学、五年中学后参加学校证书考试,两年高中后参加高级水平考试,本科三年),新的学制为"六三三四"学制(也就是小学六年、三年初中、三年高中、四年本科)。这些变化给学者和教育实践工作者以进行从时间的角度进行比较的机会,也就是比较以前的学制和新学制。

相应地,香港学校的教学语言变革更加模糊了。在教学语言上实施了一段时间的"严格指引"政策(1997—2008年)——要求学校进行清晰的选择,根据特定的教学语言来明确学校类型——后,政府开始允许辖区内学校进行"精细调整",在教学语言上采用模糊混合类型(Morris & Adamson,2010:152—154)。

总的来说,尽管可以(并且通常)将香港教育制度视为一种明确的制度,深入的考察揭示了这个地区学校管理和课程上多种模式并存的情况。如上所述,在香港教育制度内部可以进行进一步细分,随着时间的推移,该地区教育结构发生了显著的变化。

中国澳门的教育制度

与中国内地相比,香港很小,澳门就更小了。20世纪90年代中期以来,澳门地区政府努力构建澳门教育制度(Leung,2011;Wang,2011;Macao,2012a)。然而,在澳门,教育制度仍存在显著的内部多样性。

在1999年中国政府对澳门恢复行使主权之前,这一地区由葡萄牙政府管治。澳门的回归模式与香港十分相似,它目前也是一个特别行政区,自主管理本地的教育(Bray & Koo,2004)。

直到20世纪90年代,政府当局对教育几乎没有什么兴趣。政府只开办了很少的葡文课程学校,主要是为葡侨公务员和与葡萄牙联系密切的本地人的子女服务。这些学校为不到10%的人口服务。其他家庭的孩子要么上私立学校,要么根本不上学。政府当局不资助,不管理,甚至不监督私立学校。许多学校由宗教团体举办,另外一些学校由社会服务组织和工商企业举办(Lau,2009)。

澳门的官方文件曾对该地的学校进行分类(Macau,1989:178),下面列出了如图 5.1 所示的四种教育制度。这一分类基于可以观察到的外部影响（另见 Alves Pinto，1987：20—21）。这些制度被命名为葡萄牙模式、盎格鲁-撒克逊模式、中国传统模式、中国模式，但是，这些标签是以对教育制度的带偏颇的错误认识为基础的，这种认知假定这些教育模式是从外面引进的。这本身就是一个需要对一个地方内部的教育制度多样性的信息进行澄清的例子。盎格鲁-撒克逊模式是一个错误的命名，因为澳门的这一教育模式是从香港而不是从英国引进的，香港的主流模式是英中学校的"五二"学制而非中文中学的"五一"学制。将中国模式描述为"六五"学制也是不恰当的，因为中国的主流学制是"六三三"模式，并且在中国的其他地方也没有"六五"学制。澳门的官方文件用中国传统模式来描述从中国台湾地区引进的学制，但是对为什么选择这一标签的原因没有做清晰的说明。

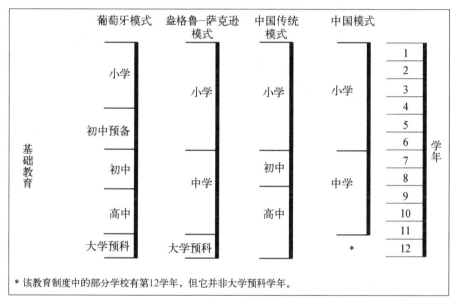

图 5.1 1989 年官方文件所列举的澳门教育制度
注：* 这一教育制度中的部分学校有 12 年级，该学年可以视为预科学年。
资料来源：Macau (1989)，p.178。

或许是认识到上述分类存在一些问题，后来的官方文件（如，Macau，1993a）按教学语言对澳门教育制度进行了更简明的分类（见图 5.2），包括三种制度。然而，这种分类并不完全是按语言来分的，因为它将中葡学校（Luso-Chinese schools）作为一个独立的部分。中葡学校由澳葡当局举办，主要采用中文教学，但强调以葡语作为第二教学语言。中葡学校制度的结构既不同于其他中文学校，也不同于葡文学校。表5.4列举了按教学语言分的澳门学校的数量。大多数私立学校采用中文教学，其中2所中学（招收2%的学生）采用葡文教学，7所中学（招收19%的学生）采用英文教学。该表还显示了过去几十年发生的一些变化，首先是小规模小学数量的减少，其次是对葡文的强调降低了，与此同时另外两种语言（中文、英文）的重要性提升了。

```
              中文学校   英文学校   葡文学校   中葡学校
                1        P.1       1         1           1
                2        P.2       2         2           2
         小     3        P.3       3         3           3
         学     4        P.4       4         4           4
                5        P.5   初中预备 5      5           5
                6        P.6       6         6           6        学
         ---------------------------------------------------     年
                7       F.I/J.I    7         7           7
                8       F.II/J.II  8         8           8
         中     9       F.III/J.III 9        9           9
         学    10       F.IV/S.I  10        10          10
               11       F.V/S.II  11        11          11
               12      *F.VI/S.III 12                    12
```

* 部分中学采用初高中学制(3+3年)，其他中学采用五年学制。在采用五年制的中学中，部分中学为准备接受高等教育的学生加设大学预科性质的第六学年(F.VI)。

图5.2　1993年官方文件所列举的澳门教育制度

资料来源：Macau (1993a)，p.205.

表5.4　按所有权和教学语言分的澳门学校（1992/93学年）

	小学		中学	
	1992/93	2010/11	1992/93	2010/11
政府学校				
中文学校	6	1	1	4
葡文学校	2	0	1	1

续　表

	小学		中学	
	1992/93	2010/11	1992/93	2010/11
私立学校				
中文学校	55	18	24	24
葡文学校	4	1	2	1
英文学校	6	6	7	8
总计	**73**	**26**	**35**	**38**

说明：既有小学部又有中学部的学校，计为两所学校。
资料来源：Macau（1993b），p.2；Macao（2012b），p.70。

在所有权和管理方面，表5.4简要地区分了澳门的政府学校与私立学校，但私立学校内部又包括多种类型。私立学校中数量最多的一类学校是澳门天主教联会（Union of Catholic Schools）举办的学校，20世纪90年代初占澳门私立学校的将近一半，在21世纪初数量略有减少。这些学校对主教负责，在某些方面可以被视为一种教育制度。在21世纪头十年初期，一个更大的学校群体由澳门中华教育会（Chinese Educators' Association）举办。该专业团体与中国内地政府保持密切的联系，受到内地政策的影响（Leung，2011：173）。

在21世纪头十年对澳门学校做进一步区分的方式，是依据它们是否加入了政府的免费教育计划。这种教育方案给实施免费教育的学校提供补助，并对这些学校的最大班额做了规定（Leung，2011：173；Macao，2012a：316）。

然而，即便大大增加了政府财政资助力度，采取了有关规章制度，澳门当局在创建统一的教育制度方面还是面临困难。政治力量阻止建立全澳地区范围的教育考试制度，正如梁（Leung，2011：181）的观察发现："当政府努力将改革措施如学校课程改革等深入推进的时候，它的行动能力就受到了约束。"原因在于，许多教师在中国内地（大陆）、中国台湾和香港而不是澳门本地接受过教育训练，绝大多数学校采用从上述地区引进的教材改编过来的校本课程。因此，在澳门特区政府发展一种可以被描述成能够与中国香港和中国内地的主流教育制度进行比较的较统一的教育制度的过程中，21世纪头十年澳门学校的各种亚制度仍然展现了很大的多样性。

另一组例子：英国的教育制度

英国的教育制度多样性具有非常不同的历史根源和当代形态，因而将其与中国教育制度多样性进行比较是有意义的。最重要的一点是，在英国并不存在单一的教育制度。例如，布斯（Booth，1985）的题为《英国教育制度》（*United Kingdom: System of Education*）的论文是误导性的和错误的。英格兰、北爱尔兰、苏格兰、威尔士各有自己的教育制度。尽管本文主要关注英国四个区域的不同教育制度，在上述四个区域内，还可以进一步发现服务于不同宗教群体、社会经济群体和其他群体的教育制度的多样性。

拉斐等学者（Raffe et al.，1999）就这一主题发表了一篇很有意义的论文，该文建立了一个布里萨尔等（Brisard et al.，2007）和门特等（Menter et al.，2009）学者使用的框架。拉斐等借用足球比赛的隐喻来分析英国国内的教育制度（p.9）：

> 英国有四支"国家"足球队，也就是英格兰队、苏格兰队、威尔士队和北爱尔兰队。这些球队之间的比赛被称为"本地国际"（home internationals）比赛。英国的每一个组成国家都有其自身的教育和训练制度，本文主要对这些制度进行"本地国际"比较。

作者继续指出，许多人并不理解这四种教育制度之间的差异，并且/或者认为这些差异很微妙，不值得仔细地关注。他们补充道（p.10）：

> 许多研究人员依据学校背景或资料数据可获得性在英格兰、大不列颠与英国（联合王国）之间游移；其他研究人员在分析英国时，实际上是在描述英格兰，只是象征性地给苏格兰、威尔士和北爱尔兰加一个脚注；还有一些研究人员简单地忽视四种教育和训练制度之间的差异，并将英格兰、大不列颠与英国作为同义词。

但是，人们并没有怎么将英国各地教育和训练制度之间的差异当作问题和研究机会、经验和理论挑战的领域，以及政策和实践教训的来源。

政治背景有深厚的历史根源，但在当代还在继续发展（Bell & Grant，1977；Gunning & Raffe，2011；Richardson，2011）。在19世纪威尔士教育制度发展的时期，它在政治上与英格兰合并，一个结果是威尔士与英格兰之间的教育差别在历史上就很小。但是，在20世纪后期，两地教育逐渐向不同的方向发展。威尔士国家课程要求该区域内所有的政府资助学校采用威尔士语教学（Gorard，2000；Brisard et al.，2007），由于负责公共考试和综合管理的独立机构的存在，还出现了其他的课程强调上的差异。

与之相对应的是，苏格兰教育制度具有悠久的历史和独立的身份（Matheson，2000；Richardson，2011）。在苏格兰，15世纪通过的法案推动了义务教育，在1707年苏格兰与英格兰合并之前，苏格兰教育开始发展为一种独立的国民教育制度。在当代，最明显的结构性差别是在苏格兰的高考之后是四年制的大学学制结构，但是英格兰学生高中毕业后通过高级程度会考（Advanced (A) Level Examination），而后是三年制的大学学位结构。不像威尔士和英格兰，苏格兰没有国家课程：当局只是颁布课程指南，从不规定具体的课程。苏格兰的小学年限、学校督导制度、对最大班级规模的规定以及学校管理性质等方面，均与英格兰存在差异（Matheson，2000：73）。进入21世纪以来，随着权力下放的政治进程，苏格兰与英国其他地区的教育差异进一步扩大（Andrews & Martin，2010；Arnott & Ozaka，2010）。

爱尔兰在19世纪30年代建立了国民小学教育制度，比英国其他地方实施小学教育制度更早，但是这一制度是根据不同的教派来划分的（Bell & Grant，1977：47—51）。1920年，爱尔兰的主体部分从英国分离出来，成为一个独立的共和国。北爱尔兰仍然作为英国的一部分，其教育制度脱离爱尔兰共和国，趋近英格兰和威尔士的制度。但是，北爱尔兰的教育制度还是有重要的差异。例如，北爱尔兰的中学制度具有选择性，根据学生的学业能力将他们分至文法学校和中间中学。与之相对，在苏格兰和威尔士，差不多所有由政府举办的中学都是综合中学。在英格兰，这一模式更加多样，大多数中学名义上是综合学校但在许多方面仍然是选择性的文法学校。北爱尔兰还对学校管理做出了与英国其他区域不同的规定，大多数规定是由它的政治和宗教的历史形成的（Dunn，2000；McGuinness，2012）。

进一步的差异来自政策制定者与英国其他地方政策制定者以及世界其他地方有关实体进行互动的方式。冈宁和拉斐（Gunning & Raffe，2011：254）观察发现，不像联邦制和准联邦制国家一样，英国"很少有促进各区域政策制定者保持一致性甚至增进相互认知的正式机制"。政府结构的频繁变化和官员的迅速更换，降低了非正式联系和人际联系促进教育协调的程度。格列克和奥兹卡（Grek & Ozka，2010）补充道，与英格兰政策制定者相比，苏格兰政策制定者对欧盟教育发展更感兴趣，受后者的影响更大。

参考拉斐等学者（Raffe et al.，1999：17—18）的观察并进行更新，可以做出以下总结。

1. 教育制度之间相互依存的程度比民族国家之间相互依存的程度更大。英国四个区域的教育制度的相互依存性很复杂，但四个区域同属一个政治系统，每一个区域都受到英国财政政策和劳动力市场规章制度等因素的影响。

2. 教育制度之间的相似性比差异性更重要。英国所有这四种教育制度都有共同的特征，包括学校和学院的广泛的制度结构，如中等教育的结构、功能和获得学历的期限，高等教育的规模、结构和功能。

3. 在各区域之间，教育制度差异程度不一。英格兰与威尔士的教育制度虽有差异，但是存在显著的共性；苏格兰教育制度与其他区域的差异最大。

4. 在许多方面，英国各区域教育制度的差异性表现为"共同主题下的差异"。相似的功能以略有差异的方式表现出来，相似的教育机构和结构表现出略有差异的功能。例如，在四个区域之间的学校和延续教育院校表现出类似的功能，但差异仍然显著。

5. 英国这四个区域教育与训练的社会联系和社会内容的差异小于在不同民族国家之间的相应差异。最重要的文化差异与教育政治和国家认同有关，而不是与个体行为有关。

6. 政治结构使得四种教育制度之间的联系在发生急剧的变化。共同的根源可能会对英国各区域教育制度产生影响，但各区域优先事项和结构的后续差异也可能会对教育制度产生影响。

结论

至少，在表面上，将教育制度作为比较教育领域的一个突出的分析单位由来已久。但是，细致的考察表明，当学者们使用教育制度这个术语时，他们很少做出界定。比较教育领域存在将教育制度边界等同于国家边界的趋势，并且很少有研究探讨次国家的和跨国家的教育制度。一个挑战来自定义，因为要定义或描述教育制度并不容易。但是，挑战也许可以转化为机会：学者们可以探索不同定义和边界的含义，可以确认以不同方式将教育制度概念化能够带来哪些不同见解和理解。

本章指出，教育制度具有多种类型，可以按地域和功能的标准予以确认。地域标准基本指从地理的角度确认教育制度，如中国内地、香港和澳门，或英格兰、北爱尔兰、苏格兰和威尔士的教育制度。从功能标准看，包括具有特定课程和管理框架的教育制度，如中国内地的重点学校、香港的直接资助计划。可以从公共或私人所有权的角度定义教育制度，也可以从管理权威如教会或资助团体的角度进行定义。一些学者可能认为，这些种类描述了更大实体的亚教育制度而不是平行运作的独立教育制度。为了检验教育制度边界的性质，特别是其环境和时间点，这些问题本身就值得辩论和探讨。

本章特别强调了拉斐（Raffe et al.，1999）、布里萨尔（Brisard et al.，2007）、冈宁和拉斐（Gunning & Raffe，2011）等学者的"本地国际"比较。这些研究的原理对中国内地、香港和澳门教育制度比较以及其他国家的教育制度研究具有参考价值。

拉斐等学者（Raffe et al.，1999：19）的另一点观察也涉及在国家内部开展比较研究的应用价值。他们谈到，在英国这类研究工作更便于开展，费用也更低，原因在于：

> （这类研究工作）由共同语言、文化亲缘性、共同管理环境、地理邻近所促进，交通和通信成本更低。英国大学或科研院所之间以类似的方式开展科研工作，它们之间的科研合作会比不同国家大学或科研院所之间开展科研合作更加容易，因为不同国家之间开展科研工作的方式差异较大。

这一观察同样适用于坦桑尼亚、美国和其他许多国家。然而，拉斐等学者自身也强调不应将他们观点的适用范围扩大。他们发现，协调对英格兰、威尔士、苏格兰、北爱尔兰青年人口的受教育状况调查的设计和定义中的差异，其难度与构建涵盖爱尔兰、荷兰和苏格兰的跨国数据库不相上下。此外，在一些大国如美国，开展国内教育比较研究的交通和通信的费用，并不比匈牙利与波兰之间的国际比较的费用低。还有，在英国国内进行教育比较研究，研究者使用的是同一种语言，但是在比较比利时的佛来芒语区与法语区、加拿大法语区的魁北克与英语区的安大略的教育制度时，就不可能这样了。这一观察提出了一个有启发性的比较问题：在不同的情境下开展相似类型的研究是容易还是困难？

进一步说，可能有人会想象一个国内和跨国比较研究的矩阵。例如，加拿大、喀麦隆和瓦努阿图都有盎格鲁教育制度和法式教育制度，学者们不但可以在上述三个国家各进行一个独立的研究，还可以将这三个国家合在一起开展一个单独的研究。作为选择，将语言作为一个常数，加拿大英语区与美国、澳大利亚一样，其内部的教育多样性都可以开展进一步的研究。如上面的例子一样，既可以对这三个地方开展独立的研究，也可以将它们合在一起进行研究。

其他问题也适用于对教育制度的超国研究（supranational studies，即国家层次之上的研究）。随着区域化和全球化力量的渗透日益深入，诸多新兴研究主题亟待开拓。上文提到了欧洲高等教育的博洛尼亚进程，这是一个开展了众多比较研究工作并且带来了新的理论收获的领域（如 Curaj et al., 2012; Crosier & Parveva, 2013）。此外，研究可关注以下方向：例如，国际文凭组织的超国考试的影响，这种考试在某种程度上创建了以课程为基础的跨国学校系统（参见 Bunnell, 2008; Hayden & Thompson, 2008）；在世界贸易组织协议框架下，占主导地位国家的教育制度如何实现跨境延伸（参见 Tilak, 2011; Verger & Robertson, 2012）。

因而，教育制度研究可以是多方面的。一方面，它包括聚焦国家教育制度的研究，这一传统在比较教育领域历史悠久；另一方面，它包括聚焦国内教育制度和跨国教育制度的研究。一些小规模的行政区域如澳门，也可能提供了分析性研究的理想沃土；对香港的一些国际学校，教育制度比较研究可以深入到学校层次。探究主题包括监管机制的作用和影响、权力配置、外部检查的作用、语言政策和意识形态等。以教育制度为分析单位的比较研究工作并不是简单的，而的确可以是值得开展的和富有教益的。

（蒋凯 译）

参考文献

Adams, Don (2004): *Education and National Development: Priorities, Policies, and Planning*. Hong Kong: Comparative Education Research Centre, The University of Hong Kong, and Manila: Asian Development Bank.

Allport, F. H. (1955): *Theoriess of Perception and the Concept of Structure*. New York: Wiley.

Andrews, Rhys & Martin, Steve (2010): 'Regional Variations in Public Service Outcomes: The Impact of Policy Divergence in England, Scotland and Wales'. *Regional Studies*, Vol. 44, No. 8, pp. 919-934.

Archer, Margaret S. (1979): *Social Origins of Educational Systems*. London: SAGE.

Arnott, Margaret & Ozga, Jenny (2010): 'Education and Nationalism: The Discourse of Education Policy in Scotland'. *Discourse: Studies in the Cultural Politics of Education*, Vol. 31, No. 3, pp. 335 – 350.

Asian Development Bank (2001): *Education and National Development in Asia: Trends, Issues, Policies, and Strategies*. Manila: Asian Development Bank.

Bates, Richard (ed.) (2011): *Schooling Internationally: Globalisation, Internationalisation and the Future for International Schools*. New York: Routledge.

Bell, Robert & Grant, Nigel (1977): *Patterns of Education in the British Isles*. London: George Allen & Unwin.

Bereday, George Z. F. (1964): *Comparative Method in Education*. New York: Holt, Rinehart and Winston.

Bologna (2013): *Bologna Declaration*. http://www.wg.aegee.org/ewg/bolognadeclaration.htm accessed 10 February 2013.

Booth, C. (1985): 'United Kingdom: System of Education', in Husén, Torsten & Postlethwaite, T. Neville (eds.), *The International Encyclopedia of Education*. Oxford: Pergamon Press, pp. 5251 – 5359.

Bray, Mark & Koo, Ramsey (eds.) (2004): *Education and Society in Hong Kong and Macao: Comparative Perspectives on Continuity and Change*. CERC Studies in Comparative Education 7, 2nd edition, Hong Kong: Comparative Education Research Centre, The University of Hong Kong.

Bray, Mark & Yamato, Yoko (2003): 'Comparative Education in a Microcosm: Methodological Insights from the International Schools Sector in Hong Kong'. *International Review of Education*, Vol. 49, Nos. 1 – 2. reprinted in Bray, Mark (ed.) (2003): *Comparative Education: Continuing Traditions, New Challenges, and New Paradigms*. Dordrecht: Kluwer Academic Publishers, pp. 51 – 73.

Brisard, Estelle; Menter, Ian & Smith, Ian (2007): 'Researching Trends in Initial Teacher Education Policy and Practice in an Era of Globalization and Devolution: A Rationale and a Methodology for an

Anglo-Scottish 'Home International' Study'. *Comparative Education*, Vol. 43, No. 2, pp. 207 – 229.

Brock, Colin (2010): 'Spatial Dimensions of Christianity and Education in Western European History, with Legacies for the Present'. *Comparative Education*, Vol. 46, No. 3, pp. 289 – 306.

Bunnell, Tristan (2008): 'The Global Growth of the International Baccalaureate Diploma Programme over the First 40 Years: A Critical Assessment'. *Comparative Education*, Vol. 44, No. 4, pp. 409 – 424.

Cameron, John; Cowen, Robert; Holmes, Brian; Hurst, Paul & McLean, Martin (eds.) (1983): *International Handbook of Education Systems*. 3 volumes, Chichester: John Wiley & Sons.

Cheng, Kai Ming (1991): *Planning of Basic Education in China: A Case Study of Two Counties in the Province of Liaoning*. Paris: UNESCO International Institute for Educational Planning.

China, National Bureau of Statistics (2012): *Sixth National Population Census of the People's Republic of China*. Beijing: National Bureau of Statistics.

Commonwealth Secretariat (2012): *Commonwealth Education Partnerships 2012/13*. London: Nexus for the Commonwealth Secretariat.

Cramer, John Francis & Browne, George Stephenson (1956): *Contemporary Education: A Comparative Study of National Systems*. New York: Harcourt, Brace & World.

Crosier, David & Parveva, Teodora (2013): *The Bologna Process: Its Impact in Europe and Beyond*. Fundamentals of Educational Planning 97, Paris: UNESCO International Institute for Educational Planning (IIEP).

Curaj, Adrian; Scott, Peter; Vlasceanu, Lazăr & Wilson, Lesley (eds.) (2012): *European Higher Education at the Crossroads: Between the Bologna Process and National Reforms*. Dordrecht: Springer.

Daun, Holger & Arjmand, Reza (2005): 'Islamic Education', in Zajda, Joseph (ed.), *International Handbook on Globalisation, Education and Policy Research: Global Pedagogies and Policies*. Dordrecht: Springer, pp. 377 – 388.

Dunn, Seamus (2000): 'Northern Ireland: Education in a Divided

Society', in Phillips, David (ed.), *The Education Systems of the United Kingdom*. Oxford: Symposium Books, pp. 85 – 96.

Education Commission (2005): *Report on Review of Medium of Instruction for Secondary Schools and Secondary School Places Allocation*. Hong Kong: Education Commission, Hong Kong Special Administrative Region.

Gong, Xin & Tsang, Mun C. (2011): 'Interprovincial and Regional Inequity in the Financing of Compulsory Education in China', in Huang, Tiedan & Wiseman, Alexander W. (eds.), *The Impact and Transformation of Education Policy in China*. Bingley: Emerald, pp. 43 – 78.

Gorard, Stephen (2000): 'For England, See Wales', in Phillips, David (ed.), *The Education Systems of the United Kingdom*. Oxford: Symposium Books, pp. 29 – 43.

Göttelmann, Gabriele & Bahr, Klaus (2012): *Strengthening of Education Systems*. Paris: UNESCO International Institute for Educational Planning (IIEP).

Government of Macao (2012a): 'Education', in *Macao Yearbook*. Macao: Government of the Macau Special Administrative Region, pp. 315 – 329.

Government of Macao (2012b): *Education Survey 2010/2011*. Macao: Documentation and Information Centre of the Statistics and Census Service.

Governo de Macau (1989): *Inquérito ao Ensino 1987/1988*. Macau: Direcção dos Serviços de Estatística e Censos.

Governo de Macau (1993a): *Inquérito ao Ensino 1991/1992*. Macau: Direcção dos Serviços de Estatística e Censos.

Governo de Macau (1993b): *Educação em Números*. Macau: Direcção dos Serviços de Educação e Juventude.

Greger, David & Walterová, Eliska (eds.) (2012): *Towards Educational Change: The Transformation of Educational Systems in Post-Communist Countries*. London: Routledge.

Grek, Sotiria & Ozka, Jenny (2010): 'Governing Education through

Data: Scotland, England and the European Education Policy Space'. *British Educational Research Journal*, Vol. 36, No. 6, pp. 937–952.

Griffin, Rosarii (ed.) (2006): *Education in the Muslim World: Different Perspectives*. Oxford: Symposium Books.

Gunning, Dennis & Raffe, David (2011): '14–19 Education across Great Britain: Convergence or Divergence?'. *London Review of Education*, Vol. 9, No. 2, pp. 245–257.

Guo, Yugui (2005): *Asia's Educational Edge: Current Achievements in Japan, Korea, Taiwan, China, and India*. Lanham, Maryland: Lexington Books.

Hayden, Mary & Thompson, Jeff (2008): *International Schools: Growth and Influence*. Fundamentals of Educational Planning 92, Paris: UNESCO International Institute for Educational Planning (IIEP).

Hong Kong, Education Bureau (2011): 'Education reform highlights'. Hong Kong: Education Bureau.

Hong Kong, Education Bureau (2012): *Prospectus of the Schools Operated by the English Schools Foundation and International Schools in Hong Kong*. Hong Kong: Education Bureau.

Hong Kong, Education Bureau (2013): 'General Information on DSS'. http://www.edb.gov.hk/index.aspx?nodeID=1475&langno=1 accessed 12 February 2013.

Hong Kong, Education Department (1993): *Enrolment Survey 1993*. Hong Kong: Education Department.

Hu, Wei & Xie, Xiemei (2003): 'System Environment for the Development of China's Private Education', in Yang, Dongping (ed.), *China's Education Blue Book (2003)*. Beijing: Higher Education Press, pp. 176–197.

Ignas, Edward & Corsini, Raymond J. (eds.) (1981): *Comparative Educational Systems*. Itasca: F. E. Peacock Publishers.

Kandel, Isaac L. (1933): *Studies in Comparative Education*. London: George G. Harrap & Company.

Lau, Sinpeng (2009): *A History Education in Macao*. Macao: Faculty of Education, University of Macau.

Lee, W. O. (1993): 'Social Reactions towards Education Proposals: Opting against the Mother Tongue as the Medium of Instruction in Hong Kong'. *Journal of Multilingual and Multicultural Development*, Vol. 14, No. 3, pp. 203–216.

Leung, Joan H. (2011): 'Education Governance and Reform: Bringing the State Back In', in Lam, Newman M. K. & Scott, Ian (eds.), *Gaming, Governance and Public Policy in Macao*. Hong Kong: Hong Kong University Press, pp. 163–181.

Liu, Junyan (2012): personal information, Beijing Academy of Education Sciences.

Maringe, F.; Foskett, N. & Woodfield, S. (2013): 'Emerging Internationalisation Models in an Uneven Global Terrain: Findings from a Global Survey'. *Compare: A Journal of Comparative and International Education*, Vol. 42, No. 1, pp. 9–36.

Marlow-Ferguson, Rebecca (2002): *World Education Encyclopedia: A Survey of Educational Systems*. Detroit: Gale Group.

Matheson, David (2000): 'Scottish Education: Myths and Mists', in Phillips, David (ed.), *The Education Systems of the United Kingdom*. Oxford: Symposium Books, pp. 63–84.

McGuinness, Samuel J. (2012): 'Education Policy in Northern Ireland: A Review', *Italian Journal of Sociology of Education*, Vol. 1, No. 4, pp. 205–237.

Menter, Ian; Hulme, Moira; Jephcote, Martin; Mahony, Pat A. & Moran, Anne (2009): 'Teacher Education in the United Kingdom: A "Home International" Study'. Paper presented to the annual conference of the American Educational Research Association, 13–17 April, San Diego, USA.

Mitter, Wolfgang (2004): 'Rise and Decline of Education Systems: A Contribution to the History of the Modern State'. *Compare: A Journal of Comparative Education*, Vol. 34, No. 4, pp. 351–369.

Moehlman, Arthur H. (1963): *Comparative Educational Systems*. Washington DC: The Center for Applied Research in Education.

Mok, Ka-ho (ed.) (2003): *Centralization and Decentralization: Educational Reforms and Changing Governance in Chinese Societies*. CERC

Studies in Comparative Education 13, Hong Kong: Comparative Education Research Centre, The University of Hong Kong, and Dordrecht: Kluwer Academic Publishers.

Morris, Paul & Adamson, Bob (2010): *Curriculum, Schooling and Society in Hong Kong*. Hong Kong: Hong Kong University Press.

Ng, Vinci (2012): 'The Decision to Send Local Children to International Schools in Hong Kong: Local Parents' Perspectives'. *Asia Pacific Education Review*, Vol. 13, No. 1, pp. 121-136.

People's Republic of China (1985): *Reform of China's Educational Structure: Decision of the CPC [Communist Party of China] Central Committee*. Beijing: Foreign Languages Press.

People's Republic of China (2010): *Outline of China's National Plan for Medium and Long-Term Education Reform and Development (2010-2020)*. Beijing: People's Publishing House. [in Chinese]

People's Republic of China (2011): *Educational Statistics Yearbook of China 2010*. Beijing: People's Education Press. [in Chinese]

Postiglione, Gerard A. (2012): 'China, Ethnic Autonomous Regions', in Banks, James A. (ed.), *Encyclopedia of Diversity in Education*. Los Angeles: SAGE, pp. 339-340.

Postlethwaite, T. Neville (ed.) (1988): *The Encyclopedia of Comparative Education and National Systems of Education*. Oxford: Pergamon Press.

Postlethwaite, T. Neville (ed.) (1995): *The International Encyclopedia of National Systems of Education*. 2nd edition, Oxford: Pergamon Press.

Qi, Tingting (2011): 'Moving Toward Decentralization? Changing Education Governance in China after 1985', in Huang, Tiedan & Wiseman, Alexander W. (eds.), *The Impact and Transformation of Education Policy in China*. Bingley: Emerald, pp. 19-41.

Raffe David; Brannen, Karen; Croxford, Linda & Martin, Chris (1999): 'Comparing England, Scotland, Wales and Northern Ireland: The Case for "Home Internationals" in Comparative Research'. *Comparative Education*, Vol. 35, No. 1, pp. 9-25.

Richardson, William (2011): 'The Weight of History: Structures, Patterns and Legacies of Secondary Education in the British Isles,

c. 1200 – c. 1980'. *London Review of Education*, Vol. 9, No. 2, pp. 153 – 173.

Robinson, Jason & Guan, Xuan (2012): 'The Changing Face of International Education in China'. *On the Horizon*, Vol. 20, No. 2, pp. 305 – 212.

Sadler, Sir Michael (1900): 'How Far Can We Learn Anything of Practical Value from the Study of Foreign Systems of Education?'. Reprinted 1964 in *Comparative Education Review*, Vol. 7, No. 3, pp. 307 – 314.

Spring, Joel (2009): *Globalization of Education: An Introduction*. New York: Routledge.

Standing Committee on Language Education & Research (2003): *Action Plan to Raise Language Standards in Hong Kong: Final Report of Language Education Review*. Hong Kong: Standing Committee on Language Education & Research.

Tilak, Jandhyala B. G. (2011): *Trade in Higher Education: The Role of the General Agreement on Trade in Services (GATS)*. Fundamentals of Educational Planning 95, Paris: UNESCO International Institute for Educational Planning (IIEP).

Thieme, Claudio; Giménez, Víctor & Prior, Diego (2012): 'A Comparative Analysis of the Efficiency of National Education Systems'. *Asia Pacific Education Review*, Vol. 13, No. 1, pp. 1 – 15.

UNESCO (2011): *National Journeys towards Education for Sustainable Development*. Paris: UNESCO.

UNESCO International Bureau of Education (2000): *World Data on Education: A Guide to the Structure of National Systems*. Geneva: UNESCO International Bureau of Education.

Verger, Antoni L. & Robertson, Susan (2012): 'The GATS Game-Changer: International Trade Regulation and the Constitution of a Global Education Marketplace', in Robertson, Susan L.; Mundy, Karen; Verger, Antoni & Menashy, Francine (eds.), *Public Private Partnerships in Education: New Actors and Modes of Governance in a Globalizing World*. Cheltenham: Edward Elgar, pp. 104 – 127.

Wang, Zhisheng (2011): 'Diversity or Unification: The Post-colonial

Education in Current Situation of Macau'. *Journal of Qinghai Normal University*, Vol. 33, No. 2, pp. 123 - 126. [in Chinese]

Wolhuter, C. C.; Lemmer, E. M. & de Wet, N. C. (eds.) (2007): *Comparative Education: Education Systems and Contemporary Issues*. Pretoria: Van Schaik.

Yamato, Yoko & Bray, Mark (2006): 'Economic Development and the Market Place for Education: Dynamics of the International Schools Sector in Shanghai, China'. *Journal of Research in International Education*, Vol. 5, No. 1, pp. 71 - 96.

Zhao, Zhenzhou (2010): 'China's Ethnic Dilemma: Ethnic Minority Education'. *Chinese Education and Society*, Vol. 43, No. 1, pp. 3 - 11.

第六章　历史比较

安东尼·斯威汀

在比较教育领域，如何介绍有关历史时期的比较才不仅仅是浅尝辄止呢？前提是考虑所涉及的基本概念，尤其是关于"时间"及其在比较教育领域中作为一个比较维度的应用。

时间

仅将时间简单地理解为物理学中计算速率的关键要素之一是不妥的，应认识到，时间具有次序性、连续性和持续性。尽管不同事件发生的先后顺序或次序性看似不可改变（因而是绝对的），然而，进一步思考会发现，由于不同事件确实有可能碰巧同时发生，或具同时性，或具瞬时性，或由于不同个体对同一事件具有不同的主观体验，因而对时间先后次序的认识也会因人而异。同样，由于记忆不完全可靠，或是不容易回忆起细节，所以无论是对不同个体而言，还是对于同一个体而言，从同样的众多事件建构出发生时间先后次序的不同排列，是很常见的情况。此外，人们还有一个普遍共识：使用最精确的时钟来测量，对时间持续性的体验也会由于兴趣程度、参与程度、幸福感程度等因素影响而差别很大。出于以上原因（它们与爱因斯坦或霍金提出的理论有所不同），可得出这样一个合理的结论：时间在很多方面都具有相对性；时间不是一个简单的、线性的与空间分离的独立存在，相反，无论是从存在观点还是从物理学意义上，把它看作是时空概念中的一个方面，都显得更为恰当。尤其是在全球化的背景下，发生即时交流的可能性或多或少地存在着，使得"时间-区域"对个人、群体和机构带来的困惑成为（后现代的）现实。出于所有这些原因（当然还有其他原因），时间概念似乎尤其适用于心理层面的比较研究。

在把时间作为一个比较单位时，有几种明显的时间"类型"要加以考虑，包括（但不仅限于）天文学时间、生物学时间、地质学时间，以及对于本文而言最重要的个人时间和历史时间。尽管时钟和手表计时的侵扰性越来越强，但是，从很多重要的方面来看，无论是将时间作为一个整体并将其与自己对成长或衰老的感觉相联系，还是将时间作为一个部分，与提前预约、准时守时、课程的时长和次序、各种不同类型的"日程安排"（社交、职业、家庭、娱乐等）以及忙碌感和停滞感相联系，个人时间都具有主观性和相对性。

此外，尽管很容易将社会或国家的历史时间等同于个体的个人时间，但是，认识到个人时间和历史时间的相互联系更具有教育方面的意义。因此可以说，认识到个人时间和历史时间的相互联系是形成"历史意识"的前提（Rusen, 1987; von Borries, 1994）。就比较教育研究中对历史时期的比较而言，应注意到，历史意识的获得涉及众多的相互关联。尤其从联系个人的感知来看，获得历史意识的基础是个体对一定历史时间背景中自我处于什么位置有所意识，并且能够不断地提高个人的"共时感"技能（积极主动地、富有创造性地去发现过时现象的能力）。然而，就宏观层面的比较而言，科恩（Cowen, 2002：416）强调，在"时间的发展变迁"之中表现出的差异性具有重要意义。科恩的强调非常重要，它类似于诺沃亚和亚里夫-马什阿尼（Nóvoa 和 Yariv-Mashal, 2003）所强调的人们对"现在"所持有的不同观念。研究者应认识到，此类的文化差异和社会环境差异是可能存在的，这一点对于形成有效的比较研究而言至关重要。

正如本章之前所提到的若干"时间"概念一样，通过"时间"的多种用法来对抽象复杂的"时间"概念本身和人们较为熟知的"时间"表述进行比较，以探寻两者之间的差异，也具有重要的价值。我们常说的"某某的生平和时代"之类的表述，则体现了人们对"时间"所持的日常观念。歌词创作者鲍勃·迪伦（Bob Dylan）宣称，"时代，永远处于变化之中"，这种说法更接近于后一种意义的观点。按照迪伦的说法，一般的人（包括作家、评论家、参议员、众议员、母亲、父亲）都需要且都有理由认识到，时代是不断变化的。他列举的名单中还可能包括比较教育领域的研究者。多数比较教育研究者可能希望通过对在某一或更多地区的教育发展历史中两个或两个以上有特点的历史时期（或阶段）进行比较，来对这些不同"历史时期"的特征得出初步结论。少数研究者非常自信，他们试图为每一个历史时期或时代确认出一种时代思潮，即一种时代精神。保守一点来说，研究者通过比较一个时期内或多个时期之间的各种事件、思想和态度，能够得出诸如连续性、变革和发展等方面的合理结论。

在对时间的运动和流逝的理解上，即对时间的变化速度或停滞的看法上，科恩（Cowen，2002）似乎表现出了不必要的谨慎。这一点至少可从他对于时代中某些"关键时刻"的注重上看出来（因此他对时间单位的注重实际上是将时间看成了一个凝固的架构）。科恩的这种谨慎可能部分地源于他的一个一贯看法，即坚持比较教育必须是针对一个以上教育制度的研究，且通常是针对一个以上的民族国家的研究（Cowen，2000：335）。另外，比较教育研究的焦点还可以放在人们对当前教育情况和未来教育前景的不同观点上，当然，也可以对过去的教育成就进行比较。因此，除了像探测原子般地研究那些所谓的"关键时间点"以外，运用较广义的"时间比较"概念来勾画历史维度，可能会对研究有所帮助。

比较教育的历史方法

比较教育研究者会周期性地从常规的研究工作中抽出一部分时间来考虑比较教育的目的。不足为奇，这样的思考和反省常常发生在一些被认为具有重大纪念意义的时刻，如《比较教育》的千禧年特刊（*Comparative Education*，Vol. 36，No. 3，2000；Vol. 37，No.4，2001），《比较：比较与国际教育杂志》（*Compare: A Journal of Comparative and International Education*，Vol.40，No.6，2010）创刊四十周年纪念的特刊。有了以上提到的各种刊物，再加上陆续出版的各类与比较教育研究有关的理论与方法的书籍（Bereday，1964；Altbach & Kelly，1986；Cummings，1999；Waston，2001；Bray，2003），本文也就不必再对此多作讨论了。

只需注意的是，本章作者赞同：比较教育似乎看起来既"纷乱庞杂"（Broadfoot，2003：275），又"具有折中主义的特点"（Ninnes & Burnett，2003：279）。至少从表面上看，比较教育研究包括了区域研究、基于社会科学的研究、发展/规划研究以及大量的混合型研究（Hawkins & Rust，2001）；但是，有些研究者相较他人有更为倾向于严格的研究分界——比如说，埃泼斯坦（Epstein，1987）就批评了法雷尔（Farrel）有关智利的研究。此外，笔者还接受这样的观点，即比较教育有多学科的传统，且应该重视这种传统。与比较教育领域几位杰出的研究者（例如 Noah & Eckstein，1998；Broadfoot，2000；Hawkins & Rust，2001；Wilson，2003）一样，笔者强调：比较教育领域拥有一种值得尊敬的历史传统，那就是比较教育研究者/理论工作者认识到所持历史视角的价值。

然而，就有意义的研究成果而言，20 世纪 50 年代至 90 年代，以历史为研究切入点的比较教育研究接近停滞（Rust et al.，1999）。这种状况出现的原因是，比较教育的研究狭隘地热衷于聚焦在学术潮流的变换，尤其受到 20 世纪 50 年代后期以来实证主义社会学方法、70 年代中期以来新马克思主义方法以及 80 年代以来新自由主义和后现代主义观点在学术上的吸引。另一个原因在于，比较教育研究已从更为广泛的（非特定领域内的）背景中来寻求影响因素，诸如（苏联）人造地球卫星的影响、冷战的结束、后殖民时代的现实和幻想、微观技术领域的革命等。

世纪之交，对比较教育的历史方法进行重新发现、重新创造或重新梳理的呼吁产生了强烈的反响。因此，沃森（Watson，1998：28）指出，"与其对比较教育价值和正当性而苦恼，不如在历史和文化分析中重新寻找比较教育的根源"。卡扎米亚斯（Kazamias，2001：447）主张"要重新拾回比较教育中那些正在消失的历史传统"。就如何重新利用历史方法而言，他支持"运用一些概念、抽象术语或理论，因为在一定程度上，这些概念、术语和理论能够或多或少地为比较、说明和解释历史现象提供分析的视角和框架"（p.446）。至于诺沃亚和亚里夫-马什阿尼（Nóvoa & Yariv-Mashal，2003）的那篇引起诸多争议的论文，尽管有些比较教育学者和历史学者可能会对频繁使用绝对命令看法不一，但很多人（包括笔者）都会接受其研究结果（p.435）：

> 在比较学科里，我们正面临着一项开展历史研究的重要任务。这样的历史研究，使得比较研究能从时间上和空间上来追溯想法的概念化过程和知识的形成过程。人们可以把比较研究理论框架设想为一个多维度的过程。在此过程中，研究的根基是"当地的历史"，但又植根于不同的影响因素、关系、时期和地点。将每一段历史都融于不同的"现在"会产生带有个体和历史偶变性的社会、文化和教育的话语。

科恩（Cowen，2000：333）的说法则少了些独断性，"想要讨论过去的比较教育是怎样的，以及未来的比较教育又可能会怎样，将得不到任何'结论'"。他认为，"这种讨论只不过是，同时也至少是一场持续的探讨"。因此，他提倡使用复数形式的"比较教育"（comparative educations），而避免使用单数形式的（可能带有排他性的）"比较教育"（comparative education）。这一建议没有引发人们的强烈反对，尽管将单数形式的"比较教育"作为一个集体性的、"包罗万象"的概念来使用，可能会促成一种普遍的研究方法——正如通常所说的，这是比较宗教所导致的结果。作为关于科恩持续讨论说法的延伸，比较教育的特征可表述为旨在发现和解释不同教育形式之间的相似点和不同点的活动，无论这些教育形式的比较是时间维度的，还是空间维度的（Sweeting，2001）。同时，冒着激怒比较教育排外主义研究者的风险，人们也可以去容纳（欢迎?）"那些相关领域所作的研究，以及那些不认为自己属于'比较学者'的研究者所作的重要跨国研究"（Evans，2003：418）。其中想必至少包括了跨文化心理学者、教育经济学者、教育社会学者，甚至教育史学者的一些研究（Green，2002）。

值得关注的是，科恩（Cowen，2002）在一篇更为密切相关的文章中，选择了期刊《教育史》（*History of Education*）来说明他对于比较教育"研究范围"的看法，文中特别强调了时间的概念。他指出（p.413），至少含蓄地辩称，教育史和比较教育这两个领域是相互关联和相互重叠的。他更为明确地断言，这两个领域都尚未构建起一套关于时间的理论，但他推测，在实际研究过程中，这两个领域"对时间的敏感程度不同，并且所使用的时间概念也不同"。作为一本关于比较教育研究路径和方法著作的一部分，在科恩的引导下，本章不可避免地要对影响教育史研究和编写的一些问题进行评论，并探讨通常所说的比较教育领域中的那些更具历史意识的研究。同时本文试图进一步分析实际运用中的时间概念，并且继续接受这样一种可能性，即这两个领域的主要差别不在于所使用的时间概念不同，而在于各自对时间的强调不同。

教育的历史

从某种意义上说，所有的历史都具有比较性。所有历史必然涉及时间和年代学，涉及持续性和变革，这些都以某种程度的比较为基础。然而，也有一些历史是更具比较性的，正如某些"阶段"或"时代"更具有变迁性一样。

教育历史的主要形式

教育的历史当然有着自己的历史（Aldrich，1982；Gordon & Szreter，1989；Lowe，2000；Popkewitz et al.，2001；Gaither，2003）。在缺乏足够的篇幅、时间或是相关证明的情况下，难以对该领域的以往文献作出一个重要的补充，故在此，本文作者满足于对该领域的已有文献进行一个分类（毫无疑问，会是一个不完整的分类),即将教育的历史划分为七种不同的类型,以评价它们在比较教育中的作用和价值。

1. 伟大教育家的学说。此分类与曾广为流传的一本书的书名相呼应(Rust,1969)。这类著作从学科上横跨哲学和历史领域,但主要侧重于总结对教育产生了极大的影响的"学说",通常包括柏拉图、亚里士多德、夸美纽斯、卢梭和杜威等人的思想。不可避免的是,这类著作一般都局限于文本本身(或者更为常见的是对相关文本的诠释)。它们一般很少涉及更为广泛的社会文化、经济和政治方面的思考,尽管有些著作中有一些简略的、通常不带有批判性的个人传记式的内容,但在现代比较教育研究文献中,这类著作的影响不显著。不过,随着后建构主义者们的学术话语日益流行,人们从中可以察觉到它们的影响力有所回升。

2. 记录机构发展的著作。与第一类著作一样,这类著作通常不具有批判性,内容往往比较单一(甚至眼界狭隘)。其中,一个大的亚类是那些为了庆祝周年、百年等纪念日而出版的"纪念刊"。那些所记录的可能是准确的地名、人名、出席人数统计,也许还包括正式课程,这些除了可以作为资料来源外,它们对比较教育领域的研究过程和成果并没有作出重要的贡献。当然,这并不是说,所有的机构发展史或所有的纪念刊都如此。例如,值得尊敬的是,为庆祝伦敦大学教育学院百年华诞而出版的刊物就是一个例外(Aldrich,2002)。与之相似,为纪念香港大学创建一百周年而出版的著作也是如此(Cunich,2012)。

3. 批判性著作。从某个方面看,这类著作与前面两类有相当大的不同。它们具有高度批判性。然而,从定义上差不多就可以看出,很多此类著作,在关注面上往往都较为狭窄,尤其是那些旨在论证某一特定政治立场或哲学立场的著作。一些受到批判理论和后现代主义影响的著作就反映了这种狭隘和片面性。它们的最大不足在于,不恰当地运用了历史研究的方法,将自身论证的紧迫需求置于现有证据之上,从而有所选择地随意使用证据(Carnoy,1974;Meyer et al.,1992;Pennycook,1998)。它们的最大优点是激起讨论,同时促使研究者去寻找证据对其加以证实或驳斥(Green,1997;Apple,1999,2000)。由于批判理论家、依附论和世界体系理论家、后殖民主义者、后现代主义者和后建构主义者的影响,无疑,在比较教育研究中,从辩论中衍生出的历史视角已经产生了重要的影响,并且这种影响还将继续下去。

4. 政策研究类著作。此类著作难免会与批判性著作发生重叠,但它们要比批判性著作更具研究性，因而往往能提供与特定政策密切相关的历史视角和见解。此类型中，部分著作集中探讨了集权化或分权化（如 Mok，2003；Bray，2013）、行政管理的其他方面（Watts，1998a；Lau，2002）、教师专业化和去技能化之间的显著矛盾（Ginsburg，1995；Kwo，2010；Robertson，2012）、课程政策（Morris et al.，2001；Bolton，2002；Grossman et al.，2008），以及全球化的影响（Mok & Welch，2003；Beech，2009；Maringe et al.，2013）等问题。这类著作对于比较教育研究者来说非常有价值，且大多数以上提到的作者也都认可自己所从事的研究属于比较教育研究。

5. 档案选集或类似著作。在以教育为研究关注点的档案选集中最为突出的有这样一些：关于英格兰和威尔士的研究（Maclure，1986）、关于中国内地的研究（Fraser，1965，1971），以及关于中国香港的研究（Sweeting，1990，2004），尽管它们当中也包含了许多非档案性资料。对于比较教育研究者来说，这类著作的主要价值在于它们是寻找历史证据的捷径。然而，这些著作的最大不足在于，著作中的编辑述评集中于文本的叙述甚至是修改（如 Bichley，2002），这容易使研究者分心，也不会增添重要的历史观点。类似著作包括那些以特定法律文献为基础的书籍（McCulloch，1994；Jennings，1995）。从更普遍的意义上来看，这些著作的特点也表现为大量的自上而下地对早期历史发展的记录（如 Curtis，1967；Dent，1970）。在比较教育研究领域，它们往往只起到"注解书"的作用。

6. 新闻稿式著作。有些比较学者会在他们的著作中以一种尊重"历史维度"的态度，简短并且通常单调地叙述一些历史事实。这些陈述读起来的感觉像是摘录于被多次引用的旧新闻稿，几乎毫无例外地都属于宏大的政治事件，或者属于政府发布的仅与教育相关的材料（例如，教育法和官方报告的发布等）。在比较教育的著作中，这些材料的作用只不过是有助于那些完全一无所知的读者去了解所讨论的主题、地点、时间。而由于缺乏广度和深度，这些论述让读者收获甚少。

7. 社会历史类著作。从另一个方面来看，越来越多的关于教育的社会历史类著作陆续出版（比如，Silver，1977；Archer，1979；Gray et al.，1983；Lowe，1988；Urban，1999；Kallaway，2002；Wegner，2002）。比较教育研究者可能从这类著作中获益最多，尤其是它们阐述文化和其他背景因素的方式，以及研究的计划和实施过程。

主要理论视角

许多历史学者都同意卡扎米亚斯（Kazamias，2001：446）的这种说法：当要求历史学者进行自我描述时，他们（或者至少大部分同行）往往会说自己并未持有某种特定的理论立场。其他历史学者更愿意将自己描述为折中主义者，即选择性地运用那些他们认为最适合自己所做研究的理论。然而，事实上，无论是非理论主义者（主要表现为对理论话语的蔑视），还是折中主义者，他们都有自己的理论出发点。此外，卡扎米亚斯还强调：

> 大多数的历史学者都不持有既定理论观点。但是，大多数的比较历史学者，更进一步而言，大多数的比较教育历史学者采用的理论性视角往往来自其他学科，其中包括一些系统的理论（诸如功能主义、马克思主义、现代主义、后殖民主义等），也包括一些应用范围更广或较窄的概念（如阶级、资本主义、权力、冲突、暴力、再生产、依附关系、民主化、全球化、系统论、区隔化、惯习等）。它们为比较教育历史学者选择、组织和解释历史材料提供了分析视角和方法。

在过去几十年中，教育历史学者或比较教育研究者在他们的研究中运用了一些历史视角时，或多或少地采用的理论立场包括以下几种，稍加修改自卡扎米亚斯（Kazamias）的列表：

- 马克思主义/批判理论（如 Simon，1970；Bowles & Gintis，1976；Silver，1977；Apple，2000）。这种方法强调经济因素，尤其是社会阶级对政策和实践的影响。有时，这种方法因其必然性论调而受到批评。
- 依附论/世界体系理论（如 Wallerstein，1974；Mayer et al.，1992）。这两种理论密切相关，它们批判发达国家——尤其是"西方"国家和"北半球"国家——对发展中国家实施的所谓霸权。然而，有时这类著作似乎展现出居高临下的姿态，它们错误地认为，仅仅使用相似的词汇（比方说，学校课程中的学科名称），就会立即产生彻底的仿效货物崇拜的情形。
- 后结构主义（如 Ball，1994；Pennycook，1998）。在近几十年的学术界，这种理论非常盛行。它的优点是：允许甚至鼓励研究者对于有违历史声明意图的政策和实践，进行主观的"解构"。但至少有时候它与公开可靠证据之间的联系是薄弱的。

- 后现代主义（如 Popkewitz，1994；Lowe，1996；Larsen，2009）。后现代主义可以说是后结构主义的近亲，给予其追随者一种理论上的灵活性。后现代主义对僵硬的线性和完全基于推理的教育观点（或是别的观点）进行了有益的纠正——追随者将其看作是启蒙运动时期最早出现在欧洲的典型"现代主义"思想。此外，它还能使人对现实进行多维度的印象主义式的理解，但它似乎不太重视对动机、原因和影响的传统的解释。有些后现代主义的追随者并不思考在后现代主义之后，是否会有别的方法能取而代之，至少从这个意义而言，他们是缺少历史意识的。

- 后殖民主义（如 Benton，1996；Tikly，1999；Sharma-Brymer，2009）。这种方法将殖民主义尤其是殖民主义所犯下的罪恶，置于关注的中心。它的价值在于挑战了那些关于所谓文化优越性和种族优越性的陈旧假定，因而也理所当然地认识到，初期新殖民主义可能正以一系列主要与经济有关的方式而出现。与后结构主义和后现代主义一样，后殖民主义的不足有时在于，其追随者更感兴趣的是政治正确性，而非确切的事实。

- 女性主义（如，Stromquist，1990；Watts，1998b）。这种理论路径同样也达到了揭示并质疑那些不经思索的偏见的目的，有利于提醒研究者去关注那些重要的教育因素，因而广受欢迎。女性主义倡导者对女性主义的热情虽可以理解，然而有时却表现得过分偏执。有些女性主义者会"杜撰"或夸大过去的男性沙文主义和女性受压迫的事例，而在这些情况中，性别问题可能并非主要问题。

- 新自由主义/新管理主义（如 Townsend，1996；Reynolds，1998）。此类方法通过寻求历史的证据，来阐明在教育中减少政府"干扰"的好处，并说明运用市场力量的积极意义。其追随者往往认为，"有效性"是一个有限定的概念，在将其应用到学校、教师、学生或政策上时，都应该加以一定的限定。此外，他们还倾向于将教育的本质看作是一种市场性的商品，而不是一种遭遇或经历。

有些研究者（如 Farrell，1986：8；2011：65—69）至少在其职业生活中的大部分时间里，都在大胆对抗理论立场。他们的做法是卡扎米亚斯（Kazamias，1961：90—96；2001：446）、诺沃亚和亚里夫-马什阿尼（Nóvoa & Yariv-Mashal，2003：430）

等人所提出的建议的反例。马丁（Martin, 2003）强调，由无特定理论立场的研究方法所得到的研究结果（Farrell, 1986），与基于理论立场的方法所得到的研究结果（Jansen, 1991），两者之间并无甚差异。而且，在研究过程中，几乎没有历史学者会拒绝使用诸如阶级、资本主义、权力，以及冲突等制度概念。

现代历史分析的特点

在现代编史中，对于历史解释的本质有很多争论，尤其是有关"覆盖律"（Covering Laws）作用（若有的话）的争论（Gardiner, 1961; Roberts, 1995; Haskell, 1998; Fetzer, 2000; Hamilton, 2003）。尽管许多历史学者都抵制"覆盖律"对社会科学的适用性，但正如上文所说，他们大多承认自己运用过概括性的概念，特别是以组织概念的形式以及作为"封闭性概括"（closed-class generalization）。因此，对于历史学家来说，即使是像"阶级""资本主义""权力"等这样的概念，从很大程度上说是具有历史偶然性的，因为这些概念的确切含义会随着时间、地点和环境的变化而发生改变。谈到对历史感兴趣的教育历史学者和比较教育研究者，西蒙（Simon, 1970）经常关注阶级理论，鲍尔斯和金蒂斯（Bowles & Gintis, 1976）关注资本主义理论，希尔沃（Silver, 1977）关注舆论，格林（Green, 1997）关注国家构成理论，卡诺依（Carnoy, 1974）关注殖民主义理论，而格雷等人（Gray et al., 1983）则关注重构理论，还有其他很多人关注教育政策的制定。比较教育界通常能受益于历史学家所使用的"封闭性概括"，同时，也受益于他们使用的"综合"方法（Walsh, 1967）。这是历史学家从一些单个的事件中寻求建立共同的动机、目的或意义，并将这些事件联系在一起以形成某种运动、政策或趋势的过程。综合过程本质上含有比较成分（通过对已发生事件的插补和从已发生事件中推断），这使得比较教育研究与历史学科之间本就颇为融洽（实际上是兼容性）的关系得以进一步加强。

在历史学者的习惯做法中，对比较教育研究有启发性的其他方式来源于历史学者对证据尤其是原始资料的注重。对于许多现代历史学者来说，原始资料还包括口头资料。在历史学家看来，原始资料是与所研究的事件同时发生且在研究过程中生成的那些资料，因此可将其称为"过程性资料"（如亲历者记述、逐字记录报告、议事日程、信件、深度访谈）。"过程性资料"通常要比"结果性资料"（现行的立法法案、已完成的报告）受到更大的关注。然而，即使是对于过程性资料，大多数现代历史学者也会从一个特定的源头出发，结合多个不同的源头，来对一组资料进行交叉检验（三角验证）。此外，作为"信息"的原始资料只有当它们被看作有助于回答特定的、明确的问题时，才能成为用作"证据"的原始资料。在比较教育领域中，更广泛地采用这种严格的方法至少会在数量上减少那些描述性的、堆砌数据的、毫无意义或具有误读性的比较教育研究。卡明斯（Cummings，1999：43）认为，缺乏明确的目的是"没有意义的"比较，包括"国际机构所经常作的那些比较，它们报告了诸如亚洲、非洲或拉丁美洲这些大的统计类别之间的差别……（因为）这些类别中存在着太多的差异"。另一个极端是过于注重外在目的的比较（比如，证实一种特定范式或解释性理论），这样会显示出比较教育研究者智力上和方法上的苍白无力，而这在历史学者当中是少有的。当此类研究使用不合时宜的或在其他方面视为不恰当的定义或是选择性地使用相关证据时，以上这种情况尤其显著。

历史学者往往会从不同的视角来看待他们的资料，以尽可能对历史事件作出多种解释，他们还准备好对不同的资料进行并置，这不但大大地促使他们去接受出现多种因果的可能性，同时也让他们乐于看到得出多种解释的可能。正如法雷尔（Farrell，1986：8）在谈到自己的研究时所说：

> 没有人要求对1970至1973年间在智利所发生的事情作出唯一合理的解释，我也不相信存在或可能存在这样的解释。然而，多种解释共存是有好处的，也许这对于有些人来说并非如此，他们非常狭隘地理解社会现实，以至于只根据自己的理解，将任何与自己所认识到的事实不相符的东西都看作是应该消除的异端邪说。

正是出于这些原因，历史判断往往具有试探性，而历史学者往往会对其争论不休。这是某些比较教育领域的工作者应该具备的素质，具备这些素质后，他们尤其适合去处理金（King，2000：273）所描述的"包含着众多不确定性的全球化"问题。

除了热衷于不确定性和争论之外，大多数历史学者还对事件、运动和思想的来源、影响、长期影响以及重要性等问题感兴趣。许多人认识到，官方"结果性资料"所呈现的关于此类问题的陈述，表面上看起来似乎很清楚明确，但却可能会被证明为不正确、不公平或不完整，比如说导致了错误的能动性归因（attributions of agency）。这对某些比较教育研究者来说是有益的教训，它鼓励研究者对有关公共关系方面的声明持更加怀疑的态度。

与之相似，在因果关系分析中，历史学者通常都能意识到"后此谬误"（post

hoc ergo propter hoc)（即，某一事件紧接着 X 发生，因此 X 就是诱因）的错误推论，但比较学者是否也同样意识到这一点，还不能肯定。此外，许多历史学家对基于某种最终目的或者宏大目的假定的目的论解释持怀疑态度。同样，比方说，比较教育研究者受到了殖民政府阴谋理论的影响，他们将受益于这剂历史怀疑主义的良药，而具体的（而非过于笼统的）证据强化了这种怀疑主义。

本文要讨论的历史分析方法的最后一个特点是，许多最优秀的历史学家已经超越了文档的分类归档，而开始热衷于去发现更为广泛的联系，比如说，将学校教育发展的记述与更广阔的政治、社会、经济、宗教及其他文化发展联系起来。在有些情况下，教育史和比较教育研究缺乏对这些关系的认识。因而，即使是那些有关比较教育的历史论述的文章有时候仍然局限于关注比较教育领域中的组织机构、某些人物和出版物，而没有认识到比较教育理论和方法论的重要发展也受到教育领域外因素的影响的可能性。这些影响因素包括，其他学术领域的潮流、经济的变化、生活方式的调整、技术创新、政治变革，甚至包括对儿童的观念和态度的转变。更广泛地承认这种可能性的存在以及更合理地确认这些特殊关系，就会与萨德勒（Sadler, 1900）对"校外因素"重要性的强调相一致。如前所述，这样还可使研究者用不同的、可能相互影响的时期与教育时期/大事记进行比较。

历史比较的策略

历史时期比较的策略主要可以分为两部分，即确定合适的比较单位以及构建历史时期比较的可能结构。

比较单位

从出现比较教育出版物开始，主要的比较单位一直是民族国家（Nakajima, 1916；Kandel, 1933）。正如学界所指出的那样（如 Cowen, 2000：336；Nóvoa & Yariv-Mashal, 2003：434），民族国家似乎一直是一个默认的比较单位。然而，近几年来，有些比较教育研究者对依赖这种比较单位的价值和必要性提出了怀疑（如 Bray & Thomas, 1995；Sweeting, 1999：270；Hawkins & Rust, 2001：502），本书就非常清晰地说明了这种趋势。正如本书所示，除了民族国家以外，比较单位还可以是基于地理位置的（诸如大洲、地区、城市和地区），也可以包括一些与教育相关的实体，如文化、价值观、课程、政策以及学习方式。此外，比较研究还可以去关注学校类型（如文法学校、职业学校、国际学校）、个别学校、各类社区（如特定的少数民族区、唐人街）、教材和其他教与学的资源，以及非正规和非正式教育机构。

比较历史时期的结构

研究者在比较历史时期时至少有三种不同的结构形式，即历时分析、共时分析和准共时或准历时分析（Sweeting, 1993）。当然，对于某位研究者而言，研究中实际采用的策略至少部分地取决于研究内容的特性，但同时还取决于比较目的和研究者的个人偏好。

首先，历时分析是最为常见的，不光教育历史研究如此，其他更具一般性的历史领域中也是如此。它主要按照年代顺序来组织，因而，也主要采取叙事形式。典型的例子有奥尔德里奇（Aldrich, 2002）和法雷尔（Farrell, 1986）的著作。可以将这类研究比喻为一部完整的电影。历时分析结构的主要优点是时间上的清晰性，它在进行清晰的全面评述时，能够同时关注持续性和变化性。它的主要不足在于，如果研究者为了避免因只回答那些典型的听众提问（"然后呢？""然后呢？"）所可能带来的单调乏味，而插入一些"情节"性或构思性元素，实际上便可能会因过于理性化和夸大前人预见未来（或是看清了他们所处的时代）的能力而歪曲了事实。另一个问题是，叙事的流畅性要求与研究者对教育的不同层次和方面全面认识相冲突，这会诱使作者只关注教育发展的宏观视角，仅仅注重那些自上而下的教育举措。

其次，共时分析所呈现的是静态的快照，它有时候与结构主义思想联系在一起。关于英国历史的一项经典共时研究是纳米尔（Namier, 1957）的《乔治三世即位之际的政治结构》（*The Structure of Politics at the Accession of George III*）一书。在研究教育的历史著作中，详细说明特定立法的学者倾向于采用这种方法，并且将事态之前和之后发生的事情放置在一起进行比较（见 Sweeting, 1993: 14—40）。至少从理论上来说，这种方法和科恩（Cowen, 2002）所提倡的关注"时代的关键时刻"相一致。共时分析结构的优点主要在于，它可以对事件进行详细的分析和揭示。而它的主要不足在于，即使将两个截然不同的历史时期放置一起来进行对比以便分析其影响，研究者会不合理地低估介于其间所发生的事情。

第三种结构形式是准共时或准历时分析，涵盖了各类混合型分析，尤其是那些研究政策性事件的个案研究（如 Cheng, 1987; Sze, 1990）。打个比方，它们好像更接近于生活片电影或简短的电视节目。这些混合结构的优点在于，它将前面所述的两种结构的长处结合起来——既反映了时间的持续性，也可关切到个案研究中的细节。它的主要问题是，研究的观察范围不够完整，而且教育发展的一些重要方面也可能受到忽略。

历史时期比较所要面对的问题

如果不指出在进行历史时期比较时所遇到的各种问题就结束本章，那么既不切合实际又对研究无益。历史比较研究过程中所涉及的问题可以分为三类。

资料问题

如何得到资料（尤其是政府部门的档案材料），有时这确实是一个难题。然而，如能坚持不懈，就常常会有回报，或者研究者还可以通过努力而获取到其他可替代性材料。对某些资料不完整的应对方法也是如此。研究者要善用其他可替代材料和补充材料（通常是口头叙述）达到某种特定的目的。对于那些相对缺乏经验的研究者而言，他们应当认真地分辨所使用材料的性质，尤其应注意所使用材料的多样性。这样，才不会简单地满足于那些显而易见的材料（通常是官方材料和文献资料），而是还准备去纳入口述材料、图片材料、统计资料，甚至个人材料。通过使用这种方法，尤其是通过三角互证法，他们更可能去有效地解决资料可靠性的问题，同时，还能在研究中提供不同类型的文本，而不仅仅是看似没完没了的文本材料，从而可能受到读者的欢迎。

解释问题

可以通过对证据进行三角交叉对比来减少此类问题，不同证据的三角互证可能会引起多种不同的诠释。更加具体的某些诠释性问题涉及对于证据来源的确定。在这方面，正如上文所说，研究者起码应该明白，关于某种观点或决策的起源，无论是官方说法，还是公众看法，都不一定是完整的，甚至不一定是准确的，认识到这一点往往很重要。与之非常类似的还有：就一项政策的制定而言，对责任（responsibility）或行为者（agency）的判断；就政策的实施而言，对其效能（potency）的判断。例如，某个事实上除了对提案未经慎重思考而"盖章批准"外而无所事事的委员会或理事会，却因提案的确立而获得声誉。同样，官方报告中所提到的某项由中央制定并已得到广泛实施的特定政策,除非存在充分的证据表明它已在边缘地区得到实施,否则都只能认定这份报告是为官方服务的。如何解释正式声明的意图以及目的的重要性,也需要谨慎考虑。研究者特别要认识到,表面上"合乎逻辑的"的发展过程,即目的—过程—结果,在现实中常常以不同的时间顺序表现出来,尤其是当过程受到了引导和控制、结果受到了评价、目的由事后追溯合理化的时候(Sweeting, 2002)。此外,对重要性的解释就像对来源的解释一样,也要借助对一系列资料的运用和交叉对比。在所有这些情况下,都有必要强调,以历史为关注点的评论者应该运用但不能滥用"事后评判"的特权。因而,比较教育的研究者需要谨慎对待"现在主义"(presentism),它似乎已经重新被当前流行的后结构主义和后现代主义话语所接受(Lorringer, 1996;Nóvoa & Yariv-Mashal, 2003:430)。

历史时期的划分问题

无论是直接地运用时间概念("20世纪""20世纪60年代"),还是间接地运用时间概念("维多利亚时代""战后重建时期""撒切尔时期"),或仅含蓄相关("倒退期""新自由主义和新管理主义的兴起"),历史时期都是由人创造出来的(King, 2000:267),且为历史学者和其他人所使用的一种方便的综合形式。当作者创造出自己的时代名称时,他们通常会通过对各种事件的整合过程来概括这个名称的内涵,从而将一个"故事"转变为包括各种要素的一个"情节"(Forster, 1953)或是多个可确认的主题。

与历史时期划分相关的问题,包括如何选择"开始日期"和"截止日期",如何判断"最佳持续期",对于教育历史学者来说,还包括如何判断"与其他历史的联系"——范围更广的社会、经济、政治、区域、世界历史,比如说,判断调查中的哪些数据和观点与教育或其他特定比较单位具有"内在的"和"外在的"的关系(Phillips, 1994, 2002)。本文作者在研究香港地区的教育时,就曾借用历史学者的一些术语来定义历史时期。例如,本文作者认为,在有些研究中(Sweeting, 1998a, 1998b, 1999),从以下几个方面来考虑大学教师教育的持续发展很有帮助:

- "史前"(1917年第一个大学的院系成立之前);
- "古代"(1917至1941年,这一时期的特点是有了一支全日制的教师队伍,这些教师在学校得到了"教学方法培养"的支持);
- "黑暗时代"(1941后期至1951年,从日本人入侵到大学的停办再到院系的重新开办）；
- "文艺复兴"（1951 至 1976 年，从院系的恢复到其从文学院的独立）；
- "摩登时代"（1976 至 1998 年，高科技的运用以及它所表现出的卓别林式内涵）。

在其后的一部著作中，本章作者（Sweeting，2004）又使用了另一些历史时期概念，它们则相对较少被人批评为欧洲中心主义。研究 1941 年至 2001 年间香港地区的教育发展时，在仔细考虑了历史时期的长期和短期划分法的各自优缺点后，本文作者作出了如下划分：

- 1941—1945 年，职业危害（和"职业治疗？"）时期；
- 1945—1964 年，重建、扩张和转型期；
- 1965—1984 年，走向大众期——政策、压力集团和报纸；
- 1985—1997 年，"一个更加确定的未来"的规划时期；
- 1997 至新千禧年，"一个更加确定的未来"时期——后殖民主义的喜悦和挑战。

无论以上表述存在何种优缺点，除了第一个时期和最后一个时期以外，其他历史时期的划分都具有某种优点，即持续时间相近且以极为重要的日期作为起点和终点。在有些时期（尤其是在第二、第三和第四个时期），阶段划分的基本依据主要围绕教育；第一时期和最后一个时期的划分原因则与更广泛的社会背景相联系，但教育毫无疑问是其中一部分。这类例子适用于去研究某一社会在某一相对较长的历史时期内教育的多个方面。

同样，对不同地方教育的发展阶段进行比较，既有挑战性同时也能带来满足感，菲利普对战后德国和英国的研究（Phillips，1994：270；2002：372—374）就是这样的例子。这可能会强化一种认识，即历史学者的大部分工作中都涉及比较研究。如果考虑到对材料的整合、对事件发展先后顺序的分析、对多种不同解释和解读的争论，以及（对于教育历史学者而言）对教育的不同层次和方面的考量，情况更是如此（Westlund，2007）。

结论

与几乎所有其他行为一样，比较教育在很大程度上取决于目的。如果比较目的仅在于测定，那么对历史时期的比较似乎显得不那么重要——但即便如此，在一些情况下，对历史时期进行一些比较仍然是很有价值的，例如对某段时期进行发展或衰退速度的估算。然而，当比较的目的在于确定教育发展的不同阶段时，对历史时期的比较就成为研究过程的一个必不可少的部分了。

如要对历史时期的比较作进一步的探讨，其重点可以是"对重要历史时期的比较"（在此特别强调一下科恩的转型学（transitologies）概念），以及"对重要性进行比较的适时性"（the timeliness of comparing importance）（这也许可用以应对某些后结构主义者、后现代主义者以及全球范围内对教育制度所发出的冷嘲热讽）。在改革举措明显不具有历史特征的情况下，以上两个关注点都会有特殊的针对性。因此，有意识地采用历史的和比较的视角可以成为一个极其必要的补救。更具普遍意义的是，通过这些途径以及更多其他的途径，历史学的很多积极价值观，如对人性和人本主义的认可（Kazamias，2001），对社会环境重要作用的强调（Crossley，2009），以及对"宏大叙事热（macro-mania）"提供的其他选择（Sweeting，1989），使比较教育这片土壤更加丰腴起来。而这样的结果正是对历史时期比较重要性的最终印证。

（编者注：该书第二版保留了已故作者安东尼·斯威汀的文本，编者对参考文献进行了一些更新）

（张勇军 译，刘童、王琰 校）

参考文献

Aldrich, Richard (1982): *An Introduction to the History of Education*. London: Hodder and Stoughton.

Aldrich, Richard (2002): *The Institute of Education 1902–2002: A Centenary History*. London: Institute of Education, University of London.

Altbach, Philip & Kelly, Gail (eds.) (1986): *New Approaches to Comparative Education*. Chicago: University of Chicago Press.

Apple, Michael W. (1999): *Power, Meaning, and Identity: Essays in Critical Educational Studies*. New York: Peter Lang.

Apple, Michael W. (2000): *Official Knowledge: Democratic Education in a Conservative Age*. New York: Routledge.

Archer, Margaret S. (1979): *Social Origins of Educational Systems*. London: Sage.

Ball, Stephen J. (1994): *Education Reform: A Critical and Post Structural Approach*. Buckingham: Open University Press.

Beech, Jason (2009): 'Who is Strolling through the Global Garden? International Agencies and Educational Transfer', in Cowen, Robert & Kazamias, Andreas M. (eds.), *International Handbook of Comparative Education*. Dordrecht: Springer, pp. 341–357.

Benton, Lauren (1996): 'From the World-Systems Perspective to Institutional World History: Culture and Economy in Global Theory'. *Journal of World History*, Vol. 7, No. 2, pp. 261–295.

Bereday, George Z. F. (1964): *Comparative Method in Education*. New York: Holt, Rinehart & Winston.

Bickley, Gillian (2002): *The Development of Education in Hong Kong 1841–1897: As Revealed by the Early Education Reports of the Hong Kong Government 1848–1896*. Hong Kong: Proverse Hong Kong.

Bolton, Kingsley (2002): *Chinese Englishes: A Sociolinguistic History*. Cambridge: Cambridge University Press.

Bowles, Samuel & Gintis, Herbert (1976): *Schooling in Capitalist America: Educational Reform and the Contradictions of Economic Life*. London: Routledge & Kegan Paul.

Bray, Mark (ed.) (2003): *Comparative Education: Continuing Traditions, New Challenges, and New Paradigms*. Dordrecht: Kluwer Academic Publishers.

Bray, Mark (2013): 'Control of Education: Issues and Tensions in Centralization and Decentralization', in Arnove, Robert F.; Torres, Carlos A. & Frantz, Stephen (eds.), *Comparative Education: The Dialectic of the Global and the Local*. Lanham: Rowman & Littlefield, pp. 201–222.

Bray, Mark & Thomas, R. Murray (1995): 'Levels of Comparison in Educational Studies: Different Insights from Different Literatures and the Value of Multilevel Analyses'. *Harvard Educational Review*, Vol. 65, No. 3, pp. 472 – 490.

Broadfoot, Patricia (2000): 'Comparative Education for the 21st Century: Retrospect and Prospect'. *Comparative Education*, Vol. 36, No. 3, pp. 357 – 372.

Broadfoot, Patricia (2003): 'Editorial: Post-Comparative Education?'. *Comparative Education*, Vol. 39, No. 3, pp. 275 – 278.

Carnoy, Martin (1974): *Education as Cultural Imperialism*. New York: David McKay & Co..

Cheng, Kai Ming (1987): 'The Concept of Legitimacy in Education policymaking: Alternative Explanations of Two Policy Episodes in Hong Kong', PhD thesis, Institute of Education, University of London.

Cowen, Robert (2000): 'Comparing Futures or Comparing Pasts?'. *Comparative Education*, Vol. 36, No. 3, pp. 333 – 342.

Cowen, Robert (2002): 'Moments of Time: A Comparative Note'. *History of Education*, Vol. 31, No. 5, pp. 413 – 424.

Crossley, Michael (2009): 'Rethinking Context in Comparative Education', in Cowen, Robert & Kazamias, Andreas M. (eds.), *International Handbook of Comparative Education*. Dordrecht: Springer, pp. 1173 – 1187.

Cummings, William K. (1999): 'The InstitutionS of Education: Compare, Compare, Compare!'. *Comparative Education Review*, Vol. 29, No. 3, pp. 269 – 285.

Cunich, Peter (2012): *A History of the University of Hong Kong. Volume I. 1911 – 1945*. Hong Kong: Hong Kong University Press.

Curtis, S. J. (1967): *History of Education in Great Britain*. London: University Tutorial Press.

Dent, Harold Collect (1970): *1870 – 1970: Century of Growth in English Education*. London: Longman.

Epstein, Erwin (1987): Review of "The National Unified School in Allende's Chile". *Comparative Education Review*, Vol. 31, No. 3, pp. 468 – 469.

Evans, Karen (2003): 'Uncertain Frontiers: Taking Forward Edmund

King's World Perspectives on Post-compulsory Education'. *Comparative Education*, Vol. 39, No. 4, pp. 415 – 422.

Farrell, Joseph P. (1986): *The National Unified School in Allende's Chile: The Role of Education in the Destruction of a Revolution*. Vancouver: University of British Columbia Press.

Farrell, Joseph P. (2011): 'Blind Alleys and Signposts of Hope', in Bray, Mark & Varghese, N. V. (eds.), *Directions in Educational Planning: International Experiences and Perspectives*. Paris: UNESCO International Institute for Educational Planning (IIEP), pp. 63 – 87.

Fetzer, James H. (ed.) (2000): *The Philosophy of Carl G. Hempel: Studies in Science, Explanation, and Rationality*. Oxford: Oxford University Press.

Forster, E. M. (1953): *Abinger Harvest*. London: Edward Arnold.

Fraser, Stewart E. (1965): *Chinese Communist Education: Records of the First Decade*. Nashville: Vanderbilt University Press.

Fraser, Stewart E. (ed.) (1971): *Education and Communism in China: An Anthology of Commentary and Documents*. London: Pall Mall Press.

Gaither, Milton (2003): *American Educational History Revisited: A Critique of Progress*. New York: Teachers College Press.

Gardiner, Patrick (1961): *The Nature of Historical Explanation*. London: Oxford University Press.

Ginsburg, Mark B. (1995): *The Politics of Educators' Work and Lives*. New York: Garland.

Gordon, Peter & Szreter, Richard (eds.) (1989): *History of Education: The Making of a Discipline*. London: Woburn Press.

Gray, John; McPherson, Andrew F. & Raffe, David (1983): *Reconstructions of Secondary Education: Theory, Myth and Practice since the War*. London: Routledge & Kegan Paul.

Green, Andy (1997): *Education, Globalization, and the Nation State*. Basingstoke: Macmillan.

Green, Andy (2002): 'Education, Globalization, and the Role of Comparative Research'. Professorial Lecture. London: Institute of Education, University of London.

Grossman, David; Lee, Wing On & Kennedy, Kerry J. (eds.) (2008): *Citizenship Curriculum in Asia and the Pacific*. CERC Studies in Comparative Education 22, Hong Kong: Comparative Education Research Centre, The University of Hong Kong, and Dordrecht: Springer.

Hamilton, Paul D. (2003): *Historicism*. London: Routledge.

Haskell, Thomas L. (1998): *Objectivity is not Neutrality: Explanatory Schemes in History*. Baltimore: Johns Hopkins University Press.

Hawkins, John N. & Rust, Val D. (2001): 'Shifting Perspectives on Comparative Research: A View from the USA'. *Comparative Education*, Vol. 37, No. 4, pp. 501–506.

Jansen, Jonathan D. (1991): 'The State and Curriculum in the Transition to Socialism: The Zimbabwean Experience'. *Comparative Education Review*, Vol. 35, No. 1, pp. 76–91.

Jennings, Jack F. (ed.) (1995): *National Issues in Education: Elementary and Secondary Education Act*. Washington, DC: Phi Delta Kappa International.

Kallaway, Peter (ed.) (2002): *The History of Education under Apartheid 1948–1994: The Doors of Learning and Culture shall be Opened*. New York: Peter Lang.

Kandel, Isaac Leon (1933): *Studies in Comparative Education*. Boston: Houghton Mifflin.

Kazamias, Andreas M. (1961): 'Some Old and New Approaches to Comparative Education'. *Comparative Education Review*, Vol. 5, No. 1, pp. 90–96.

Kazamias, Andreas M. (1962): 'History, Science and Comparative Education: A Study in Methodology'. *International Review of Education*, Vol. 8, Nos. 3–4, pp. 383–398.

Kazamias, Andreas M. (2001): 'Re-inventing the Historical in Comparative Education: Reflection on a *Protean Episteme* by a Contemporary Player'. *Comparative Education*, Vol. 37, No. 4, pp. 439–450.

King, Edmund (2000): 'A Century of Evolution in Comparative

Education'. *Comparative Education*, Vol. 36, No. 3, pp. 267 – 278.

Kwo, Ora (ed.) (2010): *Teachers as Learners: Critical Discourse on Challenges and Opportunities*. CERC Studies in Comparative Education 26, Hong Kong: Comparative Education Research Centre, The University of Hong Kong, and Dordrecht: Springer.

Larsen, Marianne A. (2009): 'Comparative Education, Postmodernity and Historical Research: Honouring Ancestors', in Cowen, Robert & Kazamias, Andreas M. (eds.), *International Handbook of Comparative Education*. Dordrecht: Springer, pp. 1045 – 1059.

Lau, Siu-kai (2002): *The First Tung Chee-hwa Administration: The First Five Years of the Hong Kong Special Administration Region*. Hong Kong: The Chinese University Press.

Lorringer, S. (ed.) (1996): *Foucault Live: Collected Interviews 1961 – 1984*. New York: Semiotexte.

Lowe, Roy (1988): *Education in the Post-War Years: A Social History*. London: Routledge.

Lowe, Roy (1996): 'Postmodernity and Historians of Education: A View from Britain'. *Paedagogica Historica*, Vol. 32, No. 2, pp. 307 – 323.

Lowe, Roy (ed.) (2000): *History of Education: Major Themes*. London: RoutledgeFalmer.

Maclure, Stuart (1986): *Educational Documents: England and Wales, 1816 to the Present Day*. London: Methuen.

Maringe, F.; Foskett, N. & Woodfield, S. (2013): 'Emerging Internationalisation Models in an Uneven Global Terrain: Findings from a Global Survey'. *Compare: A Journal of Comparative and International Education*, Vol. 42, No. 1, pp. 9 – 36.

Martin, Timothy J. (2003): 'Divergent Ontologies with Converging Conclusions: A Case Study Comparison of Comparative Methodologies'. *Comparative Education*, Vol. 39, No. 1, pp. 105 – 117.

McCulloch, Gary (1994): *Educational Reconstruction: The 1944 Act and the Twenty-first Century*. Ilford, Essex: Woburn Press.

Meyer, John; Kamens, David H. & Benavot, Aaron (1992): *School

Knowledge for the Masses: World Models and National Primary Curricular Categories in the Twentieth Century. London: Falmer Press.

Mok, Ka Ho (ed.) (2003): *Centralization and Decentralization: Educational Reforms and Changing Governance in Chinese Societies*. CERC Studies in Comparative Education 13, Hong Kong: Comparative Education Research Centre, The University of Hong Kong, and Dordrecht: Kluwer Academic Publishers.

Mok, Ka Ho & Welch, Anthony R. (2003): *Globalization and Educational Restructuring in the Asia Pacific Region*. Basingstoke: Palgrave Macmillan.

Morris, Paul; Kan, Flora & Morris, Esther (2001): 'Education, Civic Participation and Identity: Continuity and Change in Hong Kong', in Bray, Mark & Lee, W. O. (eds.), *Education and Political Transition: Themes and Experiences in East Asia*. CERC Studies in Comparative Education 1, 2nd edition, Hong Kong: Comparative Education Research Centre, The University of Hong Kong, pp. 163–181.

Nakajima, Nanjiro (1916): *Comparative Study of National Education in Germany, France, Britain and the USA*. Tokyo: Kyouiku-shicho Kenkyukai. [in Japanese]

Namier, Lewis B. (1957): *The Structure of Politics at the Accession of George III*. London: Macmillan.

Ninnes, Peter & Burnett, Greg (2003): 'Comparative Education Research: Poststructuralist Possibilities'. *Comparative Education*, Vol. 39, No. 3, pp. 279–297.

Noah, Harold J. & Eckstein, Max A. (1998): *Doing Comparative Education: Three Decades of Collaboration*. CERC Studies in Comparative Education 5, Hong Kong: Comparative Education Research Centre, The University of Hong Kong.

Nóvoa, Antonio & Yariv-Mashal, Tali (2003): 'Comparative Research in Education: A Mode of Governance or a Historical Journey?'. *Comparative Education*, Vol. 39, No. 4, pp. 423–438.

Pennycook, Alastair (1998): *English and the Discourses of Colonialism*. London: Routledge.

Phillips, David (1994): 'Periodisation in Historical Approaches'.

British Journal of Educational Studies, Vol. 42, No. 3, pp. 261 – 272.

Phillips, David (2002): 'Comparative Historical Studies in Education: Problems of Periodisation Reconsidered'. *British Journal of Educational Studies*, Vol. 50, No. 3, pp. 363 – 377.

Popkewitz, Thomas S. (1994): 'Professionalization in Teaching and Teacher Education: Some Notes on its History, Ideology, and Potential'. *Teaching and Teacher Education*, Vol. 10, No. 1, pp. 1 – 14.

Popkewitz, Thomas S.; Franklin, Barry M. & Pereyra, Miguel A. (eds.) (2001): *Cultural History and Education: Critical Essays on Knowledge and Schooling*. New York: RoutledgeFalmer.

Reynolds, David (1998): 'Schooling for Literacy: A Review of Research on Teacher Effectiveness and School Effectiveness and its Implications for Contemporary Educational Policies'. *Educational Review*, Vol. 50, No. 2, pp. 147 – 162.

Roberts, Clayton (1995): *The Logic of Historical Explanation*. University Park: Pennsylvania State University Press.

Robertson, Susan (2012): 'Placing Teachers in Global Governance Agendas'. *Comparative Education Review*, Vol. 56, No. 4, pp. 584 – 607.

Rusen, Jőrn (1987): 'The Didactics of History in West Germany: Towards a New Self-consciousness in Historical Studies'. *History and Theory*, Vol. 26, No. 3, pp. 275 – 286.

Rusk, Robert R. (1969): *The Doctrines of the Great Educators*. London, Macmillan.

Rust, Val D.; Soumaré, Aminata; Pescador, Octavio & Shibuya, Megumi (1999): 'Research Strategies in Comparative Education'. *Comparative Education Review*, Vol. 43, No. 1, pp. 86 – 109.

Sadler, Sir Michael (1900): 'How Can we Learn Anything of Practical Value from the Study of Foreign Systems of Education?'. Reprinted 1964 in *Comparative Education Review*, Vol. 7, No. 3, pp. 307 – 314.

Sharma-Brymer, Vinathe (2009): 'Reflecting on Postcolonialism and Education: Tensions and Dilemmas of an Insider', in Cowen, Robert & Kazamias, Andreas M. (eds.), *International Handbook of Comparative Education*. Dordrecht: Springer, pp. 655 – 668.

Silver, Harold (1977): *The Concept of Popular Education: A Study of Ideas and Social Movements in the Early Nineteenth Century*. London: Methuen.

Simon, Brian (1970): *The Two Nations and the Educational Structure, 1780-1870*. London: Lawrence & Wishart.

Stromquist, Nelly P. (1990): 'Gender Inequality in Education: Accounting for Women's Insubordination'. *British Journal of Sociology of Education*, Vol. 11, No. 2, pp. 137-153.

Sweeting, Anthony (1989): 'Snapshots from the Social History of Education in Hong Kong: An Alternative to Macro-mania'. *Education Research and Perspectives*, Vol. 16, No. 1, pp. 3-12.

Sweeting, Anthony (1990): *Education in Hong Kong pre-1841 to 1941: Fact and Opinion — Materials for a History of Education in Hong Kong*. Hong Kong, Hong Kong University Press.

Sweeting, Anthony (1993): *A Phoenix Transformed: The Reconstruction of Education in Post-war Hong Kong*. Hong Kong: Oxford University Press.

Sweeting, Anthony (1998a): 'Teacher Education at Hongkong University: A Brief History (Part 1: 1917-1951)'. *Curriculum Forum*, Vol. 7, No. 2, pp. 1-44.

Sweeting, Anthony (1998b): 'Teacher Education at the University of Hong Kong, A Brief History (Part 2: 1951-circa 1976)'. *Curriculum Forum*, Vol. 8, No. 1, pp. 1-32.

Sweeting, Anthony (1999): 'Teacher Education at the University of Hong Kong, a Brief History (Part 3: circa 1976-circa 1998)'. *Curriculum Forum*, Vol. 9, No. 1, pp. 1-44.

Sweeting, Anthony (2001): 'Doing Comparative Historical Education Research: Problems and Issues from and about Hong Kong', in Watson, Keith (ed.), *Doing Comparative Education Research: Issues and Problems*. Oxford: Symposium Books, pp. 225-243.

Sweeting, Anthony (2002): 'Training Teachers: Processes, Products, and Purposes', in Chan Lau, Kit-ching & Cunich, Peter (eds.), *An Impossible Dream: Hong Kong University from Foundation to Re-establishment, 1910-1950*. Hong Kong: Oxford University Press, pp. 65 – 97.

Sweeting, Anthony (2004): *Education in Hong Kong 1941 – 2001: Visions and Revisions*. Hong Kong: Hong Kong University Press.

Sze, Wai-ting (1990): 'The Cat and the Pigeons: relations between the Hong Kong Government and the Universities, in Anthony Sweeting (ed.), *Differences and Identities: educational argument in late twentieth century Hong Kong*. Hong Kong: Education Papers 9, Faculty of Education, the University of Hong Kong, pp. 127 – 159.

Tikly, Leon (1999): 'Postcolonialism and Comparative Education'. *International Review of Education*, Vol. 45, Nos. 5 – 6, pp. 603 – 621.

Townsend, Tony (1996): 'School Effectiveness and Improvement Initiatives and the Restructuring of Education in Australia'. *School Effectiveness and School Improvement*, Vol. 7, No. 2, pp. 114 – 132.

Urban, Wayne J. (ed.) (1999): *Essays in Twentieth-Century Southern Education: Exceptionalism and its Limits*. New York: Garland.

von Borries, Bodo (1994): '(Re-) Constructing History and Moral Judgment: On Relationships between Interpretations of the Past and Perceptions of the Present', in Carretero, Mario & Voss, James F. (eds.), *Cognitive and Instructional Processes in History and the Social Sciences*. London: Lawrence Erlbaum, pp. 339 – 355.

Wallerstein, Immanuel (1974): *The Modern World System: Capitalist Agriculture and the Origins of the European World Economy in the Sixteenth Century*. London: Academic Press.

Walsh, W. H. (1967): *An Introduction to Philosophy of History*. London: Hutchinson.

Watson, Keith (1998): 'Memories, Models and Mapping: The Impact of Geopolitical Changes on Comparative Studies of Education'. *Compare: A Journal of Comparative Education*, Vol. 28, No. 1, pp. 5 – 31.

Watson, Keith (ed.) (2001): *Doing Comparative Education Research: Issues and Problems*. Oxford: Symposium Books.

Watts, Ruth (1998a): 'From Lady Teacher to Professional: A Case Study of Some of the First Headteachers of Girls' Schools in England'.

Educational Management and Administration, Vol. 26, No. 4, pp. 339 - 351.

Watts, Ruth (1998b): *Gender, Power and the Unitarians in England 1760 - 1860*. London: Longman.

Wegner, Gregory P. (2002): *Anti-Semitism and Schooling under the Third Reich*. New York: RoutledgeFalmer.

Westlund, Erik (2007): 'Time and Comparative and International Education'. *Research in Comparative and International Education*, Vol. 2, No. 2, pp. 144 - 153.

Wilson, David M. (2003): 'The Future of Comparative and International Education in a Globalised World', in Bray, Mark (ed.), *Comparative Education: Continuing Traditions, New Challenges, and New Paradigms*. Dordrecht: Kluwer Academic Publishers, pp. 15 - 33.

第七章　种族、阶级和性别比较

莉兹·杰克逊

正如马克·梅森（Mark Mason）在这本著作中所述："至少从伦理的角度来看，当研究者试图从他们的项目的概念化中确定教育和其他产品分布差异的轴线，并沿着这些轴来分解他们的研究对象时，比较教育研究产生了最有价值的结果。"（p.232）

在所有关于教育不公平的轴线中，种族、阶级和性别是对不同社会里影响个人入学机会和成就来说最重要的三个因素。同样地，在比较教育研究中，这三个因素可能应给予比一般情况更多的关注。然而，种族、阶级和性别这三者的定义和重要性随着时间的推移而变化，从一处到另一处。由于主观因素与另一个不固定的概念——"认同"有关，它们很少能相互独立运作，而是被看作在对教育权利和公平的影响上是有关的。这一章考察比较教育研究中关于种族、阶级和性别的研究。

种族

当地理上分散的群体相遇，其观察大多总是聚焦于和别人的不同之处。在这样的语境下，种族和族群（与文化一起，在本书第八章中有讨论）是思考这些不同之处的主要分类。这一部分探讨了种族和族群的定义，以及这些概念给比较教育研究造成的挑战。

种族和族群：动态的概念

人类的种族分类出现在17世纪（Keevak，2011）。本质论种族主义把种族与物种相比，注重群体间的身体和智力上的差异，相信"不同种族间有着固有的、本质上的生理差异"（Kincheloe & Steinberg，1997：170）。从17世纪到20世纪，西欧人不断地对这些概念进行测试、定义与重新定义。尽管他们认为自己的研究是严谨且客观的，但他们的研究导致个体在同一社会或不同社会间受到不公平对待，因为他们的种族分类大多有着等级性（Keevak，2011）。19世纪末到20世纪初的社会达尔文主义将种族群体描述成在同一竞技场上并行演化，最终"白色"超越了"黑色""红色""黄色"和"棕色"群体。这样的有色眼镜在全球引发一系列可怕事件，包括美国的《吉姆·克劳法》（Jim Crow Laws）和优生学、德国的犹太人大屠杀、南非的种族隔离政策。

有关种族学的问题不断涌现。就在2006年，美国食品药品监督管理局审批通过了一种"专为美国黑人设计"的药品，支持了"生物族"的概念（Takezawa，2011：13）。然而，自20世纪中期以来，社会科学家已经更多地将种族描述为一种社会建构而不是生物特性。从历史的、跨文化的视角出发，考虑到它在不同的时间和地点都有着不一样的定义，我们很难否认种族是由社会建构而成的这个观点。例如，在早期美国历史中，与非洲血统有任何相似之处——哪怕是有"一滴黑人的血液"，都会被认为是"黑人"或"有色人种"；而在种族隔离下的南非，黑人的身份有专门的定义，有着"一滴白人的血液"——任何白人的特征——都标志着这个人是"有色人种"，与"黑人"不同。起初，欧洲人认为亚洲人是"白人，就像我们一样"，而在17世纪初种族分类刚刚流行起来后，欧洲人在谈及亚洲人时就把亚洲人视为"黄种人"（Keevak，2011）。

在这样的背景下，一些人认为研究者不应把种族再看作是一个严格的分类，特别是在社会科学中。或者研究者应该努力"不带有种族偏见"。拉维奇（Ravitch，1990：342）曾这样说：没有学者会声称所有的欧洲人和美国白人来自同一文化，或者所有的亚洲人拥有相同文化……任何广泛的分类本质上是无意义且无用的。

因为个体身份是不固定的，除种族之外还受到多种因素影响（比如性别、宗教，甚至是身高和体重），一些人发现有关种族的想法不受欢迎甚至受到排斥。关于这一点，奥米和怀南特（Omi & Winant，1993）注意到，"正是保守派认为种族是一种错误的观念"（p.7），一些政治左派同样质疑利用种族论为特定群体赋权，比如针对非裔美国人实施的平权行动计划（Parekh，2000；McCarthy，2003）。

另一些人认为种族仍然是对个人机会造成影响的因素之一，尽管人们已经了解了它的社会建构性。种族批判理论家认为，虽然社会中很少人本质上是种族主义者，制度化种族主义却是实现平等和公平的绊脚石。他们认识到，在人们的生活中，种族"仍然具有重要意义并且其内涵在不断变化"（Omi & Winant，1993：7）。据金奇洛与斯坦伯格（Kincheloe & Steinberg，1997：7）的观察，这里还有一种网络效应：

> 大多数组织发展内化于组织成员中的非正式文化。这些机构文化在表现方式上是不同的，且针对特定机构；但是它们确实倾向于白人化……这样的组织以一种白人的方式来"思考"和运营。接受过他们自己文化熏陶的白人在这些机构文化中被认为是更加适合参与进来的，虽然他们的阶级和性别也明显影响着"适合"的程度。

其他一些人提到特权像一个"看不见的背包"，是社会中白人所特有的：他们因种族而获得福利，尽管在法律上种族是平等的。麦金托什（McIntosh，1990）列举了许多白人在日常生活中几乎不会遭遇的挑战：从在买珠宝时不被刁难到找到匹配肤色的绷带。个人经验（hooks，1994；Ladson-Billings，1998）、表征分析（McCarthy，2003；Takezawa，2011）以及统计数据（Hacker，2003）认为，种族从人出生起就影响着人生经历和机会。虽然它有着社会建构性和流动性，但它能导致社会生活各个领域中的不公平待遇，因此它是不平等问题中一个重要因素。

在制度化种族主义似乎被个人种族主义取代的情境中，莱昂那多（Leonardo，2004：125）把后现代种族主义描述为白人在与不同种族接触中不适应与无能为力的感觉，因为种族的建构使他们对这个世界有着"碎片化的"理解（Jackson，2009）。

与之相似，福斯特（Foster，1999）在教育研究中基于以下事实来描述种族主义认识论："教育研究传统上关注在心理学中已经被证实的社会和行为科学。该领域研究不同肤色的人、女性，并基于白人男性中产阶级标准来衡量工人阶级。"（pp.78—79）在其观点中，这样的种族主义认识论阻碍了当代社会科学研究，让有色人种的学者不断捍卫自己的方法。但网络效应和相关因素使得这些学者在学术界屈指可数。

考虑到历史上的紧张关系和身份政治的争议性，种族话语本身在一些地区就是一种禁忌。像霍林格（Holinger，2005：225—226）观察的那样：

> 几乎每一个人都会同意种族在某种意义上并不像所认为的那样存在了很久——生物实体在智力和社会行为上的潜力差异巨大，证明了低等种族的不公平待遇是合理的。更进一步来说，几乎每一个人都同意，这种依据血统来区别对待的人类"种族化"观点仍然大范围存在。然而，有一些人说把那些已经被种族化的人称之为一个"种族"是正确的，另一些人则认为是不对的。继续讨论"种族"无意中延续了太多旧种族主义的内涵。我们最好谈论"种族化的人"或者族群种族群体来减少种族的不公平性。

族群（ethnicity）近似于种族（race）的概念，同时承认"历史、语言和文化在结构的主体性和身份中的位置，所有话语也都在其应该在的地方，所有的知识是在上下语境中的"（Hall, 1995: 226）。一些国家已经在使用族群，比如在美国，黑人/白人二元种族划分很难包含容纳日益增长的亚洲人和拉丁美洲人群体或有效地对其进行描述并分类。

如同种族一样，族群分类也随着时间而发生了改变。比如，亚裔美国人越来越多地被分解成不同类别，比如"东亚人""印第安人"和"太平洋岛民"。在今天的美国，在人口普查数据中要考虑到种族、族群和血统（比如拉丁裔或非拉丁裔）。"有色人种"也用来形容在社会内部或不同社会中的非白人群体，而不考虑他们的种族或民族身份。尽管一些人认为这遮盖了黑人相较于其他少数民族群体在一些社会中遇到的巨大挑战（Hacker, 2003）。霍林格赞同族群种族（ethnoracial），因为它"意味着所有以血统为定义的人口群体，都被承认有时带有'民族的'和'种族的'的属性"（Holinger, 2005: 228）。雷斯梯纳（Leistyna）则赞成种族族群（racenicity），以强调在历史上将"种族和族群等同起来，这是一种未经证实的说法——生物特性导致心理、智力和社会行为的先天倾向"（2001: 425）。

在其他的情况下，随着对社会内部差异的主要分类取决于地理的、文化的或语言的血统，族群被用作种族的近义词。正如施（Shih, 2002: 13, 24）所言："族群是依据血缘、宗教、语言来界定的。这种分类对根据族群去制定相应的身份规范是很有用的。"种族和族群在新加坡（Bakar, 2009）和日本（Hirasawa, 2009）也同样混为一谈。"种族"更多的是在讨论民族共同体的外来者群体时使用。在印度尼西亚，荷兰殖民统治时期将人口划分为欧洲人、马来人和华人三大种族。在马来人群体内部，又细分了各种族群（Kuipers & Yulaelawati, 2009: 451）。今天，印尼华裔也同样认为自己是华人（Kuipers & Yulaelawati, 2009: 456）。

种族、族群和比较教育研究

比较教育研究关注种族或族群会面临挑战。以下内容在转向跨时间和跨地点的种族比较前，先从一般性的观点出发进行论述。

1. "种族"比较

数世纪以来，学界通过量化研究对不同种族群体的学业成就进行了比较，从种族主义认识论到合理的本质论种族主义和白人至上主义。正如批判的种族理论家指出的那样，被美国广泛运用于考查高等教育准备程度的学业能力倾向测验（Scholastic Aptitude Test，SAT），原先是参照"移民者和黑人由于基因而智力低下的观点"而设计的智力测验（Roithmayr，1998：403）。SAT考试的创造者卡尔·布里格姆（Carl Brigham）相信，这样的测试应该用于证明限制移民和规范美国种族繁衍的合理性。

1994年，赫恩斯坦和默里（Herrnstein & Murray）出版了《钟形曲线》（The Bell Curve），再次暗示了智力是基于种族的。这本书因为忽视一些与种族相关的因素和不均衡的学业成就，包括家庭背景、社会经济地位、家庭环境和教育经验而受到批评（Kincheloe & Steinberg，1997：185）：

> 《钟形曲线》其中一个最重要的曲解包含了作者对明尼苏达跨种族领养研究的分析。在这个研究中，100名来自不同种族文化背景的儿童被白人家庭领养……等到这些被领养的孩子长到16岁，研究者桑德拉·斯卡尔（Sandra Scarr）和理查德·温伯格（Richard Weinberg）发现，那些非白人儿童的智商变为89，平均下降了17个百分点。在分析了这样的情况后，斯卡尔和温伯格总结出下降17个点是受到学校里的种族偏见和歧视影响……然而赫恩斯坦和默里认为，这项研究表明环境因素对认知能力的影响很小。他们主张种族遗传决定了智商的排序，而这在被领养者长大后变得更显著。

赫恩斯坦和默里对这些结果的解释遭到了许多批评，当今基因和环境因素对智力的影响仍然存在争议与质疑。

在量化研究中，根据种族分类进行教育成就比较的目的是为制度化种族主义提供依据，把种族化看作是一个有关教育平等的因素来加以跟踪研究。跨种族的不公平教育资源分配是比较的一个要点。鉴于教育财政对教育成就的重要性，很多研究比较了同一社会内不同种族群体的学校中的政府和/或其他开支。米克与米克（Meek & Meek，2008：509，519）关于南非的研究比较了种族隔离之前和种族隔离期间的教育人均支出。他们发现，尽管政府工作人员宣称教育将提升社会机会均等，但在20世纪的大部分时间里，南非黑人的教育支出是少数白人教育支出的一小部分。同样地，美国的批判种族理论家在思考"学校经费是如何与制度性和结构性种族主义相联系的"，在一个种族压迫和种族居住隔离的历史环境中，学校是由该国家的财产税收支持的（Ladson-Billings，1998：62）。

联合国教科文组织的世界教育不平等数据库（World Inequality Database on

Education, WIDE)提供了超过60个国家的族群（在其他指标中）教育成就数据（UNESCO, 2013）。WIDE为理解因素间如何相互作用提供了可能，能够在对族群的研究同时考虑财富、性别、区域等因素。比较这些数据可以帮助研究者和政策制定者理解族群怎样影响教育机会和成就。

考虑到在这个复杂的领域理解这些因素之间的关系具有挑战性，民族志方法对种族比较关注的是影响教育平等的背景问题。希思（Heath, 1983）的基础研究通过美国的两个种族分隔的社区，探索了孩子们基于学校和社区的语言学习，展现了资源的不平等，比如书本和不同的方式的家庭交流，是如何影响教师效率与个体学习者成就的。另一项美国的民族志研究显示，"目前的教学策略假定非洲裔美国人是有缺陷的"，他们经常被白人教师视为麻烦（Ladson-Billings, 1998: 61）。然而，由于中立的、客观的研究者这一观念可能会被质疑，选择关注的重点是有争议的。举例来说，维莱加斯（Villegas, 1988: 253）认为对教师实践的关注会转移人们对结构性不平等（比如社区中不公平的教育资源分配）的注意力。

另一方面，很难发现种族和种族主义与教育成绩的其他影响因素，比如性别和阶级之间的关系。比方说，拉蒙塔格尼（Lamontagne, 1999）关于中国少数民族教育的研究发现，中国的性别差异根据地域和民族的不同而差异很大。在个体层面，种族的影响通常比性别小。并且，在同一个种族或族群内，个体的教育经历并不一定是相似的。

2. 跨时间的种族比较

许多研究比较一段时间前后的种族教育成就，特别是测评教育干预对促进公平的影响。WIDE提供了三个时间阶段的族群数据（UNESCO, 2013）。然而，进行跨时段的大规模比较时需要谨慎，因为种族的和族群的定义在同一处都可能不同。另外，数据经常是不足的。比如，美国许多州在1954年布朗诉托皮卡教育局案（Brown versus Board of Education）后，停止追踪教育中的种族数据（Boozer et al., 1992）。就像在斯威汀在本书的"历史比较"一章中所指出的，共时性分析可以掌握前后情况，但是像教育干预和教育成果这样的因果关系可能很难确定。

3. 跨地域的种族比较

尽管种族和族群无疑会对世界的教育平等和公平造成影响，比较跨国的种族和族群认同仍是困难的。当代对种族和族群的定义及分类因各个社会历史与人口的情境存在差异。虽然WIDE提供了60多个国家的族群和教育成就的数据（UNESCO, 2013），但族群完全是按各国自主设定的标准分类的，这阻碍了族群间的直接国际比较。这样一来，数据就可以用作研究不同国家间的教育不公平与族群因素的关联，但这样的研究也应该注意相关因素，如阶级和性别。在一些国家，无法获得种族或族群和教育的官方数据，如在法国，族群并不被认为是"一种对群体的有效分类方式"（Deer，2008：337）。联合国教科文组织（UNESCO，2012a）的全民教育（Education for All）全球监测报告（Global Monitoring Reports）提到了无论是在富裕还是贫穷的国家，族群都至关重要的众多实例，但没有系统地对跨社会的族群和教育公平进行比较。

跨州、省、市或一个国家内校区间的种族和（或）族群的教育数据比较更加普遍。它能阐明国家层面分析所掩盖的教育问题。然而，一个人不应该假设整个国家种族或族群构成是一致的，或当地历史和政治经济状况是相同的。相反，就像比较不同群体的差异一样，不同地区间的差异也应该考虑，以避免对结果的过度简化。美国全国学习机会运动（United States National Opportunity to Learn Campaign，2013）比较了芝加哥、纽约市和费城的学校关闭怎样影响了黑人、拉丁美洲人和白人学生的。它还将在这些群体中的学生的百分比与他们代表的城市的整体进行了比较。这样的分析可以说明跨地域的趋势和地区间差异。

阶级

所有社会都有一些对阶级和社会经济地位（SES）的设想，反映出个体在收入、财富和政治经济机会上不同的关系。尽管如此，就种族来说，阶级和社会经济地位的定义随地点和时间而改变，并且涉及社会构成、经济动态和价值。伴随着缓解儿童贫困和提高公平性的社会正义承诺，有关教育和阶级二者关系的研究逐渐增多，但阶级的社会建构性很难使其跨越地域和时间，保持一致性。

什么是阶级？

许多理论框架关注阶级的本质。在一个群体中，支持阶级的功能和分层视角的经济和社会学家把它定义为由资本主义社会发展和分化导致的自然的、不可避免的经济和职业上的不平等。这样的分析传统上认为智力在各个社会中自然地不均衡分布（Malott，2009：285）。历史上有两位最著名的该观点的支持者，斯密（Smith，1776）和涂尔干（Durkheim，1893），他们把早期资本主义看作在高度不平等的社会阶级中过度的或不平衡的分化。尽管如此，他们还把资本主义看作人力资本和物质资源自然多元安排的最终结果。当代新保守主义赞同把不公平看成是自然的或有益的观点。比如，当代新保守主义优先考虑减少公共教育支出和其他社会服务，再对富人课以重税（Malott，2009：288）。

许多人不赞成这种方式的阶级框架，特别是因为它似乎纵容了严重的不平等的存在。马克思主义理论家把阶级理解为一个"二元关系的生产方式"（Hill et al.，2008：61），确认了在资本主义（私人所有制）经济系统下的两个阶级：一是那些拥有着生产资料——工厂、设备、知识等的资产阶级；二是那些没有这些生产资料的工人阶级。在这样的框架下，美国历史上工厂对熟练工人的需要被当作是一个普及教育（公立学校）的最初目的而被强调。阿尔都塞（Althusser，1971：132）更进一步地认为，教育系统通过教授"工人阶级服从占统治地位的意识形态和统治阶级正确操纵占统治地位的意识形态的能力"而再生了阶级。在这样的观点中，提高资本主义对教育的影响对于教育公平是至关重要的。

受第二次马克思主义浪潮或新马克思主义浪潮的影响，许多当代教育社会学家关注个体与资源之间的关系，扩展了阶级是由相互关联的文化和物质方面构成的观点。这种理论认为，文化和物质的（经济的）资源的关系是复杂而难以详细说明的，包括金钱在内的很多资源的价值是社会建构的。正如梅森在本书中（Mason，227）写道，文化"不是一个固定的存在……而是在人类及其社会环境中辩证发展演变的"，在共同体内随时间而改变。不同阶级的共同体能因此在一个社会中发展独特的方向和价值观。由此，布迪厄（Bourdieu，1968：210）将文化资本描述为一组相互联系的审美价值的"集合"。在学校或社会中，这种与社会地位相关的文化资本是无法明确教授的。因而，如金奇洛与斯坦伯格（Kincheloe & Steinberg，1997：106）所写："在社会秩序中，经济和职业的定位是帮助构建意识、形成对他人看法和权力关系众多因素中的一个。"举例来说，相对于其他社会，在某些社会中，教师被看作是处于比其他人更高的阶级，同时比他人更专业。这样的地位影响了他们日常生活中的身份和前景。考虑到身份和阶级之间的关系，社会学家研究阶级时，经常把关注点放在教师基于阶级指标对待学生的方式，这会转而促使学生的行为、成就和自我意识的形成。

在从经济因素分解出文化和意识形态因素的尝试中，一些人支持使用"社会经济地位"一词来取代阶级。雅各布和霍尔辛格（Jacob & Holsinger，2008：14）将阶级作为一个先赋的特征，相反地，社会经济地位不是固定的，而是能够通过个体经历进行改变的。但是，仍然很难定义社会经济地位。职业、教育、收入和财富是四个常见的决定因素，但是这几个因素间和其他相关因素的关系很复杂。另外，这样一个社会经济地位的概念是动态的，很难运用此概念。例如，格林贝格等人（Grinberg et al., 2009: 270）注意到，当具有中产阶级背景的学生通过在快餐行业打工来为他们的大学挣取学费时，这些工作不会使这些学生成为工人阶级。个体的职业、教育、收入和财富可能不会全都符合单一的阶级分类。

萨维奇等人（Savage et al., 2013: 28）重新审视了阶级，认为它由三个方面组成：

- 经济资本，比如收入和财富；
- 文化资本（效仿布迪厄），比如兴趣和活动；
- 社会资本，比如一个人的社交网络的构造。

在这个框架下，他们确定了英国的七种社会阶级，包括通常被视为相当同质、稳定和相对固定的工人阶级的新社会形态。

虽然理解阶级是怎样在英国运作是有用的，将这种模式推广到国际比较中仍然是困难的。阿里和达杜什（Ali & Dadush, 2012）注意到，出于比较的目的，大多数阶级的分类是无用的，因为社会经济和文化的背景不同，而且收集精确数据时面临方法论上的挑战。他们提议把是否拥有汽车当作认定一个中产阶级或更高阶级的可行性测量指标，因为这是"一个明确的有能力购买其他奢侈品的标志"。然而，这可能是一个不可靠的测量方式。比如在中国香港，良好的公共交通服务意味着很多高收入家庭选择不购买汽车。

在教育研究中，通常用"家庭背景"来考虑阶级或社会经济地位。它通常关注教育、财富、收入、父母的职业、孩子的数量或其他一些与家庭结构相关的因素。由于通过这些可能较为分散的指标去给人们贴标签具有一定的复杂性，教育研究者也许更喜欢独立地研究其中一个或多个变量。比如，比较教育成就和家庭收入、父亲的受教育背景及母亲的受教育背景（Hung & Cheng, 2008）。或者阶级可以从家中有能力拥有一台电脑，或者有资格获得学校免费的午餐或学费减免来理解。尽管这些因素是因情境而异的。

现已发展出了专为教育研究中研究阶级的两种方法，一是经济、文化和社会地位的指标（Economic, Social and Cultural Status, ESCS），二是教育基尼系数。ESCS

是一种测量个体地位的方法（OECD，2009：49），基于国际社会经济指数的父母最高职业地位、父母最高受教育水平，以及一项基于学生家庭中是否拥有以下所有物的指标：

> 一张可供学习的桌子、一间属于自己的房间、一个安静的学习环境、一台他们可用于学习的电脑、任意教育软件、互联网、他们自己的计算器、文学书籍、诗歌文集、艺术品、教辅书籍、一本字典、一台洗碗机、一个DVD或VCR播放器、家中移动电话、电视机、电脑、汽车和书籍的数量。

这些数据是很难去搜集的，因为需要通过访谈和调查来收集，还会面临在国际比较加权的进一步挑战。

教育基尼系数是在原始基尼系数的基础上建立的。原始基尼系数是普遍用于测量20世纪早期收入分布和发展不平衡的方法，由社会学家科拉多·基尼提出（Burt & Park，2008）。教育基尼系数是一个基于教育成就的分布、人口中平均受教育年限、不同教育水平的人口所占比重以及不同教育水平的教育年限的指标。正如原始的基尼系数一样，这个指标可以用于比较跨地域和不同时间段的人口；但它不能详细说明被测变量在不公平中所处的位置（Burt & Park，2008：264）。然而，许多教育领域中的马克思主义社会学家认为是资本主义创造了教育的不公平（Hill et al.，2008；Malott，2009），教育基尼系数和各国的资本/收入呈正相关（Jacob & Holsinger，2009：10—12）。

阶级和比较教育研究

在比较教育中，研究阶级有多种方法，依靠上下文本、比较单位和研究问题。正如种族的部分，下文将先概述，然后再转向跨时间和跨地点的阶级比较。

1. 阶级比较

许多研究通过国家、地区、本地背景中的阶级或社会经济地位来比较教育公平。根据比较的重点，可以优先选择定性的、定量的或二者结合起来的方法。许多质性研究者通过考察师生在学校中的互动揭示不平等的社会再生产。比如，研究者或许会比较在一所学校不同班级中用于贫穷和中产阶级学生的教育策略。事实上，与此有关的研究已经确定了教师们经常用"冷漠、没有人情味的方式"对待那些在经济上处于劣势的学生（Kincheloe & Steinberg，1997：128）。奥克斯（Oakes，1985）在教育追踪（分流）的基础工作中发现，学生的受教育经历使其社会化情况不尽相同，回应了马克思主义理论家对教育作为阶级再生产的担忧。通过考察课程，揭示教材中或课堂上显性或隐性的信息之中所表现的社会不公平的特定方向。

定量方法能够比较属于不同社会经济群体的学生的教育成就（比如受教育年限或毕业率），WIDE数据可以对不同国家最贫困的20％的群体与最富裕的20％的群体的教育成就进行对照（UNESCO，2013）。经济合作与发展组织（OECD，2007）比较了父亲的受教育水平对于子女教育成就的影响。这样的方法能够揭示阶级和教育公平之间的关系。然而，这类定量研究难以抉择选择何种方法，因为共同因素可能是更多特定、解释性测量指标的代理。多层或元分析可以对定量数据进行补充，质性研究结果可以证实观点。在麦金纳尼（McInerney，2010）对中国香港的研究中，社会经济地位、家庭背景和家庭收入与教育成就是相互关联的。他用相关的研究（p.9）去阐释它们间的因果联系：

> 家庭收入在支持更昂贵、更优质的中等学校以及额外的辅导上起着关键作用，增加了学生的机会……较低的社会经济地位潜藏的不利因素有，对择校的更多限制，有限的私人补课机会，由于父母工作时间过长而缺少对孩子学习时间的监管和因为经济压力产生的不利的家庭学习环境。

2. 跨时间的阶级比较

WIDE和其他数据表明阶级因素与不同社区或社会中的教育公平之间的关系是怎样随时间而变化的。然而，在基于时间的比较中，确定阶级因素与经济和/或货币价值或其他教育资源变化是怎样相互作用的并非易事。例如，即便随着时间推移最贫穷和最富裕的20％的群体的教育成就的差距缩小，这也不一定能表明取得了更好的教育成就。英国研究表明，贫穷的学生相比以前更有可能进入高等教育，但是"相较于更富裕的同伴，他们获取高等教育的可能性其实更低"（Hill et al.，2008：77）。在政策研究中，只考虑某个发现而忽略其他发现，其政策含义显然不同。

另外，像"贫困"这样的术语的定义和因素分类是会随着时间而变化的。伯特和帕克（Burt & Park，2008）对韩国四十年以来教育基尼系数的比较研究使用了基于不同教育成就分类，反映了在这时间段内不同的成就标准。比如，在20世纪70年代和80年代，分类是"毕业的""未毕业的"和"从未上学的"，但是到20世纪90年代，"普通高中"和"职业高中"就被分开了。在2000年，"毕业的"从"结业的"中分隔出来，同时增加了"硕士毕业的""博士毕业的""硕士中途辍学"和"博士中途辍学"（pp.264—265）。应该仔细关注研究问题，决定如何进行这些分类转变。

3. 跨地域的阶级比较

许多研究比较两个或是多个地方的教育基尼系数，抑或比较教育成就和阶级指标（比如ESCS，社会经济地位、家庭背景、财富等）之间的相关性。教育基尼系数已经被用于比较国家中不同地区的不平等，比如用于韩国（Burt & Park, 2008）和国际上不同地区间的比较（Jacob & Holsinger, 2008；Thomas & Wang, 2009）。另外，它与像国内生产总值这样的国民财富指标也是相关的（Jacob & Holsinger, 2009）。WIDE数据使比较各国财富的百分位数成为可能，尽管在这样的数据集中，很难确保数据的准确性或在相同时间段内收集数据。举个例子，一份2010年的联合国教科文组织报告比较了教育成就和几个国家的财富，使用了加蓬2000年以及刚果民主共和国2007年的数据（p.140）。比起反映投入的结果或者直接比较，这样更能描绘很多国家关注的广泛主题。

性别

性别（gender）常常与性（sex）混为一谈，sex是由男性或女性的生理特征所决定，而gender可定义为"一种你的生活经历、生活环境与你对自己身体感觉之间不断协商的演化关系"（Airton, 2009：224）。和种族与阶级一样，性别是一个动态的社会建构：成为一个男人或女人、一个男孩或女孩的意义取决于情境。此外，在传统和现代情境中都可以找到选择性的性别取向，替代的性别取向模糊了性别边界，在概念上挑战了传统的性别二元论。尽管如此，与种族和阶级比较，在研究分类中，性别仍然是相对易于使用，因为大多数人在看待自己时是基于性别二元论的。就像艾尔顿（Airton, 2009：223—224）提及的，因为性和性别"有效地互动，是我们与自己以及世界关系的中心部分"，很少有教育研究"定义性、性别、男孩、女孩、男性、女性等术语，我们认为对这些单词赋予的意义是通用的且普遍被理解的"。

历史研究显示，20世纪大多数国家的入学机会和教育成就中，性别平等得到了显著提高，早期普遍认为女性一般智力低下的观念很大程度上业已消失（Aiston, 2010；Jones, 2010）。然而，性别平等继续受到许多政府间组织的官方重视，女孩在教育中的平等入学和成就仍然远远达不到普遍水平，特别是在发展中国家，一些研究者和政策制定者通过关注平等的入学机会来解决这些问题。2000年联合国发布第三次千年发展目标（MDGs），旨在消除基础和中等教育的性别不平等。倡导者们还力图推进女孩教育权利的政策。因为针对所有儿童的政策可能会忽视或阻碍性别平等（Hyer et al.，2008）。

关注入学平等的比较研究可以分析男孩和女孩的入学与参与，社会相关的权利条款、政策和法律。就定量研究来说，联合国教科文组织全民教育（EFA）的全球检测报告使用了（在其他方法中）两性均等指数（Gender Parity Index，GPI），展现了不同教育程度的男女生比例。GPI适合用于比较不同国家，以及理解在一个社会中性别均等是怎样随时间而变化的。政策分析也能够定性考察不同的国家是怎样给予女孩或所有儿童平等的受教育权利的。

然而，当考虑性别和教育不平等时，研究者们提醒说，均等的入学权利并不一定促使在结果和成就上的平等。海尔等人（Hyer et al.，2008：133）注意到：

> 根据千年发展目标中对教育性别平等的标准，摩洛哥在这一方面做得相当好，83%的女生在基础教育阶段注册入学，在15—24岁这个年龄阶段，男女识字的比例是0.79：1……（然而）尽管越来越多的女生进入了学校，她们却很少能够真正留在学校中。

同样地，为女孩接受教育所设的政策条款和法律权利也很难确保她们从学校毕业甚至是上学。

因此组织和研究者除关注男女入学机会均等外，还应更多地关注男女学生的教育成就，或者关注影响教育平等的环境因素。1990年在泰国宗迪恩召开世界全民教育（EFA）大会，2000年于塞内加尔的达喀尔再次举行世界全民教育大会（UNESCO，2012b），并对千年发展目标进行了补充，定下了"在2005年之前消除初级和中等教育的性别不平等，在2015年之前取得教育的性别平等，尤其是关注并确保女孩在高质量基础教育中充分和平等的入学权利及教育成就"的目标（EFA Goal 5）。

关于教育公平的量化研究能够比较一个或多个学校、城市、地区或国家中男孩和女孩在教育成就或毕业率上的区别。大部分国家通过性别来收集不同程度的教育成就数据。联合国教科文组织（UNESCO，2010）、经济合作与发展组织（OECD，2007）和英联邦（Menefee & Bray，2012）发起的研究比较了国家和地区间男性和女性的毕业率，通常还会对比参与率。研究还比较了跨时间的成就（Jones，2010）。

跨国家和群体的成就中的性别平等也能够与性别平等指数（Gender Equality Index, GEI）和教育性别指数（Gender Equality in Education Index, GEEI）进行比较。GEI"是一个用于测量初级和中等教育以及成人读写能力中性别均等问题的复合指数"（Unterhalter & Oommen, 2008: 541），因而强调教育中的入学机会以及因入学机会而产生的结果或能力。2006 年开发的 GEEI 则更加综合，该指数基于女生在小学的净出勤率、五年小学学习后的留存率、中学净入学率以及性别发展指数（Unterhalter & Oommen, 2008: 543）。

尽管 GEEI 要素可以依靠研究情境来进行不同程度的加权处理，但因其没有关注整个小学阶段的保留率而受到批评，这在许多非洲国家仍是一个重大问题。另外，GEI 和 GEEI 在描述各个社会的最弱势群体中的女孩和女性境况时都有盲区。因为女孩的入学机会和学习成就因社会经济地位和种族或族群不同而有所差异。事实上，不同种族和不同阶级的性别建构是各不相同的，这会对教育产生一定影响（hooks, 1994; Sewell, 2004; Kincheloe & Steinberg, 2009）。许多人认为把男女作为简单的群体来关注是无用的，因为这种分类掩盖了教育经历中的显著内部差异。WIDE 是有用的，因为它把小学结业率作为一个指标，并且它比较结果时考虑了不同国家的财富、族群和性别。就全民教育目标 5 而言，联合国教科文组织（UNESCO, 2013）曾经基于 WIDE 的数据指出，在十个国家中，90% 最贫穷的年轻女性没有完成小学教育。

质性研究有助于比较同一社会内——男孩与女孩、女孩与女孩等不同群体的经历以及详细阐述除了上学之外，在不同社会中的女生平等接受"高质量"教育的程度（由全民教育会议规定）。民族志研究比较了在许多不同情境中男孩和女孩的受教育经验，展示了学校是怎样通过社会化将性别规范内化于学生的，学校通常让他们适应社会参与，这可能会影响女孩（或男孩）所学到的东西以及他们所获得的能力。比如说，教育者对男生吵闹的忍受程度高于女生，这会扼杀女生有效沟通能力的发展。另一方面，更多地称赞女生的书写而不是计算能力会阻碍她们在数学上的投入，尽管她们可能有兴趣或潜力。戈登等人（Gordon et al., 2000）在伦敦和赫尔辛基研究了课程并且就学校生活之中的性别实践对老师和学生进行了访谈。他们写道（p.193）：

> 在所研究的学校中，性别化过程很大程度上遵循着以前的研究曾经阐述过的著名模式：总体来说，男生相较于女生更多地处在老师的注视和观察的中心。

老师们与男生互动多于女生，尽管他们有意识地以相同的方式对待男女生。

因为相似的研究考察了教育和种族或阶级，这样的民族志研究可以描绘出个体是怎样因为性别而拥有不同的教育体验的，也能更仔细地从性别、阶级和种族/族群来关注学生的经历。如穆拉叶娃（Muravyeva，2010）比较了在19世纪末的欧洲大学中来自不同族群和不同社会出身的俄罗斯女性的遭遇，以此来强调俄罗斯女性面临不同的挑战。

其他研究考察了性别的"隐形课程"，像是孩子和教育者经常在无意间带去学校环境中的可观察到的背景知识和态度，它会无意识地传递信息。比如说，在美国学校中一项对孩童独立玩耍的研究，索恩（Thorne，1993）发现，尽管可以从家长或老师那里获得信息，男孩和女孩在没有成人指示下很寻常地相互教导性别规范。类似对孩童背景知识的研究导致了流行和消费文化在性别教导上的问题，因为针对儿童的营销在很多社会中已是司空见惯了（Stone，2000）。

质性研究方法也能够比较课程和学校资源如教材里的性别表现（在图像或文本里）的性质及成果。它反映了普遍接受的态度和教育者背景知识。举个例子，中国台湾地区的教材编写者表示，对于在课程材料中涵盖非传统性别角色的想法感到不适（Peng & Huang，2012）。相似的是，在伊朗的教材中，女性远远没有男性明显，且经常扮演着从属的角色（Kheiltash & Rust，2008）。虽然这样的发现也许不能反映表现形式与教育不公平的因果关系，但它们能够说明年轻人在学校学习中可能遇到的非正式的性别课程。

对种族、阶级和性别的最终思考

如前所述，结构性的不平等通过种族和族群相关的因素，如教育者和社会的偏见、网络效应、"看不见的背包"等来影响教育机会。阶级同样影响着教育公平，家庭背景和收入让年轻人拥有各自的优势或劣势，二者在社会中都对学生的教育成就产生明显的作用。最后，性别或许建构了不同社会中的教育期望，阻碍着女生的受教育机会，使男生和女生的社会化过程存在差别，并且影响了女性和男性的受教育程度。

为了揭示种族、阶级和性别因素带来的挑战，本章分别对三者进行了讨论。但正如金奇洛与斯坦伯格（Kincheloe & Steinberg，2009：6）所言："教育者们不仅要理解种族、阶级和性别的动态变化，还应该理解这三者在现实世界中的交叠作用如何在日常生活中造成紧张、矛盾和割裂。"种族、阶级和性别的重要性关键取决于社会情境，每类因素对其他二者的影响方式亦是如此。

不考虑种族、阶级和性别在具体情境中的特定互动方式，就很难理解和改善教育不公平。比如，给予有准备的黑人申请者更多平等的高等教育入学机会以改变美国黑人劣势地位的"平权行动"已经被许多人认为是失败的，因为大多数从此项目获利的人已身处于最富裕群体（Jackson, 2008）。尽管一些社会经济上有劣势的美国黑人通过这个项目获得了更多的大学入学机会，但由于在准备上或者是维持成功方式的不足，很多人没有获得学位。这个问题与其说是种族不平等，不如说是阶级不平等。缺乏对种族和阶级关系的关注，类似的政策和项目是不太可能成功的。

同样地，不考虑种族和阶级，只关注性别的研究很容易隐藏影响女孩教育机会的重要变化。在这样复杂的领域，探讨关于性别差异的研究发现是怎样反映或隐藏种族和阶级因素的重要性是有用的，超越简单的理解才能产生有效的教育发现和研究方向。此外，正如方睿明（Fairbrother, 70）在本书中提到，"必须意识到偏见并质疑自己的假设，同时尝试去理解社会和文化背后的假设，这些都是调查研究的目标"。有色人种女性通常会注意到白人女性想象性别的方式往往排除有色人种女性的经历（hooks, 1994）。该观察再次强调了变量之间的交织关系。

总而言之，尽管种族、阶级和性别是讨论世界范围内教育不平等和不公正的三个最重要的社会分类，但它们复杂的相互作用、动态的含义和结构性质使得它们很难运用于比较研究。种族和阶级在不同社会情境下很难被分类和进行有效分析；虽然性别更容易去比较，它也在不同社会中因种族、阶级和其他分类而存在不一样的建构。这个特质意味着即使在一个学校或社会中，'女性'也不能够被看作是一个同质的群体。此外，种族、阶级和性别互相影响，难以形成普遍适用的观点，为研究者探寻与全球教育平等相关问题的答案带来新的障碍。

这一章始于梅森（Mason）的陈述——"至少从伦理的角度来看，当研究者试图从他们的项目的概念化中确定教育和其他产品分布差异的轴线，并沿着这些轴来分解他们的研究对象时，比较教育研究产生了最有价值的结果"。通常在不同的学校和社会中，根据种族、阶级和性别（以及其他个人身份特征，如能力、宗教和语言）进行分类比较是一项具有挑战性的任务，因为难以构建同质性社会群体的分类（如

"男孩"和"女孩"内部存在差异)。就像梅森设想的比较教育(p.253),"像一门批判性的社会科学,关注权力及其相关属性分布,对于人的解放持有兴趣",比较研究者应不断质疑种族、阶级和性别的意义及重要性,对形成个体机会和成就的因素加以质性的综合考察。他们应该同时比较情境和社会群体,来阐释而不是隐藏这些影响人们生活的复杂因素。

(胡蓉卉 译,王琰、郑杰 校)

参考文献

Airton, Liz (2009): 'Untangling "Gender Diversity": Genderism and Its Discontents (i. e., Everyone)', in Steinberg, Shirley R. (ed.), *Diversity and Multiculturalism: A Reader*. New York: Peter Lang, pp. 223-246.

Aiston, Sarah Jane (2010): 'Women, Education, and Agency, 1600-2000: An Historical Perspective', in Spence, Jean; Aiston, Sarah J. & Meikle, Maureen M. (eds.), *Women, Education, and Agency, 1600-2000*. London: Routledge, pp. 1-8.

Ali, Shimel Se & Dadush, Uri (2012): 'The Global Middle Class is Bigger than we Thought: A New Way of Measuring Prosperity has Enormous Implications for Geopolitics and Economics'. *Foreign Policy*, 24 May.

Althusser, Louis (1971): *Lenin and Philosophy, and Other Essays*, trans. Ben Brewster. London: New Left Books.

Bakar, Mukhlis Abu (2009): 'Islamic Religious Education and Muslim Religiosity in Singapore', in Banks, James A. (ed.), *The Routledge International Companion to Multicultural Education*. New York: Routledge, pp. 437-448.

Boozer, Michael A.; Krueger, Alan B. & Wolkon, Shari (1992): *Race and School Quality since Brown vs. Board of Education*. Princeton: Princeton University Press.

Bourdieu, Pierre (1968): 'Outline of a Theory of Art Perception'. *International Social Science Journal*, Vol. 2, No. 4, pp. 589-612.

Burt, Matthew E. & Park, Namgi (2008): 'Education Inequality in the Republic of Korea: Measurement and Causes', in Holsinger, Donald B. & Jacob, W. James (eds.), *Inequality in Education: Comparative and International Perspectives*. CERC Studies in Comparative Education 24, Hong Kong: Comparative Education Research Centre, The University of Hong Kong, and Dordrecht: Springer, pp. 261-289.

Deer, Cecile (2008): 'Different Paths, Similar Effects: Persistent Inequalities and Their Sources in European Higher Education', in Holsinger, Donald B. & Jacob, W. James (eds.), *Inequality in Education: Comparative and International Perspectives*. CERC Studies in Comparative Education 24, Hong Kong: Comparative Education Research Centre, The University of Hong Kong, and Dordrecht: Springer, pp. 324-347.

Durkheim, Emile (1893/1984): *The Division of Labor in Society*, trans. Steven Lukes. New York: Free Press.

Foster, Michele (1999): 'Race, Class, and Gender in Education Research: Surveying the Political Terrain'. *Educational Policy*, Vol. 13, No. 1, pp. 77-85.

Gordon, Tuula; Holland, Janet & Lahelma, Elina (2000): 'From Pupil to Citizen: A Gendered Route', in Arnot, Madeleine, & Dillabough, Jo-Anne (eds.), *Challenging Democracy: International Perspectives on Gender, Education and Citizenship*. London: RoutledgeFalmer, pp. 187-202.

Grinberg, J.; Price, J. & Naiditch, F. (2009): 'Schooling and Social Class', in Steinberg, Shirley R. (ed.), *Diversity and Multiculturalism: A Reader*. New York: Peter Lang, pp. 265-278.

Hacker, Andrew (2003): *Two Nations: Black and White, Separate, Hostile, Unequal*. New York: Scribner.

Hall, Stuart (1995): 'New Ethnicities', in Ashcroft, Bill; Griffiths, Gareth & Tiffin, Helen (eds.), *The Post-Colonial Studies Reader*. New York: Routledge, pp. 223-227.

Heath, Shirley B. (1983): *Ways with Words: Language, Life, and Work in Communities and Classrooms*. Cambridge: Cambridge University Press.

Herrnstein, Richard J. & Murray, Charles (1994): *The Bell Curve: Intelligence and Class Structure in American Life*. New York: Free Press.

Hill, David; Greaves, Nigel M. & Maisuria, Alpesh (2008): 'Does Capitalism Inevitably Increase Inequality?', in Holsinger, Donald B. & Jacob, W. James (eds.), *Inequality in Education: Comparative and International Perspectives*. CERC Studies in Comparative Education 24, Hong Kong: Comparative Education Research Centre, The University of Hong Kong, and Dordrecht: Springer, pp. 59–85.

Hirasawa, Yasumasa (2009): 'Multicultural Education in Japan', in Banks, James A. (ed.), *The Routledge International Companion to Multicultural Education*. New York: Routledge, pp. 159–170.

Hollinger, David A. (2005): *Postethnic America: Beyond Multiculturalism*. New York: Perseus.

hooks, bell (1994): *Teaching to Transgress: Education as the Practice of Freedom*. New York: Routledge.

Hung, Chih-Cheng & Cheng, Sheng-Yao (2008): 'Access and Equity: Who Are the Students at Taiwan's Top Universities?', in Holsinger, Donald B. & Jacob, W. James (eds.), *Inequality in Education: Comparative and International Perspectives*. CERC Studies in Comparative Education 24, Hong Kong: Comparative Education Research Centre, The University of Hong Kong, and Dordrecht: Springer, pp. 290–306.

Hyer, Karen E.; Ballif-Spanvill, Bonnie; Peters, Susan J.; Solomon, Yodit; Thomas, Heather & Ward, Carol (2008): 'Gender Inequalities in Educational Participation', in Holsinger, Donald B. & Jacob, W. James (eds.), *Inequality in Education: Comparative and International Perspectives*. CERC Studies in Comparative Education 24, Hong Kong: Comparative Education Research Centre, The University of Hong Kong, and Dordrecht: Springer, pp. 128–148.

Jackson, Liz (2008): 'Reconsidering Affirmative Action in Education as a Good for the Disadvantaged'. *Journal of Critical Educational Policy Studies*, Vol. 6, No. 1, pp. 379–397.

Jackson, Liz (2009): 'Reevaluating White Privileged Ignorance and Its Implications for Antiracist Education', in Glass, Ronald (ed.),

Philosophy of Education 2008. Urbana, Illinois: Philosophy of Education Society, pp. 301 – 304.

Jacob, W. James & Holsinger, Donald B. (2008): 'Inequality in Education: A Critical Analysis', in Holsinger, Donald B. & Jacob, W. James (eds.), *Inequality in Education: Comparative and International Perspectives*. CERC Studies in Comparative Education 24, Hong Kong: Comparative Education Research Centre, The University of Hong Kong, and Dordrecht: Springer, pp. 1 – 33.

Jones, Claire (2010): 'Femininity and Mathematics at Cambridge Circa 1900', in Spence, Jean; Aiston, Sarah J. & Meikle, Maureen M. (eds.), *Women, Education, and Agency, 1600 – 2000*. London: Routledge.

Keevak, Michael (2011): *Becoming Yellow: A Short History of Racial Thinking*. Princeton: Princeton University Press.

Kincheloe, Joe L. & Steinberg, Shirley R. (1997): *Changing Multiculturalism*. Buckingham: Open University Press.

Kincheloe, Joe L. & Steinberg, Shirley R. (2009): 'Smoke and Mirrors: More than One Way to be Diverse and Multicultural', in Steinberg, Shirley R. (ed.), *Diversity and Multiculturalism: A Reader*. New York: Peter Lang, pp. 3 – 22.

Kheiltash, Omid & Rust, Val D. (2008): 'Inequalities in Iranian Education: Representations of Gender, Socioeconomic Status, Ethnic Diversity, and Religious Diversity in School Textbooks and Curricula', in Holsinger, Donald B. & Jacob, W. James (eds.), *Inequality in Education: Comparative and International Perspectives*. CERC Studies in Comparative Education 24, Hong Kong: Comparative Education Research Centre, The University of Hong Kong, and Dordrecht: Springer, pp. 392 – 416.

Kuipers, Joel C. & Yulaelawati, Ella (2009): 'Religion, Ethnicity, and Identity in Indonesian Education', in Banks, James A. (ed.), *The Routledge International Companion to Multicultural Education*. New York: Routledge, pp. 449 – 460.

Ladson-Billings, Gloria (1998): 'Just What is Critical Race Theory and What's it Doing in a *Nice* Field Like Education?'. *International Journal of Qualitative Studies in Education*, Vol. 11, No. 1, pp. 7 – 24.

Lamontagne, Jacques (1999): 'National Minority Education in China: A Nationwide Survey Across Counties', in Postiglione, Gerard A. (ed.), *China's National Minority Education: Culture, Schooling, and Development*. New York: Falmer.

Leonardo, Zeus (2004): 'The Souls of White Folk: Critical Pedagogy, Whiteness Studies, and Globalization Discourse', in Gillborn, David & Ladson-Billings, Gloria (eds.), *The RoutledgeFalmer Reader in Multicultural Education*. London: RoutledgeFalmer, pp. 117–136.

Leistyna, Pepi (2001): 'Racenicity: Understanding Racialized Ethnic Identities', in Steinberg, Shirley R. (ed.), *Multi/Intercultural Conversations: A Reader*. New York: Peter Lang, pp. 423–462.

Malott, Curry S. (2009): 'An Introduction to Social Class and the Division of Labor', in Steinberg, Shirley R. (ed.), *Diversity and Multiculturalism: A Reader*. New York: Peter Lang, pp. 279–296.

McCarthy, Cameron (2003). 'After the Canon: Knowledge and Ideological Representation in the Multicultural Discourse on Curriculum Reform', in McCarthy, Cameron & Crichlow, Walter (eds.), *Race, Identity, and Representation in Education*. New York: Routledge.

McInerney, Dennis M. (2010): *The Role of Sociocultural Factors in Shaping Student Engagement in Hong Kong: An Ethnic Minority Perspective*. Hong Kong: Hong Kong Institute of Education.

McIntosh, Peggy (1990). 'White Privilege: Unpacking the Invisible Knapsack'. *Independent School*, Winter, pp. 31–36.

Meek, Christopher B. & Meek, Joshua Y. (2008): 'The History and Devolution of Education in South Africa', in Holsinger, Donald B. & Jacob, W. James (eds.), *Inequality in Education: Comparative and International Perspectives*. CERC Studies in Comparative Education 24, Hong Kong: Comparative Education Research Centre, The University of Hong Kong, and Dordrecht: Springer, pp. 506–537.

Menefee, Trey & Bray, Mark (2012): *Education in the Commonwealth: Towards and Beyond the Internationally Agreed Goals*. London: The Commonwealth Secretariat.

Muravyeva, Marianna (2010): 'Russian Women in European

Universities, 1864 - 1900', in Spence, Jean; Aiston, Sarah J. & Meikle, Maureen M. (eds.), *Women, Education, and Agency, 1600 - 2000*. London: Routledge, pp. 83 - 104.

Oakes, Jeannie (1985): *Keeping Track: How Schools Structure Inequality*. New Haven: Yale University Press.

OECD (2007): *Education at a Glance 2007*. Paris: Organisation for Economic Co-operation and Development (OECD).

OECD (2009): *Equally Prepared for Life? How 15-Year-Old Boys and Girls Perform in School*. Paris: Organisation for Economic Co-operation and Development (OECD).

Omi, Michael & Winant, Howard (1993): 'On the Theoretical Status of the Concept of Race', in McCarthy, Cameron & Crichlow, Walter (eds.), *Race, Identity, and Representation in Education*. New York: Routledge, pp. 3 - 10.

Parekh, Bhikhu (2000): *Rethinking Multiculturalism: Cultural Diversity and Political Theory*. Cambridge: Harvard University Press.

Peng, Chih-ling & Huang, Shin-rou (2012): 'A Study of Gender Ideology in Taiwan Elementary School Textbooks: Perspectives from Textbook Editors and Reviewers'. *Philosophy of Education Society of Australasia*, Taiwan.

Ravitch, Diane (1990): 'Multiculturalism: E Pluribus Plures'. *The American Scholar*, Vol. 59, No. 3, pp. 337 - 354.

Roithmayr, Daria (1998): 'Deconstructing the Distinction between Bias and Merit'. *La Raza Law Journal*, Vol. 10, pp. 363 - 421.

Savage, Mike; Devine, Fiona; Cunningham, Niall; Taylor, Mark; Li, Yaojun; Hjellbrekke, Johs; Le Roux, Brigitte; Friedman, Sam & Miles, Andrew (2013): 'A New Model of Social Class: Findings from the BBC's Great British Class Survey Experiment'. *Sociology*, Vol. 47, No. 2, pp. 219 - 250.

Shih, Chih-yu (2002): *Negotiating Ethnicity in China: Citizenship as a Response to the State*. New York: Routledge.

Sewell, Tony (2004): 'Loose Canons: Exploding the Myth of the "Black Macho" Lad', in Gillborn, David & Ladson-Billings, Gloria (eds.), *The RoutledgeFalmer Reader in Multicultural Education*. London: RoutledgeFalmer, pp. 103-116.

Smith, Adam (1776/2009): *The Wealth of Nations*. Blacksburg, VA: Thrifty Books.

Stone, Lynda (2000): 'Embodied Identity: Citizenship Education American Girls', in Arnot, Madeleine & Dillabough, Jo-Anne (eds.), *Challenging Democracy: International Perspectives on Gender, Education and Citizenship*. London: RoutledgeFalmer, pp. 73-86.

Takezawa, Yasuko (2011): 'Toward a New Approach to Race and Racial Representations: Perspectives from Asia', in Takezawa, Yasuko (ed.), *Racial Representations in Asia*. Kyoto: Kyoto University Press, pp. 7-19.

Thomas, Vinod & Wang, Yan (2008): 'Distribution of Opportunities Key to Development', in Holsinger, Donald B. & Jacob, W. James (eds.), *Inequality in Education: Comparative and International Perspectives*. CERC Studies in Comparative Education 24, Hong Kong: Comparative Education Research Centre, The University of Hong Kong, and Dordrecht: Springer, pp. 34-58.

Thorne, Barrie (1993): *Gender Play: Girls and Boys in School*. Rutgers University Press.

Unterhalter, Elaine & Oommen, Mora (2008): 'Measuring Education Inequalities in Commonwealth Countries in Africa', in Holsinger, Donald B. & Jacob, W. James (eds.), *Inequality in Education: Comparative and International Perspectives*. CERC Studies in Comparative Education 24, Hong Kong: Comparative Education Research Centre, The University of Hong Kong, and Dordrecht: Springer, pp. 506-537.

UNESCO (2010): *Reaching the Marginalized: Education for All Global Monitoring Report 2010*. Paris: UNESCO.

UNESCO (2012a): *Youth and Skills — Putting Education to Work: Education for All Global Monitoring Report 2012*. Paris: UNESCO.

UNESCO (2012b): *World Atlas of Gender Equality in Education*. Paris: UNESCO.

UNESCO (2013): World Inequality Database on Education. Paris:

UNESCO. http://www.education-inequalities.org

United States National Opportunity to Learn Campaign (2013). *The Color of School Closures*. www.otlcampaign.org/blog/2013/04/05/color-school-closures.

Villegas, Ana Maria (1988): 'School Failure and Cultural Mismatch: Another View'. *Urban Review*, Vol. 20, No. 4, pp. 253–265.

第八章　文化比较

马克·梅森

"英国人以前真的都是帝国主义者吗？"备受尊敬的旅行作家简·莫礼时（Morris，2005：24）曾经这样问道。"华人学生无一例外地都重视教育吗？"（Watkins & Biggs，1996）"亚洲学生不仅勤奋而且有很高的成功动机吗？"（Lee，1996：25）真的存在拉奥（Rao）和陈（Chan）提出的"独特的中国式教学法"吗？芬兰学生拥有使得他们在OECD组织的2000年、2003年、2006年、2009年和2012年的国际学生评价项目（PISA）中表现出色的文化优势吗？（Välijärvi，2002）南非艾泽伦（Eiselen）委员会在1951年宣称："教育实践必须面向班图族儿童的实际，要用班图族文化来训练他们，并且使之适应班图族文化。要让他们学习班图族语言的知识，并且灌输其自幼学到的本族的价值观、旨趣和行为模式。"这样做合适吗？（Kallaway，1984：175）1954年，南非本土事务部部长亨德里克·弗尔沃尔德（Hendrik Verwoerd）说"班图族人在欧洲人社群中的某些职业层面根本无法找到工作"，这种说法可信吗？（Kallaway，1984：173）

几乎没有人会否认文化要素与教育的诸多方面有关并且影响着教育。正如亚历山大（Alexander，2000：29—30）所说：

> 学校和班级生活是我们广泛社会生活的一部分，二者无法分开。文化不会止于学校大门。学校生活的特征和动态受到形塑国民生活其他方面的价值观念的影响。

亚历山大进一步写道（p.30）："文化存在于比较分析和理解中，也无疑处于国家教育制度中。"

然而，当把一种文化与另一种文化相比较的时候，研究者应该谨慎对待。他们有可能会受到诸如刻板印象、将文化看作单一整体以及在以多重关系和影响力为特征的混合世界里过分强调文化的影响等方面的指责。莫礼时（Morris，2005：24）在回答自己有关英国人是不是帝国主义者的问题时，这样说道：

有些人是，有些人不是。这取决于他们所在的阶级、年龄层次、性格、宗教派别、民族、经济条件、生活状况等极其多样的因素。这说明任何一个关于全国所有人的假设都是没有意义的。

在《华人学习者》（*The Chinese Learner*）一书中，李荣安（Lee, 1996）引用了何友晖（Ho, 1986）和杨（Yang, 1986）关于一个问题的讨论。有一种说法是，勤奋、进取和重视教育等是华人学生的显著特点，或者更宽泛一点，是亚洲学生的特点。许多曾在被何友晖称为拥有"儒家传统文化"的社会里教过书的人都提到过类似的感受。这些描述可信吗？这些特点是儒家传统文化的学生所特有的吗？李荣安提醒读者注意，这种说法隐含着过度泛化的危险。在我们这本书的第九章，他和马丽明补充道，"当我们在集体层面讨论价值观问题时，决不能忽视一定社会环境下个体的价值观选择"。在《再论华人学习者》（*Revisiting the Chinese Learner*）一书中，陈和拉奥提醒读者将"中国和西方学生二元化"以及"认为中国学生是同质性群体"存在风险（Chan & Rao, 2009a: 318）。

提及芬兰学生在2000年国际学生评价项目的表现时，瓦里嘉维（Välijärvi, 2002: 45）说，文化影响是一个重要的因素。他提出，其中一个影响要素为文化同质性，"在芬兰比较容易就国家教育政策和发展教育系统的手段达成相互理解"。瓦里嘉维还提到了芬兰学生的阅读投入和父母与孩子之间的文化交流，同时他还提到了芬兰文化对教育机会均等的重视。

与之相似的说法是林纳卡拉（Linnakylä, 2000）对芬兰学生卓越表现的解释。他认为，芬兰有重视培养学生阅读能力的悠久文化传统。这可能是因为自北欧的宗教改革运动后，欧洲天主教会确立的惯例受到马丁路德（Martin Luther）等人的挑战，父母向孩子朗读《圣经》变得越来越普遍，也越来越重要了（此前的天主教控制时期，朗读《圣经》是教士的特权）。16世纪以来，在芬兰（当时还未从瑞典独立），读写能力是获取基督教圣礼和与基督徒结婚的先决条件。孩子们的阅读能力在一年一度的"金客利特"（kinkerit）活动中接受公开测试。失败就意味着公开的耻辱，意味着以后无法结婚（Linnakylä, 2002: 83—85）。这说明这几个世纪以来，芬兰几乎所有的孩子都生活在父母双方拥有读写能力的家庭。

本章开篇提出的最后一个问题是，用文化差异来证明种族隔离教育的正当性，这与之前的例子形成鲜明对比。然而，除了明显为南非精英阶层的政治和经济利益服务的种族主义态度，许多教育研究者都愿意承认，以上所列举的儒家传统文化和芬兰文化的例子具有相当程度的真实性。正如先前所述，几乎没有人会否认文化因素确实影响到教育的诸多方面；但是，对于究竟哪些因素影响了教育，大多数研究者还会犹豫不决，难下断言。众所周知，众多影响因素很难明白无误地加以区分，所下的断言则更为糟糕，要么内容空洞，要么将它对某种特定文化在复杂世界里的影响力夸大其词，要么判断错误。更糟的是，如果研究者试图描述文化因素对教育的影响，他们会受到批评，指责他们的看法是刻板印象，甚至被指责为是种族主义。在文化和教育领域，《华人学习者》（Watkins & Biggs，1996）和《教华人学习者》（Teaching the Chinese Learner）（Watkins & Biggs，2001）是两本受到高度评价的著作，但如果这是两本题为《非洲黑人学习者》和《教非洲黑人学习者》的书，作者就可能会被指责为种族主义者。前两本书的标题没有受到指责，是因为这两本书是要揭示在儒家传统文化中学生取得令人瞩目的教育成就的原因。而后两个标题可能会被指责为典型地用研究文献为南非的殖民主义和种族隔离教育进行辩护：好像存在某种现象可以被简单地视为属于"非洲黑人学习者"。

考虑到这些因素，本章将探讨一些哲学和方法论问题，这些也是试图进行跨文化教育比较的研究者所要面对的问题。本章的两个主要部分讨论与文化定义相关的历史学、哲学、人类学和社会学问题以及与跨文化研究相关的方法论问题。关于文化的定义，我将通过对约翰·赫尔德（John Herder）、雷蒙·威廉斯（Raymond Williams）、罗伯特·鲍柯克（Robert Bocock）、斯图亚特·霍尔（Stuart Hall）、吉尔特·霍夫斯泰德（Geert Hofstede）等人的著述的分析，阐述更加注重细微差别的对"文化"的理解，而不是当前教育研究中很多显而易见的说法。关于跨文化教育研究的方法论问题，我将参考罗伯特·列文（Robert LeVine）、约瑟夫·托宾（Joseph Tobin）、罗宾·亚历山大（Robin Alexander）和冯德拉·梅斯曼（Vandra Masemann）等人的著作加以阐述。

要想从比较研究中得出说服力强的推论，那么所比较对象必须具有可确认的具体的特征。如果研究者想要从两种文化之间的比较中得出有说服力的结论，那么，他们至少要能够确认这两种文化的特征，明确哪些特征使得一种文化区别于另一种文化。例如，如果他们希望得出"华人学生无一例外地重视教育"的判断，他们就应该记住，这样的一个判断暗示着这个群体的"所有"成员都表现出这一特征。这个判断还意味着，该特征是这个群体成员的一个"基本"品质；反之，重视教育是将一个人描述为华人群体的成员的一个"必要"条件。

如果在跨文化比较教育研究中对定义的要求如此明确，那么无疑会提高此领域研究的严谨性。比较不同文化中的教育毕竟是很常见的。两个广为人知的例子是由 IEA（国际教育成就评价协会）和 PISA（国际学生评价项目）两大机构组织的教育成就跨国研究。对于这两项研究结果的二次分析通常涉及发掘出与教育成绩相关的文化因素的挑战——显然，研究的切入点立刻就由"国家"转变为"文化"（而且，如果使用"跨国的"（cross-national）作为研究的限定词，那么研究的切入点就由民族意义上的"国家"（nation）向地理意义上的"国家"（country）转变）。将民族、国家和文化作为同义词的假定显然是错误的。将文化假定为一个自成一体、与其他两个概念完全分立的实体，同样是错误的。当代的跨文化比较，完全不是一些戴着遮阳帽的人类学家用刀在丛林中砍出一条路来，或穿过险峻的多山地区，去"发现"一个遥远的居住在完全与世隔绝的山谷中的部落，并记录下这个部落的特征和行为。这种印象是对当代跨文化比较的曲解。从人类学家视角进行跨文化教育比较的效度和信度问题，将是本章讨论的一个主要内容，也就是说，讨论虽已过时但对跨文化比较教育仍有相当大影响的人类学方法。在当今世界，像婆罗洲那样处于文化孤立的神秘部落已经越来越不存在了，其中一些人类学的过时的文化概念也许已难以很好地用于跨文化比较研究，而其他的视角也许会更为恰当。可以说，我要阐述的看法是：在日渐以多样性、多元文化、彼此依存、彼此融合和复杂性为特征的当今世界，研究者应该运用社会学对于文化概念的理解，从而可以更恰当地分析复杂的文化问题。

对文化的界定和描述

第一个主要的问题就是文化的本质。文化的性质是什么？如何才能够识别文化？文化的结果是什么？它的影响力是如何表现出来的？

公认的最重要的文化理论家之一的雷蒙·威廉斯（参见，如 Williams，1981，1982）认为（1985：87），"在英语中，文化是最为复杂的几个词汇之一"。"部分是因为它在几种欧洲语言中复杂的历史渊源和演变，但主要是因为如今它作为重要的概念被运用于若干彼此差异很大的学科中，以及被运用于若干互不相容、具有明显差异的思想体系中。"

文化的谱系

在早期的用法中,"culture"一词指"对某物(一般指农作物和牲畜)的持续照料"(Williams,1985:87)。此后,该词的含义得到扩展,被隐喻性地用于指称人的发展过程,如霍布斯(Hobbes,1651)所说的"他们心智的教化"(a culture of their minds)。但在英语中,这种用法直到19世纪中叶才成为普遍用法。威廉斯指出,虽然儒家文化传统中的学者更熟悉"修身"(a cultivation of self)的概念和价值观念,但在18世纪的英国,"教化"(cultivation)和"接受过教化"与上层阶级相关。

德文借用了法文词汇"Culture",将其写为Kultur,意为文明化和教化的过程。鲍曼(Bauman,2011:53)借鉴了菲利普·贝内顿(Philippe Bénéton)的著作,描述了文化这一概念最初的特点:

> 假设人性理想……无论在哪个国家、地点和时代都一样;欧洲中心主义坚信人性理想发现于欧洲,在那里,人性理想被界定为……个人和公共生活的方式和模式。

但是对于这个概念,无论是出于本章的写作目的,还是从文化这个概念的历史发展来看,我都不能不提及18世纪后期的德国哲学家赫尔德。他的著作挑战了启蒙运动中关于人类发展过程具有普遍性的观念。赫尔德(引自Williams,1985:89)痛斥了"这种含有欧洲文化优越论的说法",勾勒出不同文化间的差异。按照威廉斯(Williams,1985:89)的说法,自此以复数形式出现的"文化"(cultures)一词开始运用,这是赫尔德"具有决定意义的创新"。这是因为,这不仅显示了"不同民族和不同时期文化的特殊性和多样性,还显示了同一民族内部不同社会和经济群体文化的特殊性和多样性"。同时,毫无疑问,有关文化之中和之间的比较的问题会被问及。

除了用文化来描述"智力的、精神的和审美的综合发展过程"(Williams,1985:87),现代社会科学也会用到这个词。关于这一点,从赫尔德的论述、克莱姆(Klemm)的《人类文化简史》(*General Cultural History of Mankind*)(1843—1852)和泰勒的《原始文化》(*Primitive Culture*)(1870)等一系列著作中都可以看出。在这些著作中,无论是从广义的用法还是从狭义的用法来看,文化通常是一个独立的名词,用来表示一个民族、一个时期、一个群体或整个人类的一种特定的生活方式。当然,文化也常常用来指代"人类知识领域,尤其是艺术领域的著作和活动:……文化指音乐、文学、绘画和雕塑、戏剧和电影"。我们对文化在智力和艺术领域的运用的关注有限。我们需停下脚步思考，如果文化以这些方式如此强调特定人群的价值观，正如克拉克宏（Kluckhohn，1961）所提出的，那是因为文化涉及人类最核心的一些问题，如人性的特点、人与自然的关系、人与人的关系以及人与工作的关系。

试图对文化的概念作出一个"真正的""恰当的"或"科学的"定义的研究者，大多数是以北美的人类学中该词的用法作为规范性用法。这种做法有些武断，其中部分原因可见我所指出的梅斯曼的（北美）人类学视角的不足之处，以及为什么要提倡从当代社会学视角进行跨文化比较教育研究。要想从比较的目的来理解文化，有必要了解威廉斯（Williams，1985：91）的观点：

> 在考古学和文化人类学中，文化主要指的是物质产品，而在历史学和文化研究中，文化主要指有象征意义的或用符号表示的系统。

跨文化的教育比较必然既涉及对物质产品的研究，也涉及对符号系统的研究。课程就是一个很好的例子，它既是实物的系统，也是符号的系统。教育政策和教材也是如此。

在人类学中，符号人类学（与文化人类学不同）的研究领域主要关注的是具有象征意义的系统（与文化研究一样）。其中一部重要的著作是瓦格纳（Wagner）的《文化的创造》（*The Invention of Culture*）（1981）。这本书强调，文化不是影响个人生活的一个固定不变的实体。更准确地说，文化是人与社会环境相互影响的过程。在这个过程中，人对文化的形成也产生了影响，因为文化的传统符号通过人的运用而获得了新的意义。例如，与学习者的说法相关的各种概念，都与不同的价值体系相关，都随着不同时间和不同背景下对学习者的不同文化感知而赋予学习者不同的角色：小学生、男生、女生、实习生、学徒、弟子、信徒、学者、批评者、学生、终身学习者。处于某一特定文化的人共同构建了这些名词或这些符号，同时每个名词都赋予处于那种文化的人不同的意义。换句话说，文化不是一个俱乐部，俱乐部的会员身份表示特定的特点。文化更多的是一种生产力，它由很多无形的松散的因素集合而成；这些因素既影响着处于该文化中的个体的生活，同时也受到这些个体的影响。

总之，有两种文化的定义对于社会科学研究者最为重要。第一种定义就是我们通常说的人类学的定义，即"文化是一个民族、一个时代、一个群体或泛指人类的一种特定的生活方式"（Williams，1985：90）。这种生活方式包括对于这个群体成员来说共同的价值观和意义。按照基辛（Keesing）的说法，文化"指该特定传统中的个体所学习、分享和重视的行为、观点及物品"（1960：25）。梅斯曼（Masemann, 2013：114）的人类学方法对文化的观点是：

> 文化是指生活的各个方面，它包括精神文化、社会文化、语言文化和物质文化等形态。文化是指人们拥有的观点、他们在家庭和更大的社会机构里与他人的关系、他们所说的语言以及他们所共有的符号形式，诸如书面语言形式或艺术/音乐形式。文化是指人们与自然环境的关系以及他们在任何一个社会里所使用的技术。

第二种定义源自人类学的定义，也指群体内部的共有意义，但第二种定义与第一种定义的差异在于，它强调的是"符号层面，更关注的是文化做了什么，而不是文化是什么"（Bocock，1992：232）。在文化研究领域（而不是在文化人类学领域），文化不再是诸如物质产品那样特征鲜明的一种生活方式，而是"意义在群体内产生和交流的行为系列"（Bocock，1992：233）。这个行为系统的核心是语言，因为一套共有的语言系统可以使人们进行有意义的交流。这里的语言指广义的语言，它包括所有使意义得以产生的标记和符号系统："任何交流系统都用符号作为指称真实世界物体的一种方式；正是这种使用符号的过程，才使得我们能够对有关世界的信息进行有意义的交流。"（Bocock，1992：233）

这些标记和符号系统就是我们通常所指语言的词语，当然也包括实物。对实物的意义进行解读时，从符号角度对文化的理解与从人类学角度对文化的理解是大不相同的；或者说，从符号角度对文化的理解至少扩展了从人类学角度对文化的理解。学生上学穿的校服，或许没有指定校服时学生穿的服装，不论有无品牌标识，或有什么品牌标识，都起着表达意义的"符号"的作用。

在人类文化学中，文化被理解为"共同的意义和生活方式"；在文化研究及其相关领域，文化被理解为"创造意义的实践活动"（Bocock，1992：234）。后者从前者发展而来，前者对后者所关注的领域也感兴趣，只是它们所强调的重点不同：前者的重点是作为一种整体的生活方式的文化的实质内容；后者的重点是文化实践为那些一起从事实践活动的人创造意义的方式。后者典型的文化分析的方法是，寻找通过"对某个事件的安排、模式、符号结构"而产生意义的方式（Bocock，1992：235），也即所谓的"结构主义"。

现代社会的"民族文化"

也许在现代社会，区分人们的文化身份（cultural identity）最常见的词语就是广为人知的"民族文化"。在前现代社会，文化身份通常是按照一个人属于什么部落、信仰什么宗教或生活在什么地区而建构的。随着民族国家这一现代社会的主要政治实体的出现，部落、宗教和地区等身份特性逐渐淡化，而对民族文化身份的认同逐渐被广为接受。在比较教育领域，当研究目的是试图找出哪些文化因素对教育产生影响时，"民族"（它往往与某个国家相关联）和"文化"常常出现在一起，如对芬兰学生在2000年国际学生评价项目中的出色表现的研究。因此，下面我的讨论要转到什么是民族文化上。

对于霍尔（Hall, 1994: 292）来说，民族文化是一种话语——"一种意义构建的方式，它影响和组织着我们的行为和我们对自己的看法"。我在本章采用这一观点。安德森（Anderson, 1983）说，民族身份只不过是一个"想象的共同体"。这并不是说，民族身份与文化在真实社会中没有影响力；但是，在比较教育研究者进行跨文化比较之前，他们既要考虑到民族文化是如何体现的，也要考虑民族文化的体现方式在形成民族忠诚和定义民族身份时的强大影响力。

本章讨论所关注的是民族文化和身份，因为比较教育研究者对这个概念尤其感兴趣。然而，还存在着许多其他的文化身份特性。作为全球化进程的结果，民族文化身份的重要性在现代社会的后期已被降低，它只不过是构建个体身份的众多文化话语中的一种。尽管如此，民族文化身份仍然是现代社会的众多话语中最强有力的一个。

那么民族文化身份是什么？霍尔（1994: 292—293）指出：

> 民族身份不是我们生而就有的，而是在表征中以及与表征的联系中形成和转换的。我们之所以了解"英国人"，是因为英国的民族文化代表着包含一系列意义的"英国人特性"。这也表明，国家不但是一个政治实体，而且是某种创造意义的东西——一种文化表征系统。人们不仅仅是国家的合法公民：他们还参与了代表民族文化的该民族的观念形成过程……通过产生我们所认同的有关"本民族"的意义，民族文化构建了民族身份；这种民族身份存在于我们所听到的故事之中、我们对于现在和过去的记忆之中，以及由此而构建出的意象之中。

民族文化塑造着现代社会的特征。它逐步地（当然不是完全地）代替了上文提到的那些前现代的身份描述话语：属于什么部落，属于什么种族，信仰什么宗教，住在什么地区。随着使用同一种语言的民族国家的建立，特别是随着旨在确保全体成员能够用该语言（此时的民族语言）读写的国家教育制度的建立，民族文化的重要性继续上升。同时，博物馆、艺术剧院，以及像宫殿、城堡和国会大厦等标志性建筑的出现，还有最近的带有民族身份的国家体育代表队和消费品牌的推广，都促进了民族文化。

构建和反映民族文化话语的表征是如何形成的？民族文化的描述可以通过"祈求共同的根基和精神"（Bauman，2011：73）来建构，其中包括：

- "民族叙事，正如在民族历史文献、文学作品、媒体和大众文化中反复讲述的那样"，包括了"一系列的故事、意象、自然风光、叙述、历史事件、民族符号和仪式，它们代表着或者体现着共同的经历、悲痛、胜利和灾难，这一切都赋予民族以意义"（Hall，1994：293），这一切"织成了将我们与过去无形地捆在一起的绳线"（Schwarz，1986：155）；
- 对"起源、连续性、传统和永恒"的强调（Hall，1994：294），它们将民族身份作为原始的、"最本质的特性"（Gellner，1983：48）；
- 对"传统"的创造：正如霍布斯邦和兰加（Hobsbawm & Ranger，1983：1）所指出的，看上去或声称是古老的传统往往是新近产生的，有时是被创造出来的；
- 对"起源神话"的创造，"关于国家、民族和民族性格的起源的描述如此久远，以至于人们迷失在远非'真实的''虚幻的'时间迷雾之中"（Hall，1994：295；Hobsbawm & Ranger，1983：1）；
- 基于"纯粹的、原初的民族"的观念，并以此作为民族身份的符号意义的根基（Hall，1994：295；Gellner，1983：61）。

我采用这些作者的观点来揭示民族文化身份相对于"天然性"来说，更具有建构性；相对于具体的特点来说，更具有散漫性。其目的就是要提醒比较教育研究者注意文化身份"基础"的肤浅和专断。如果比较研究的良好开端是厘清和定义所比较的实体，那么我们就应该认识到文化的"单位"是最难鉴别和最难有效描述的事物之一。当然，文化身份是重要的，而且确实对其他事物有影响；但是，要推论出这些影响在文化中的重要性源头，确实是困难的。

除了这些相当武断地构建民族文化身份的历史的问题，一个更深入的问题是：民族身份是否的确如其在这些"民族文化"的表述中所显现的那样，是统一的、连贯的、一致的和同质的。答案是，显然并非如此。正如霍尔（Hall 1994：297）所指出，"现代民族都是文化混血儿"。毕竟大多数现代民族都产生于对一个或更多族群的暴力征服。盖尔纳（Gellner，1983）提醒读者，在构成 19 世纪早期欧洲的众多种族、宗教和语言群体中，其中只有部分会成为"民族"，在这个过程中，将"其他渴望获得国家地位的人变成少数民族，将其他人对官方民族语言尊严的渴望化为方言，将国家教会的候选人划分为教派"（Bauman，2011：72）。

民族文化身份往往建立在似是而非的种族概念之上，区分出各个"族群"的不同文化特征。民族身份常常也有很强的性别色彩，将女性排除在父权规范之外。阶级是又一个有力的区分物，社会精英群体的文化资本几乎无一例外地代表着规范，构成了社会全体成员效仿和追求的标准。社会精英群体的文化标准普遍化到"民族文化身份"的程度，从而形成布迪厄所说的针对社会其他群体的文化身份表达方式的符号暴力。后一种文化表现形式是纯粹的"狭隘、孤陋或异常地方主义"（Bauman，2011：73）的展现。语言、地区、传统、宗教、习俗等方面的不同构成了进一步划分界限和排斥的符号边界。用鲍曼的话来说，民族构建项目的一个关键目标是"剥夺'他者'的'他者性'"（Bauman，2011：75）。当关于民族文化的神话担负着将构成一个民族国家的来自不同地方、具有不同身份的群体结合在一起的使命，使这些群体能共存于同一个"政治屋顶"之下，"使得文化与政治相一致"（Gellner，1983：43），并且弥合那些认同安德生（Anderson）的所谓"想象的共同体"的人与不愿服从国家统治的人之间的分歧时，只有勇敢的研究者才会试图去比较跨文化的教育，例如将南非文化对学习的态度与尼日利亚、印度尼西亚或中国文化对学习的态度相比较。

日益全球化世界中的"民族文化"

我在上文指出，"民族文化"的说法有些武断，神话也许是对此最好的说明，而且民族文化并没有非常成功地弥合和掩盖深层的复杂的社会分化。全球化使情况的复杂性进一步增加。现在，我开始谈全球化的重要性以及全球化对于民族文化身份的影响。用地质学的比喻来说，全球化就是将有关民族文化公认真相的大理石覆着沉淀和分层的斑驳。现代民族国家的文化杂合性被民族文化的神话掩盖为同质的统一体，这种文化杂合性在全球化进程中加剧，几乎到了取代民族文化的地步。其中包括由不断扩大的贫富差距所导致的大量"无计划的"移民，即不发达的前殖民地国家向较发达的国家移民（常常是向以前的宗主国移民），这可以说是全球化最为明显的结果。如果民族文化身份一直依附于一个由地点、历史叙事与零散的事件和符号的共同感觉所构建和呈现的想象共同体，那么全球化部分与更为普遍主义的和去领土化的身份形式相关联。

对沃特斯（Waters, 1995：3）来说，全球化是"一个社会进程，在这个社会进程中，地理对社会和文化的约束减弱了，人们越来越意识到自己在摆脱某种限制"。在德兰迪（Delanty, 2000：81）看来，全球化削弱了地理因素在说明经济、政治、社会和文化相互影响的性质时的重要性；换句话说，全球化是一种空间转换，或者更具体地说，是"空间的去领土化"。由于地理限制的减少，全球化对于本土特有文化的冲击程度与对全球普遍文化的加强程度是一样的。文化和文明因而更容易受到彼此的影响，更容易冲突，或更容易融合，或发展成新的混合文化或一种普遍文化。然而，这并不是说，全球化会促成了一个全球社会，甚至促成一种全球文化，只能说它促成了一个共同市场法则，以及由于资本的跨境流动而对全球化精英产生导向作用。许多文献都指出，不但文化的差异性和离散性处于不断增长之中，而且文化的同质性也在不断增长。

离散性和对本土文化的强调也可以明显地从20世纪80年代后期以来中欧和东欧的民族主义复兴中看出，典型的例子是：爱沙尼亚、拉脱维亚、格鲁吉亚、哈萨克斯坦、乌兹别克斯坦和塔吉克斯坦的民族主义加速了苏联的解体；斯洛文尼亚、克罗地亚、波斯尼亚和塞尔维亚的民族主义加速了南斯拉夫的分裂。这些对民族文化身份的强烈追求体现了一种对业已失去的"纯粹种族"传统的诉求，而在巴尔干战争中，民族主义的表达则变成了一个非常简明和可怕的近义词"种族清洗"。用鲍曼（Bauman, 1990：167）的话来说：

> "族群的复活"……使不曾预料到的盛行于民族少数成员中的种族忠诚成为人们关注的中心。……族群已经成为众多类别或标志之一，或围绕其形成"部族支柱"，社区由此构建，个人身份也据此得以塑造和彰显。

文化同质化的例子在消费文化中最为明显。绝大多数年轻人都想通过购物中心、西式的牛仔裤和T恤衫、耐克运动鞋、麦当劳快餐店、星巴克咖啡馆等来表明自己的身份（或者至少以此为其身份的一个重要部分）以及"生活方式"。毕竟，我们的社会是一个消费社会，在这个社会中，用鲍曼的话说，文化只不过是"用于消费的商品储存库"(2011:14)。在所谓商品化的过程中,几乎所有能通过重新包装或加工并以提高"附加值"来获利的商品都被利用起来,这对文化同质性的形成发挥了重要的作用,从而形成了由消费主义所驱动的身份认同,主要体现在市场中或更具体地说体现在购物中心中。正如霍尔(Hall,1994:303)所指出:

> 社会生活由于商品类型、生产地点和商品形象的全球营销、国际旅游、全球化网络媒体和交流系统而变得愈加趋同,因此,文化身份就会变得更加分散——从特定的时代、地区、历史和传统中摆脱出来,呈"自由飘浮"的状态。我们面临着一系列不同的文化身份,每一种文化对我们都有吸引力,或更确切地说,对我们自己不同的方面有吸引力,从中选择似乎是有可能的。正是消费主义的蔓延,无论是现实或是梦境,促成"文化超市"效应的形成。

然而,全球化的影响分布极不均匀。对文化持人类学观点的人也许会指出,在墨西哥所感受到的美国和日本的消费文化要比在不丹和缅甸更强烈。用沃勒斯坦(Wallerstein)的说法,这是以"西方"为中心(当然包括日本的文化资本)的文化产品控制了边缘国家的文化。正是在这个中心,任何数量的"世界主义者"或混合主义的成员对于文化身份的选择确实是自由的选择。

与全球化有关的三个过程和本章最相关:首先,民族文化身份正变得比以前更脆弱;其次,由于对全球化的抵制,本土独特的文化身份得到加强;再次,越来越明显的新的混合文化形成,但这是以牺牲民族文化为代价的。我们的时代是一个"离散时代"。鲍曼认为,这是"一个由种族、宗教和语言的定居地组成的无限群岛……今天的生活方式向不同的且难以协调的方向分离,漂浮在文化的悬浮物上"(2011:35,37)。这就是为什么鲍曼将其他作者所称的"后现代性"或"晚期现代性"描述为"流动的现代性"(2011:11,87):"就像液体一样,没有一种(当代)社会生活形式能够长期保持其形态。"或许我们可以得出这样的观点,除了最同质和孤立的文化(如果确实仍然存在的话),文化的人类学视角的解释在方法论上显得不是那么令人信服。或许研究者应该借助文化研究和社会学对文化的理解而不是人类学对文化的理解来进行跨文化的教育比较。

同时,我要提醒读者注意:尽管我说过谈论一种"文化"几乎实质上不可能,但在下文中,我别无选择,还是只能用这个词,因为没有更加贴切与简洁的术语。读者在下文中每次看到文化一词时,或许都应该将其想象为引号中的"文化"。

教育的跨文化比较

本章的第二个主要问题是研究者如何着手跨文化的教育比较。简单地说就是，在试图解释教育中的制度、教学安排和实践活动，并且将其与其他社会的教育进行比较时，怎样识别文化的特殊影响？

对教育制度和教学活动进行跨文化比较研究面临着人种学研究者通常面临的问题：社会环境问题。对于试图研究文化如何影响教育的比较教育研究者来说，我在前文一直探讨的问题在许多方面就是一个社会环境的问题：产生教育制度和教育活动的文化环境是什么？哈默斯莱（Hammersley，2006：6）向人种学家提出了两个十分重要的问题：

- 我们如何确定将我们所研究的内容置于一个恰当的、更广泛的社会背景中？
- 我们如何能够获得我们所需要的有关这个大的社会背景的知识？

是否可以将这个大的社会背景等同于当地文化的社会背景？我已详细论证了这种文化观的局限性。那么研究的重点是否可以脱离民族的文化背景？我已指出了这种文化观念实质上是不可能的，因为全球化进程的影响使得民族文化身份不再根深蒂固，而文化身份的混合特性逐渐更加普遍。然而，若要放弃并只谈论"全球化的文化背景"，就会忽略本土的独特文化身份在抵制全球化进程中得以强化的方式。也许更为重要的是，它也放弃了对文化影响教育的真实情况的探求，这些真实情况对很多人来说是显而易见的，并且对此的探讨会产生有趣的见解。

针对第一个问题，哈默斯莱（Hammersley，2006：6）提出了一个更深入的问题，它反映了我迄今对文化进行分析和解构的中心目的："社会环境是被发现的还是被建构的？如果是被建构的，那么它是由参与者建构的还是由分析者建构的？"我还指出，文化或文化背景只有根据它"所起的作用"而不是根据它"是什么"才能更好地理解；文化对人产生着影响，同时人也塑造着文化，这两种影响相当。哈默斯莱（p.6）指出了一个针对社会环境的人种学方法，这种方法主张"社会环境是由被研究的人所塑造的，因而研究者必须发现和论证社会环境是通过特定的社会交往过程而形成的"。它的支持者认为，对于被研究对象所塑造的文化及其意义，如果研究者用自己的研究框架去限定，往往成为一种符号暴力。哈默斯莱（p.6）对此又提出："人们是否总能明确地知道自己处于哪种社会环境中？""假定人们知道自己处于哪种社会环境中能对他们在其中的行为进行社会科学的解释，这样是否正确？"

关于第二个问题，即研究者怎样获取他们所需要的关于大的社会环境的知识时，哈默斯莱（Hammersley，2006：6—7）提出，人种学研究是应立足于已有的社会学理论，还是应结合更适合研究整个制度层面、各国社会和全球影响力的其他社会科学研究？他同时忠告道，后者有可能抑制扎根理论的产生。在本章，我一直阐述跨文化研究与当代社会学理论相结合，但这种结合自然又涉及一些问题，即哪些社会学理论能够为跨文化比较教育研究提供最好的视角。

人种学研究通常使用几种不同的方法：功能主义、结构主义、符号互动论，以及冲突理论或批判理论（马克思主义、新马克思主义、女权主义或其他）的观点。在我看来，对这些方法的选择最好不是基于证据（研究者要基于什么样的事实依据才能做出合理的选择呢？），而是更多地基于研究者在做研究时的价值倾向（见 Sikes et al.，2003）。例如，研究者可能受到教育公平的价值观念的影响，从而在人种学研究中试图证明存在着一条轴线，沿着这条轴线教育产品呈现出有差别的分布。梅斯曼的这种立场，即有关人种学的研究应置之于大的社会环境背景之中的理论视角，植根于冲突理论的范式。她提倡一种"批判人种学"理论（一种渗入了批判理论的人类学方法论），这种理论避免了功能主义和实证主义方法所假定存在的中立性和客观性。梅斯曼（Masemann，115）指出：

> 虽然人种学的方法在探究课堂、学校和管理体制中的文化的运转方式时是必要的，但是这种方法也不应该将研究者主要限制于现象学方法或其他只关注参与者主观经验的方法……（一种）批判的或者新马克思主义的方法在描述当地学校经验的微观层面和全球性结构影响力的宏观层面之间的关系时是必要的。这种全球性的结构影响力影响到每一个国家的教育"传授"和教育经验，即使在最边远的地区也概莫能外。

我双倍赞成梅斯曼的观点：研究文化的比较教育研究不应当受到现象学的约束，而应当置之于注重大的社会背景的社会理论环境中进行；最具有建设性和最公正的理论视角是冲突理论和批判理论的视角。梅斯曼还引用了涂尔干（Durkheim）和伯恩斯坦（Bernstein）的观点来论证她的观点：

> 正是学生的社会阶层地位最终决定着他们在所有教育活动中的经历。价值观的表面差异不仅仅源于他们的文化而且源于他们的阶级分层。因此，在任何

社会，教育、文化与阶级都是相互联系的……（学生的）教育经历和他们对教育的反应，不仅植根于自由传统所认为的与社会（劳动场所）物质基础无关的文化和价值观……而且，他们的教育经历还受到经济基础的决定性影响，包括邻里、社区、地方或国家的经济基础的影响，并且最终受到全球经济的影响。

在这里我要补充的是，对于人种学研究者来说，以下观点是错误的，即假定如果自己运用源于经验观察的扎根理论来进行归纳，就能够不受任何理论框架的束缚，似乎他们可以摆脱任何理论框架的"偏见"，直接进入自己选择的研究领域。这种看法是错误的，可以说，没有理论我们就什么都看不见。

但是如果研究者需要理论视角来选择和诠释他们所看见的，如果理论视角的选择最终植根于研究者的价值倾向，研究者也需要意识到理论体系也可能存在偏见。也许研究者不能摆脱哈默斯莱（Hammersley，2006：11）所说的人种学研究中所固有的张力，即"一方面试图从内部出发了解人们的观点，另一方面又保持着一定的距离，用外来者的眼光（甚至可能是令人生厌的方式）来观察他们和他们的行为"。如何从方法论上解决这个问题是本章所要面对的挑战之一，也是我下文就要探讨的一个要点。

一个相关的风险就是，研究者可能认识不到自己的民族中心主义的视角。这就不仅仅要找出进行跨文化研究的手段了。瓦格纳（Wagner，1981：2—4）在《文化的创造》（*The Invention of Culture*）一书中曾提醒道：

> 既然我们谈到"文化"是一个人的全部能力，那么人类学家就是在**用他们自己的文化去研究别人的文化**（强调部分为本章所加），以及去研究总体的文化。因此，文化意识是形成作为科学家的人类学家的目的和观点一个重要的条件：经典的理性主义者必须放弃绝对客观性的主张，转而支持基于各自文化特点的相对客观性。当然，对于一个知道自己假设的研究者来说，在尽可能的范围没有偏见是必要的。然而，我们通常是理所当然地依据我们自己文化的更基本的假定，以至于我们都没有意识到这一点。通过发现这些可能性是什么，用自己的文化来理解别人的文化的方式，以及了解这种理解的局限性，相对客观性就可以实现。"关系"的理念是重要的，因为这比主张绝对客观性的"分析"或"研究"这样的概念更适合将两个实体或观点结合起来。（p.3）……
>
> 研究者在创建这些事物之间的联系时可能采取的唯一的方法是，同时了解两个事物，通过其他文化具体的阐述认识到自身文化的相对特点。……我们

可以确切地说，人类学家"创造了"他相信自己正在研究的文化……只有通过这种"创造"，文化的抽象意义……才能够得以掌握，而且只有通过这种富有经验的对照，他自己的文化才能"显现出来"。在创造其他文化的过程中，人类学家也创造了自己的文化，实际上他重新创造了文化自身的概念。(p.4)

跨文化比较研究还包括现象学视角，而现象学这种哲学视角关注的是通过别人的眼睛和他人的经历来了解世界。对价值的现象学研究要求研究者要记住并且有技巧尽可能地反驳这样的事实，即他们的价值观在很大程度上塑造着他们的理解和观察、描述和分类、概念形成、推论、结论和预测。研究者还需要意识到，语言有助于形成他们对现实的看法。翻译和改编会增加这个问题的复杂程度。将译文再译回原文是检验翻译作品准确性和贴切性的一种方法。

霍夫斯泰德（Hofstede，2001）的著作《文化的后果》（*Culture's Consequences*）是跨文化比较研究领域里又一座里程碑，如果不参考这部著作，这个领域的任何论述几乎都是不完整的。霍夫斯泰德选取了大型跨国公司IBM（国际商业机器公司）分布在全球五十多个国家的办事处的员工作为样本，考察了这些样本的文化差异。根据"民族文化的五个不同维度（每一个维度都植根于所有社会都不得不面对的一个基本问题）"(p.29)，他仔细研究了文化差异。这五个维度是：

- 权力距离，即某种文化中权力较小的成员所能够接受和期待的权力分配不公的程度，其中包括位于每一个特定社会机能中的人的不平等的程度；
- 对不确定性的规避，涉及社会成员在面对不确定性时所显示出来的压力的程度；
- 个人主义与集体主义，谈论的是在一个特定的社会所流行的个人与集体的关系；
- 男性气质与女性气质，这与一个特定的社会两性之间的生物学差异对于情感和社会角色的影响有关；
- 长期定位与短期定位，涉及个人成就关注的选择：将来的还是当前的。

这五个维度是否的确提供了观察文化重要影响的有用窗口，是否还存在观念上和统计上有别于这五个维度的其他维度，对教育研究者来说是否还有其他更有效的方法，这些方面也值得探讨，但不是本章的重点。本章感兴趣的是霍夫斯泰德的方法论。霍夫斯泰德的研究招致了一些批评，即是否应该用民族作为分析单位来研究文化。霍夫斯泰德自己也承认（2001：23），"现代社会太过复杂，亚文化的异质性太强……无法在小样本（归纳推断）的基础上进行深入研究"，正是经典的人类学研究的方法路径。雅各布（Jacob, 2005：515）赞同此观点，并且指出：

> 文化多样性可以存在于一个国家内，也可能存在于单个国家中，或者存在于不同国家间。但大多数重要的研究都假设将国家看作同质的文化实体。……既然不存在文化单一性这种东西，那么需要强调的是，国家内部包含着不同的文化，人也是同时拥有不同文化群体身份的"混血儿"。

同一文化内的差异性常常大于跨文化的差异性，而且还存在着一些贯穿所有文化的普遍原则，诸如"无论在哪种文化中，能够体谅他人的领导者要比不那么能够体谅他人的领导者更受欢迎"（Jacob, 2005：516）。如果文化内的差异大于跨文化差异，如果贯穿文化的普遍原则从另一个方向上表明文化差异毫无意义，那么我们就会怀疑文化层面的分析是否还有价值。我的观点是，如果跨文化的比较分析做得谨慎、仔细，这种比较分析就能够揭示教育中文化差异的事实。

霍夫斯泰德提醒过，在试图复制他的研究时，有可能出现哪些方法论上的错误。霍夫斯泰德说（2001：463），"将文化与个人混淆在一起是跨文化研究的第一个陷阱，来自具有个人主义传统的国家的心理学者尤其要注意这一点"。霍夫斯泰德还评论道（p.17），文化"不是"加大号"的个体：它们是整体，它们的内部逻辑无法按照用于个体的性格动力学来理解"。霍夫斯泰德（p.464）还提醒不要把民族文化与其他层面的文化混淆起来，诸如种族文化或区域文化。比如说，如果一名研究者将英国文化中人们学习的方式与南亚文化中人们学习的方式相比较，他就不是一个成熟的研究者。而如果将一个英国中部的工业城市里巴基斯坦移民社区的学习文化与北瓦济里斯坦的农村传统巴基斯坦社区的学习文化相比较，就更合理一些。

霍夫斯泰德（Hofstede, 2001：20）指出，从方法上说，多学科方法最适合于跨文化比较，其原因在于：

> 在（民族）文化层面，所有层面的现象（个人、群体、组织、整个社会）与不同方面的现象（组织、政体、交流）都有着潜在的联系。因而，跨学科是绝对必要的。

在此，我冒老生常谈之险强调，比较教育领域的研究者也许很适合从事跨文化的教育比较，因为比较教育是一个研究领域而非一门学科：这个领域的研究者通常渗入了多个学科的视角。或许跨文化比较教育研究最适合由这样的研究团队来进行，他们能够利用一系列的学科和领域的观点,诸如哲学、历史学、地理学、经济学、政治学、社会理论、社会学、人类学、文化研究、心理学、神学、语言学和教育研究。

跨文化比较教育的方法论途径

在《文化与教学》(*Culture and Pedagogy*)一书中,亚历山大(Alexander,2000:4)对英国、法国、印度、俄罗斯和美国五个国家的初等教育进行了比较分析。这些国家"在地理、人口统计、经济和文化特点等方面对比明显,但它们有一个共同点,即他们的宪法都强调民主价值观"。这项研究一方面关注教育政策和教育制度,另一方面关注学校和课堂的教学活动,亚历山大的目的是要"进一步厘清政策、结构、文化、价值观与教学之间复杂的相互关系"(2000:4)。在研究过程中,他认识到相对于自己国家和文化,研究者通常十分清楚自己对于其他国家和文化知之甚少,而且"在处理甚至本国人都感到困惑和矛盾的问题时,研究者常常似乎过于天真或过于狂妄地认为这些问题很简单"。他指出,其中最难以捉摸的问题是"教与学的行为是如何与它的文化、制度和政策背景相关联的"(2000:3)。

亚历山大的研究充分考虑了方法论问题,从尽可能多的来源全面地收集了资料,这使他的研究没有遭受诸如天真、狂妄和简单化的谴责。亚历山大在三个层面收集材料:制度、学校和课堂。他综合运用几种方法,包括了访谈、半系统化的观察,以及为后续转录和分析而使用录像和录音。他还利用国家和学校的文件、照片和日记来对这些材料进行补充。

亚历山大还提出了有关研究所选的文化或国家的数量如何影响到研究结论的性质的有趣观点。在谈到他为什么要选择五个国家而不是两个或三个国家来进行研究时,亚历山大(Alexander,44)说:

> 二者相比会使我们坠入难以摆脱的两极化的思想习惯。三者相比又会受到托宾(Tobin,1999)所说的"金发姑娘效应"(the Goldilocks effect)(这个国家的初等教育很好,这个国家很差,而这个国家一般)的影响。五个国家相比更加困难,但是其最大的优点是能够让其作为一个连续不断的整体来呈现其相似之处和差异之处,而不是作为容易极端化的个体。如果这五个国家差异很大,那么它就能够让揭示教育的普遍性原则……成为跨文化比较教育研究的现实追求。

与此有关的还有列文（LeVine，1966）对文化研究中局外人的判断的观察。列文强调，将属于不同群体的成员对所研究文化的观点加以分析所浮现的趋同性，是相当重要的。列文认为，为了得到尽可能真实可信的跨文化判断，可以运用三角互证的方法来提高效度。

托宾、吴和戴维森（Tobin et al.，1989）以及托宾、薛和唐泽（Tobin et al.，2009）在对日本、中国和美国三国的学前教育进行研究时，运用了列文的观点。他们的研究针对这三种文化中的学前教育，同时也研究三种学前教育所反映出的三种文化。列文和俄罗斯文学理论家米哈伊尔·巴赫金（见 Tobin et al.，2009：7）试图运用一种"多重声音民族志"方法（1989：4），通过三角互证方法提高对三国学前教育研究的结论的可靠性。这种多重声音民族志包括（pp.4—5）：

> 学前教育的教师、家长和管理者通过讲述自己的故事，创建自己的文本（这些文本以描述他们所在社会及其他社会中受研究幼儿园的录像内容为基础）来讨论、解构和批判（研究者对）他们的学校所做的叙述。每一份这类文本都是对早期文本的回应，但从没有完全替代、覆盖或否定早期文本。

通过这种方法，托宾等人希望形成一种平衡，也就是将他们作为人类学研究者对某个文化的看法，与身处该文化的"文化局内人"（cultural insider）对它的看法以及"文化局外人"（cultural outsider）对它的看法，加以平衡。他们的研究至少基于四种叙事，如表8.1所示。

表8.1　民族志研究首要和第二局内人和局外人

	局　外　人	局　内　人
主要叙事	民族志研究人员进入文化情境，此案例中该情境为另一个国家的幼儿园教室，研究人员从外部拍摄和研究。（一级叙事）	所在课堂的老师和同一所学校的其他幼儿教育工作者，正一起讨论在他们学校的课堂上制作的视频。（二级叙事）
辅助叙事	幼儿教育工作者对其他国家幼儿园的视频发表评论——在此过程中，还让研究人员了解他们的文化观念。（四级叙事）	来自同一国家其他城市的幼儿教育工作者讨论在他们国家的一所学校制作的视频，为研究人员提供关于典型性问题的见解。（三级叙事）

在对所研究的幼儿园做视觉民族志研究录像时，研究者所选择的拍摄内容是他们

与被研究者之间商谈的结果,"是一个妥协,在(研究者)希望在现场拍什么和被研究者认为什么重要并适合拍之间的妥协"。在这一点上,研究者注意到(1989:5):

> 幼儿园的教师、管理者、家长和儿童想对来访的人类学研究者说什么,很大程度上取决于他(她)们的文化。怎样说才是诚实,展示给来访者什么或对来访者说些什么,如何坦率地批评自己和别人,对于这些问题,不同文化之间差异很大,而且还反映出政治环境的不同。

托宾等人指出,对研究者而言,多重声音民族志是需要的,因为这让研究者以不同的视角来看待他们的观察方式和基于文化偏见的研究对象选择。在第一项研究(1989年)中,在拍摄之后他们意识到,当研究小组的美国人拍摄的时候,他们更倾向于拍摄教室里单个的学生。与之相对的是,中国的研究者在拍摄时更多的是摇摄一大群学生。托宾等人承认(p.7),结果是"三种录像都非常主观、异质、受文化的约束"。

在三种文化中的幼儿园拍摄了录像之后(录像资料是他们作为外来者的人种学研究者的主要观察记录),托宾等人(1989)借用第一次拍摄的叙事方式来找寻辅助叙事视角。这是"文化局内人"的解释:"日本、中国和美国的幼儿园的行政管理者、教师、家长(和儿童),对研究者在学校里所拍摄的录像带,会怎样解释,会有何反应"(p.7)。研究者要求他们观看在他们学校所拍摄的录像片,并且不断地解释录像中发生了什么事情——可以说他们既叙述着,也分析着录像的行为。

随后,研究者开始了多重民族志研究方法的第三步:"(次要的)文化局内人"的解释,以便了解研究问题是否具有典型性。他们询问了同一个国家中与从事学前教育相关工作的其他人,让他们说出这所学校在多大程度上代表了他们社会中的同类教育机构,以及在哪些方面不具有典型性。托宾等人通常会让三级叙事的参与者观看录像带中教师处理纪律问题的片断(录像中是他们所在社会中的某所幼儿园),然后询问他们如下的问题:"教师对待学生过于严格、不够严格还是适中?"(1989:9)。对于这个第三步的调查,研究者以统计和描述两种方式呈现了调查结果,其中统计性材料包括使用评价表来对这类问题按照严格程度打分,描述性材料包括用问卷来了解受访者的观点,例如国家学前教育的目的是什么,什么样的儿童应该接受学前教育,优秀的幼儿教师有什么特点等。次要局内人的三级叙事为主要局外人的研究者的一级叙事以及主要局内人的二级叙事提供了社会背景和更多的视角。这种研究方法使研究者能够更清晰地把握各国学前教育实践与理念的同质化程度及其差异范围,这些实践与理念往往与特定社会中的制度或社会安排相关联。同时也使他们深入考察每个国家内部不同学前教育机构之间存在的差异（见 Tobin 等人，2009：10）。

在论及典型性问题上，亚历山大提到了托宾等人的研究在方法论上的优点。根据托宾等人的观点，文化是学校和教室里发生的所有事情的必不可少的一部分，而不是推动这些事情发生的一个外部因素。因此，研究者可以通过所观察到的现象，对其中所蕴含的该文化的价值观、理念和经验进行推断。以他们对日本一所幼儿园的观察为例，亚历山大强调说，他们所运用的方法能够使他们所观察到的活动对于该国而言具有真实性，反映了该国幼儿园的特色（即具有典型性）。换句话说，对于典型性问题，研究者通过研究中的文化局内人和局外人的各级叙述来评估所观察活动的真实的差异程度。亚历山大补充说（Alexander，2000：267）：

> 我们这个研究团队在京都的这所幼儿园所看到的和所记录的活动，与路边不远处的另外一所幼儿园当然不会一模一样，更别说两百英里以外的幼儿园了。但是，我们所观察和记录的这些活动具有真实性，反映了日本学前教育的典型特色，这是因为，这些幼儿园之间的更深层、更持久的相似之处要远远超过这些表面上的差异。这种相似之处根植于这些幼儿园里教师、家长和学生所共有的观念、价值观和体验之中，而研究者不辞辛劳地运用了近距特写的方法体系，这使得研究者可以这些全面地阐明和分析这些观念、价值观和体验。

亚历山大（Alexander，2000：266）指出，要通过对特定案例的深入分析来解决典型性问题，前提是要做到本章前面所提到的两个要点。第一个是：

> 学校所置身其中的一个国家的文化，同时也是教师和学生所共有的这种文化，是对学校和班级生活的特点产生决定性影响的一个要素。与文化一样有影响力的是独特的制度动态、当地的氛围和人际关系模式，这使一所学校区别于另一所学校。因为文化并非与学校无关，也不只是整齐地堆放在一旁等待相关性分析的一组变量中的一个。文化既推动着教室里所发生的一切，又由教室里所发生的一切表现出来，包括你从教室墙上能看到的东西，也包括发生在学生头脑里的你看不到的东西。

第二个要点在亚历山大本人的研究和托宾等人的研究中已得到了充分论证，它就是，"所使用的研究方法，应该不但能有效地对可见的教学行为和教学应对策略等进行调查，还能够有效地发现这些事件所蕴含的价值和意义"（2000：266）。亚历山大和托宾等人的研究方法的主要优点是，它们能够对可观察活动所蕴含的文化价值观、理念和经验作出推论，因为他们将文化看成是学校和教室里发生的一切事件的必不可少的组成部分，而不是一个无关紧要的因素。

在列文的"局外人判断"之后，托宾等人又找到了第四个叙述视角。他们给中国、日本和美国的观众放映其他两个国家而非本国幼儿园的录像，询问他们对此的反应。第四种叙事视角的提供者与第三重视角为同一批研究对象，当他们就本土幼儿园录像发表见解时，扮演的是次要局内人；但作为第四种叙事视角的提供者，这些参与者现在可能被称为次要局外人。如同次要局内人，这些次要局外人对另外两个国家的幼儿园录像的反应受到激发，并被研究者记录下来。

这种侧重于观察者不同叙事的方法不应让研究人员在初期观察阶段中忽视与个体交谈和倾听的重要性。由于任何文化中语言都是意义产生的一个必不可少的要素，研究者应该仔细地分析教师、学生、管理者和家长等所使用的语言。亚历山大（Alexander，2000：427）在自己的研究中分析了"教室里所用的语言有何特点，学生以何种方式学会使用这种语言，这种语言促进了哪种学习类型，同时还分析了三者与其他关于初等教育的性质和目的的、内容更宽泛的、反映了文化内涵的话语的相关性"。

在托宾等人的研究中，次要局外参与者的第四种叙事不但有助于分析所涉及文化的观念和行为，而且有助于分析描述者本身的文化观念。这样，研究者绕一个整圈之后，又回到了主要局外人视角，了解他们有关文化偏见的看法，即关于研究者民族中心主义视角的问题。正如托宾等人（Tobin et al.，1989：9）所指出：

> 人种学的判断，无论是外行的还是人类学家的，都体现了被描述文化与描述者自己文化的一种混合。因此，美国幼儿园的家长和教职员工对中国的幼儿园所进行的叙述，既让我们了解了美国人的观念，也让我们了解了中国人的观念。

跨文化比较教育研究不仅仅是关于两个或更多文化的研究，而且其本质上就是跨文化的，因为研究结论不但来自被研究的文化，而且来自研究者自身的文化观点。这种认识会使跨文化比较教育研究更好地发展。托宾等人的研究在这两种意义上都取得了成功，这确实是他们开展研究的目的。他们还引用了马库斯和费舍尔（Marcus & Fischer，1986）的观点：研究其他文化也是"对我们自己文化进行反思的一种方式"。

在设计研究的时候，研究者也应该记住，跨文化比较的对象只是那些具有可比性的东西。因此，比如说，将中国的学前教育与直布罗陀的学前教育相比较可能没有什么意义。托宾等人在他们的两项研究中试图记录下具有可比性的现象，即对于三个具有可比性的社会，针对具有可比性的幼儿园，选择年龄上具有可比性的儿童。但是他们也承认（1989：7），"不同文化中具有可比性的现象至多是大致具有可比性"。他们试图在每一种文化中至少记录一次儿童打架，至少记录一次儿童被教师管教，但他们不得不总结道，在不同的文化里，对于什么是打架，或什么是教师管教——换句话说，对于这些行为的定义——差别是相当大的。

托宾等人（Tobin et al.，1989）提醒读者注意有关对民族志研究的批评，即民族志提供的文化观点仅限于一个特定时间点所研究的文化实践的"快照"，因此这很容易将这些文化实践描述为理想的典型，把文化本身描述为静态的。为了解决这些问题，托宾和他的同事在20年后再次在中国、日本和美国的幼儿园开展了一项类似规模的研究，并增加了"第一次研究中没有的历史维度"（Tobin et al.，2009：ix）。例如，考虑到全球化的同质化影响，托宾等人致力于弄清这一问题，即相对于他们最初的研究结果，是否"中国、日本和美国的幼儿教育理念和实践（已经）变得更加相似"（2009：4）。对于本章来说，他们对研究问题的答案不如有关方法论的见解重要。托宾等人的第一个警告关于历时民族志（在两个时间点或一段时间内进行的民族志研究，有别于仅限于一个非历史"快照"的共时民族志）面临的挑战，即历时民族志添加了历史维度"而没有把我们研究的其他文化放在我们的时间轴"上（2009：4）。读者们最好注意斯威汀在本书的章节中对该问题的评论。研究者从跨文化和跨时间进行比较时需要避免假设所有文化都在沿着相同的轨迹前进，比如"现代化、合理化或全球化"（Tobin et al.，2009：5）。关于空间、背景和时间的理论需要同时保持相对的平衡。

对跨文化和跨时间教育进行比较的研究人员也应该意识到评估系统任何方面的变化的风险。随着时间的推移，情况变得更糟或逐渐好转的这类结论很难证实。更有可能的是，教育制度的任何方面都只是反映了特定历史时期更广泛的社会和文化中的力量、过程和趋势。托宾等人提醒读者（Tobin et al.，2009：247）：

> 正如民族志核心的文化相对主义要求我们不要将一种文化视为优于另一种文化一样，历史相对主义也提醒我们要避开将事情描述成一种退化和线性过程的危险。就像文化相对主义是对民族中心主义的修正一样，历史相对主义要求我们不要从一个时代的角度去判断另一个时代——无论是积极的还是消极的。

托宾等人在他们的第二项研究中对方法进行的最大改变是，他们对每个案例国家的两所幼儿园进行了录像，而不是只对一所幼儿园进行录像。这当然不是为了获得具有代表性的样本，而是一种同时考虑空间、环境和时间的方式。他们通过在每个国家选择第二所幼儿园来做到这一点，这将使他们深入了解随着时间推移的连续性和变化问题——例如，"变化的方向、节奏、逻辑、区域特殊性和机制"（Tobin et al.，2009：11）——以及典型性和差异性的问题。

他们选择三所新幼儿园的标准是"一个自认为并且被他人认为代表了幼儿教育发展新方向的项目"（Tobin et al.，2009：10）。例如，他们最初选择的是中国昆明的大观幼儿园。昆明是云南省的省会，位于中国西南部。他们在此基础上增加了上海的思南路幼儿园，它位于"中国经济最发达的、以思想活跃和国际化闻名的城市"（Tobin et al.，2009：11）。这两所幼儿园之间的差异以及1989年和2009年研究的录像带之间的对比（让当年相同的参与者在20年后观看和思考原始录像带）让研究人员深入了解连续性和变化的程度，尤其是关于在持续全球化进程中的同质化趋势方面的论文，还让研究者对典型性、差异性有了了解："典型"的行为和实践可能比"非典型"的行为和实践持续时间更长。

总体来说，托宾等人（2009）试图通过三种方式来理解研究中的三种文化的连续性和变化过程：首先，在相同的三所幼儿园重复他们1989年的研究；第二，将他们1989年研究的录像带向三所幼儿园的现任和退休的工作人员展示，并询问他们有什么变化，有什么保持不变以及为什么；第三，他们2009年在三种案例文化中都增加了一所幼儿园来研究，每一所都代表了三个国家幼儿教育发展的新方向。托宾等人将这种同时比较不同文化和时间的方法描述为"用视频引发多重声音的民族志研究法"（2009：21）。

虽然本次讨论的主要焦点是研究方法而不是研究结果，但值得注意的是他们的主要结论是"文化是连续性的来源，是全球化、理性化和经济变革影响的制动器……文化实践比经济决定论、现代化和全球化理论所预测的有更强的适应性和稳定性"（2009：224，225）。当然，幼儿园是"反映并帮助其所属的文化和社会延续"的机构之一（2009：225）。

结论：跨文化比较教育的价值和意义

上文对跨文化比较教育的方法论问题的论述，实质上关注的是人种学的问题和研究方法。因此,在本章结论部分有必要认真地分析作为研究方法的人种学的关切点,至少涉及其中的一个问题——其提供非历史视角的倾向性——我在之前提到过。托宾等人(Tobin et al.,1989:9)对此总结如下:

> 作为一种研究方法和一种反映世界的方式,人种学受到很多指责,批评它对现状的静止看法,它对历史的忽视,它的理想化倾向,以及它的保守性。人种学注重发现秩序、功能和制度的一致性,而忽略了冲突和异常;人种学突出的是仪式、信仰和理念,而不太注意社会阶级、政治和权力等问题。

哈默斯莱(Hammersley,2006:5)同样指出"当前很多(人种学)田野研究缺乏历史的视角,对于所研究的制度,忽视了它在本地的发展历史和在更大范围的历史"。这自然涉及取样问题:研究者如何能够保证他们的研究所选择的时段能够代表长期的文化模式?随之还产生了其他问题,如研究结果可以推广到什么程度。

在这方面,托宾等人在1989年承认,他们的录像"与其他人种学叙述一样,将人和制度固定于某一个时间,而将其与更广阔的社会环境相隔离"。尽管他们的叙述包含了主要和次要的局外人以及局内人的观点,但忽视时间和环境的危险仍然存在。由于一开始就意识到了这一点,他们在后来的研究中引入了他们所谓的"时间、地点和社会阶层的意识"(1989:10)。在研究的历史背景下,他们将早期的研究置于中国实施独生子女政策五年后,因为这时教育工作者和家长都已在考虑如何更好地教育这一代没有兄弟姐妹一起成长的孩子。同时,他们还考虑到了学校的空间环境和地理环境,以及课堂环境。没那么明显的是,托宾等人还注意了性别问题(参见,例如,对美国母亲在家庭内外所承担角色的讨论(Tobin et al.,179—182)),而对于种族和族群问题不太关注。

托宾等人承认,他们原先曾重点关注"每种文化中的局内人最为看重的环境要素"(1989:10)。这既是他们方法的优点也是缺点。说到优点,是因为这种方法重视文化局内人的观点。说到缺点,是因为许多文化局内人可能从功能主义的态度出发,平和地看待和说明自己文化环境中的各个方面,即他们将社会的政府官员和公共机构看作是为了所有人的利益而同心协力地工作,他们的社会安排最终也是以这一目标为导向。研究者询问过许多南非白人对种族隔离社会的经济、政治、社会和文化安排的看法,许多南非白人的回答是保守的功能主义的回答,认为种族隔离制度起到了有助于南非社会不同族群和平地"各自发展"的作用,因为许多人还沉湎于近三个世纪的殖民主义传统中。研究者也许会因此忽视基于批判理论的文化局内人的观点。批判理论认为，由于资源有限，社会成员和社会制度处于冲突之中，同时经济、政治、社会和文化制度安排都是为了服务特权群体的利益。

如上文所述，我本人的观点是，研究者不可能只带有明显目的，而"不带任何理论"来观察其他社会和文化。人种学方法论文献支持这种做法，即纯粹通过经验主义的观察来归纳出研究假设。无论我们是否持有显性的理论观点，我们看到的和没看到的都是我们隐性理论观点和信念的结果。我无须对此观点进行长篇论述，在此引用伯格（Berger）在其经典之作《观看之道》（*Ways of Seeing*）（1972：8）一书中的观点，"我们观察事物的方式受我们已知或相信的事实影响"。

因而研究者需要做的不仅仅是关注"每种文化中的局内人最为看重的环境要素"（Tobin et al.，1989：10），还必须承认自己的研究中暗含的目的，特别是道德目的和更普遍的价值目的，这是他们研究的基础。他们需要问自己为什么要做这项研究；是怎样的旨趣促使他从事这项研究；这项研究最终有着什么样的价值。在这一点上，我赞成哈贝马斯（Habermas）在《知识与旨趣》（*Knowledge and Human Interests*）一书中全面阐明的观点。哈贝马斯（Habermas，1971：197）认为，"知识既不是人类适应变化中的环境的工具，也不是纯粹理性的人摆脱生活环境操控的行为"。换句话说，哈贝马斯所关注的不仅仅是认识论，他关注的是认知兴趣，认为这最终影响知识的构成，而不是个体的兴趣或某些政治群体的利益。他提出了三种主要的认知旨趣（1971：308）：技术的旨趣、实践的旨趣和解放的旨趣，同时对应了三种学科领域：

> 经验分析科学的方法体现了技术的认知旨趣；历史阐释科学的方法体现了实践的认知旨趣；批判反思科学的方法体现了解放的认知旨趣。

在哈贝马斯看来，经验分析科学和历史诠释科学（哈贝马斯将其描述为"系统的社会行为的科学，即经济学、社会学和政治学"（1971：310）），具有生产规则学知识的目的（即自然规律）。但是，他声称（Habermas，1971：310）：

> "批判性的社会科学不满足于此……它要超越这个目的，（不但）要判断理论何时能阐释社会行为的各种规律……（而且更重要的是）要说明僵化的依附关系什么时候**能够得到改变**（强调部分为本章作者所加）"。

我在本章阐述的大部分内容都与符号互动主义有着暗含的关系，这可能会引导读者得出这样的结论，也许最好将比较教育领域理解为与人类互动领域的"实践"旨趣相一致的"历史诠释科学"。然而，我的观点是，最好将比较教育理解为批判社会科学，它包括了体现权力的分配及其相关因素的解放旨趣：经济财富、政治影响、文化资本、社会声望和特权，等等。在我看来，比较教育研究不仅仅是一种跨文化研究，它在教育发展中作出了最有价值的贡献。确实，正如有人（Stromquist，2005）所言，跨文化比较教育研究在比较与国际教育领域的影响最大。

如果人种学研究者相信，他们能够不带任何理论地观察其他社会或文化的活动和行为，并从中推断出人们的信仰、行为模式以及这些活动的意义，那么可以说，从"直率的"认识论角度来看，他们是天真和幼稚的。如果我们采纳哈贝马斯的观点，承认认识论不可能是完全客观公正的，那么当社会科学研究者确认是什么样的认知旨趣触发了他们的对研究的认识和兴趣，他们最为明白在认识论和道德上的责任。对于这个问题，我的观点是，至少从伦理的角度来看，当研究者试图从他们的项目的概念化中确定教育和其他产品分布差异的轴线，并沿着这些轴来分解他们的研究对象时，比较教育研究产生了最有价值的结果。正如伯恩斯坦（Bernstein，1976：198—199）所总结的那样，这种解放的认知旨趣为哈贝马斯的批判观点提供了认识论基础。这种解放的认知旨趣正是批判导向的社会科学的目的，也是旨在促进教育公平的跨文化比较的目的。

（张勇军 译，王琰 校）

参考文献

Alexander, Robin (2000): *Culture and Pedagogy: International Comparisons in Primary Education*. Oxford: Blackwell.

Anderson, Benedict (1983): *Imagined Communities: Reflections on the Origins and Spread of Nationalism*. London: Verso.

Bauman, Zygmunt (1990): 'Modernity and Ambivalence', in Featherstone, Mike (ed.), *Global Culture: Nationalism, Globalization and Modernity*. London: SAGE, pp. 143–169.

Bauman, Zygmunt (2011): *Culture in a Liquid Modern World*. Cambridge: Polity Press.

Berger, John (1972): *Ways of Seeing*. London and Harmondsworth: British Broadcasting Corporation and Penguin Books.

Bernstein, Richard J. (1976): *The Restructuring of Social and Political Theory*. Philadelphia: University of Pennsylvania Press.

Bocock, Robert (1992): 'The Cultural Formations of Modern Society', in Hall, Stuart & Gieben, Bram (eds.) *Formations of Modernity*. Cambridge: Polity Press, pp. 229-274.

Chan, Carol K. K. & Rao, Nirmala (2009a): 'The Paradoxes Revisited: The Chinese Learner in Changing Educational Contexts', in Chan, Carol K. K. & Rao, Nirmala (eds.), *Revisiting the Chinese Learner: Changing Contexts, Changing Education*. CERC Studies in Comparative Education 25, Hong Kong: Comparative Education Research Centre, The University of Hong Kong, and Dordrecht: Springer, pp. 315-349.

Chan, Carol K. K. & Rao, Nirmala (eds.) (2009b): *Revisiting the Chinese Learner: Changing Contexts, Changing Education*. CERC Studies in Comparative Education 25, Hong Kong: Comparative Education Research Centre, The University of Hong Kong, and Dordrecht: Springer.

Delanty, Gerard (2000): *Citizenship in a Global Age: Society, Culture, Politics*. Buckingham: Open University Press.

Gellner, Ernest (1983): *Nations and Nationalism*. Oxford: Blackwell.

Habermas, Jürgen (1971): *Knowledge and Human Interests*. Translated by Jeremy J. Shapiro. Boston: Beacon Press.

Hall, Stuart (1994): 'The Question of Cultural Identity', in Hall, Stuart; Held, David & McGrew, Tony (eds.) *Modernity and its Futures*. Cambridge: Polity Press, pp. 273-325.

Hammersley, Martyn (2006): 'Ethnography: Problems and Prospects'. *Ethnography and Education*, Vol. 1, No. 1, pp. 3-14.

Herder, Johann (1784-91): *Ideas on the Philosophy of the History of Mankind*. Translated by T. Churchill. London: Luke Hansard.

Ho, David Y. F. (1986): 'Chinese Patterns of Socialization: A Critical Review', in Bond, Michael Harris (ed.), *The Psychology of the Chinese People*. Hong Kong: Oxford University Press, pp. 1-37.

Hobbes, Thomas (1651/1982) *Leviathan*. Harmondsworth: Penguin.

Hobsbawm, Eric & Ranger, Terence (eds.) (1983): *The Invention of Tradition*. Cambridge: Cambridge University Press.

Hofstede, Geert (2001): *Cultures Consequences: Comparing Values, Behaviours, Institutions, and Organizations across Nations*. 2nd edition. Thousand Oaks: SAGE.

Jacob, Nina (2005): 'Cross-cultural Investigations: Emerging Concepts'. *Journal of Organizational Change Management*, Vol. 18, No. 5, pp. 514–528.

Kallaway, Peter (1984): *Apartheid and Education: The Education of Black South Africans*. Johannesburg: Ravan Press.

Keesing, Felix M. (1960): *Cultural Anthropology: The Science of Custom*. New York: Rinehart.

Klemm, Gustav F. (1843–52): *General Cultural History of Mankind*. Leipzig.

Kluckhohn, Florence (1961): 'Dominant and Variant Value Orientations', in Kluckhohn, Florence & Strodtbeck, Fred L. (eds.), *Variations in Value Orientations*. Westport: Greenwood.

Lee, Wing On (1996): 'The Cultural Context for Chinese Learners: Conceptions of Learning in the Confucian Tradition', in Watkins, David A. & Biggs, John B. (eds.), *The Chinese Learner: Cultural, Psychological and Contextual Influences*. Hong Kong: Comparative Education Research Centre, The University of Hong Kong, pp. 25–41.

LeVine, Robert A. (1966): 'Outsiders' Judgments: An Ethnographic Approach to Group Differences in Personality'. *Southwestern Journal of Anthropology*, Vol. 22, No. 2, pp. 101–116.

Linnakylä, Pirjo (2002): 'Reading in Finland', in Papanastasiou, Constantinos & Froese, Victor (eds.) *Reading Literacy in 14 Countries*. Lefkosia: University of Cyprus Press, pp. 83–108.

Marcus, George E. & Fischer, Michael M. J. (1986): *Anthropology as Cultural Critique: An Experimental Moment in the Human Sciences*. Chicago: University of Chicago Press.

Masemann, Vandra Lea (2013): 'Culture and Education', in Arnove, Robert F.; Torres, Carlos Alberto & Franz, Stephen (eds.),

Comparative Education: The Dialectic of the Global and the Local. 4th edition. Lanham: Rowman & Littlefield, pp. 113 – 131.

Morris, Jan (2005): 'By Jingo, He's Got it: A Review of Porter, Bernard, *The Absent-Minded Imperialists: Empire, Society and Culture in Britain*'. *The Guardian Weekly*, January 14 – 20, p. 24.

Rao, Nirmala & Chan, Carol K. K. (2009): 'Moving Beyond Paradoxes: Understanding Chinese Learners and their Teachers', in Chan, Carol K. K. & Rao, Nirmala (eds.) (2009): *Revisiting the Chinese Learner: Changing Contexts, Changing Education*. CERC Studies in Comparative Education 25, Hong Kong: Comparative Education Research Centre, The University of Hong Kong, and Dordrecht: Springer, pp. 3 – 32.

Schwarz, Bill (1986): 'Conservatism, Nationalism and Imperialism', in Donald, James & Hall, Stuart (eds.), *Politics and Ideology: A Reader*. Milton Keynes: Open University Press, pp. 154 – 186.

Sikes, Pat; Nixon, Jon & Carr, Wilfred (2003): *The Moral Foundations of Educational Research: Knowledge, Inquiry and Values*. Buckingham: Open University Press.

Stromquist, Nelly P. (2005): 'Comparative and International Education: A Journey toward Equality and Equity'. *Harvard Educational Review*, Vol. 75, No. 1, pp. 89 – 111.

Tobin, Joseph; Wu, David Y. H. & Davidson, Dana H. (1989): *Preschool in Three Cultures: Japan, China, and the United States*. New Haven: Yale University Press.

Tobin, Joseph (1999): 'Method and Meaning in Comparative Classroom Ethnography', in Alexander, Robin; Broadfoot, Patricia & Phillips, David (eds.), *Learning from Comparing: New Directions in Comparative Education Research*. Vol. 1, Oxford: Symposium Books, pp. 113 – 134.

Tobin, Joseph; Hsueh, Yeh & Karasawa, Mayumi (2009): *Preschool in Three Cultures Revisited: China, Japan, and the United States*. Chicago: The University of Chicago Press.

Tylor, Edward (1870): *Primitive Culture: Researches into the Development of Mythology, Philosophy, Religion, Language, Art and*

Custom. London: J. Murray.

Välijärvi, Jouni (2002): *The Finnish Success in PISA — and Some Reasons behind it*. Jyväskylä: Institute for Educational Research.

Wagner, Roy (1981): *The Invention of Culture*. Chicago: The University of Chicago Press.

Wallerstein, Immanuel (1974): *The Modern World System: Capitalist Agriculture and the Origins of the European World Economy in the Sixteenth Century*. New York: Academic Press.

Waters, Malcolm (1995): *Globalization*. Cambridge: Polity Press.

Watkins, David A. & Biggs, John B. (eds.) (1996): *The Chinese Learner: Cultural, Psychological and Contextual Influences*. Hong Kong: Comparative Education Research Centre, The University of Hong Kong.

Watkins, David A. & Biggs, John B. (eds.) (2001): *Teaching the Chinese Learner: Psychological and Pedagogical Perspectives*. Hong Kong: Comparative Education Research Centre, The University of Hong Kong.

Williams, Raymond (1981): *Culture and Society, 1780 - 1950*. London: Fontana.

Williams, Raymond (1982): *The Sociology of Culture*. New York: Schocken.

Williams, Raymond (1985): *Keywords: A Vocabulary of Culture and Society*. New York: Oxford University Press.

Yang, Kuo-Shu (1986): 'Chinese Personality and its Change', in Bond, Michael Harris (ed.), *The Psychology of the Chinese People*. Hong Kong: Oxford University Press, pp. 106 - 170.

第九章 价值观比较

李荣安 马丽明

20世纪80年代末，卡明斯（Cummings）及其合作者强调全球范围内价值观教育兴趣的复苏。他们在《亚洲和西方价值观教育的复苏》（*The Revival of Values Education in Asia and the West*）（Cummings et al., 1988: 3）中，详细描述了价值观教育如何融入了90多个国家的课程。价值观教育的"复苏"持续发展，这让卡明斯和另一些合作者编纂出版了另一本名为《动态社会的价值观教育》（*Values Education for Dynamic Societies*）（Cummings et al., 2001）的书。书中，他们研究了太平洋地区20多个国家和地区的价值观教育，揭示了为什么价值观教育一直是教育决策者的关注重点。亚洲学术研究也对该主题作出了贡献，具体表现为亚太公民教育的三部曲（参见，Lee et al., 2004; Grossman et al., 2008; Kennedy et al., 2010）。

虽然对教育工作者和教育研究者而言，价值观颇为重要，但是"价值观"这一概念既宽泛又难以明确界定。正如哲学融入了所有研究领域，对价值观的讨论几乎见诸各个学科。明确界定价值观的范围几无可能，因为价值观不仅关乎个体和群体层面，同时，它广泛存在于不同知识领域。例如，价值观可以包含自我实现（self-actualization）、真理（truth）、善良（goodness）、个性（individuality）、公正（justice）、完美（perfection）以及意义（meaningfulness）等方面（Heffron, 1997: 17）。

一些学者从个体视角看待价值观，视价值观教育为一种道德和品性养成（Nucci, 1989）。相比之下，另一些学者则从集体视角看待价值观，视价值观教育为社会价值、文化价值、政治价值、公民身份或宗教和意识形态的信仰体系（Cheng, 1997; Lee, 1997; Beck, 1998）。还有一些学者从知识形式的视角看待价值观，试图探究形形色色"价值观领域"的本质，例如心理价值观、经济价值观、道德价值观、审美价值观、诗歌价值观、文学价值观、技术价值观和法律价值观等（Presno & Presno, 1980）。然而，正是由于价值观这一概念过于宽泛，研究者难以在单一理论框架中对其展开讨论。当我们在集体层面讨论价值观问题时,决不能忽视一定社会环境下个体的价值观选择;同样,当我们聚焦于个体,研究个体层面的价值观问题时,也决不能离开整个社会来讨论。即便从价值观领域的视角来讨论价值观问题,我们也必须胸中了然:价值观问题在某种程度上与时间的推移、个人或集体的偏好相关。加德纳(Gardner 等人,2000)在名为《价值教育:当代教学中的道德、伦理和公民身份》(*Education for Values: Morals, Ethics and Citizenship in Contemporary Teaching*)的著作中就强调了个人、集体和价值领域的相互关系。

本章所关注的一些研究,其研究思路都属于比较性质,旨在分析不同社会和政治体系中的价值观。依据研究重心的不同,这些系统有的被称为社会,有的是民族或国家。本章通过分析这些价值观研究实例,评述关于比较的方法和路径。所选研究实例主要关于公民身份(citizenship)或公民教育的研究,并阐明了不同类型比较研究的差异。所选的 11 个研究案例可分为四类:A 类是依据研究规模、范围和复杂程度选取的典型案例;B 类是对教材的纵向分析;C 类是关于价值观共性与差异的研究案例;D 类为质性研究方法案例的比较。

A 类:依据研究规模、范围和复杂程度选取的研究案例

案例 1:大规模、多个研究者、多维度和多工具——国际公民意识和公民素养调查研究(the International Civic and Citizenship Education Study,ICCS)

2009 年,国际教育成就评价协会主持开展了规模最大、内容最全面的国际公民意识和公民素养调查研究。ICCS 是 IEA 开展的第三次关于公民意识与公民素养教育的研究。第一次是在 1971 年,有 9 个国家参加;第二次是在 1999 年,有 28 个国家参加(Torney-Purta et al.,2001)。ICCS 调查了 38 个国家 5 300 所学校的 14 万名八年级学生和 6.2 万名教师。参与调查的国家中,亚洲国家 5 个,欧洲国家 26 个,拉丁美洲国家 6 个,大洋洲国家 1 个。从它们各自的学校校长和国家研究中心收集的相关资料补充了这些数据。

ICCS(Ainley et al.,2013)的目的是研究:

- 各国培养年轻人承担公民职责的方式;
- 学生对公民意识和公民素养教育的认识和理解,以及学生对公民和公民教育的态度、看法和行动;

- 国家之间在公民意识与公民素养教育结果方面的差异，以及国家间差异与学生特征、学校和社区环境以及国家特征的关系。

研究围绕六个研究问题，涉及（1）公民知识的变化；（2）自 1999 年以来公民知识内涵的改变；（3）学生参与公共生活和政治生活的兴趣和倾向；（4）对公民社会威胁的看法；（5）与公民意识和公民素养有关的教育系统、学校和课堂的特点；（6）与公民和公民教育结果相关的学生背景（Schulz et al.，2011：15）。为了将这些问题付诸实践，ICCS 团队开发了一个包含三个维度的公民意识与公民素养教育的研究框架，三个维度分别是内容、情感-行为和认知。每个维度按照细分的领域进行分析。"内容"维度包括四个领域，即公民社会和制度、公民原则、公民参与和公民身份。"情感-行为"维度包括价值信念、态度、行为意图和行为。"认知"维度下的两个领域是认识和推理-分析（Schulz et al.，2011）。

该项目使用了多种研究工具。包括：一项国际学生认知测试，其中包含 80 个小项，用以测量公民意识和公民素养知识、分析和推理能力；一份单独的国际学生问卷，收集对公民意识和公民素养的观念以及学生背景的数据；一套区域性问卷，涉及与亚洲、欧洲和拉丁美洲公民意识和公民素养有关的特殊问题；一份针对教师的关于其学校公民意识和公民教育观念的问卷；一份针对校长的有关学校公民意识和素养教育的特色及准备的问卷；各国研究协调员则在专家中进行了一项在线调查，收集关于教育系统结构和公民教育在国家课程中所处地位的信息。相应信息发表于《ICCS 2009 百科全书》（*ICCS 2009 Encyclopedia*）（Ainley et al.，2013）之中。

该项研究由三个伙伴机构组成的联盟组织实施，该联盟包括澳大利亚教育研究委员会（ACER）、英国国家教育研究基金会（NFER）和意大利罗马第三大学教育学实验室（LPS）。这些机构与 IEA 秘书处、IES 数据处理与研究中心，以及来自 38 个国家的研究协调员密切合作。

案例 2：小规模、多个研究者、简单工具——一项五国教师对于"何谓好公民"观念的研究

鲜有研究能达到国际教育成就评价协会的研究规模，但并非所有研究者都赞同该协会的研究方法。许多研究者指出，对从众多国家收集的繁杂数据，该协会的解释过于简单，因为这些数据来自极其复杂多样的文化、社会、经济和政治背景。此外，IEA还因其选择的问题和分析的国家具有排他性而受到质疑。布克-贝格（Buk-Berge，2006：543）评论了IEA对后共产主义国家公民教育的研究，认为它们排除了"并不完全符合IEA创建的模板"的国家，而且一些国家的案例"是专家的看法，而不是数据的表述"。

因此，有研究者尝试另一种研究路径，即在研究中尽可能只使用一种简单的工具，以便在解释从不同国家收集的数据时，分析中的偏差可以降到最低。李和福尔兹（Lee和Fouts，2005）曾做过此类研究。1995—1999年间，他们通过对美国、英国、澳大利亚、俄罗斯和中国的教师进行调查，研究这些国家的教师是如何理解"何谓好公民"这一概念的。他们提到（pp.11—12）：

> 这一类研究面临着两个挑战。这两个挑战既具体，又紧密相关。第一个挑战是概念的局限性，第二个挑战是测量问题。托马斯（Thomas，1990）曾对概念的局限性做过简明论述："许多教育的（及其他的）概念，在不同的社会或文化群体中，或在不同国家中，并不相同。"的确，对于"好公民"这个项目而言，这种不同正是研究的基础，因为这个概念对不同的人而言，代表了不同的含义。但是，更进一步说，问题是能否确保我们所谈的是同一所指，这不仅仅指"好公民"这个概念本身，也指我们用来界定"好公民"的概念，如道德教育、爱国主义……
>
> 在选择研究工具和访谈问题时，我们一直有这样的认识：研究工具和过程越复杂，解释所收集资料的难度就越大，资料之间的可比性就越低。基于这些考虑，我们试图使调查问题和访谈问题尽可能是一些基本问题与直截了当的问题。我们的研究工具和访谈问题可能不如针对一国的研究中所设计的那样理想和周密，但我们相信，对于我们的研究目的而言，它们提供了充足的资料。虽然有些局限，这些资料使我们可以做出解释，以便进行跨国比较。

与国际教育成就评价协会的研究截然不同，该项针对五国的研究，问卷仅有两页。问卷向参与国每个城市的教师发放，以方便抽样的方式共获得500个样本。问卷调查之后，研究者对一些教师做了访谈。该研究没有设计多维度概念的复杂图式，而只包含了四个相关问题：（1）好公民的素质；（2）影响个体公民身份的因素；（3）威胁儿童公民身份的因素；（4）有助于发展儿童的公民意识的班级活动。这四个问题从一大堆问题中精选而来。在预调查和田野实验阶段，研究者舍弃了许多原来准备的问题。问卷设置的问题精简，是为了增强所收集数据的可比性，这些问题在后续的质性访谈中得以扩展。他们先在美国用这种方法进行问卷调查和访谈,随之进行总结,并以此为范例在其他参与国展开研究,从而提高数据的可比性。

案例 3:大规模、单一研究者、多维度和多工具——一项关于五国政治社会化（political socialisation）① 的研究

许多价值观的比较研究由研究团队实施,但汉娜（Hahn,1998）曾单独做过一项关于政治社会化的五国比较研究（英国、丹麦、德国、荷兰和美国）。在她的《成为政治人》（*Becoming Political*）一书中,汉娜用第一人称的形式来叙述——这个有别于传统的尝试让人耳目一新。例如,她在书中解释道（1998:1-5）:

> 如何获得这五国的青少年样本？这是我面临的极具难度的挑战。我试着去联络那些我在国际会议上所遇到的人,他们从事社会研究、公民教育研究、全球教育……我征集并得到了一些班级的学生作为我的研究对象。这些班级属于五国的各类中学,班级学生年龄在 15 到 19 岁之间……我设计了一份测量政治态度各方面的问卷:兴趣、效能感、信任、信心……我对教师和学生进行访谈,以便深入了解青少年的政治态度和信念,深入了解各国公民教育的过程。我进行集体访谈,访谈对象从 2 人到 8 人不等;我也同整个班级对话……我用因素分析、项目分析等方法分析量化数据,还计算各项结果的频数分布、平均值,并对均值进行方差分析,计算其有效规模……我分析质性研究所获数据的每个部分（田野记录、访谈、文件以及田野日志）,对原始数据不断进行比较分析,以便从中提炼主题……

这是一项宏大的研究,这也是为何该研究历时十年之久才告完成。当然,汉娜并非孤立无援。她成功地在上述五国找到了一些联系人,并在数据分析过程中得到了许多助手的帮助。但是,从该研究中,我们可以看出单个研究者是如何开展一项研究的,研究的时间、地点和方式都由单个研究者决定。然而,汉娜的研究的短处同时是其长处:由于没有国际研究团队的支持,她缺少如此大规模研究所需的足够人力和多元视角;但她不用烦心处理跨文化团队的可能问题,不用担心工作协调,也不用考虑前两个研究案例中如何让所有国家的参与者保持一致的问题。在汉娜的这项跨国研究中,她自己充当五国间的桥梁,承担参照标准的角色。

---

① 政治社会化:个体逐渐学会接受和采纳现有政治制度的规范、态度和行为的过程。——译者注

与李和福尔兹不同,汉娜没有为了增强研究可比性而尽力缩减研究规模和简化工具。相反,她的研究路径颇为多元,研究方法也很复杂。在质性研究方面,为了从原始数据中生成主题,她对每部分数据(包括课堂观察、对教师和学生的访谈、文件、田野记录和日志)进行了分析。在定量研究方面,她借用了一些量表,自己也设计了一些。她借用的量表包括政治信任度量表、政治效能感量表、政治信心量表和政治兴趣量表;她自己设计的量表包括未来政治活动量表、政治经验量表、自由表达量表、公民宽容程度量表和班级环境量表。这些量表的测量范围包括:政治态度,有关政治兴趣、政治效能感、政治信任度和政治信心等方向;政治行为,如关注新闻程度和谈论政治程度;对不同群体拥有言论和出版自由的态度;对女性享有与男性同等的政治权利的信念;对班级氛围的看法(班级氛围是否鼓励学生就有争议问题表达自己的观点)(Hahn, 1998:3—4)。汉娜(1998:17—18)这项为期十年、采用多种方法的研究的主要发现是,各国之间既存在共性,也存在多样性:

> 尽管各国都经常强调西方式的民主,……但各国的政治系统和文化还是存在着多样性。这些国家的公民概念都继承了个体自由的启蒙思想价值观;但各国在民主结构、民主程序上所采取的形式颇为不同……(尽管如此)每个国家对学校教育的目的和基本形式有着共识。在此基础上,各国教育系统表现出一些独具的特点,并且这些特点不断演变。

案例4:小规模、多个研究者、二次定量分析——三个国家的学生对公民身份看法的研究

肯尼迪、汉娜和李(Kennedy, Hahn, Lee, 2008)对1999年IEA在澳大利亚、中国香港地区和美国收集的公民教育数据进行了二次定量分析,以比较三个社会内部和跨社会的学生的价值观和态度的异同。每位研究者都曾担任IEA1999年研究报告的各国研究协调员,因此,他们不仅为各自的社会提供了局内人的视角,也为其他两个社会提供了局外人的视角。基于IEA国际研究中具有全国代表性的样本,研究者使用了每个加权样本中随机抽取的1 000名受访者的数据。然后,他们使用SPSS 12.0来计算针对各社会的四个量表中各个项目下每个反应类别的频率。这是基于这样一种假设,即不同反应类别的频率分布代表了学生潜在构念所强调的重点,并使结果能够跨社会比较。最后,研究者将研究发现与各自社会的公民文化和价值

观的各个方面联系起来（2008：60—61）。

该研究绘制了用于比较三个社会带有其独特情境意义的"地图"，结果证明三个社会间存在相当多的共性，也使得社会间的差异具有意义。二次分析揭示了一些学生看法上的差异，而这些差异可能在IEA最初对数据进行大规模国际分析时被掩盖。此外，研究者还发现了一些意想不到的结果（2008：88），认为学生间的某些相似点和不同点很难解释：

> 这三个样本社会在历史、政治、经济和文化方面都具有独特性。那么为什么在某些情况下，中国香港学生的态度跟美国学生更相似，而澳大利亚学生的态度有时却与美国学生完全不同呢？目前我们还不能解释这种比较的结果，但由此发现的重要一点是，政治社会化似乎是一个比传统范式所认为的更难以预测的过程。显然，如果我们要了解当地环境影响中导致意外结果的微妙相互作用，还需要做更多的工作。

上述案例表明，在某些情况下，在情况各异的社会中出现了某种趋同的结果。

B类：对教材的纵向分析

案例5：多国家、单一研究者、量化研究——对全球465本教材的纵向分析

布罗姆利（Bromley，2009）通过对1970年至2008年69个国家出版的465本高中历史、公民和社会研究教材的纵向内容分析，考察了各国走向世界主义（cosmopolitanism）的趋势。大部分书籍来自德国的埃克特国际教材研究所，这些书籍最初是为约翰·迈耶（John Meyer）和弗朗西斯科·拉米雷斯（Francisco Ramirez）领导的人权教育研究项目而收集的（Meyer et al.，2010）。布罗姆利对每本书的参数都进行了编码，旨在判断世界各国在普遍主义和多样性之中的世界主义关注的重点。他采用以下策略来应对翻译问题带来的挑战：使用事实性问题，使用全双语翻译，并确保评分者间信度。教材按使用时间段被划分为两类：1970—1994年和1995—2008年，以便捕捉东欧的历史变化，并对样本数据进行均匀划分。

该研究表明，除了亚洲以外，世界各地的公民教育教材呈现出注重世界性的整体趋势。但研究者意识到这一意外发现与其他对亚洲的深入研究相矛盾。布罗姆利将这一异常结果归因于宏观层面研究的局限性，认为该研究未能捕捉到个体和深入案例研究所揭示的细微差别和意义（2009：39）。接下来的案例，在性质上类似纵向

案例，论证了从比较视角分析单一案例的好处。

案例6：单一国家、混合研究方法——公民教育教材的纵向分析

该研究虽然不是明确的跨国比较意义上的研究，但仍值得在此探讨，因为它分析了比较教育的核心议题：教育理念传播过程中全球与地方的辩证关系。莫恩和古（Moon和Koo，2011）对韩国的公民教育进行了一项混合方法的研究，考察了全球公民教育趋势与当地背景因素相互作用的方式。两位研究者利用教材内容分析的定量数据，描述了从1981年到2004年韩国62本公民教育教材的发展趋势。他们逐页阅读每本教材，计算关键字被提及的次数（全球 vs. 全国），并统计每页关键字的平均数量，以便确定这段时间的发展趋势。此外，他们对28位当地相关人员的半结构化访谈提供了定性数据来进行补充分析，以阐释韩国课程中对世界公民意识的强调是如何产生的。他们的研究十分有趣，揭示了韩国在传播和采纳全球公民概念下的全球—地方辩证关系。研究者称（p.595）：

> 全球机制与当地发展的密切相关，这些发展使得世界公民主题成功地纳入学校教材中。地方组织、国家政治领导人和政府官员都与全球模式紧密联系在一起，这种联系使世界公民理念在韩国社会的传播和采纳。

C类：关于价值观共性与差异的研究案例

案例7：关于价值观共性的研究——一项关于九国政策发展的德尔菲研究（Delphi study）

科根（Cogan，2000）及其助手曾于1993—1997年间，在英国、德国、希腊、匈牙利、荷兰、泰国、日本、加拿大和美国开展过一项关于公民身份的比较研究。他们采取考察不同文化的德尔菲人种志未来学研究模式（Ethnographic Delphi Futures Research model）。德尔菲法一般用于远景预测，旨在制定适当的政策指令。该方法有助于将不同数据简缩为同质数据，还可以分别从被调查者角度和研究者角度解释数据。该项研究获得了182个政策研究专家的调查回应，并由此生成了900个德尔菲初次陈述，并按照趋势、特点和教育策略、路径、革新等维度来分组。该团队设计了一项确定分组数据中重要权重的好方法（Kurth-Schai et al.，2000）。

研究过程的设计是为了识别价值观共性，特别是制定选择合作研究者和研究对象的标准时，是为了发现不同国家的价值观的趋同性。遴选研究团队负责人的四项标准是：在公民教育和研究方法论方面表现出专业水平，具有前瞻视野，对本项研究有浓厚兴趣，对坚持完成本项研究有正式承诺。遴选专家小组成员的四项标准是：具有前瞻视野，在专业领域具有领导力，对公民和公共事务兴趣浓厚，了解全球化趋势和问题。

这些遴选标准表明，该研究的模式是由"具前瞻视野的研究者"来研究"具前瞻视野的领导者"。正如伯格-舒洛瑟（Berg-Schlosser，2001）所言，其研究路径是"相似的系统，相似的结果"。该项研究的成果是：研究者确定了公民身份的八种属性，产生了一个四个维度的图式；以图式为基础，研究者构建了一个多元维度的公民身份模型。但研究团队并未忽视那些不一致的数据，而是专门在研究报告中辟出一个章节，用来分析差异性及其差异程度。总体而言，该研究发现了东西方的差异，并指出：与西方领导者相比，东方领导者之间的价值观共性程度较高（Karsten et al.，2000）。

案例8：关于价值观差异的研究——一项对11个国家领导者的西格玛（Sigma）研究

1996年，卡明斯等人开始了一个研究项目，研究环太平洋地区的未来价值观教育重心。该项研究为期3年，研究对象涵盖11个国家。在初始阶段，研究者只设计了非常简单的研究框架，它聚焦于4个核心问题（Cummings，1998：1）：

> 为什么价值观会不断变化？哪些价值观应该在价值观教育中最为强调？谁应该是价值观教育的中心？这些价值观应当如何发展和传递？

研究团队最初设想使用德尔菲研究法，因为它是研究领导者价值观取向的常见研究路径（Cummings et al.，1996），但在项目启动后各国研究者会面时，研究团队改变了想法。卡明斯在工作报告中写道（1998：1）：

> 这个研究团队（由各国代表组成）对近期的趋势表示肯定，尤其意识到该地区的价值观分化状况。起初，大家试图找出促进该地区价值观共性程度的方法，但后来研究团队的观点发生了巨大的改变。大家认为，正是分化趋势反映出了当代生活日益增加的复杂性。因此研究团队调整了研究重心，一致同意应合作构建一种分析各类分化模式的方法论。这种方法论结合了针对单个国家的个案研究和针对多个国家的西格玛研究。

研究者意识到，价值观差异是作为研究对象的各国价值观的本质特征，因此他们放弃了德尔菲法而改用西格玛法。研究团队认为，强调差异的方法论要求采用一种新的调查方式——西格玛国际精英调查（the Sigma International Elite Survey）。在最终的研究报告中，卡明斯等人（2001：14）强调：

> 字母西格玛（Σ）常被统计学者用来表示偏差（variance）。该项研究所采用的西格玛法强调不同或者偏差，它与强调培养共性、减少偏差的德尔菲法迥然不同。

研究者认为，西格玛调查法的主要特色是：

- 分别对各种背景的精英群体进行有目的抽样，所选样本必须能体现其所属背景的重要差异性特征，即在政治、意识形态归属、社会地位、性别和地域等方面具有显著差异；
- 设计调查问题，使调查问题能够反映每个背景的特定关注重点；
- 答题形式能够让被调查者清楚表达他们的观点（例如，回答部分列出多个选项，要求被调查者按重要性对它们排序）；
- 对于在某些问题上有特殊看法的被调查者进行后续调查。

在明确研究目的不是寻找价值观共性后，该研究项目决定采用另一种研究方法来研究价值观差异（Cummings et al.，2001：8）：

> 我们认识到无法对"领导者"做出适合不同国家和环境的、易于理解的概念界定，因此我们没有进行随机抽样。各研究小组在注重多样性的同时选取能够代表其特定背景的领导人。在我们选取的样本中，在社会地位方面，6%的样本是政治领导人，17%是中央教育权威，5%是宗教领袖，11%来自非政府组织，17%是知识精英，12%是学者，18%是地方学校的领导，20%是课程设计专家或价值观教育教师；样本中的女性比例是21%。虽然我们按章节分别详述了各种社会背景的价值观状况，但样本在各种背景中的比例相似。该研究共有834位领导者参与调查。

在伯格-舒洛瑟（Berg-Schlosser，2001）看来，这种研究方法属于另一种研究路径，即"不同的系统，不同的结果"。该项研究的成果是，它找出了这些国家价值观取向的变化模式。就价值观教育的15条基本原则，研究团队作了一项多维度测量，并设定两个连续区间（continua），将各国置于其中某一点。这两个连续区间中，一个是从个人主义到集体主义，另一个是从多元价值观到国家主义价值观。他们进一步将所有参与国分为四类：完全西方自由主义国家（Far West Liberals）、东南亚道德主义国家（Southeastern Asian Moralists）、儒家中庸主义国家（Confucian Middle

Way)以及前社会主义或中间派国家（Former Socialist/Centrists）。和科根（Cogan）及合作者一样（他们采用德尔菲法，但没有忽略差异数据），卡明斯和他的团队在研究价值观分化时，也没有忽略价值观趋同的方面。他们的研究总结是：得到最广泛支持的价值观是个人自主（personal autonomy）、道德价值、公民价值和民主，其次是工作、生态、家庭、和平、国家认同和多元化，最不受重视的价值观教育是性别平等、全球意识和宗教（Cummings，2001：289—290）。

案例9：趋同价值观的差异研究——亚洲公民价值观研究

杨和泰（Young 和 Tae，2013）针对中国台湾地区和香港地区的初中学生对亚洲公民价值观的认知进行了比较。他们对 ICCS 2009 亚洲区域相关数据进行了探索性和验证性因子分析，以探究最适合三个社会的因子模型。研究者之后采用潜在均值分析（Latent mean analysis）来比较不同社会之间的差异。研究发现，虽然东亚学生在厌恶不民主和不公平的行为以及认同亚洲身份和民主价值观方面总体上是趋同的，但对某些公民价值观的认知程度却存在跨地区差异。这个案例阐释了伯格-舒洛瑟（Berg-Schlosser，2001）在跨案例分析中提出的"相似的系统，不同的结果"的类型。

D类：质性研究方法案例的比较

案例10：一项针对六个社会中学校的比较研究

1997—2000年间，科根等人（Cogan et al.，2002）曾针对六个社会中的公民教育进行了一项比较研究。这六个社会是：新南威尔士（澳大利亚）、中国香港、日本、中国台湾、泰国以及美国中西部。与上文综合运用质性和量化方法的研究案例不同，该研究基本采用质性方法，包含历史综述、政策和文献分析以及对六个社会的数所学校进行个案研究。研究者选取学校的数目从两所（如香港地区）到四所（如新南威尔士）不等。最终产生的对比特征与前述研究案例不同，因为这项研究没有定量数据进行比较。但它却对每个社会进行了非常详细的描述和分析，并且将它们并置，以此为基础展开总体比较。在最终的研究报告中，他们分别就三个要点（即政府政策、倡导的知识或价值观以及公民价值观）构建了三个比较汇总表格，强调研究小组认为重要的要点。在"总体比较分析"一章，研究团队非常强调"跨个案分析"(cross-case analysis)的术语,表明他们的研究方法与前文所述案例的确不同。此外,该研究中的"个案"是一个多层次概念:它是针对个案的一项比较研究,或针对数个案例的一项案例研究。研究者首先从每个社会确定几所学校作为个案并进行比较,接着将每个社会作为个案单位来进行比较,然后再进一步将不同文化分组形成文化个案,如"亚洲社会"和"西方社会"(Morris et al., 2002)。

跨个案分析方法既注重识别价值观共性,也注重发现价值观差异。在价值观共性上,研究者确认了八组价值观:修身(self-cultivation)、家庭价值、民主价值、公平政府、经济生活、社会凝聚力/社会多元化、公民生活和社区、国家认同。然而,该研究发现,价值观差异远远超过价值观共性。研究者发现所有社会都存在四种类型的张力(Morris et al., 2002: 174):

- 个体权利与共同体利益之间的冲突;
- 维持社会稳定与社会变化/重构之间的冲突;
- 社会凝聚力与社会多元化之间的冲突;
- 一种注重确定知识传递的知识观与另一种强调知识非恒定性和建构性的知识观之间的冲突。

该项比较研究的另一项特色是,它没有在比较前预设比较参照项,而将"公民身份程度最低"和"公民身份程度最高"的概念作为框架对所研究社会个案进行定位。

案例11:作为一个研究阶段的质性个案分析

另一个跨案例比较是国际教育成就评价协会的公民教育研究(the IEA Civic Education Study)。该研究分两个阶段。研究者在第一阶段开展质性研究,目的是为第二阶段的定量研究做准备。研究团队共设计了18个问题,并以这些问题为框架整合背景信息。各参与国同意将对各国的分析限定在三个领域,即民主、国家认同、社会凝聚力和多元化。第一阶段结束后,研究者针对24个案例(即24个国家)写出了质性报告。为了深入理解这些案例,特别是为了给第二阶段提供充足的研究资料,IEA的国际指导委员会(the International Steering Committee)邀请许多学者分析这些案例。学者们运用不同方法和路径做了具有重要启发意义的跨案例定性比较。

这些学者的分析发表在斯戴纳-卡姆西等人(Steiner-Khamsi et al., 2002a)编辑的书中。该书的编辑者就各种比较方法和路径进行了富有启示性的探讨。其中一个方面是案例的选择：大多数学者的抽样标准注重背景，以便将几个案例作为分析中心；绝大部分学者集中分析公民教育的几个核心领域（民主、国家认同和多元化/社会凝聚力）或集中分析几个层次（政策、实践、课程等）来缩小研究范围。另一种限定分析范围的方法是学者对关于公民身份和公民教育的不同理论观点进行综述。

学者在解释研究框架时运用了两种研究路径。扎根理论方法（grounded theory approach）是其中一种，具体做法是：(1) 在案例报告中识别关键词；(2) 选择几个分析主题；(3) 将不具可比性的一些主题删除，找出一个研究焦点，进而在这一过程中确定一个研究主题；(4) 就上述主题的相关概念做文献综述。一些研究者以文献综述为基础构建分析框架，比较分析这些案例是否与理论模型相符合。此外，一位学者对研究进行元分析，反思质性研究数据的收集过程，比较该过程与其他质性或比较教育研究过程的不同（Steiner-Khamsi et al.，2002：12-14）。

在进行案例比较时，学者们对案例的构成要素持有不同观点。有的学者将国家作为跨国比较的分析单位，但另一些学者认为国家只是一种边界系统，国家内部还包括多样的公民身份或公民教育模式。在抽样标准上，多数学者的做法清楚地反映出他们的比较分析意图，他们选择自己心目中政治体系、教育体系或其他方面"最为悬殊"的案例，这样，可以基于"系统差异最大、结果差异最大"的对比设计意图来缩减研究案例。例如，斯戴纳-卡姆西选择的四个案例是美国个案、罗马尼亚个案、德国个案和中国香港个案，因为她认为这四个个案可以体现不同的公民概念，她希望通过分析它们的公民教育课程得出不同的结果（2002b：26）。

该研究报告的编辑者发现，质性跨国（地区）比较分析为研究者得出一些意想不到的发现提供了空间，而且案例材料还会对此进行"反驳"。三位研究者在总结质性数据资料时发现，IEA 的公民教育研究使用的概念框架太过狭隘。基于他们独立开展的案例研究分析，他们建议将原先的概念框架加以拓展，使其囊括公民这一概念中的经济层面和超国家（地区）层面。

斯戴纳-卡姆西等人（Steiner-Khamsi et al.，2002b：34）说，在很多方面，质性研究者也遇到定量研究者进行跨国比较分析时的方法论问题。例如他们都需要处理抽样问题、简化数据问题、效度与信度问题等。然而，与定量研究不同，当质性比较研究者分析跨国个案时,必须保证个案材料的"质地"(texture)没有破坏。对个案材料的处理方法不同于调查中开放式问题的处理方法。斯戴纳-卡姆西等人总结道:

> 个案研究是包裹在理论中的连贯的故事。它告诉我们一些关于有边界的系统中因果关系的信息。而调查中所有的开放式问题加起来,也远远不及个案研究所体现的情景性。始终注重情景性,不忽视情境性似乎是质性比较研究者才必须应对的特有挑战。

讨论和总结

以上讨论表明,尽管价值观研究有不同的方法论(如质性研究和量化研究),有不同的研究规模(如研究的国家数量和个案数量),所寻找的价值观不同(如价值观共性或价值观差异),研究路径不同(如采用归纳法,即从数据中得出观点,或采用演绎法,即对理论进行验证),但总体而言,它们通过提问来考察价值观(即使不是非常明确地询问):

- 社会偏好何种价值观?
- 个人价值观与社会价值观之间如何互动?
- 为什么某种价值观得到强调(并从文化传统和社会变迁的角度来理解)?
- 从理论构建的角度考虑,可以使用哪些理论工具解读这些现象?
- 在教育系统中价值观如何传播?
- 价值观政策(政策制定者所倡导的价值观)和价值观实施(具体学生、教师和学校等持有的价值观)之间是否存在差距?

不过,在比较研究中,研究者总是面临方法和路径选择的困境。列维-福尔(Levi-Faur,2006)探讨过其中的某些困境,包括样本的大小,量化或质性方法的选择,以及是以实践为主导还是以观念为主导。本章所评述的11个案例在研究方法上有显著差异。就样本大小而言,国家的数量从1个到69个不等。除两项由单个个体进行的大型跨国分析(案例3,Hahn;案例5,Bromley)之外,其他研究案例都以研究团队形式开展。多数研究倾向于从多个角度分析研究问题,因而使用复杂工具,但有一项研究则为了便于比较而将工具大大简化。

这些研究的范式也代表了两种截然不同的取向。一种是完全的定量研究,试

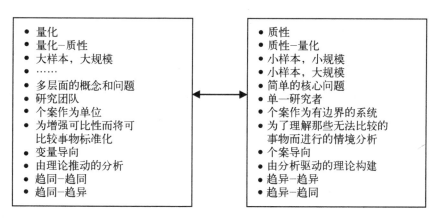

图 9.1 价值观比较研究中的不同方法论特点

图用数值方法来标准化各种变量；另一种则是完全的质性研究，试图通过案例研究发掘公民和价值观的含义。在定量研究中，研究者一般通过诸如因素分析的统计方法限定研究主题。例如，案例 1 的最终研究主题包括以下各方面：公民知识，对公民信息的解读，民主、公民身份和政府的概念，对民族国家、政府、移民以及女性政治权利的态度。这些主题源自研究开始阶段宽泛的各类议题，最终研究主题是在详细问卷调查后才确定的。案例 7 和案例 8 也是如此。相比之下，案例 10 和案例 11 采用的质性研究方法包括焦点小组访谈与对教材和课程进行内容分析。

不过，也有些研究（例如案例 6）处于这两个截然不同的取向之间，综合应用两种范式。它们反映或代表了社会科学领域中比较研究者正在努力结合不同的方法，而不是将其两分化。正如柯博杰（Coppedge，1997：1）所说，大样本和小样本的研究可以互补：

> 小样本比较研究倾向于发展"厚重"（复杂、多维、情景化或者丰富）的概念和理论，以使它们适宜描述和推论小规模或少数案例情景下的简单因果关系。但是，厚重的概念或者理论并不适宜检验适用范围更广或要求更严格的复杂假设。定量分析尽管由于其"单薄"（归纳还原论或简化论）的概念和理论备受批判，却非常适宜概括，尤其是对复杂因果关系进行概括。

柯博杰还说，厚重的理论通过转述可成为简略的量化数据形式，而单薄的概念通过质性方法也可以厚重化，并补充量化研究。

正如本章各案例所示，价值观比较研究一般倾向于质性分析——即便研究者有时强调研究中使用量化方法的部分（例如在托尼-普塔（Torney-Purta）和阿马德奥（Amadeo）2013年的研究中，他们强调了公民教育中国际大规模评估的价值）。在量化研究中，尤其IEA的大规模研究中，单个国家是基本分析单位，与表现相似的国家被归为一类比较。但这并非大多数价值观比较研究的追求。对研究者而言，只知道不同国家在比较数据中的位置远远不够，他们追问的是价值观对不同社会而言究竟意味着什么。因而研究者非常强调质性研究范式，更为注重"研究对象为何种类型"，而不是"方法论为何种范式"（Levi-Faur，2006）。汉娜（Hahn，2010）同样强调通过种族或其他子群体进行国家内部或地方比较的重要性，因为这可能比跨国比较更有洞察力，也能捕捉跨国青年群体的声音。汉娜还呼吁要对全球和地方力量在价值取向形成过程中的相互作用进行更多分析，案例6就是一个例证。

有的比较研究探究价值观共性，有的则分析价值观差异。显然，研究的出发点会影响他们研究范式的选择、抽样过程和结果预测。但正如本章两个实例所呈现的情况，共性研究需要承认差异，反之亦然。斯戴纳-卡姆西等人曾对质性比较研究设计进行分类（Sterner-Khamsi et al.，2001），并根据系统（个案）相似性和结果（变量）预计两个方面，得出了一个2乘2的矩阵模型，如表9.1所示。

表9.1　案例研究中的抽样设计

最相似的系统+相似结果	差异最大的系统+相似结果
最相似的系统+不同结果	差异最大的系统+不同结果

资料来源：Berg-Schlosser（2001），p.2430。

列维-福尔（Levi-Fuar，2006）也曾对以个案为分析单位的比较研究进行分类，得出了另一种分类结果。他的分类是基于不同点—相似点的矩阵模型，如表9.2所示。

表9.2　案例取向比较研究的4种推论策略

	不 同 点	相 似 点
最相似系统的研究设计	处理相似案例中的不同点：最小化控制变量的方差，最大化因变量的方差	处理相似案例中的相似点：最小化控制变量和因变量的方差
最不同系统的研究设计	处理不同案例中的不同点：最大化控制变量和因变量的方差	处理不同案例中的相似点：最大化控制变量和自变量的方差，最小化因变量的方差

资料来源：摘自Levi-Faur（2006），p.59。

在 IEA 公民教育研究的二次定性分析中，大多数学者选择了"系统差异最大、结果差异最大"的研究设计。从本章所选用的案例看，研究越是具备质性研究的性质，差异便越是明显。在莫礼时等人（Morris et al.，2002）的跨案例分析中，"变异"（variation）一词在每一页报告中都出现多次。这也表明，研究者越关注背景因素，越会倾向于对个案情况进行"深描"（thick descriptions），因此个案之间的差异便会越明显。这种现象正揭示了社会科学研究中个案取向的研究的"小样本、多变量"的特点（Steiner-Khamsi et al.，2002a）。

在案例分析中，对定性数据的分析也可有不同策略。在 IEA 的二次定性分析中，研究者综合了扎根理论和假设驱动（hypothesis-driven）两种分析策略。在使用扎根理论时，研究者不断缩小分析范围，直到确定与公民概念有关的研究焦点。随后，研究者对概念进行情景化分析，以此为基础与现有理论进行对比验证。在使用假设推动策略时，研究以某一理论或假设开始，据此选择国家作为分析对象，再根据理论对所选案例进行检验（反之亦然）。例如，斯戴纳-卡姆西（Steiner-Khamsi，2002b：21）曾选择四个国家（地区）加以比较，选择四国（地区）的原因是根据她的假设模型，该模型将公民身份分为四种——宪法的、经济的、公民的和道德的。不过，她发现收集的材料不能证实自己的假设：

> 中国香港地区的公民教育课程并不特别强调道德方面，德国和罗马尼亚的公民教育课程也不比香港地区和美国更强调宪法方面，而美国的公民教育课程没有特别重视经济方面的教学，也没有让学生参与公民实践。我们还发现，在这四个案例中，公民身份的政治和经济方面紧密相连。

通过对本章所举案例的分析，我们可以发现，关于价值观的比较研究拓展了比较教育的研究视野。它们揭示了一定情境中的价值观是何等复杂，而教育与价值观之间又存在着何种互动关系，我们又可以对不同国家的价值观进行怎样分类，可以根据价值观对不同国家进行怎样分类以及全球价值观和本地价值观如何互动。对情境的关注是比较研究的内在需要，它使研究者在比较过程中有了许多令人惊奇的发现。我们可以在相似中发现不同，也可以在不同中发现相似之处。更重要的是，比较研究包含了丰富的理论，扎根理论路径和假设驱动路径都是如此；同时，理论在检验中不断获得提升。列维-福尔（Levi-Faur，2006）的评论可谓一语中的，恰如其分地总结了本章讨论的比较研究特点：

> 进行比较研究就是要寻找新的语言、新的术语、新的程序和新的推导工具。

换句话说,就是创新,是对案例研究和量化研究占据主导的状况持批判的态度,不断地发展。它还意味着,我们正在案例研究和量化研究之间努力架设一座桥梁。

本章所分析的价值观比较研究都表现出研究者为寻找新的语言、新的术语、新的手段和新的推导工具而孜孜以求,努力尝试。正是这些比较研究使我们在观察价值观现象时,丰富了对研究内容和方法的理解,特别是在看待与价值观相关的类似问题上有了多样的视角。

(谢爱磊、范舒楠 译,王琰、盛铭叶 校)

参考文献

Ainley, John; Schulz, William & Friedman, Tim (eds.) (2013): *ICCS 2009 Encyclopedia: Approaches to Civic and Citizenship Education around the World*. Amsterdam: International Association for the Evaluation of Educational Achievement (IEA).

Beck, John (1998): *Morality and Citizenship in Education*. London: Cassell.

Berg-Schlosser, Dirk (2001): 'Comparative Studies: Method and Design', in Smelser, Neil J. & Baltes, Paul B. (eds.), *International Encyclopedia of the Social and Behavioural Sciences*. Amsterdam: Elsevier, pp. 2427 – 2433.

Bromley, Patricia (2009): 'Cosmopolitanism in Civic Education: Exploring Cross-National Trends, 1970 – 2008'. *Current Issues in Comparative Education*, Vol. 12, No. 1, pp. 33 – 44.

Buk-Berge, Elisabeth (2006): 'Missed Opportunities: The IEA's Study of Civic Education and Civic Education in Post-Communist Countries'. *Comparative Education*, Vol. 42, No. 4, pp. 533 – 548.

Cheng, Kai Ming (1997): 'Engineering Values: Education Policies and Values Transmission', in Montgomery, John D. (ed.), *Values in Education: Social Capital Formation in Asia and the Pacific*. Hollis, New Hampshire: Hollis Publishing Company, pp. 173 – 184.

Cogan, John J. (2000): 'Citizenship Education for the 21st Century:

Setting the Context', in Cogan, John J. & Derricott, Ray (eds.), *Citizenship for the 21st Century: An International Perspective on Education*. London: Kogan Page, pp. 1-22.

Cogan, John J.; Morris, Paul & Print, Murray (2002): 'Civic Education in the Asia-Pacific Region: An Introduction', in Cogan, John J.; Morris, Paul & Print, Murray (eds.), *Civic Education in the Asia-Pacific Region: Case Studies across Six Societies*. New York: RoutledgeFalmer, pp. 1-22.

Coppedge, Michael (1997): 'How the Large N Could Complement the Small N in Democratisation Research'. Paper presented at the annual meeting of the American Political Science Association, Washington, DC, August.

Cummings, William K. (1998): 'What should be the Future Focus of Values Education in the Pacific Rim: View of Educational Elites from Eleven Countries'. Unpublished working paper for the project "Building Bridges of Understanding and Belief in the Pacific Rim", funded by the Pacific Basin Research Centre, Soka University of America.

Cummings, William K. (2001): 'The Future of Values Education in the Pacific Basin', in Cummings, William K.; Hawkins, John & Tatto, Maria T. (eds.), *Values Education for Dynamic Societies: Individualism or Collectivism*. CERC Studies in Comparative Education 11, Hong Kong: Comparative Education Research Centre, The University of Hong Kong, pp. 285-298.

Cummings, William K.; Gopinathan, Saravanan & Tomoda, Yasumasa (eds.) (1988): *The Revival of Values Education in Asia and the West*. Oxford: Pergamon Press.

Cummings, William K.; Hawkins, John & Steiner-Khamsi, Gita (1996): 'Building Bridges of Understanding and Belief in the Pacific Rim'. Proposal submitted to the Pacific Basin Research Centre, Soka University of America.

Cummings, William K.; Hawkins, John & Tatto, Maria T. (eds.) (2001a): *Values Education for Dynamic Societies: Individualism or Collectivism*. CERC Studies in Comparative Education 11, Hong Kong: Comparative Education Research Centre, The University of Hong Kong.

Cummings, William K.; Hawkins, John & Tatto, Maria T. (2001b): 'The Revival of Values Education in the Pacific Basin', in Cummings, William K.; Hawkins, John & Tatto, Maria T. (eds.), *Values Education for Dynamic Societies: Individualism or Collectivism*. CERC Studies in Comparative Education 11, Hong Kong: Comparative Education Research Centre, The University of Hong Kong, pp. 1–17.

Gardner, Roy; Cairns, Jo & Lawton, Denis (eds.) (2000): *Education for Values: Morals, Ethics and Citizenship in Contemporary Teaching*. London: Kogan Page.

Grossman, David; Lee, Wing On & Kennedy, Kerry (eds.) (2008): *Citizenship Curriculum in Asia and Pacific*. CERC Studies in Comparative Education 22, Hong Kong: Comparative Education Research Centre, The University of Hong Kong & Dordrecht: Springer.

Hahn, Carole (1998): *Becoming Political: Comparative Perspectives on Citizenship Education*. New York: State University of New York Press.

Hahn, Carole (2010): 'Comparative Civic Education Research: What We Know and What We Need to Know'. *Citizenship Teaching and Learning*, Vol. 6, No. 1, pp. 5–23.

Heffron, John M. (1997): 'Defining Values', in Montgomery, John D. (ed.), *Values in Education: Social Capital Formation in Asia and the Pacific*. Hollis, New Hampshire: Hollis Publishing Company, pp. 3–27.

Karsten, Sjoerd; Kubow, Patricia; Matrai, Zsuzsa & Pitiyanuwat, Somwung (2000): 'Challenges Facing the 21st Century: Views of Policy Makers', in Cogan, John J. & Derricott, Ray (eds.), *Citizenship for the 21st Century: An International Perspective on Education*. London: Kogan Page, pp. 109–130.

Kennedy, Kerry; Lee, Wing On & Grossman, David (eds.) (2010): *Citizenship Pedagogies in Asia and Pacific*. CERC Studies in Comparative Education 28, Hong Kong: Comparative Education Research Centre, The University of Hong Kong & Dordrecht: Springer.

Kennedy, Kerry; Hahn, Carole & Lee, Wing On (2008): 'Constructing Citizenship: Comparing the Views of Students in Australia, Hong Kong, and the United States'. *Comparative Education Review*, Vol. 52, No. 1, pp. 53–91.

Kurth-Schai, Ruthanne; Poolpatarachewin, Chumpol & Pitiyanuwat, Somwung (2000): 'Using the Delphi Cross-culturally: Towards the Development of Policy', in Cogan, John J. & Derricott, Ray (eds.), *Citizenship for the 21st Century: An International Perspective on Education*. London: Kogan Page, pp. 93–108.

Lee, Wing On (1997): 'Measuring Impact of Social Value and Change', in Montgomery, John D. (ed.), *Values in Education: Social Capital Formation in Asia and the Pacific*. Hollis, New Hampshire: Hollis Publishing Company, pp. 113–134.

Lee, Wing On & Fouts, Jeffrey T. (eds.) (2005): *Education and Social Citizenship: Perceptions of Teachers in USA, Australia, England, Russia and China*. Hong Kong: Hong Kong University Press.

Lee, Wing On; Grossman, David; Kennedy, Kerry & Fairbrother, Gregory (eds.) (2004): *Citizenship Education in Asia and the Pacific: Concepts and Issues*. CERC Studies in Comparative Education 14, Hong Kong: Comparative Education Research Centre, The University of Hong Kong.

Levi-Faur, David (2006): 'A Question of Size? A Heuristics Stepwise Comparative Research Design', in Rihoux, Benoît & Grimm, Heike (eds.), *Innovative Comparative Methods for Policy Analysis: Beyond the Quantitative-Qualitative Divide*. Dordrecht: Springer, pp. 43–66.

Meyer, John; Bromley, Patricia & Ramirez, Francisco (2010): 'Human Rights in Social Science Textbooks: Cross-National Analyses, 1970–2008'. *Sociology of Education*, Vol. 83, No. 2, pp. 111–134.

Moon, Rennie J. & Koo, Jeong-Woo (2011): 'Global Citizenship and Human Rights: A Longitudinal Analysis of Social Studies and Ethics Textbooks in the Republic of Korea'. *Comparative Education Review*, Vol. 55, No. 4, pp. 574–599.

Morris, Paul; Cogan, John & Liu, M. H. (2002): 'A Comparative Overview: Civic Education Across the Six Societies', in Cogan, John; Morris, Paul & Print, Murray (eds.), *Civic Education in the Asia-Pacific Region: Case Studies Across Six Societies*. New York: RoutledgeFalmer, pp. 167–189.

Nucci, Larry P. (ed.) (1989): *Moral Development and Character*

Education: A Dialogue. Berkeley: McCutchan Publishing Corporation.

Presno, Vincent & Presno, Carol (1980): *The Value Realms: Activities for Helping Students Develop Values*. New York: Teachers College, Columbia University.

Schulz, Wolfram; Ainley, John & Fraillon, Julian (eds.) (2011): *ICCS 2009 Technical Report*. Amsterdam: International Association for the Evaluation of Educational Achievement (IEA).

Steiner-Khamsi, Gita; Torney-Purta, Judith & Schwille, John (eds.) (2002a): *New Paradigms and Recurring Paradoxes in Education for Citizenship: An International Comparison*. Oxford: JAI [Elsevier Science], pp. 1 - 36.

Steiner-Khamsi, Gita; Torney-Purta, Judith & Schwille, John (2002b): 'Introduction: Issues and Insights in Cross-National Analysis of Qualitative Studies', in Steiner-Khamsi, Gita; Torney-Purta, Judith & Schwille, John (eds.), *New Paradigms and Recurring Paradoxes in Education for Citizenship: An International Comparison*. Oxford: JAI [Elsevier Science], pp. 1 - 36.

Thomas, R. Murray (1990): 'The Nature of Comparative Education', in Thomas, R. Murray (ed.), *International Comparative Education: Practices, Issues and Prospects*. Oxford: Pergamon Press, pp. 1 - 21.

Torney-Purta, Judith & Amadeo, Jo-Ann (2013): 'The Contributions of International Large-Scale Studies in Civic Education and Engagement', in von Davier, Matthias; Gonzalez, Eugenio; Kirsch, Irwin & Yamamoto, Kentaro (eds.), *The Role of International Large-Scale Assessments: Perspectives from Technology, Economy and Educational Research*. Dordrecht: Springer.

Torney-Purta, Judith; Lehmann, Rainer; Oswald, Hans & Schulz, Wolfram (eds.) (2001): *Citizenship and Education in Twenty-Eight Countries: Civic Knowledge and Engagement at Age Fourteen*. Amsterdam: International Association for the Evaluation of Educational Achievement.

Young, Cho & Tae, Kim (2013): 'Asian Civic Values: A Cross-Cultural Comparison of Three East Asian Societies'. *The Asia-Pacific Education Researcher*, Vol. 22, No. 1, pp. 21 - 31.

第十章 教育政策比较

杨 锐

"政策"一词常见于政府文件、学术文章以及日常会话之中。对"政策"最简单的定义是"政府选择做或不做的任何事情"(Dye,1992:7),这表明政策是由政府发起而且包含了做与不做决定两个部分。但更多关于"政策"的细致定义是高度有争议性的。政策的本质,以及如何研究、阐释和形成政策,都有待进一步讨论。关于这一问题的文献多种多样,莫衷一是,没有定论。用鲍尔(Ball,1994:14)的话来说,它包括"理论不确定性";对某些问题的回答往往引申出另外一些问题。

尽管如此,对这些问题进行研究仍然非常重要,部分原因是关于教育政策的讨论在世界很多地方已日趋热烈,而且"政策二元性"越来越明显。一方面,政策的制定与其所处情境密不可分,其实施更是具有情境依附性。另一方面,政策能跨越疆界,对世界上相距遥远的地方产生深远影响。在这一背景下,很多围绕教育政策的讨论在本质上是国际化的,包括教育政策比较研究,它正在变得更加具有意义和吸引人。

本章重点讨论在对教育政策进行比较分析时涉及的一些理论和方法论问题。首先对国际政策环境进行描述,进而讨论政策的定义,并举例说明对教育政策进行比较研究的方式。

变革中的国际政策环境

政策不是孤立存在的。二战以后,国际环境的巨大变化直接影响了社会政策的制定、实施和研究。当然,在世界不同地区所发生的变化是不一样的。下面主要围绕工业化国家展开讨论。

第一是经济领域的变化。随着二战结束,世界经济进入繁荣发展时期。许多国家经历了强劲的经济增长,这一阶段一直持续到 20 世纪 70 年代中期,随后进入缓慢增长或停滞阶段。在经济缓慢增长时期，民众越来越不情愿纳税。从20世纪70年代后期开始，先是在美国然后是其他一些英语国家相继出现了一系列低税和抗税运动。在此环境下，政府试图削减公共服务开支。

第二是人口结构方面的变化。这些变化显著地改变了主要发达国家的人口构成。一个比较突出的人口现象是"婴儿潮"的出现，"婴儿潮"一代指的是1946—1964年间出生的那一代人。从婴儿、青少年到成年，这部分人口在很多方面都极大地影响了他们所在的国家。当这部分人开始考虑自己的退休问题时，政治领导者就需要考虑他们的医疗保健问题。在接下来的几十年里，需要为老龄人口投入大量资金，包括私人投入和公共投入，自然而然地，用于其他公共服务的资金也就相应减少了。

第三是意识形态的变化。在20世纪的最后25年里，人们的政治观念有了很大转变。这首先发生在美国和英国，继而在其他英语国家以至后来蔓延至更多的地方。概而言之，人们的政治关注焦点从公平问题转向卓越、问责和选择。工商界领导者经常在政策讨论会上将这些观点提出来。他们有时候觉察不到公共机构与私人机构之间的差别，批评公共服务缺乏效率并对市场反应迟钝。来自企业界和宗教权利方面的思想观念使得他们对政府举措产生了怀疑。由于公共服务是政府工作的一部分，它自然也成了问题之一。

第四个变化来自民族国家体系的改变。全球化挑战了政策形成被民族国家领土绑定这个假设性前提（Lingard & Rawolle，2011）。民族国家无力再像过去一样对人员、信息和资金的全球流动进行紧密操控。逐渐地，一些跨国事务越来越不受民族国家的控制，这导致了民族国家权力的减少。某些传统的政府政治形式只能在传统的世界体系中运行良好，其中民族国家是最重要也是最有力量的玩家。在当下的全球化世界体系中，国家政策受到越来越多的限制，而跨国集团的力量及其行为主导者的重要性却与日俱增。

第五个变化是个体化的加强，从而对公共机构和政治构成了威胁。后民族国家时代一方面遭遇政治组织的权力式微，另一方面个体化发展趋势越来越明显。前者由全球资本主义的发展所引起，并为个体主义的深化发展铺平了道路，而个体主义的增强则又导致了政治权力的进一步下滑。如今，政党之间日益模糊，政党已失去鲜明的政治主张，与此同时世界变得缺乏统一的价值。在这样的环境下，传统的政治结构也正失去其整合能力。

最后的变化体现在不确定性以及民众对政策制定者信任的缺失。特别是在西方，人们逐渐摒弃了对人类理想力量的强烈信仰以及知识就是力量的观点，取而代之的是强烈的不确定意识。有人甚至认为人类知识是一种灾难性力量。这种不确定性导致了对技术专家和政策制定者的怀疑。

理解政策：两种视角

20世纪80年代以来政策领域的扩展让政策分析的各个方面都需要进一步探讨。"政策"一词源于政治学。这是一个复杂的概念，部分原因在于，人们面对个体和社会的本质所产生的哲学冲突，使得他们对权力以及政府的适当作用的理解各不相同。相应地，人们对政策以及政策的制定和实施也都有不同的认识（Fowler，2000）。坎宁安（Cunningham，1963：2290）曾把政策比做一头大象——当你看到它时你能将其认出，但要定义它则多少有点困难。这一关于大象的比喻使我们联想起那则关于六位盲人和一头大象的印度寓言，摸到象尾的人和摸到象腿的人、摸到侧面的人对大象的印象非常不同。与之相似，不同的人可能对政策有不同的解读。

具体说来，政策涵盖的领域非常广泛，可以通过多种途径进行理解，可用于诸如计划、决定、文件、提议等多种形式。除书面形式以外，政策还包括活动、惯例甚至政府的不作为。而在大部分政策研究者及民众当中最为流行的还是那些将政策视为文本的定义。扩展广义的政策文本，这些表述就会体现为不同层次的多种形式（Bowe et al.，1992）：最为常见的是官方法律文本和政策文本，对官方文本所做的各种正式和非正式的解读，相关政治人物和政府官员的发言和公共表现以及官方的视频资料等。

赫戈伍德和葛恩（Hogwood & Gunn，1984）指出了"政策"一词可能被使用的九种情形：给某项活动作标签；表达总体目的或描述事态；特定提案；政府决策；正式授权；理论或模型；项目；产出；结果。他们还提出了第十种情形："作为过程的政策"（p.19）。在此基础上，泰勒等人（Taylor et al.，1997）对政策作出这样的分类：分配性或再分配性的、象征的或实际的、理性的或渐进的、实质的或程序的、规制的或去规制的，以及自上而下或是自下而上的。这种分类在很大程度上取决于资源或利益的分配方式，对政策实施的承诺以及政策颁布或政策发展的阶段。虽然当中某些部分可能会显得较为随意，但这样的分类却有助于界定政策。

还有一种分类是在公共政策与私人政策之间所做的分类，不过这种分类越来越趋于模糊。公共部门代表一个机构群体，它们依赖政府权威或通过政府权威来为自己的活动正言。根据公民人人平等的原则，相对于私人部门而言，公共部门以公共问责为特征，更多地受制于政治方向和政治审查。而企业所有权和利润的概念在传统上是被排除在公共部门之外的。公共部门思想体现的是这样一种原则：一切公共权力都必须仅用于服务公共利益。这与私人部门中所界定的个体和公司的权力范围形成鲜明对比：个体和公司可以在不违反法律的前提下通过做任何事情来实现自身利益的最大化。因此公共政策通常具有共性，而不能被简单地被拆分为经济、环境和教育几个方面。对于公共政策目的的不同认识，一直是政治斗争的重中之重，有人认为它仅具有工具性的作用，有人却认为它内含有解放人类的潜力。

达伦多夫（Dahrendorf，1959）解释道，社会具有两面性：其一，冲突性，即利益冲突；其二，一致性，即社会中的价值整合。社会学理论也可据此分成一致与冲突两种视角（Jary & Jary，2000）。同样，研究者解读政策有理性视角和冲突视角之分。

理性视角

理性视角也被视为政策发展和分析的传统模型，在技术上强调执行某项决定或达成某个目标的最佳行动路线。这种路径，如同预想的，能使政府作出具有最佳成本效益的决定。这种实证主义观点认为，采取价值中立的态度可以避免或简化政治的复杂性。它在很大程度上忽视了权力分配问题以及政府对权力可能采用的运作方式。其理论根基可追溯到孔德（August Comte，1798—1857），孔德把社会学称为"社会物理学"，并坚持认为应当用自然科学的研究方法如观察、实验和比较来研究社会。

在分析政策制定的过程方面，西蒙（Simon，1960）提出一种理性的政策生产理论，该理论与由杜威（Dewey，1910：3）首次描述的问题—解决步骤密切相关："问题是什么？有哪些解决方式可供选择？哪一种最好？"这种决策方法涉及从"将能使你最圆满地实现目标"的可选择方案中进行挑选（Simon，1945：240）。它要求有一个系统、连续的过程，以从所有可能的选择当中挑出"最佳"的行动方案。

理性视角将政策过程视为一系列事件，这些事件是政治体制为解决公共问题而考虑不同的方法并采用其中一种方法来进行尝试并评价时出现的。这一视角认为政策过程是有序而具理性的，这也反映了功能主义者就社会如何运行所做的假设：受价值共识和各种社会制度的支持，这些制度致力于全社会的持续稳定。

安德森（Anderson，1984：26）曾描述过政治学背景下的这样一种理性模型，该模型包括以下一系列政策过程：1. 问题形成，包括：政策问题是什么？是什么因素使其成为公共问题以及这一问题是如何被提上政府日程的？2. 政策形成，包括：解决问题的可选择方案是如何形成的？谁参与了政策形成的过程？3. 政策选择，包括：某个政策方案是如何被采纳或制定的？需要满足哪些要求以及由谁来采用此政策？4. 政策实施，包括：为使政策生效而做了什么工作（如果已经做了的话）？这个工作对政策内容产生了什么影响？5. 政策评价，包括：如何测量一项政策的效率或影响？由谁来评价政策？政策评价的结果是什么？有哪些改革或取消政策的要求？

与此相关，赫戈伍德和葛恩（Hogwood & Gunn，1984：19）在选择"作为过程的政策"作为他们最推崇的定义时，将他们所界定出的九类政策用法与静态影像进行对比——目标陈述、决定时刻、议案变法案，等等。他们认为，把电影作为对等物是可取的，这样就可以去研究政策制定的复杂性随时间所发生的演变。他们接着界定了一个政策制定的框架，并将此过程划分为九个阶段：确定所要决定的事项（问题找寻或议程设置）；确定如何来决定（问题过滤）；问题界定；预测；确立目标和重点；方案分析；政策的实施、监督和控制；评价和评议；政策的维持、继承或终止。

虽然这一描述似乎给我们提供了一个清晰的框架去理解和研究政策过程以及政策是如何制定的，但是由于这一理性模型认为政策过程比其实际状态更为有序、阶段清晰且理性，招致了诸多批评（Rizvi & Lingard，2010）。事实上，政策制定的每个阶段都包含多个复杂的过程。即使在第一阶段，也就是议程设置，持不同价值观、有着不同利益的人对许多问题持有不同的观点，如哪些问题应该被提上政策议程？议程设置应遵循什么逻辑？谁来决定重点议程？这些决定是如何作出的？理由是什么？因为决策者面对的不是具体、明确的问题，所以说这种理性模式忽视了决策的政治性（Lindblom，1980）。

再者，批评者认为，对所有可能的选择方案进行深思熟虑进而选择其中最好的一项也是不切实际的，因为政策实施后改进的空间总是存在的。实际上很多政策的制定是任意而不合逻辑的。上述关于政策制定前两个阶段的分析说明了这两个阶段是彼此紧密相连的，另一方面，不同观点的人要达成一致并非易事。诸多的不确定性和复杂性决定了这些因素不可能彼此孤立。

就最后一个阶段而言,尽管某些政策可能会被有目的地"终止",代之以其他决策或是新政策,但这些被终止的政策所产生的效应和影响并不一定会突然终止。其影响有时能持续相当长的时间,而有些效应一旦出现便再难以扭转。新政策甚至也可能会受到旧政策的极大影响,或是起源于旧政策。此外,某些政策效应消失的原因多种多样,虽然这些政策的制定者也许并不愿意承认这一点。

为避免理性模型的不足,林德布罗姆(Lindblom,1959)提出了渐进决策方法(incremental approach)。渐进法与理性法相比,最大的不同是,决策者只考虑部分问题的解决方案,只评价每一种方案中的少数重要结果。林德布罗姆指出,渐进主义是对决策和政策实际制定过程的一个很好的描述。他认为,"摸着石头过河"的好处在于,如果只是进行一些渐进的改革,就能避免严重错误的发生,因为这样做使不同群体之间的争论更容易达成共识。相对于理性模型而言,渐进模型更切实际,因为它考虑了政策制定过程中时间、智力及其他资源的有限性。

不过,渐进模型同样也遇到了很多批评。批评者认为它过于保守,在处理危机时往往无能为力,阻碍了创新。对于上述两种方法,为了扬长避短,埃兹奥尼(Etzioni,1967:389)在对它们的优点进行综合的基础上,进一步提出了"综合扫描法"(mixed-scanning)。他的策略是,通过两台照相机来综合涵括上述两种方法的原理:通过广角照相机能拍下整个天空,但看到的不是很细致;可以再使用另一台照相机来瞄准那些由第一台照相机所观察到的需要更进一步细察的区域。史密斯和梅(Smith & May,1950)将其称为第三种方法,为决策者在不同情况下制定政策的同时提供了理性和渐进两种模型。这看起来是符合逻辑的,因为在实际中很难决定在某些特殊情形下是理性模型还是渐进模型更为合适。

也有些人持不同意见,他们认为政策既是结果也是过程,使得它具有持续性和动态性,同时也比理性模型中所描述的更为复杂、更具交互性和多层次性(Wildavsky,1979;Taylor et al.,1997)。他们认为,政策过程是通过政策的实施和再阐释,在政策文本产生之前和之后积聚而成的。这意味着,政策文本——通常以书面文件形式呈现——绝不是政策制定过程的终点。最终文本的创建过程是极具难度的。通常很难解释提出该政策的特定原因或意图是什么,即使能清晰地声明原因或意图,它们也未必就是真正的原因或意图。

鲍等人(Bowe et al.,1992)的研究认为不同背景下的政策是不同的。从影响背景下的政策而言,政策可以被理解为意向、理念、目的、意图、目标或计划等;就政策文本的形式而言,政策表现为书面文本、产品、文件和文章;而在实践背景下,政策则可能是行动、表现和活动。实际上,政策涵盖的范围比上述更广,包括了多种行动和过程。他们认为,将政策视作一个过程意味着将其置于一个连续、相联且相互影响的背景,制定和分析政策同样要考虑这点。政策是上述三种背景共同作用的产物。虽然每一种背景都与过程紧密相连,但实际上背景的影响和效果是不同的、不均衡的。政策制定中的这些差异和重要性的不均衡,根源于政策本身的特性——一种政治行为,关于这点在政策考察的"冲突"视角中得到了充分的说明。

冲突视角

批判理论家采用冲突模型。他们认为,整个社会是由持不同价值观和权力获取方式的相互竞争的团体组成的。政策并非产生于真空之中,而是反映了利益竞争的妥协。因此,政策问题太过于复杂,不可能通过简单的技术方式解决,同时,政策过程是交互的、多层次的(Rizvi & Lingard,2010)。批判理论家注意到"政策"(policy)与"政治"(politics)两个词同根同源,政策必然包含政治的含义。"politics"一词中的"p"即指一种利益对另一种利益的强加,并不一定是指政党。

冲突视角强调权威"始终会成为系统的社会冲突的决定性因素"(Dahrendorf,1959:165)。冲突理论家认为权力在维护社会秩序中具有至关重要的作用。个体所处的社会地位不同决定了他们拥有大小不一的权威,有些位置显然掌握较其他位置更多的权力和权威。但是,某个人在某一环境下拥有权威,并不代表其在另一环境中也拥有同样大的权威。利益冲突无论何时都是潜在的,而"权威合法性也总是岌岌可危的"(Dahrendorf,1959:268)。社会冲突从未停止过,因为社会是由带有各自不同的、相互冲突的利益的个人、团体、机构所构成的。权威在不同环境中不停地发生改变(Ritzer,1996)。政策从来都不是固定不变或永恒的,它只在特定的环境和时期内有效。

福勒(Fowler,2000)指出,政策过程与比赛有许多类似之处:都需要规则和参赛者;都复杂且经常无序;都涉及许多场景并使用权力;都会有赢家和输家。就像在真实的游戏中,"公平"是参赛者所极力追求的,但"什么是公平的"并不是由所有参赛者来决定的。对部分人而言的公平,对其他人也许恰恰是不公平。政策是由"比赛规则"来界定的(Offe,1995:106)。但是,谁制定规则?规则如何制定?为什么要那样去制定？是否公平？诸如此类的问题引起了有关个人价值观、利益和优先权的更深层次的问题。

在制度层面，政策制定的权力关系"呈现系统的不对称"，也就是说，"不同的个体或群体获取权力的能力不同"（Thompson，1984：132）。某些特殊群体通过制度而被授予权力，其他群体却被排除在外或是始终无法接近权力。政策的政治本性决定了"只有某些特定的影响和议程会被承认是合情合理的，只有某些特定的声音才能被听到"（Ball，1994：16）。政策就是一定背景下不同利益主体相互冲突和斗争的产物。

政策仅仅代表了政策制定过程中拥有权威的利益群体的价值观，尽管它常常自诩是普遍的、通用的，甚至是合情合理的。它的利益和影响总是片面的（Gale & Densmore，2003：38）。理解这一点，也就能明白为什么要把政策看作是价值的权威性分配了。如普朗蒂（Prunty，1985：136）所说的，这种关于政策的观点"引起我们对政策概念中权力和控制的向心性的注意；要求我们不仅要考虑政策体现了谁的价值观，而且要注意到这些价值观是如何得以制度化的"。

在采取冲突观点的基础上，鲍尔（Ball，1990）强烈认为政策不可能体现全体社会成员的一致看法。他还认为，政策制定从不遵循一个理性或逻辑的顺序。相反，政策是不同利益群体之间不停斗争和妥协的产物，最终代表了权威群体的主导性价值观。价值观并非游离于其所处的社会背景之外，因此了解政策中谁的价值观具有效应、谁的不具有效应，这是十分重要的。实际上，认为政策过程是民主的以及认为政策是通过选举出的代表达成的相互共识所制定出来的，这两种看法在理论上都是天真的，同时也是与政治格格不入的（Gale，2003：52）。不同群体的利益冲突是一个永远持续的动态过程并将导致社会变革，公共政策制定者常常面临价值冲突而非价值一致。

政策阐释是一个斗争过程。阐释者根据自己的经历、经验、价值观和目的去阐释政策，他们对于政策文本的反应常常构建在"为阐释而阐释"的基础上（Rizvi & Kemmis，1987：14）。要去控制或预见某项政策的效果，难度是非常大的。这也证明了冲突理论家所持的观点：政策实践者在不同的背景下所拥有的权威是不相等的。在影响力层面具有权威的立法者可能会在具体实践时失去（一些）权威，在不同的背景下，权威会发生转移，这就是为什么政策的效果经常难以预见且常与原先的目的相差甚远。权威的践行者根据他们自己的理解而赋予自己阐释政策的力量，然而他们各自对政策的理解却可能与政策发起人大相径庭甚至截然相反。

简而言之，冲突视角认为，处于复杂社会背景下的政策制定常常是未经检验、不合逻辑的，尽管政策制定者所宣称的几乎与此相反。冲突视角与批判性政策分析是相一致的，目的都在于通过新的办法来辨别谁处于有利位置而谁则不是。通过提问诸如谁是获益者和失利者以及这些人的价值观是如何被制度化的这样的问题，探究支撑在教育政策背后的价值观和假设，是一项非常基本也很必要的工作（Taylor et al., 1997）。

教育政策比较：使用和滥用

三十多年前，哈拉克（Hallak, 1991）指出，"比较研究——经过仔细设计、实施和使用的——对教育政策和作出决议而言比以往更加需要"（p.1）。今天，政策借鉴已经成为比较教育研究者的一项重要工作（Phillips & Ochs, 2007；Steiner-Khamsi & Waldow, 2012）。全世界的政策议程都在把教育研究视为国家社会经济发展的手段。也有越来越多的文献探讨了不断加剧的教育政策跨国传播。这些文献关注的是，某一政治背景中的政策知识、行政安排、制度和观念是以什么样的模式被应用到另一政治背景下的政策发展、行政安排以及制度和观念中的。

当代地缘政治关系的变化以及全球化的加剧更突显了这一关系的重要性，以至于比较和国际教育研究中的理论问题需要根本的改变（Crossley & Watson, 2003）。全球化既对比较教育提出了一个新的挑战，同时也为其提供了一个新的理论框架。但是，国家背景依然重要。从不同国家间教育政策表面上的比较得出简化的推断是很危险的。

尽管如此，脱离语境的教育政策研究仍屡见不鲜。可能需要注意对教育政策比较研究的各种使用和滥用现象，尽管这二者之间并没有明确的界限。最好的使用与完全的滥用是同一连续体的两极。使用教育政策比较研究有其先决条件，若不符合这些前提，使用通常就会变成滥用，这在当代教育政策比较研究中是不难发现的。

极其重要的背景因素

许多著名的比较教育学者在很久以前就指出，其实许多重要问题就产生于教育政策和实践从一种社会文化背景转移到另一背景之中。萨德勒（Sadler, 1900：310）

在一场经典的演讲中谈道:

> 我们无法像一个孩子徜徉于花园那样流连于世界的教育系统——在一束花丛中摘一枝花,再到另一束花丛中摘些叶子——然后期望将这样采摘的花束种在家里的土壤里就能生长出一个生机勃勃的花园。

上述引言在比较教育领域圈内非常著名,以至于大家公认萨德勒开启了比较教育的现代时期。比较教育领域的研究一直密切关注社会、文化、经济和政治背景。展望未来,比较和国际教育的多样性和多学科传统使其特别适合于研究21世纪日益复杂化、全球化和跨文化的问题。该领域的研究长期以来一直关注世界力量对教育研究和发展的意义,并始终不渝地考察教育政策和实践在不同文化背景之间相互迁移时产生的一些两难困境。

全球化对教育政策比较研究方法提出了严峻的挑战(Lingard & Rawolle, 2011)。原因在于,当今世界的全球化是在重组或"重建"国家政府的权力、职能和权威(Wiseman, 2010)。在全球秩序不断变化的背景下,国家的形式和职能必须使政府寻求合作战略以参与到一个越来越全球化的世界中。政府在寻求合作策略的过程中变得越来越具开放性。然而,世界议程也只有在它们被纳入民族国家已有决策领域的政策和管治过程中,才能真正奏效。就像阿诺夫(Arnove, 2003:3)指出的,其中有一种辩证法在起作用,使得这些世界进程通过其与国家和地方行为者及背景因素之间的相互作用而得到修正和转变。在"给与拿"和交换的过程中,国际趋势得到符合地方目标的重塑。

全球与地方之间的这种相互作用被称为"全球—地方联结"(global-local nexus)(Robertson, 1992)。这种联结使得背景——不管是地方背景还是全球背景——在教育政策比较研究中更为重要。只有在一定的背景下,政策才能被正确地理解、制定和分析。因此,在分析政策时,了解政策背景与理解政策及其政策过程同样重要。

在政策网络不断出现、政策精英不断超越地域和观念界限的背景下,为教育制度全球化所作出的努力使教育政策话语出现了诸多共性。但是,这并不必然意味着教育机构层面的政策和实践具有跨国趋同性。事实上,当全球化浪潮在地方背景中针锋相对时,各种因素的结合形成了某种形式的杂交,它构成了政策迁移的最终一揽子计划(Well, 2005)。在教育领域所看到的趋同或分殊,其实都是由有意识的适应、盲目的模仿以及为适应而产生的压力所造成的(Stromquist, 2002)。政策在到达地方教育机构之前便已经历多次改变。尽管某项计划的具体成分在某个地方是成功的，但若要在另一个地方也能同样有效，可能就需要有一个根本不同的传递机制。这"缺失的一块"可从别的地方进行复制或效法。

但是，如果就此认为政策的国际迁移和趋同指数的上升是教育领域的一种全球化趋势的话，那将是错误的。当不加批判地借鉴国外政策的情况越来越多时，我们必须强调不去掩饰"全球"政策趋势中复杂且国家性与地方性常常相互冲突的重要性，始终要将地方放进全球背景下来审视。全球化过程复杂、充满竞争且常常相互矛盾。当全球化概念暗含着政策趋同时，运用全球化概念来对教育改革进行批判性分析会显得过于愚钝。围绕全球化过程的研究极少建立在细致考察特定历史时期和地理空间的基础之上（Yang，2002）。

背景的决定性作用也在逐渐削弱民族国家在教育政策比较研究中作为主导性分析单位的地位。世界力量显著地改变了政府在教育中的作用，并要求对国家之上和国家之下这两个层面给予越来越多的关注。民族文化能够而且确实在全球影响方面发挥了重要作用，只是现在研究者却把更多关注放在了其他分析单位上（Bray & Thomas，1995；Bray，2003b）。那些关注本土化地方效应的分析单位应该给予优先考虑。

举例说，在比较高等教育研究中，把中国视为单一的实体是极具误导性的。城乡差异和贫富差异在中国是一个长期性的历史难题，不同的地区和社会阶层的人们接受高等教育的状况是不平衡的，这一点是很明显的。这个差距在20世纪70年代后期中国实行改革开放政策以及大力开发东部沿海地区后更加扩大了。富裕地区的地方政府对本地高等教育的投入经常是内陆省份的数倍。较内陆地区而言，以出口为主的沿海发达地区的高等教育发展更为蓬勃（Li & Yang，2013）。

英美学派的持续主宰

国际知识体系由创造知识的人员、机构以及知识交流结构组成，根据这一体系，可以将全球的国家分为中心国家、半边缘国家和边缘国家（Altbach，1998：193）。国际知识体系的作用在互联网迅速发展（DeNardis，2009）以及英语成为一种全球语言的背景下得到了极大的增强（Crystal，1997；Kayman，2004）。在很多方面，那些没有进入西方主流期刊、书籍以及其他学术成果的知识，往往就不被认为是真正的知识。科学交流、数据库及信息网络领域里的最新革新也主要发生在工业化国家，尤其是美国。世界科学交流体系以科研生产型国家为中心，受其主导。世界知识网络的不平衡性在比较教育政策研究中也极为明显。具有讽刺意味的是，作为一个声称具有跨文化追求的研究领域，教育政策比较研究却仍然是"令人惊讶的狭隘"（Welch，2003）。

由于全球化的影响是因地而异的，因而要把关注目光拉回到不同影响——甚至是国家层面的——的性质和内涵上。然而，如上文提到的，很少有实证研究对这些差异之处进行实质性的比较。即使是真做了，也大多聚集于西方工业化国家。学界很少关注全球化对"南半球的"贫困国家、后殖民社会的影响，尽管全球化对这些国家的发展进程也产生了令人瞩目的影响。举例说，在当今这个相互依存的互联网世界里，大学致力于增进人类知识，这意味着它们必须加强更广泛的国际合作。研究和教学都需要采用一种国际化的方法，以防止地方狭隘主义，激发批判性思维，探究大学与国家、地区和利益集团休戚相关的复杂问题和利益。

同时，为了反对上述的英美知识体系和英语在全球语言中的统治地位，亚洲国家正在参与争夺全球知识经济的领导权。一个非西方流派的批判性群体正在比较教育领域涌现，且开始推动人们重新思考传统观念和理论（Bray & Gui，2007；Manzon，2011）。与之前相比，现在有更多的学术中心在开展重要的研究，这有助于削弱欧洲和北美在学术上的统治地位（Arnove，2013）。

因此，研究不同国家尤其亚洲国家的高等教育政策非常重要，有利于促进对不断变化的高等教育景象的理解。东亚国家经济快速发展，其中一个不可或缺的推动因素就是教育，尤其是发展世界一流大学的计划（Liu et al.，2011）。亚洲大学的崛起蕴藏着改变世界高等教育面貌的潜力。然而，在英美知识占世界知识体系主导地位的背景下，中国的教育政策研究者经常关注英美地区的政策。在《中国人民大学复印报刊资料〈教育学〉》2003—2004年所刊载的114篇有关教育政策研究的论文中，英语类参考资料在论文的外语参考文献中占主导地位（Yang，2006）。

政策文献中的分歧

如前文所示，学术界在许多方面都有高度分歧。其中一个很深但常常被忽略的是在工业化的、所谓的西方世界中的分歧。教育政策研究也不例外。一个突出的例子是那些讲不同的世界主要语言的人，例如，讲西班牙语的人有他们的主要学术刊物，引用非常多的西班牙文献，专注于研究自己的社会。尽管他们与其他国家的人之间一直保有多样化的交流渠道，然而大部分仅依靠英语文献的社会科学研究者很少关注西班牙语研究群体及其在教育政策方面的学术成果。在其他语言地区，比如说俄语和说汉语的社会中，也存在类似的情况。

更加突出却鲜有人注意的问题是英语国家学术界中的分歧，尤其是在美国领导的北美圈子和英国领导的包括澳大利亚、新西兰和南非在内的前英国殖民地组成的阵营之间的巨大分歧。这些国家的政策研究人员可能会以自己为中心（至少部分如此），因此倾向于偏袒一边：美国研究人员似乎并不了解其他国家（包括其他英语国家）的大量政策文献，澳大利亚和新西兰的教育政策研究人员几乎完全引用英国的著作，而澳大利亚人和新西兰人的出版物被英国人引用的次数却要少得多。这种分歧具有深远的影响。在不同阵营接受学术训练的国际学生通常会在所处阵营形成自己的归属感，然后将这种归属感带回母国社会。来自其他（通常是非西方）社会的学者，尤其来自学术水平较低的系统的学者，通常会受到类似的影响。他们会把所看到的那一部分带回母国，并将其视为当下世界的全貌。

例如，《形塑教育政策：力量与过程》（Mitchell et al.，2011）一书共 13 章，由 20 位作者写成，这些作者都根据美国的经验写作，并且绝大多数引用了美国研究人员撰写的文献。尽管将重点放在美国可能是相当合理的，但这样一来去质疑作者观点和参考框架的范围也是公平的。另一个例子是福勒（Fowler）的《给教育领导者的政策研究》，该书在北美已广为人知。它的前三个版本极少引用美国以外的其他国家的研究。在伦敦活动的、被广泛引用的教育政策社会学家斯蒂芬·J. 鲍尔（Stephen J. Ball）在第四版（2013 年）中仅被轻描淡写地提到，而且没有在政策的主要定义中被提及（Fowler，2013：4—5）。

这种与时代精神越来越不一致的分歧可能会给研究视角带来局限性。与上述以美国为中心的教育政策文献形成鲜明对比的是，鲍尔在英国、澳大利亚和新西兰的研究人员（从著名学者到研究生）的教育政策文献中具有很大的影响力。例如，盖尔（Gale，2005）在澳大利亚教育研究协会的主席致辞中，引用的 37 个条目中有 24 个直接涉及社会和教育政策。在这 24 个条目中，15 篇参考文献来自澳大利亚的 9 名研究人员，8 篇来自英国的研究人员，唯一引用的一位美国学者的参考文献是舍恩（Schön，1979）撰写的一章。相比之下，盖尔引用了鲍尔的 4 篇文章，其中 3 篇为独立撰写，一篇为合作成果。

类似的情况在研究生中也很普遍。例如，张（Zhang，2012）在澳大利亚莫纳什大学（Monash University）完成的博士学位论文关注中国高等教育政策中的公平问题，是一个关于 20 世纪 90 年代末开始的中国大学扩招的案例研究，而这篇论文完全是根据鲍尔的政策周期框架组织的："影响的环境""政策文本产生的环境"和"实践的环境"。张发现鲍尔的作品最具有创造力，因为丰富的概念框架帮助他全面地解释了复杂性。他强调（p.5）"尽管鲍尔的理论是在英国的背景下发现的……他的政策周期概念对中国和其他国家一样奏效"。但是，该博士学位论文很少关注美国研究者的工作，在理论框架内也忽略了中国研究者的政策文献。因此，它的政策文献基础是比较有限的。

被低估的文化因素

人类的行为是有社会文化情境的。如前所述，人们在社会中处于不同的位置，有不同的利益。他们对事物的看法因为社会和经济位置的不同而不同。对于政策尤其如此，因为政策与社会如何治理、成员最能理解哪种治理模式有很大关系。当政策跨文化传播时，这将成为一个特别复杂的问题。由于文化思维方式的不同，不同国家似乎倾向于采用不同的统治和治理方式。在一个社会中被广泛接受的东西不一定被另一个社会中很好地接受。文化对教育政策的影响遍及从议程设定到决策乃至实施的各个方面。考虑到政策受文化约束的程度，已有文献中文化观念因素被忽略是令人感到惊讶的。

具有讽刺意味的是，教育政策的比较研究往往无法应对现实世界的文化多样性。如果没有对文化因素进行充分的分析，这样的研究不仅在理论上是肤浅的，而且在实践上是毫无意义的，甚至是具有误导性的。

例如，西方大学的概念。现代大学起源于欧洲，并在帝国主义和殖民主义的背景下扩散到全球。即使是躲过殖民统治的社会也采用了西方大学模式（Altbach, 2001）。大学的理念可以说是西方向世界其他国家最成功的出口。大学悠久传统中的要素直接影响着全球高等教育以及学术机构之间的国际关系。根植于特定文化价值观的欧洲大学模式，本质上具有排他性，几乎未给其他文化留出回旋余地。大学理念的出口，特别是通过英语的崛起，推动了西方在世界学术和文化发展中的主导地位，导致非西方社会中的大学功效差。尽管如此，当代非西方社会的大学仍然希望向精英的西方（通常是美国）同行学习规范、政策创新和发展问题的解决方案（Teichler, 2009；Yang, 2013）。

结论

在此,有必要重申鲍尔(Ball,1994:15)之前所强调的,对"政策"含义的理解会影响到研究者研究政策以及对自己的发现进行阐释的方法。但是,政策又是难以定义的,所以肯威(Kenway,1990:6)建议将重点转移到思考"政策过程"上来,因为政策过程涉及大量的问题解决——大部分是政治问题同时也有经济和社会问题,而且充满了价值导向的差异和权力关系的不平衡。因而,政策是一个充满了选择的过程,在采纳确定的行动方案的同时也摒弃了别的做法。它是多种议程和影响之间相互妥协的产物,通过特定环境下的利益斗争而实现。这些斗争往往通过政策制定者能倾听或不予倾听的话语来开展。

通过政策发展过程的解决方案和其他活动,最后形成的政策文本相较最初的草案通常会有显著的修改。正如拉布(Rabb,1994:24)所指出的,"最后所吃到的布丁跟原食谱所描绘的相去甚远"。随着国与国之间相互依赖的加强、跨国问题的出现以及国际组织的增多,比较和分享政策经验借以解决本土问题,这已成为一种必要且必不可少的进程。政策在被运用到地方教育机构之前已经历过数次改变。

可以用一个很流行的儿童游戏"打电话"来打个比方。在这个游戏中,一个人将某个信息小声地告诉旁边的另一个人,以此类推,经过数人之后,到达最后一个人,并由他将听到的话复述给大家。由第一个人所发出的信息在到达最后一个人前,通常会发生显著的改变,尤其当传递的信息比较复杂时。当通过全球或跨国网络将某一教育政策传送至某一国家、某一地区和地方时,也会发生相同的过程(Well,2005)。

尽管如此,在教育政策比较研究领域中,仍然存在着许多强加的"一刀切"发展模式以及不恰当地应用所谓"世界标准"的现象。在开发项目中,特别是由外国资助方支持的项目中,难以说服某些外国顾问:并不是所有在某些国家适用的政策工具同样也适用于其他国家。

因此,政策制定过程的所有环节都需要以全球性的视界进行批判性分析。要选取合适的方法进行此类分析,这取决于进行政策分析的不同目的、政策本身、研究者自身背景以及政策实施的具体环境。政策分析过程所产生的各种问题也取决于其目的、分析者所处的位置及其所面临的约束(Taylor et al.,1997)。因此,考虑到面临政策分析的复杂任务时不同的政策分析者会持有不同的思想观念,通过将某套标准应用于所有政策从而作出判断,这是不恰当的且可能是难以达成的。考虑了上述前提条件也许不一定能保证最好地使用教育政策比较研究,但忽视上述任何一方面就必然会导致滥用。

(沈裕挺、万梅 译,蒋凯 校)

参考文献

Altbach, Philip G. (1998): *Comparative Higher Education: Knowledge, the University, and Development*. CERC Studies in Comparative Education 3, Hong Kong: Comparative Education Research Centre, The University of Hong Kong.

Altbach, Philip G. (2001): 'The American Academic Model in Comparative Perspective', in Altbach, Philip G.; Gumport, Patricia J. & Johnstone, Bruce D. (eds.), *In Defence of American Higher Education*. Baltimore: Johns Hopkins University Press, pp. 11 - 37.

Anderson, James E. (1984): *Public Policy-Making*. 3rd edition, New York: Holt, Rinehart & Winston.

Arnove, Robert F. (2013): 'Introduction: Reframing Comparative Education: The Dialectic of the Global and the Local', in Arnove, Robert F.; Torres, Carlos Alberto & Franz, Stephen (eds.), *Comparative Education: The Dialectic of the Global and the Local*. 4th edition, Lanham: Rowman & Littlefield, pp. 1 - 25.

Ball, Stephen J. (1990): *Politics and Policy-making in Education: Explorations in Policy Sociology*. London: Routledge.

Ball, Stephen J. (1994): *Education Reform: A Critical and Post-Structural Approach*. Buckingham: Open University Press.

Bowe, Richard; Ball, Stephen J. & Gold, Anne (1992): *Reforming Education and Changing Schools: Case Studies in Policy Sociology*. London: Routledge.

Bray, Mark (ed.) (2003): *Comparative Education: Continuing Traditions, New Challenges, and New Paradigms*. Dordrecht: Kluwer

Academic Publishers.

Bray, Mark & Gui, Qin (2007): 'Comparative Education in Greater China: Contexts, Characteristics, Contrasts, and Contributions', in Crossley, Michael; Broadfoot, Patricia & Schweisfurth, Michele (eds.), *Changing Educational Contexts, Issues and Identities: 40 Years of Comparative Education*. London: Routledge, pp. 319-349.

Bray, Mark & Thomas, R. Murray (1995): 'Levels of Comparison in Educational Studies: Different Insights from Different Literatures and the Value of Multilevel Analyses'. *Harvard Education Review*, Vol. 65, No. 3, pp. 472-490.

Crossley, Michael & Watson, Keith (2003): *Comparative and International Research in Education: Globalisation, Context and Difference*. London: RoutledgeFalmer.

Crystal, David (1997): *English as a Global Language*. Cambridge: Cambridge University Press.

Cunningham, Sir Charles (1963): 'Policy and Practice'. *Public Administration*, Vol. 41, No. 2, pp. 229-237.

Dahrendorf, Ralf (1959): *Class and Class Conflict in Industrial Society*. Stanford: Stanford University Press.

DeNardis, Laura (2009): *Protocol Politics: The Globalization of Internet Governance*. Cambridge: The MIT Press.

Dewey, John (1910): *The Influence of Darwin on Philosophy and Other Essays*. New York: Henry Holt & Company.

Ding, Huang & Ding, Mingjie (2004): 'A Case Analysis of the Distorted Policy-Implementation Game and its Effects'. *Wuhan University Journal (Philosophy and Social Sciences)*, Vol. 57, No. 6, pp. 804-809. [in Chinese]

Ding, Xiaojiong (2011): *Policy Metamorphosis in China: A Case Study of Minban Education in Shanghai*. Lanham: Lexington Books.

Dye, Thomas R. (1992): *Understanding Public Policy*. Englewood Cliffs: Prentice-Hall.

Etzioni, Amita (1967): 'Mixed-Scanning: A "Third" Approach to Decision-Making'. *Public Administration Review*, Vol. 27, No. 4, pp. 385 – 392.

Fowler, Frances C. (2013): *Policy Studies for Educational Leaders: An Introduction*. 4th edition, Boston: Pearson.

Gale, Trevor (2003): 'Realising Policy: The *Who* and *How* of Policy Production'. *Discourse: Studies in the Cultural Politics of Education*, Vol. 24, No. 1, pp. 51 – 66.

Gale, Trevor (2005): 'Towards a Theory and Practice of Policy Engagement: Higher Education Research Policy in the Making'. President's Address, Australian Association for Research in Education Conference, University of Western Sydney, 27 November-1 December.

Gale, Trevor & Densmore, Kathleen. (2003): *Engaging Teachers: Towards a Radical Democratic Agenda for Schooling*. Buckingham: Open University Press.

Hallak, Jacques (1991): *Educational Policies in a Comparative Perspective: Suggestions for a Research Agenda*. Paris: UNESCO International Institute for Educational Planning (IIEP).

Hogwood, Brian & Gunn, Lewis (1984): *Policy Analysis for the Real World*. Oxford: Oxford University Press.

Jary, David & Jary, Julia (2000): *Collins Dictionary of Sociology*, 3rd edition, Glasgow: Harper Collins.

Kayman, Martin A. (2004): 'The State of English as a Global Language: Communicating Culture'. *Textual Practice*, Vol. 18, No. 1, 1 – 22.

Kenway, Jane (1990): *Gender and Education Policy: A Call for New Directions*. Geelong: Deakin University Press.

Li, Mei & Yang, Rui (2013): 'Interrogating Institutionalised Establishments: Urban-Rural Inequalities in China's Higher Education'. *Asia Pacific Education Review*, Vol. 14, No. 1, pp. 315 – 323.

Lindblom, Charles (1959): 'The Science of Mudding Through'. *Public Administration Review*, Vol. 19, No. 1, pp. 79 – 85.

Lingard, Bob & Rawolle, Shaun (2011): 'New Scalar Politics: Implications for Education Policy'. *Comparative Education*, Vol. 47, No. 4, pp. 489 – 502.

Liu, Niancai; Wang, Qi & Cheng, Ying (eds.) (2011): *Paths to a World-Class University*. Rotterdam: Sense.

Ma, Huifang & Cheng, Dongya (2011): 'Curriculum Reforms in Basic Education: Evaluations and Reflections', *Education and Training Research*, Vol. 25, No. 11, pp. 12 - 15, 30. [in Chinese]

Manzon, Maria (2011): *Comparative Education: The Construction of a Field*. CERC Studies in Comparative Education 29, Hong Kong: Comparative Education Research Centre, The University of Hong Kong, and Dordrecht: Springer.

Ministry of Education (2001): *The Curriculum Reform Guidelines for the Nine-Year Compulsory Education (Trial Version)*. Beijing: Beijing Normal University Press. [in Chinese]

Mitchell, Douglas E., Crowson, Robert L. & Shipps, Dorothy (eds.), (2011): *Sharping Education Policy: Power and Process*. New York: Routledge.

Offe, Claus (1985): *Disorganised Capitalism: Contemporary Transformations of Work and Politics*. Cambridge: Polity Press.

Oke, Nicole (2009): 'Globalizing Time and Space: Temporal and Spatial Considerations in Discourses of Globalization'. *International Political Sociology*, Vol. 3, No. 3, pp. 310 - 326.

Phillips, David & Ochs, Kimberly (2007): 'Processes of Policy Borrowing in Education: Some Explanatory and Analytical Devices', in Crossley, Michael; Broadfoot, Patricia & Schweisfurth, Michele (eds.), *Changing Educational Contexts, Issues and Identities: 40 Years of Comparative Education*. London: Routledge, pp. 370 - 382.

Prunty, John J. (1985): 'Signposts for a Critical Educational Policy Analysis'. *Australian Journal of Education*, Vol. 29, No. 2, pp. 133 - 140.

Raab, Charles D. (1994): 'Where we are Now: Reflections on the Sociology of Education Policy', in Halpin, David & Troyna, Barry (eds.), *Researching Education Policy: Ethical and Methodological Issues*. London: Falmer Press, pp. 17 - 30.

Rizvi, Fazal & Kemmis, Stephen (1987): *Dilemmas of Reform: The Participation and Equity Program in Victorian Schools*, Geelong: Deakin Institute for Studies in Education.

Rizvi, Fazal & Lingard, Bob (2010): *Globalising Education Policy*. London: Routledge.

Robertson, Roland (1992): *Globalisation: Social Theory and Global Culture*. London: Sage.

Sadler, Sir Michael (1900): 'How Far can we Learn Anything of Practical Value from the Study of Foreign Systems of Education?'. Reprinted 1964 in *Comparative Education Review*, Vol. 7, No. 3, pp. 307–314.

Schön, Donald (1979): 'Generative Metaphor: A Perspective on Problem-Setting in Social Policy', in Ortony, Andrew (ed.), *Metaphor and Thought*. Cambridge: Cambridge University Press, pp. 254–283.

Simon, Herbert (1945): *Administrative Behaviour: A Study of Decision-making Processes in Administrative Organisation*. 3rd edition, New York: The Free Press.

Simon, Herbert (1960): *The New Science of Management Decision*. Englewood Cliffs: Prentice Hall.

Smith, Gilbert & May, David (1980): 'The Artificial Debate between Rationalist and Incremental Models of Decision-Making'. *Policy and Politics*, Vol. 8, No. 2, pp. 147–161.

Steiner-Khamsi, Gita & Waldow, Florian (eds.) (2012): *World Yearbook of Education 2012: Policy Borrowing and Lending in Education*. London: Routledge.

Stromquist, Nelly P. (2002): *Education in a Globalised World: The Connectivity of Economic Power, Technology, and Knowledge*. Lanham: Rowman & Littlefield.

Taylor, Sandra; Rizvi, Fazal; Lingard, Bob & Henry, Miriam (1997): *Educational Policy and the Politics of Change*. London: Routledge.

Teichler, Ulrich E. (2009): 'Internationalisation of Higher Education: European Experiences'. *Asia Pacific Education Review*, Vol. 10, No. 1, 93–106.

Thompson, John B. (1984): *Studies in the Theory of Ideology*. Cambridge: Polity Press.

Welch, Anthony R. (2003): 'The Discourse of Discourse Analysis: A

Response to Ninnes and Burnett'. *Comparative Education*, Vol. 39, No. 3, pp. 303 – 306.

Well, Traci (2005): 'Educational Policy Networks and their Role in Policy Discourse, Action, and Implementation'. *Comparative Education Review*, Vol. 49, No. 1, pp. 109 – 117.

Wildavsky, Aaron (1979): *Speaking Truth to Power: The Art and Craft of Policy Analysis*. Boston: Little Brown.

Wiseman, Alexander W. (2010): 'The Uses of Evidence for Educational Policymaking: Global Contexts and International Trends'. *Review of Research in Education*, Vol. 34, No. 1, pp. 1 – 24.

Yang, Rui (2006): 'Education Policy Research in the People's Republic of China', in Ozga, Jenny; Popkewitz, Thomas & Seddon, Terri (eds.) *The World Yearbook of Education 2006: Education Research and Policy*. London: Routledge, pp. 270 – 284.

Yang, Rui (2013): 'Indigenising the Western Concept of University: The Chinese Experience'. *Asia Pacific Education Review*, Vol. 14, No. 1, pp. 85 – 92.

Yuan, Zhenguo (1998): *Educational Policy*. Nanjing: Jiangsu Education Publishing House. [in Chinese]

Zhang, Hongzhi (2012): *Equity Issues in Chinese Higher Education Policy: A Case Study of the Enrolment Expansion Policy*. PhD Thesis, Faculty of Education, Monash University.

Zhang, Letian (2002): *Educational Policy and Regulations: Theories and Practices*. Shanghai: East China Normal University. [in Chinese]

第十一章　课程比较

鲍勃·安德森　保罗·莫礼时

在教育领域，各种利益相关者都会对课程进行比较。各国政府为寻求新的改革举措和提高国际竞争力，而对本国以及国外课程模式进行比较；家长为给孩子选择合适的学校，而对同一地区不同学校的课程进行比较；学生在确定选修课之前，会对一系列可供选择的课程进行权衡；学者为提升学识和协助政策制定者，会对课程设置及实施的变化进行分析。可能除学生外，所有相关人员都会或多或少地对现在和过去的课程进行比较。

课程领域的研究为课程比较提供了大量的理论和方法论工具。实际上，所有课程研究都会在一定程度上涉及比较：在分析某一现象时，人们总是（至少是含蓄地）提到一些"其他"；每一个"是什么"都同时暗含着另一个"不是什么"。因此，比如说，在同一背景中进行内容评估可能会涉及现有评估方法与其他评估方法之间的较量，同时，还有"现实情况"与"预期效果"之间的隐性比较。在对教师所制定的某一特定课程大纲进行研究时，可能会潜在地将其与某一期望中的结果进行比较。然而，显性比较更能突出差异性、揭示相似性，因为它能"使陌生变得熟悉，使熟悉变得陌生"（参见 Spindler & Spindler, 1982: 43; Bray, 2004: 250）。本章将重点探讨对课程进行的显性比较，譬如，跨文化比较和跨学科比较。

人们对课程进行的比较多种多样，一方面利益相关者比较的目的互不相同，另一方面对课程的界定存在很大的差异。本章虽不采用这些界定中最为宽泛的定义，但承认课程的复杂性和多面性，认同它在实际运作中展现的多种焦点及差异形式。这给进行全面的分析和比较带来了一个至关重要的问题，尽管对于只关心解决特定问题的相关人员来说（如对课程进行比较以确定所选课程的学生），这并不是他们所关心的问题。课程的复杂性和多样性限制了研究者对课程要旨的全面把握，研究者即使进行了多层次分析，有时也仅是局部的"快照"。然而，这些限制的存在也增加了研究者见解的价值以及人们对其产生的兴趣。课程比较是对一个复杂的、动态的实体所进行的持续考察，研究者的见解将继续受课程形塑并塑造课程。

本章首先考察现有文献中的课程概念，接着为课程的比较提供一个分析框架。该框架适用于涉及多层次或聚集于某一范围内的分析比较。此外，本章还会介绍一些课程比较实例，以表明课程比较的复杂性，展示其相应的研究方法。

课程的特性

"课程"一词源于拉丁文，意为"短跑运动中的一条跑道"，但这个隐喻其实是极不贴切的。采用这个隐喻而将课程等同于一条学习"路线"（course），对理解"课程"的含义并没有真正帮助。这个术语已被应用到学术科目、学校和教学大纲中的学科、教学，以及正规与非正规的学习和评价等领域。马什和威利斯（Marsh & Willis, 1995）确认了七种广义的课程概念，其中任何一种都可能成为潜在的比较研究焦点。

- 经典传统

课程指的是一些经典的学科或内容，如语法、阅读、逻辑、修辞、数学以及西方国家里那些被认为体现了知识精髓的最伟大著作。这一意义上的课程概念范围狭窄，具有文化局限性，保守而僵化，只能在非常有限的意义上迁移到其他文化传统。于是产生了这样的问题：由谁来决定什么才是重要的知识或技能，人们怎样才能获取和掌握这些知识和技能。

- 确定性知识

这一概念同样是从学科和内容的角度来考察课程的。所选的学科是基于教育机构已建立起来的学术领域，例如，艺术、自然科学、人文学科和语言等，而每一个学科本身都界定了学生应该学习哪些关键性知识和技能。

- 社会效用

这一概念中的课程仍旧以学科为基础，但它所面向的是那些被认为对当代社会生活最有用的课程。它认为，现代高于传统，每一门课程都应该传授给学生那些被选定的知识与技能，因为当他们离开学校时这些知识和技能会对他们有用。

- 计划中的学习

稍为广义的课程观认为，如果学校被认为是负责任的，其课程观念应包含计划中的学习结果，例如，批判性思维和包容。这种有计划的学习既包括学校所提供的学科，也包括学校组织的课外活动和其他类型的学习。此定义的局限性之一在于（前三种定义同样存在这种情况）：它假设计划中的学习等同于实际中的学习，并忽略了计划中没有涉及的学习经验，把重点放在了学习结果而非学习过程上。

- 经验性学习

这一概念将全部学习经验都涵盖其中：学习者在某教育机构中获得的所有学习经验，包括计划的和非计划的学习，期望的和非期望的学习。除计划的学习经验以外，这一概念还包括了学习者的隐性课程经验，指那些被有意无意地施加在计划性学习结构以及机构的其他交流模式中的社会价值观（既有消极的，也有积极的）。

- 个体转变

这一观点与前一观点类似，但还包括教师个体在参与教与学的过程中的转变，以及学习者的体验。

- 生活经验

更广义的概念是，把所有的生活经验都视为课程的组成部分。在此并不对教育机构中与实际生活背景下的计划性或经验性学习作出区分。

这些有关课程构成的不同观念反映了不同的侧重点。前两种观点把重点放在教学内容上，第三、四种观点侧重于教育目标。最后三种主要关注教育事业中参与人所体验的变化过程。还有一种带有经验主义意味的观点认为，课程就是课本。皮纳和雷诺兹（Pinar & Reynolds, 1992：7）强调将课程视为现象学与解构主义的文本，以此揭示教材与课堂场域中蕴含的多元声音、多重视角及"具身化"实践特征。就本章而言，最后两种课程观（个体转变和生活经验）显得过于宽泛和无所不包。相反，本章将"课程"定义为在教育背景下所实施的内容，包括学生的计划性学习和经验性学习。这种观点排除了对测量学生学习成绩的比较研究，而这一主题会在本书的其他地方进行探讨，主要是第十四章。

各种各样的课程理念都是由社会意识形态所塑造的，或是源于社会意识形态的。而这些社会意识形态是由关于学校在社会中的理想职能、知识和学习的特性、教师和学生的作用等规范性观点和信仰所支撑的。至少可以将有关课程的观念形态划分为六种不同的意识形态（见表11.1），其中有些可能是相互冲突的。

表 11.1　课程的观念形态及其构成

观念形态 \ 构成	目的	内容	教和学的方法	评价
学术理性主义	提高学习者的知识能力和认知技能，教会他们如何学习	以学科的知识、技能和价值观为重点	以讲解型和说教型教学方法为主，重点培养探究技能	侧重测试学习者的知识、技能，重视学术严谨性
社会和经济效益	为社会提供所需的当前和未来人力资本	注重面向未来就业的学习和技能发展	强调知识的应用和技能的掌握	侧重评价学习者应用知识和技能的能力
社会重构论	将课程视为社会改革、变革和批判的"代理人"	以社会需求、问题和理想为重点	以互动、小组合作以及学习者参与社会互动为主	侧重学习者的自我评价需要
正统主义	将学习者引入某一特定宗教或政治传统	以支撑某一特定的正统信仰和惯例为重点	以说教式教学为主，重点培养所需的信仰和惯例	侧重对信仰系统和相关实践所需的忠诚
进步主义	为学习者提供机会以增强他们的个性和知识发展	重视整体知识和学习过程	侧重学习者自身的活动和自我学习，教师起辅助作用	以定性测量为主，旨在对学习过程进行分析
多元智能主义	为学习者提供多样化的能力和态度	重视协商性内容以及输入和结果的多样性	侧重学习者自身的活动和自我学习，教师是学习的促进者	以定性测量为主，旨在掌握学习的多样性

- 学术理性主义

这种观念强调将学习者引入既定学科（如物理或数学），并使学习者拥有这些学科的相关概念和智识的严谨性。由于学术理性主义主要通过说教式的教学来传承和传输既定的知识，其在本质上是保守的。它侧重于课程之间的差异，而不是在学科之间建立联系。学习者在教学过程中常常处于被动地位。

- 社会和经济效益

该观念把人力资源发展视为教育的主要职能。课程的设计以社会需要为出发点，旨在培养具备必要特性从而为提高社会福利和经济增长作出贡献的、负责任的公民。社会和经济效益观所追求的是，促进学习者掌握那些被认为与未来就业相关的知识和技能，以及培养理想公民的特质和价值观。教学被看作是一种"铸造"活动

(moulding exercise)，学习者的自主性很小。

- 社会重构论

该观念把教育视为引起社会变革和进步的手段。它假定社会在本质上是存在问题的，并指出了诸如社会不公正、不公平和其他各种社会问题。使学习者通过认识相关问题来改进社会，并赋予他们采取行动的能力以便建设一个"更好的"社会。这些相关问题为课程提供了关注的焦点，并且使学习者积极地参与调研和寻求解决问题的途径。

- 正统主义

该观念认为，学校教育的首要功能是传播一个特定的正统思想，并通过课程将学习者引入某个基本的信仰系统，或是宗教系统（如基督教或伊斯兰教），或是政治系统（如民族主义）等。学习者被认为是相对被动而缺少批判性的，只要学习者表现出对所提倡的信仰和信仰实践的忠诚便可称为成功的学习。从定义上而言，正统主义并不承认变革的必要性，也不能容忍多样性。

- 进步主义

该观念以学习者为中心，课程重点关注学习者的个人需要、兴趣和能力。进步主义常与建构主义的学习模式相联系，鼓励学习者去进行自主发现和发展，成为自身学习的积极构建者。

- 多元智能主义

该观念认为课程需要满足知识形式的多样性，诸如加德纳（Gardner，1985）所确认的那些形式以及能力和态度的多样化。多元智能主义可以看作是与专项职业训练相对立的一种观念。在社会急速变革、科技不断创新的时代里，社会对人力资本的需求变得更加难以预测，这时，多元智能主义出现了。它认为，为应对社会环境不断变化的需要，学习者需要通过多种途径来学习，获取多样化能力。

显然，这些观念形态在原则上和实践中可能是相互排斥的。某门课程的构建可能只为某种单一的意识形态所驱动。然而，在多元化的社会和制度中，课程则是受多种意识形态共同影响的，而这些意识形态之间更多的可能是对立的，而非一致的。此外，虽然在课程改革中可能已融入急剧的社会变革的影响，但同时还存在通过课程来保持与传统相联系的趋向。这样的结果常使课程成为一个复杂的装置，它集合了由意识形态、历史和教育等多种力量所形成的紧张和对立（Luke，2008）。例如，澳大利亚课程研究协会（Australian Curriculum Studies Association，ACSA）就认同课程的复杂性，并将其置于所处的社会政治背景下进行考察。该协会把课程描述为一种交互式的构成现象，既有显性的也有隐性的，由所有个体和群体去体验（ACSA，2005）。他们还将课程表述为一种社会的、历史的建构，认为它包含了社会变革观念以及教育在社会再生产和转型过程中的职能。

课程没有一个简便易行的界定，其定义是多种多样的。这非常清楚地表明了学校教育中长期存在的困境，以及在后工业和日益多元化的社会里，人们期待教育机构及其课程承担起越来越复杂的职能。由此产生了一个重要的暗示：对课程进行综合比较将成为一项重要的任务，包括对计划本身的分析、对哪些学习结果是计划之中的以及哪些学习结果是计划之外的分析。但是，过去很少有研究尝试涉猎这样的课题，甚至那些包含了多层次分析的研究也不例外。

跨国比较研究一般只是对前两个层次的内容进行调查，如贝纳沃特和布拉斯拉夫斯基（Benavot & Braslavsky, 2006）关于学校科目的研究以及伍尔曼（Woolman, 2001）关于课程发展体系的研究。亚历山大（Alexander, 2000）所开展的研究也涉及跨国研究，但他关注的是学校教学及其与国家文化的联系。而科根等人（Cogan et al., 2002）关于公民教育的跨国研究则包括了所有这些层次的分析和比较，莫尤斯和哈格里夫斯（Moyles & Hargreaves, 1998）的跨国研究除了对计划性课程和教学实践法进行比较外，还比较了学生的童年经历。

课程比较的方法

图11.1呈现了构成课程比较研究的框架。这三个维度，即目的与视角、课程焦点、表现形式（manifestations）之间是相互关联的。该框架建立在研究者具有研究目的的假设上，其研究目的或为功利性的（如政策制定），或为寻求一般性的理解。目的与视角是相辅相成的，确定目的就意味着会采用某种视角。研究目的还反映研究者想要回答的问题，这反过来又会显示其研究的焦点——课程的某个方面或某个部分。于是，研究者便可以从相关的课程表现形式中收集资料，包括文献方面的资料或是行为方面的资料。

图11.1　课程比较研究框架

下面将对这三个维度逐一加以探讨。

目的与视角

如前所述,利益相关者会因各种原因而对课程进行比较。比如肖特(Short, 1991)将课程研究分为17种类型;所有类型皆含有(且得益于)对比较的应用:

- 分析型
- 扩展型(即挑战暗含的假设,寻求有效的可替代方案)
- 功利型(即收集证据,旨在提出警示或指导)
- 历史型
- 科学型(即定量取向)
- 人种学型
- 叙事型(即传记式)
- 审美型(即质性取向)
- 现象学型(即研究利益相关者的看法)
- 解释型(即探寻深层意义)
- 理论型(即寻求恰当概念)
- 标准型(即设立合理化标准)
- 批判型
- 评价型
- 综合型(即寻求新出现的主题、理解或假设)
- 协商型(即集中解决某个特定问题)
- 行动型(即寻求行动与目标的一致)

粗略来看,以上的研究类型可划分为三种视角:评价性视角、解释性视角和批判性视角,它们共同构成现有文献中的课程比较的基础。下面将用实例对它们分别进行阐述。

评价性视角

在为有充分依据的决策寻求课程方面的证据时(无论是何种表现形式的课程),都可能会用到评价性视角。政府依据学校的表现制定排名表以决定资源的分配,家长为孩子选择合适的学校,教师从各种各样的教材中挑选一套合适的教材，学生投票选举"年度优秀教师"等行为都会涉及对课程各方面进行评价性的比较。

国际学生评估项目（PISA）针对学生成绩进行研究，由于其研究数据会影响到课程决策的各个方面，因而属于评价性视角的研究（参见 Andere，2008）。国际学生评估项目研究发现，西方国家学生的整体成绩低于亚洲国家学生的整体成绩，这使西方国家为改善现状而纷纷"效仿"亚洲国家课程进行了一系列课程改革（Morris，2012）。

自国际学生评估项目问世以来，向其他国家效仿、学习、参考或者借鉴其课程实践的趋势逐渐上升，并形成了标准化的全球改革议程，从而取代了要求以意识形态和历史经验作为确定、发起课程改革或使课程改革合法化的公共理论依据。"借鉴的"（borrowed）政策不仅来自教育系统内部，还出现了阐释教育政策及实践并鼓励政策制定者实行改革议程的第三方机构，包括国际机构（如世界银行、联合国教科文组织）、跨国公司（如培生集团）、专业顾问（如由学者和利益相关者组成的咨询团体）以及政策智囊团（如麦肯锡、普华永道）等。

"借鉴的"政策有可能适用，也有可能不适用，还有可能仅作为政策制定过程中的参照，因此，很多情形可能接踵而来。第一种情形是，由于系统 A 被系统 B 良好的测试成绩所吸引，因而向系统 B 借鉴相关的政策文本思路以改善原有的政策文本。然而这种政策借鉴基本停留在政策文本层面，而未能对系统 A 和系统 B 在政策实践中的现实情况进行权衡考量。另一种截然不同的情形是，系统 A 在充分了解使系统 B 获得优异成绩的政策语境因素的基础上，从中借鉴与自身语境相一致的内容，从而确保实现政策实践层面上的政策借鉴。这两种政策借鉴的情形中，还有大量的形式不一的跨系统政策借鉴情形。任何的课程改革都存在政策文本设计与政策实践现实之间的冲突。借鉴其他系统的政策时，倘若未充分考虑其在接受者文化背景中的适用性，那么课程改革中的这种冲突很可能加剧（Hantrais，2008）。

菲利普斯和奥克斯（Phillips & Ochs，2007）为分析政策借鉴构建了一个四阶段模型。在第一阶段，某一系统中的政策制定者被他国的政策所吸引；随后他们作出借用决策；第三阶段将借用的政策付诸实施；最后该政策通过与原有的语境特征相互协调而最终实现其综合化或本土化。另一种政策借鉴的方式是更加突出本土语境特征。政策制定者首先会对他们所认可的政策的语境特征进行评价；其次，他们在进行系统调整、资源配置以及政策细节敲定之前，会将该政策的语境特征融入本土的语境特征中;最后再将借鉴的政策付诸实践(Adamson,2011)。

解释性视角

解释性视角又称解释学视角(hermeneutic perspective),试图去分析和解释现象。对课程进行比较的研究实例包括:从不同时间点上去研究某门课程的历史,或是把课程现象当作社会文化产物来研究。最经典的是亚历山大(Alexander,2000)对不同文化背景下的教学所进行的研究,本书第十二章将对此进行了更为详细的探讨。亚历山大对法国、俄罗斯、印度、美国和英国等国的初等教育进行了比较。研究中的关键资料是用摄像机和录音机所记录下来的较为系统的课堂观察,同时还通过访谈、政策文件、照片和日志等方式收集了一些资料。该研究比较了国家的教育提供、学校的实体组织和后勤组织、学校—社会关系以及教学情况(包括课堂结构、学习活动的组织和特性、惯例、交流互动和学习话语等方面),而这些资料对于政策制定者来说有一定参考价值。此外,亚历山大还特别指出了英国的相关问题。但这项研究的主要目的仍在于更好地认识教学方法及其所体现的社会文化。

采用解释性视角的研究者将面临阐释主观性的难题(Andrade,2009)。将课程比作生活经验的研究需要依靠个案的搭建,其中证据本身比求证过程更具说服力(Guba & Lincoln,1994)。因为其中暗含了现实往往是复杂的、多面的以及模糊的这一前提。用英语法律术语来说,研究人员应设法让个案"排除合理怀疑"。在设计研究方案时,研究者应采用综合策略比如三角验证、深描法、持续参与研究和审查追踪等来使其研究具有可信性、可迁移性、可靠性以及可验证性(Krathwohl,2009)。

批判性视角

批判性视角是指以一个预设框架来探究课程,如后殖民视角、女权主义视角或社会公平视角。若研究者对公平、正义或社会重建这样的问题感兴趣,这个方法可能较为适用。此类研究的目的在于揭示课程所呈现的特征——既可能是特意设计的特征,也可能是偶然出现的特征;既可能是理想的特征,也可能是不理想的特征。采用批判性视角来进行课程比较研究的优势是更能凸显出课程的这些特征。

教材是课程研究所关注的一个特殊领域。就像阿普尔和克里斯琴-史密斯

（Apple & Christian-Smith，1991：1—2）所认为的那样：教材揭示了政治、经济和文化活动、战争以及妥协的结果，而这些教材是由利益的真正拥有者所构思、设计和授权的，其出版受到市场、资源和权力的政治与经济约束。教材的意义何在，以及它们会被如何使用，不单是教师和学生的较量，也是负有不同使命的群体之间的较量。

斯利特和格兰特（Sleeter & Grant，1991）对美国的社会研究、阅读和语言艺术、科学、数学等课程的47本教材进行了研究，主要分析其中关于种族、阶级、性别和残疾等问题的描述。他们设计了六种分析类型，包括图片分析、选文分析、"人物"分析、语言分析、故事情节分析以及混合式分析，还采用了记分（tallying）或话语分析（discourse analysis）的方法来描绘这些教材如何看待不同种族群体、不同性别、不同社会阶层以及残疾人。研究者发现这些教材所体现出的多元化微乎其微。相反，他们发现了这样一种偏向，即袒护白人和男性，歧视美国有色人种、女性、穷人和残疾人。他们认为，既然教材是一种社会控制工具，那么它们应该反映出多样性，同时应该涵盖所有群体的成就及其关心的问题。

批判性视角具有风险性。它并不声称是客观的：研究者公开秉持代表特殊利益的思想形态立场（Foley & Valenzuela，2005）。这可能会导致研究者改变社会的愿望（通常包括采取有争议的政治立场）和保证学术的愿望之间的紧张关系（Bailey，2010）。证据不充分和过于理论化都可能破坏一切研究视角，但这种影响在批判性研究中尤为显著。

课程焦点及表现形式

课程没有固定形式，它体现在计划和非计划经验的不同方面，为把握某个研究的焦点，有必要明确某些特定方面，包括：

a）影响课程的观念形态及社会文化；

b）课程发展和计划体系——课程发展的过程及其产物；

c）课程的实施——教学经验传授模式；

d）经验——学习者所经历的计划的和计划外的事件、价值观和信息。

以上每一种课程成分均有显性的和隐性的表现形式，表11.2中概括了其中的一部分。

表 11.2 课程表现形式和典型研究方法

课程方面	典型表现形式	典型研究方法	实例
观念形态	书；学术论文；政策文件和课程文件	话语分析	Millei (2011)
计划的/预期的	政策文件和课程文件；大纲；教学材料；课堂计划；评价材料；会议记录；通告	话语分析；访谈	Grossman, Lee & Kennedy (2008)
规定性的	教师与学生的行为（如时间和资源的利用）；教师与学生的角色；学生的兴趣和参与；课堂互动（如提问模式，小组合作）；学校互动；学生成绩	课堂观察；教师日志；访谈；人种学；活动记录	Alexander (2000)
经验性的	学生态度和/或行为的改变；教师态度和/或行为的变化；学生的认知过程	问卷调查；访谈；自传式叙述；反馈；心理测量问卷	包括 Cogan 等人 (2002) 和 Moyles, Hargreaves (1998)

除以上四个方面以外，还有一个被称为"无效"课程（'null'curriculum）(Posner, 2004)的维度，指的是被某一特定课程有意或无意忽略的那些部分。显然，研究者更容易接触到显性的课程表现形式。例如，可以通过多种渠道获取政策文件，如政府部门、教育机构、作者以及互联网等。同样，要获取某特定背景所使用的教学材料通常也并不难。相较而言，无论是逻辑意义上（指亲临教室或其他教学场所），还是分析意义上，要得到用作分析的教学经验就没那么容易了。因为这类经验没有印刷形式的材料那么容易接触，研究者所能接触到的都是一些以高度主观的、间接的形式所呈现的经验，如对教学经验的行为反应或课后反思。

课程比较的研究方法

跟大多数研究领域一样，课程比较也会采用质性和量化研究方法。显然，在任何一项研究中，研究方法的选择要依据研究视角（评估性研究、解释性研究或批判性研究），课程焦点以及能获取到的课程表现形式。为掌握课程在实际场景中的丰富性，很多研究采用了混合型方法。例如上述亚历山大（Alexander, 2000）的研究，为对课堂事件进行多维度的描述，他既采用了从整体上考察的人种学方法，同时也运用了某个原子式的焦点来考察教学的各个方面。而其他研究则可能主要关注一些特殊细节，如针对教师对男孩和女孩所提的问题数量来进行比较的批判性研究。在这种情况下，可能主要采用定量观察手段来收集资料，当然，也可能会收集一些人种学或现象学方面的资料，以便同时采用解释性视角加以分析。

基于这三种研究视角（即评估性研究、解释性研究和批判性研究），以下课程比较研究范例采用了多种研究方法。为说明研究过程并突出研究者的研究问题，本章对这些研究方法均有所阐述。

评估型研究

中国民族地区的小学三语教学模式评估可作为评估型研究的实例（Adamson, Feng & Yi, 2013）。该项评估的目的在于，考察形成和维持不同的三语教学模式的因素，进而评估这些因素在培养小学生掌握三种语言能力（少数民族语言、汉语和英语）方面的相对优势和劣势。聚焦于课程设计研究，对这种教学模式进行评估必然会涉及其计划制定、计划实施和经验总结等方方面面。

我们从各个少数民族自治区共选定了9所参与该项评估的代表性学校，针对每一所学校的典型研究通常包括以下内容：

- 与社区领导、教育部官员进行的小组式焦点访谈；
- 学校领导、教师、在读学生、毕业学生及家长；
- 政策文件、教学大纲、课表、学习资源及课程材料的文本分析；
- 随堂观察；
- 针对学生、教师和学校领导对三语教学模式的态度和看法的问卷调查；
- 田野调查笔记（例如，对学校建筑和墙壁装饰的观察记录以及学校中在课堂之外使用的语言和社区中使用的语言）。

为给研究提供方向性指导，与埃尔莫尔和赛克斯（Elmore & Sykes, 1992）提出的关于政策制定的四种批判维度一致，此研究将问题设计为三种：政策性质、政策来源或起源、行动方式及影响（图11.2）。

前两个维度可合二为一：本研究试图找出实施模式是否与三语教学模式政策总体目标匹配，如果匹配，则进一步分析该模式在既定时间和资源限制下的设计是否具备可行性。行动方式维度则是将课程呈现效果与课程管理模式结合起来。而影响维度则分为两部分：三语教学模式的效果以及维持可持续结果的可能性；整体上采用比较视角，清晰地显示了在不同背景下哪些实践是有效的以及有哪些突出问题。

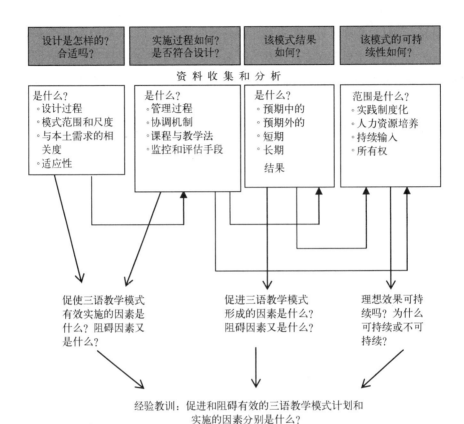

图 11.2　中国三语教学模式研究评估

资料来源：改编自 Adamson, Feng & Yi 等人（2013，第 6 页）。

从表面上看，该评价框架似乎为这一教学模式政策的制定和实施提供了一种合理的线性评估方法。但现实情况是，大多数政策过程都是复杂、反复甚至混乱的。该评估框架研究的是三语教学模式在设计、实施和维持积极效果等方面进行妥协或让步的一致性，而不是对过程强作线性评价。

解释型研究

解释型研究的一个实例是一项对任务型教学的考察（Tong et al., 2000）。该研究考察了中国香港学校课程的两个不同科目（中文和英文）是如何为任务型教学制定计划、实施计划和总结经验的，并找出这些环节得以实现的原因。该研究从三种不同的课程表现形式对这两个科目的任务型教学进行比较，从而在不同科目之间建立横向比较，在同一科目内部建立纵向比较。这三种课程表现形式为政策文件、商业性出版的教材以及课堂教学。

在对政策文件中关于任务描述的分析进行研究时，采用一个连续体（continuum）（从关注个体的语法到关注实际的语言应用）作为分析框架，该连续体是基于现有文献的关于语言教学的任务型教学定义的研究。同一概念框架还曾被用以分析各类已出版的中文和英文教材及其他资源里的教学任务。为研究任务型教学在课堂中的具体表现，研究者采用了课堂观察的方法：进行课堂观察时，需不时地记笔记，笔记内容包括课堂中每种学习活动的特征和目的、在活动中学生和教师的角色以及学生与教师之间的互动情况。此外，还通过半结构化访谈来补充收集其他信息，访谈对象包括教材出版者、编写者和教师，访谈问题主要涉及访谈对象如何认识和理解任务型教学的特性，如何出版、编写或讲授教材，采用了什么指导原则，以及获取了哪些经验。

这个研究发现，学习任务在两门课程之间以及在两门课程各自的不同表现形式里均得到了不同的阐释（图11.3）。在中国香港，中文和英文这两门课程来自截然不

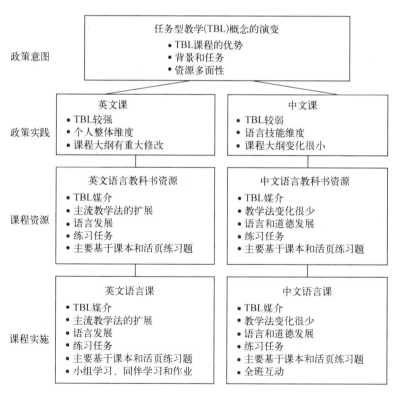

图 11.3　任务型教学图解（从政策意图到实施环节）

资料来源：Tong 等人（2000，第167页）

同的教学传统。这一方面反映了中文和英文这两种语言在本质上的不同（如中文使用的是字符，而英文使用的是语音字母），另一方面也反映了这两种语言在香港社会中所发挥的不同功能（中文作为母语，为大多数人所使用，英文则作为国际商用语言）。两种不同的语言传统使其在政策文件和课堂教学中对任务型教学的阐释也各不相同。与此同时，由于教材编写者和出版者面临商业现实，这也限制了他们与课程政策保持一致的程度。教科书编写者更偏重教师的需求，因为教师是学校教材资源选择的主要利益相关者。这些来自历史、社会文化以及教学方面的多种力量使得任务型教学的"官方"定义也是五花八门。

另外，此研究的解释性结果还产生了评价性的作用。它指出，在课程改革中，当将从意图到实施的一致性作为一种进步时，课程策划者所面临的一系列问题，同时也突出强调了考虑课程实施的历史、社会文化、经济和教学背景的重要性。脱离背景环境来设计一种"理想化的"课程只会产生一种"虚幻性"的课程，当预期结果不能实现时，就会产生失望。

批判型研究

这里所介绍的范例为希克林-赫德森和阿奎斯特（Hickling-Hudson & Ahlquist, 2003）关于四所小学（两所澳大利亚小学、两所美国小学）的学校课程给当地学童提供的种族话语的分析。此研究的批判维度主要关注课程由谁来定义和为谁服务这类问题（Hickling-Hudson & Ahlquist, 2003：65），以改善当前局面：

（研究者）最关心的问题是，学校教育如何才能帮助有色人种的孩子培养起未被欧洲中心主义的殖民种族观所扭曲的种族认同感，教师如何才能挑战种族同化主义性质的课程并转而传授来自世界各地的丰富多彩的有色人种的历史、科学和艺术知识。

研究者在每个国家都找出一所他们认为课程实践表现比较失败的学校，同时也挑选出一所比较成功的学校，并对此进行国际比较和国内比较。在学校进行田野工作时，他们观察了课堂，访谈了教师和学生，还对图书馆设施、墙报及其他课程"制品"（artefacts）的有关情况做了记录。研究者发现，在那些表现比较差的学校，其课程实践是以白人文化为根基的：在澳大利亚那所学校里，本土孩子非常关注如何装点圣诞树，学校鼓励孩子阅读欧洲童话，学校墙壁则被迪士尼角色装点着；而在美国学校，走廊上悬挂的是描写白人故事的图画，文化课的内容则主要是为了适应州考试的需要。研究者感觉，这样的学校"传承了一种欧洲工业化工厂的学校教育模式，统管所有的学习者而无视其兴趣和背景"（Hickling-Hudson & Ahlquist，2003：80）。相对应地，研究者也在每个国家里选择了一所挑战"欧洲中心主义观"的学校来进行考察。在这些学校里，海报和图书馆的资源宣扬的是本土文化，课程则根植于学生的生活经验。与前述两所学校所不同的是，这两所学校得到了社区的大力支持和积极参与。

结论

为指导研究者进行课程的比较研究，本章指出了课程比较研究的一些缺陷以及可能的趋势，为研究课程提出了三种相互关联的考虑因素，即确定研究目的和视角、选择恰当的课程研究焦点、确认相关的课程表现形式。

课程是一个复杂、多面和动态的概念，它关系到范围相当广大的利益群体，涵盖了大量的观点视角，也涉及很多的步骤和表现形式，仅用一个研究项目难以囊括所有方面。经常会有这样一些课程比较，抱着功利性目的而不关注全面性，只局限于回答一些相当狭窄的问题。然而，在调研范围较广的问题时，应认识到范围的有限性，并保持适当的警觉，以防止研究结果的泛化，这一点很重要。例如，对课程计划环节的解释性比较研究结果并不一定适用于课程的课堂实施环节。正如关于中国香港的中文课和英文课的任务型教学研究所论证的那样，会有不同的影响因素和压力共同参与进来。另外一个主要的问题在于时间和空间背景的多样性，如果没有整体考虑这些背景因素，就很难对课程作出概括性结论。例如对学校课程趋势所进行的范围广泛的国际研究，只有当每一背景中对该学科的理解都相似的情况下，才具有真正意义。同样是"历史"课，但在不同的国家，它们的特性和内容却很可能千差万别，从而使所进行的比较徒劳一场。

课程改革有一定的规律可循，但同时课程也具有动态性。因为当课程计划、课程实施和课程体验出现不同的关注点时，就会出现人与人之间的互动，这也意味着课程比较永远是一项"在行进中"的工作。但这并不是说课程比较毫无价值，如能谨慎使用，课程比较能传授成功的实践经验，为课程的决策提供更多、更广的参考信息，并能深化对教育与其所处的社会、经济和政治环境之间的相互作用的认识。

（梁洁 译，邱燕楠、朱冠怡 校）

参考文献

Adamson, Bob (2011): 'Embedding Assessment for Learning', in Berry, Rita & Adamson, Bob (eds.), *Assessment Reform in Education: Policy and Practice*. Dordrecht: Springer, pp. 197 – 203.

Adamson, Bob; Feng, Anwei & Yi, Yayuan (2013): *A Framework for the Study of Policy Design and Implementation of Models of Trilingual Education*. Technical Paper, Models of Trilingual Education in Ethnic Minority Regions of China Project. Hong Kong: Hong Kong Institute of Education.

Alcxander, Robin (2000): *Culture and Pedagogy: International Comparisons in Primary Education*. Oxford: Blackwell.

Andere, Eduardo (2008): *The Lending Power of PISA: League Tables and Best Practice in International Education*. CERC Monograph Series in Comparative and International Education and Development 6, Hong Kong: Comparative Education Research Centre, The University of Hong Kong.

Andrade, Antonio Diaz (2009): 'Interpretive Research Aiming at Theory Building: Adopting and Adapting the Case Study Design'. *The Qualitative Report*, Vol. 14, No. 1, pp. 42 – 60.

Apple, Michael & Christian-Smith, Linda K. (1991): 'The Politics of the Textbook', in Apple, Michael & Christian-Smith, Linda K. (eds.), *The Politics of the Textbook*. London: Routledge, pp. 1 – 21.

Australian Curriculum Studies Association (ACSA) (2005): *ACSA Policy Statement*. http://www.acsa.edu.au/.

Bailey, Carol, A. (2010): 'Public Ethnography', in Hesse-Biber, Sharlene N. and Leavy, Patricia (eds.), *Handbook of Emergent Methods*. New York: The Guildford Press, pp. 265 – 281.

Benavot, Aaron & Braslavsky, Cecilia (eds.) (2006): *School Knowledge in Comparative and Historical Perspective: Changing Curricula in Primary and Secondary Education*. CERC Studies in Comparative Education 18, Hong Kong and Dordrecht: Comparative Education Research Centre,

The University of Hong Kong and Springer.

Bray, Mark (2004): 'Methodology and Focus in Comparative Education', in Bray, Mark & Koo, Ramsey (eds.), *Education and Society in Hong Kong and Macao: Comparative Perspectives on Continuity and Change*. 2nd edition. CERC Studies in Comparative Education 7, Hong Kong: Comparative Education Research Centre, The University of Hong Kong, pp. 237–250.

Cogan, John J.; Morris, Paul & Print, Murray (2002): *Civic Education in the Asia-Pacific Region*. New York: RoutledgeFalmer.

Elmore, Richard & Sykes, Gary (1992): 'Curriculum Policy', in Jackson, Philip W. (ed.), *Handbook of Research on Curriculum*. New York: Macmillan, pp. 185–215.

Foley, Douglas & Valenzuela, Angela (2005): 'Critical Ethnography: The Politics of Collaboration', in Denzin, Norman K. & Lincoln, Yvonna S. (eds.), *The Sage Handbook of Qualitative Research*. 3rd edition, Thousand Oaks, CA: Sage, pp. 217–234.

Gardner, Howard (1985): *Frames of Mind: The Theory of Multiple Intelligences*. London: Paladin.

Grossman, David; Lee, Wing On & Kennedy, Kerry J. (2008): *Citizenship Curriculum in Asia and the Pacific*. CERC Studies in Comparative Education 22, Hong Kong and Dordrecht: Comparative Education Research Centre, The University of Hong Kong and Springer.

Guba, Egon G. & Lincoln, Yvonna, S. (1994): 'Competing Paradigms in Qualitative Research', in Denzin, Norman K. & Lincoln, Yvonna S. (eds.), *Handbook of Qualitative Research*. Thousand Oaks, CA: Sage, pp. 105–117.

Hantrais, Linda (2008): *International Comparative Research: Theory, Methods and Practice*. New York: Palgrave Macmillan.

Hickling-Hudson, Anne & Ahlquist, Roberta (2003): 'Contesting the Curriculum in the Schooling of Indigenous Children in Australia and the United States: From Eurocentrism to Culturally Powerful Pedagogies'. *Comparative Education Review*, Vol. 47, No. 1, pp. 64–89.

Krathwohl, David R. (2009): *Methods of Educational and Social Science Research: The Logic of Methods*. Long Grove Illinois: Waveland Press.

Luke, A. (2008): 'Curriculum in Context', in Connelly, F. Michael; He, Ming Fang & Phillion, JoAnn (eds.), *The Sage Handbook of Curriculum and Instruction*. Thousand Oaks, CA: Sage, pp. 145 – 150.

Marsh, Colin & Willis, George (eds.) (1995): *Curriculum: Alternative Approaches, Ongoing Issues*. Englewood Cliffs: Prentice Hall.

Millei, Zsuzsa (2011): Governing Through the Early Childhood Curriculum, 'The Child', and 'Community': Ideologies of Socialist Hungary and Neoliberal Australia. *European Education*, Vol. 43, No. 1, pp. 33 – 55.

Morris, Paul (2012): 'Pick n' mix, Select and Project: Policy Borrowing and the Quest for 'World Class' Schooling: An Analysis of the 2010 Schools White Paper'. *Journal of Education Policy*, Vol. 27, No. 1, pp. 89 – 107.

Moyles, Janet & Hargreaves, Linda (eds.) (1998): *The Primary Curriculum: Learning from International Perspectives*. London: Routledge.

Phillips, David & Ochs, Kimberley (2007): 'Processes of Policy Borrowing in Education: Some Explanatory and Analytical Devices', in Crossley, Michael; Broadfoot, Patricia & Schweisfurth, Michele (eds.), *Changing Educational Contexts, Issues and Identities: 40 Years of Comparative Education*. London: Routledge, pp. 370 – 382.

Pinar, William F. & Reynolds, William M. (1992): 'Introduction: Curriculum as Text', in Pinar, William F. & Reynolds, William M. (eds.), *Understanding Curriculum as Phenomenological and Deconstructed Text*. New York: Teachers College Press, pp. 1 – 14.

Posner, George J. (2004): *Analyzing the Curriculum*. 3rd edition. New York: McGraw-Hill.

Short, Edmund C. (1991): 'Introduction: Understanding Curriculum Inquiry', in Short, Edmund C. (ed.) *Forms of Curriculum Inquiry*. Albany: State University of New York Press, pp. 1 – 25.

Sleeter, Christine E. & Grant, Carl A. (1991): 'Race, Class, Gender and Disability in Current Textbooks', in Apple, Michael & Christian-Smith, Linda K. (eds.), *The Politics of the Textbook*. London: Routledge, pp. 78 – 110.

Spindler, George & Spindler, Louise (1982): 'Roger Harker and

Schönhausen: From Familiar to Strange and Back Again', in Spindler, George (ed.), *Doing the Ethnography of Schooling: Educational Anthropology in Action*. New York: Holt, Rinehart & Winston, pp. 20–46.

Tong, Siu Yin Annie; Adamson, Bob & Che, Mary Man Wai (2000): 'Tasks in English and Chinese Language', in Adamson, Bob; Kwan, Tammy & Chan Ka Ki (eds.), *Changing the Curriculum: The Impact of Reform on Primary Schooling in Hong Kong*. Hong Kong: Hong Kong University Press, pp. 145–173.

Woolman, David C. (2001): 'Educational reconstruction and post-colonial curriculum development: A comparative study of four African countries'. *International Education Journal*, Vol. 2, No. 5, pp. 27–46.

第十二章　教学创新比较

罗陆慧英

创新似乎是教育领域永恒不变、不可或缺的主题。当今时代普遍存在一个潜在的假设：无论什么层次、什么类型的教育，都需要为培养适应知识型社会生活的公民进行变革。知识型社会表现为全球化步伐加快，知识寿命周期缩短，通过加强合作和发展不同的工作方式来提升经济竞争力（Hershock et al., 2007；Scardamalia & Bereiter, 2010）。由于社会对知识创造和传播极为重视，教育也因此需要设立新目标，取得新进步。这一观点不仅为发达国家接受（European Round Table of Industrialists, 1997；OECD, 2004），也被发展中国家广泛认同（UNESCO, 2003；Kozma, 2008）。

全球教育政策的变革与信息和通信技术（Information and Communication Technology, ICT）日益增长的重要性以及社会对ICT角色认知的转变密切相关。在20世纪80年代初，计算机就被引入课堂。当时的目的是把ICT作为学校的一门课程，给学生提供学习ICT（learning about ICT）的机会。随后，ICT被赋予了另一种使命，即利用ICT（包括多媒体、互联网和万维网等）来提高学习效率。20世纪90年代，通过ICT进行学习（learning through ICT）才开始在有关学校中的ICT应用的政策文件中得以重视。这要求把ICT作为一种必备工具综合应用到课程体系当中，并意味着没有它就无法完成教与学的活动。20世纪90年代末，有识之士认为ICT的教育功能对于培养21世纪所需的新能力而言不可或缺。在许多关于ICT的教育规划中，这种观点更为明显（Denmark, 1997；Singapore, 1997；Hong Kong, 1998；Finland, 2000；Korea, 2000；Singapore, 2008；US Department of Education, 2010）。

在此背景下，有关教学创新的比较研究也相应获得快速发展。本章首先回顾了关于教育变革、改革和创新的研究，随后转向比较教学实践的研究，并介绍了采用不同方法的三项研究。一项研究使用课堂录像来比较三个国家的教学实践，另一项研究使用多重方法来比较五个国家的教学实践，第三项研究则使用了课堂录像对一种教育体系进行研究。

当研究视角从研究教学实践转向专门关注教学创新的探讨时，下一节将介绍另外三项研究案例。这些研究的遴选基于以下标准：它们代表不同的方法论，涉及不同的研究问题，并服务于不同的目标。具体包括：

- 由国际教育成就评价协会在28个国家进行的"第二届国际信息科技教育应用研究"（Second Information Technology in Education Study，SITES）；
- 由欧盟联合研究中心（European Commission's Joint Research Centre，JRC-IPTS）下属的未来科技研究所开展的"创意教室可扩展性研究"（Scalability of Creative Classrooms Study，SCALE CCR），该研究比较了欧洲和亚洲的七项创新研究；
- 由微软学习计划合作伙伴关系（Microsoft Partnership in Learning Program）赞助、与七国教育者合作进行的"创新性教学与学习研究"（Innovative Teaching and Learning Research，ITL）。

本章回顾的所有研究均使用了多层次分析，这可能与贝磊和托马斯开发的比较立方体模型有关，这一分析框架也被本书的引言所强调。这些研究展现了多层次分析方法的价值，也展示了概念的可操作化何以可能。最后，本章讨论了这两组研究在教学创新比较研究以及更广泛的政策和实践中的方法论贡献。

教育变革、教育改革及教学创新的研究

组织层面出现变革的原因很多，有时可能是被动反应性的，而不是有目的的主动行为（Dill & Friedman，1979）。"创新"（innovation）是一种特殊类型的变革，可定义为"一种有形产品，或是一套有意图的新程序，旨在取得进步或收益"（Barnett，1953；King & Anderson，1995）。"改革"（reform）通常是指那些来自组织中的高层或组织外部的创新（Kezar，2001）。

广义上，"创新"是一种基于特定目标的深思熟虑的变革，不同研究者因此会根据各自不同的研究重点采用不同的操作性定义。根据变革程度的不同，"变革"可分为两个层次。第一层次的变革指的是在一个或几个维度上对组织进行调整和改善的小范围的变革，第二层次的变革是指转型性的变革，涉及组织的根本任务、文化、

职能运行和结构的变化（Goodman，1982；Levy & Merry，1986）。另一个重要的研究方向着眼于创新过程，考察随时间推移而发生的行为和事件。部分研究关注教师个体层次上的创新（Hall & Loucks，1978；Hall et al.，1979），而另一些研究针对的是创新模式在组织和体制层面的扩展（Rogers，1995；Reigeluth & Garfinkle，1994）。

直至20世纪90年代，有关教育变革的研究更多关注的是改革而非创新。在教育政策和研究领域，一个重大而明显的转变是CERI/OECD（1999）在"明日学校"研讨会上所作的报告。20世纪，许多系统层面的教育改革虽然改变了教育流程、相关规章和正式课程的规范，但改变教师的实践却非常困难（Cros，1999）。只有获得基层的主动认同并激发其创造性参与，改革才能真正实现学习和教学实践的深层转变。尽管通过政策规定向下施加的系统层面的改革努力与教师和/或学校自下而上的创新之间不一定相互对立，但它们总是存在着张力（Hargreaves，1999）。

教学实践的比较方法

现有文献提到的很多教学创新都与教学法的变革有关。然而那些关注教学创新特征的研究，往往只谈到具有相似教学哲学观、方法和/或背景的创新案例，而有关学习理论和教学法的文献对此都已涉及。直到21世纪初，以教学创新的特征为研究重点并采用多种路径和哲学观的比较研究还很少见。

亚历山大（Alexander，2000：510）认为，缺少教学比较研究的原因在于这类比较"需要具备多类型、多层次的专门知识，并需要具备对所比较国家的文化、体制和政策方面的认识"，而教学本身就是一个涵盖面广而复杂的研究领域。这里将利用三项教学比较研究，来突出展示现有文献中此类研究的多样性，这三项研究在规模、目的、研究范式和方法上都有很大不同。

作为教学实践调查的教学录像研究

关于课堂互动层面的教学比较研究的一个典型范例可能就是对"第三届国际数学和科学研究"（Third International Mathematics and Science Study，TIMSS）所进行的录像研究（Stigler et al.，1999；Stigler & Hiebert，1999；Hiebert et al.，2003）。这些研究所使用的研究方法可称为"录像调查"，因为它们根据调查研究设计从八年级数学课堂中随机抽取一些样本，目的是描述在课堂上是如何进行数学教学的。研究包含了描述性参数的统计误差指标以及跨国比较假设的置信水平（confidence level）。

1995年的TIMSS录像研究，其数据来源于德国、日本以及美国的231个八年级数学课堂。具体的研究方法如下：首先，在每个国家随机抽取了一些具有代表性的教师，并随机抽取了这些教师在某一学年的某一堂课来进行录像，最终目的在于对具有代表性的课堂进行描述，并对个别课堂进行比较。所有课堂经转录后，由几组以相应语言为母语的编码员根据一系列维度进行分析编码。分析报告以加权数据为基础，把重点集中在课堂内容、课堂组织以及教师的课堂教学行为上。最后，为了获得类似于一般调查的统计结果，斯蒂格勒（Stigler，1999）等人和希尔伯特（Hiebert，2003）等人详细探讨了质性数据在收集、储存、处理和分析的标准化方面所面临的各种问题。他们的目标是在国家层面上达到对教学实践的规范化描述。

将学法与学校和体制层面的特征联系起来

亚历山大（Alexander，2000）的"五种文化下的教育"研究采取了完全不同的方法。他质疑了传统研究中的核心假设，即仅需对不同学科进行小规模课堂观察便能概括出具有文化典型性的教学实践特征。他于1994—1998年在英国、法国、印度、俄罗斯和美国进行了这项研究。通过对体制、学校和课堂不同层面的数据进行深入探讨和交叉参照，该研究描述、分析和解释了各国在初等教育教学方法上的异同之处。

亚历山大的研究基于一项重要的信念，即教师和学生在课堂上所做的一切既反映也塑造了外部社会价值观。因此，教学法比较研究不应局限于课堂上所发生的一切，还应该把其理解为在学校、地方和国家背景下所进行的一种实践。在体制层面，该研究比较考察了各国的历史、政策、立法、管治、操控、课程、评估和督学的情况，因为认为这些因素对各国教学法的相似性施加了强大的压力。在学校层面，亚历山大确定了四个组织维度的特征（学校空间安排、学校的时间安排、人员安排和外部关系）以及一个关于教师如何认识学校价值和职能的概念维度。在课堂层面，教学实践的特征包括课堂结构和形式；课堂组织、任务和活动；对学生的区分和评价；常规事务、规则和礼节；对互动的组织；时间选择和进度安排；以及通过学习话语支撑学习的方式。亚历山大所做的这些工作，阐明了教学研究可贯穿于从课堂到整个教育体制的各个互动层面之间。

教学多样性及其与学校因素之间的关系

在某个特定的国家或文化背景下对教育现象进行详细研究，是比较教育文献中的重要研究范畴之一。罗（Law，2000）等人对中国香港地区的学校运用ICT的成功案例所开展的研究，就是同时从课堂和学校两个层面进行教学实践比较的实例。与亚历山大的研究（2000）毫无二致，这项研究的设计也坚信：教学行为在很大程度上受学校及体制因素和特征的影响，而只有在学校及体制因素的背景条件下才能对其进行最为恰当的阐释。"五种文化"研究和TIMSS录像研究都是为了找出教学实践在一般文化层面上的特征，但这项研究则不然，它的目的是在一个教学环境急剧变化的时期理解教学行为的多样性，这一时期，教育目标重心转向终身学习能力的发展，课堂中基于ICT应用的教与学不断增加。这项研究捕捉了教学实践中可能存在的最广泛的多样性，并且通过学校层面的背景因素（如领导特性和学校文化）来探寻它与教学的差异性之间存在的可能联系。由于教学实践中ICT的使用具有地方特色，如果通过随机方式选择课堂从而进行课堂观察，并不是很恰当。因此，这项研究基于已收集案例的初始特征，进行了有目的的抽样（purposive sampling），而案例的收集则是基于有关香港地区学校中使用ICT现况的大量信息。

关于课堂层面的分析，研究组首先从六个关键方面对课堂录像进行了细致编码，并在此基础上，对教学法进行了分类。这六个关键方面是：教师角色；学生角色；技术角色；教师、学生与技术之间的互动；学生之间的互动；学生所展现出来的能力（Law et al.，2000）。基于"扎根理论"（Strauss & Corbin，1990）的方法，罗等人在对46个课堂进行分析后确认了五种教学方法（pedagogical approaches）的分类。在学校层面上，研究分析确认了能区分不同学校变革模式的关键特征，发现除了对ICT的作用及其对学校影响的认识之外，学校的愿景和价值观以及形成的文化和改革历史均在ICT融入教学实践的方式上发挥着重要的作用。

本节提到的三项研究清楚表明，适用于教学实践的比较方法在很大程度上依赖于所提出的研究问题、分析的关注焦点、研究的目的和规模。虽然这三项研究所收集到的大部分数据本质上都是质性数据，但同样可以采取定量的、实证的或解释的方法来对其进行分析。此外，假设所研究的体制相对稳定，分析便可能侧重寻求典型的或有代表性的特征；相反，也可能致力于揭示多样性，以及探求能反映变革模型及相关结果的特征。

教学创新的国际比较

在前一部分有关教学实践研究的基础上，这部分转向专门关注教学创新的研究，并再次突出了三项研究。由于教学创新是本章的主要关注点,故与前一部分相比,本部分对这三项教学创新研究进行了更深入的探讨。一直以来,理解创新特征的愿望驱使着对教学创新的关注日益增加。而创新特征是本土因素与更广泛的背景因素之间复杂作用的结果,并不能仅仅被理解为教师个体层面的现象。基于此,本部分选择的三项研究都强调了超越课堂层面的数据,以揭示影响创新的出现、可持续性和可扩展性的情境因素与不同层次(学校、地区、国家和/或跨国)的政策和策略。其中,有两项研究的案例数据都是在较长的时间段内收集的。本部分还将呈现每项研究在方法论和设计方面的以下特征:

- 研究背景和问题
- 创新案例的定义和选择
- 方法论、研究设计和测量工具
- 分析方法和主要结果
- 研究的贡献和局限

SITES M2: 刻画课堂与学校层面以 ICT 赋能教学创新的类型

"第二届国际信息科技教育应用研究"(SITES)被设计为一项三阶段研究,其中的第二阶段(SITES M2)是一项关于应用技术来进行教学实践创新的国际比较研究(Kozma, 2003a)。在这之前,SITES 第一阶段已经在 1998 年底对校长和技术协调人员进行了调查,研究 26 个国家的学校在何种程度采用了 ICT 进行教与学(Pelgrum & Anderson, 2001)。结果显示,各国在 ICT 的基础设施水平、教学活动中使用的 ICT 的种类以及使用过程中出现的障碍等方面均存在差异。此外,校长问卷调查的开放题的作答情况表明,校长认为 ICT 的使用对创新课程方法、教师角色转变以及学生创造性学习活动产生了重要作用。

研究背景和问题

并非只要在课堂上应用了信息技术,就能自动产生 ICT 的积极作用。相反,它需要在教学实践中进行重大变革,这包括教师和学生角色的转变(Bransford et al., 2000)。SITES 引入 "逐渐浮现的教学范式"(emerging pedagogical paradigm)这一概念,它特别强调要实现新的教育目标,必须在崭新的教学实践中使用 ICT。

SITES M2 的设计目的在于研究 ICT 如何能够为课堂带来转型性的变革，为学生迎接未来做好准备，以及培育转型性变革的学校条件。具体而言，这项研究通过分析全球各国的案例，探讨了 ICT 支持下的教学创新具备可持续性和可扩展性的条件。

创新案例的定义和选择

各国创新案例的选择应满足两项规定。首先由国家选拔小组进行案例筛选，小组成员应由教育专业人士如政府官员、校长、信息技术协调人员、经验丰富的教师和大学研究人员组成。其次，确定的案例需要满足四项公认的国际性标准：（1）在教师和学生角色、课程目标、评价方式、教学材料与教育基础设施方面有明显的重大变革；（2）技术在创新过程中切实发挥了重要作用；（3）技术对学生产生了明显的、可测量的积极效果；（4）具有可持续性和可迁移性。另外，由于创新的标准很大程度上取决于本地的文化、历史和发展背景，所以每个国家还必须确立一套适用于本国的创新鉴定标准。

国际研究联盟也确定了一些对创新案例的选拔标准：为学生提供信息和媒体技能；促进积极、独立以及自我导向性的学习；让学生合作参与解决复杂的现实问题；"打破教室围墙"，让其他人参与教学过程；促进跨学科学习；关注学生个体差异；给学生提供自主学习机会；关注公平问题；促进社会凝聚和理解。

研究案例的选拔标准并没有对创新的原因加以特别限定。因而，被选拔出来的案例，其创新可能是源于国家或地区层面推动的自上而下的改革措施，也可能是由教师提出的自下而上的创新。28 个参与国所涉及的 174 个研究案例包括了这两种类型的创新。

方法论、研究设计和测量工具

SITES M2 是基于深入的个案研究，是为了深入了解有关案例的具体情况和意义而对特定的体制或单位进行细致的描述和分析。基于此，案例研究的兴趣通常在于过程而非结果，在于描述和分析情境而非特定变量，在于发现而非证实（Merriam，1998）。个案研究尤其适用于揭示典型情境或现象中的重要因素之间的相互作用，其中涉及的变量与其所处的情境密不可分（Yin，2009）。在 SITES M2 中，研究者采取了工具性的构思和分析方法来进行个案研究，对那些反映根本问题、关系和原因的特殊案例进行归纳总结，以解决研究所指向的问题（Kozma，2003b）。

个案研究的报告中涉及分析工作（Miles & Huberman，1994）。由于语言和资源的限制，SITES M2 的跨国个案研究难以查证最原始的资料，唯有个案报告为此提供了基础。项目要求以两种格式提交个案报告：陈述式和数据矩阵式。陈述是个案研究中最常用的形式，通常还辅以一定的描述和分析。根据 SITES M2 的研究设计，陈述报告的重点是描述。而数据矩阵为报告直接提供"填充"信息，根据一系列与研究的概念框架有关的结构化问题，提供有关课堂实践证据的简短解答。

分析方法和主要结果

本节除了展示 SITES M2 的国际研究报告所做的分析（Kozma, 2003a）外，还将简要描述以色列等国的国家研究小组发布的有关国家和国际层面跨个案研究的深入分析结果。

基于全部案例特征的聚类分析

作为一项工具性个案研究，SITES M2 国际研究中心利用统计聚类分析考察了在 174 个案例集中归纳出的创新类型。聚类分析是一种探测性统计方法，依据选择出来的特征对相对类似的案例（或变量）进行分组（Aldenderfer & Blashfield, 1984; SPSS Inc., 1999）。考兹玛和麦吉（Kozma & McGhee, 2003）通过对四个维度的 38 个特征进行 K 均值聚类分析（K-means cluster analysis），寻找到这些案例中突出的教学特征。这四个维度包括：教师行为（包括方法、角色和合作等 9 个特征）；学生行为（包括活动和角色等 10 个特征）；ICT 实践（包括角色及 ICT 在研究个案中所发挥的功能等 8 个特征）；在学校中使用的 ICT 种类（包括软件、硬件工具方面的 11 个特征）。需要说明的是，K 均值聚类是一套定量解释程序，输进设定的集群数目（number of clusters）N 以后，便进行反复运算，目的是在最后算出 N 个聚类均值（cluster means），并确定各自的集群成员资格（cluster membership），使集群成员与所属集群聚类均值之间的平方距离的总和减至最小。

考兹玛和麦吉最后确定八个集群的方案最能实现他们的研究目的，并以集群中最高均值的特征模式来为每个集群命名，例如工具使用、学生合作性研究、信息管理、教师合作等。但缺陷在于，有 31 个案例（占总数的 18%）无法进行有意义的分类。此外，这项分析仅限于表层的描述，并未特别有助于对教学实践的创新特征进行深入刻画。

分别针对教师角色和学生角色相关特征的聚类分析

罗（Law, 2003）等人对 SITES M2 个案研究数据的聚类分析采取了一种更精细化的方法。他们并未将所有编码过的教学特征进行聚类，而是分别对两组特征进行了聚类分析——教师角色（13个特征）和学生角色（17个特征），这是因为她们认为教学角色的变革是教学创新的核心，而其中一方的变化并不一定与另一方的变化相关（Law，2004）。

这一分析方法总结出了教师角色的五个聚类：呈现、指示和评价；提供学习资源；管理学习任务；指导合作型探究；促进探究式学习。与此同时，也形成了学生角色的五个聚类：倾听和遵循指示；参与低水平的专题研习，包括完成定义清楚的指示性任务、搜索和呈现信息；参与产出性学习（productive learning），如各类媒体作品或报告的设计和制作；与远程的同伴一起参与在线探究；参与普通探究。

这两组聚类揭示了部分角色类型仍然是相当传统的，如教师的呈现和指示、学生遵循指示。然而，也有清晰的证据表明一些新兴角色正在出现，如教师促进探究式学习，学生与远程同伴参与在线探究等。此外，聚类还揭示了在某些案例中，即使教师主要扮演着诸如提供学习资源的传统角色，但他们也给予学生机会去尝试更具创新性的角色，如创作媒体产品和工艺品（Law et al.，2011）。

比较使用ICT所带来的教学变革的程度

迈尔德瑟（Mioduser，2003）等人所设计的分析方案，旨在比较在以色列收集的10个创新案例中教学变革的程度。这一分析的主要假设是，应用技术将产生这样的变革过程：从初始水平发展到将ICT初步融入学校的日常教学，接着经历一个过渡过程，最后实现教学行为和学习方法的深刻转变。他们随后制定了一套编码规则，这套规则共包含九方面内容，并界定了学校环境中的四个不同的创新领域（时间/空间架构、学生角色、教师角色、ICT对课程各方面的影响）和三种创新水平（融合、过渡和变革），以反映ICT的使用引发了传统工作模式在多大程度上的变化。

利用上述分析框架，图宾（Tubin，2003）等人就他们收集的SITES M2的十个以色列案例进行了分析。每所学校就全部九个方面计算出了一个总体平均"创新水平"，研究发现学校之间的得分差异很大，大多数学校的各方面发生了不同程度的变革。而由于"创新水平"是对完全不同的领域所进行的累计加分，所以难以解释。另外值得关注的是，除了教师沟通和工作模式中的ICT使用程度对其他方面的变革影响极小之外，不同领域的创新水平之间均存在着高度的相关性。

把ICT当作教学创新的比较维度之一

基于对教学创新的程度和ICT的使用必然相关这一研究假设的警惕态度，罗等人（Law et al., 2005）设计了一项跨国教学创新案例比较研究，ICT 的使用在其中仅被视为创新的六个维度之一。另外五个维度分别是学生行为、教师行为、课程目标、可观测的多维学习成果以及课堂与外界的联系。同时，他们建构了一套用以评估每个维度的创新水平的规则，运用李克特（Likert）七级量表对每一创新水平的教学特征——依次从最传统的到最具创新意义的——进行了特别说明。

根据这一方法，罗（Law, 2003）等人指出，这六个维度中的每一个均存在很大的差异性。有些案例的特征跟传统教学实践中的特征非常相似，而有些则非常具有创新性，甚至在今天的课堂上都很少见。研究小组认为，按照这六个维度的创新得分来计算出每一个案例的创新总得分并不太恰当，于是，为了能通过这六个维度来对每个案例的创新程度进行大致概括，他们设计了一个图形来进行表述。研究显示，在评估的这些案例中，很少有案例是在全部六个维度上都具有高度创新性，大多数都只是在一个或两三个维度上显示出高度创新性。这说明不同的教学变革推动者在进行教与学的创新试验时，并没有对这六个维度给予同等重视。

在上述六个创新维度中，"ICT 的复杂性和精密性"的平均分最高、标准差最小。这表明，尽管世界各国（地区）总体上在获得 ICT 的便利程度方面存在很大差异（Pelgrum & Anderson, 2001），但不同国家（地区）所挑选出来的创新案例在技术使用上极为相似，高于其他五个维度。此外，"课堂与外界的联系"维度标准差最大，表明课堂与外界的联系更多是取决于诸如课堂文化之类的其他因素，而不是相关的硬件和软件环境以及连接互联网的便捷程度（Law, 2008）。

与此同时，罗等人（Law et al., 2005）的研究显示，创新程度的评分规则提供了测量的框架和方法，有利于比较地区之间的差异。"多维学习成果"的分数在所有地区几乎都是六个维度中平均分最低的，除西欧以外，其他所有地区在这个维度上的得分都低于中间分 4 分。这说明，在六个教学维度上，评价行为方面的变革程度最小。另外，西欧国家（地区）除 "ICT 的复杂性和精密性"维度以外，在其他五个维度上的平均分都最高。相反，亚洲国家（地区）除 "ICT 的复杂性和精密性"维度以外，在其他五个维度上的平均分都低于 4 分。

随后，为了进一步了解地区或国家之间的差异，他们又对这些研究结果进行了更深层次的考察。例如，由于发现亚洲的案例在"课堂与外界的联系"维度上得分最低，而西欧的案例得分最高，罗等人（Law et al., 2005）展开了进一步的定性分析，以探讨中国香港地区和芬兰的创新个案在 "ICT 的角色"方面所存在的显著差异。在中国香港的教学创新中，ICT 主要是作为学习手段和作品制作的工具，比如用互联网搜索信息。尽管在所有进行创新的中国香港学校里，互联网的使用都很便利，但电子邮件和论坛仍是主要的沟通工具。相反，芬兰的所有创新案例都利用了在线学习来形成一个重要的信息和沟通平台，为学习活动以及创新过程中的多方合作互动（如课堂与外界的联系）提供支持。

研究的贡献和局限

SITES M2 是第一项探讨教学创新的大规模国际比较研究。它在个案研究法方面开创了许多方法论创新，并提供了丰富的数据集。到目前为止，基于 SITES M2 的研究结果主要是描述性的，但也开展了一些解释性研究，其中包括对造成欧洲和亚洲地区案例的创新特征差异的潜在因素所作的探究（Law, Kankaanranta & Chow, 2005），以及对 ICT 支持下的教学创新如何具备可持续性和可扩展性的探索（Law, 2008）。

显然，作为一项开创性研究，SITES M2 在研究方法上还有很大的改进空间。特别需要指出的是，尽管研究的概念框架强调"教学实践创新嵌入在一组嵌套式的情境层次中，各级情境因素影响和调节着教育变革"（Kozma, 2003a：10），并在课堂（微观）、学校（中观）和国家（宏观）层面进行数据收集，但该研究并未真正考虑到教育体制的多层次性质。SITES M2 在研究设计上的不足导致分析未能真正揭示多层次因素之间的互动和关系。具体而言，首先，虽然每个案例的数据收集包括学校层面的信息，但每个学校内仅选择了一项创新实践，这实际上将学校层面的数据收集降至与课堂层面相同，无法在多个嵌套层次上进行分析。其次，SITES M2 的数据收集仅限于对每所学校的少数个体进行深入的质性访谈和课堂观察，并且每个国家又仅涵盖少数几所学校，故每一情境层次只有一个或少数几个数据点将来自各层次的数据合并为一体。而下文介绍的创新性教学与学习研究（ITL）则克服了这些设计上的缺陷，得到了更为有力的研究结果。

SITES M2 的另一个特点可能会被视为局限，但也并不尽然：所有的案例都围绕着单一的课堂实践进行界定，尽管其中一些可能是地方、国家或国际行动的一部分。虽然数据收集确实包括这些背景之间的联系及其对教学创新的贡献，但同一区域内其他课堂和学校信息的缺失意味着研究人员无法全面理解更广泛的创新背景下的具体案例。而在更大范围内确定案例并进行教学创新研究的可能性和优势，将通过下面的 SCALE CCR 加以详细讨论。

SCALE CCR：亚洲和欧洲创新案例的大规模比较，基于生态学视角探索创新的可持续性、可扩展性与影响力的条件

正如 SITES M2 所展现的一样，对教育体制产生最深远影响的因素并非创新程度，而是创新的可持续性和可扩展性（Kozma，2003a）。数十年来，对教育变革的研究促使许多人从生态学视角来理解变革，将其视作一个复杂的演化过程而加以推动（Hargreaves，2003；Coburn，2003；CERI/OECD，2010；Law et al.，2011）。变革并非一蹴而就，而是一直处于发展过程中。变革的持续发展依赖整个教育生态系统（基础设施、文化、课程及学校和体制层面的其他因素）的演进。

自 21 世纪初以来，在不同程度的政策投入与支持之下，许多使用 ICT 来辅助学习的大规模试点项目在各类情境中开展。2011 年，JRC-IPTS 的信息社会部门代表欧盟启动了"欧洲创意课堂升级项目"（SCALE CCR）。这项工作最终形成了一份报告，基于对从欧洲和亚洲选取的案例的深入比较，阐述了 ICT 赋能下的学习创新具备可持续性、可扩展性和影响力的体制层面的条件。

研究背景和问题

SCALE CCR 的核心研究目标是更好地了解创新的目的、成果、影响以及 ICT 赋能学习创新的教学、技术与组织性质。研究者为此考察了已经有一定规模或已有显著影响且正在进行中的创新案例的实施与传播策略。总而言之，本研究调查了 ICT 赋能的学习创新实现可持续性、可扩展性和显著影响力的体制层面的条件，以及将 ICT 赋能的学习创新纳入主流教学的有效政策和策略。研究的重点则是通过证据与理论的建构来支持相关的政策改革。

创新案例的定义和选择

与案例比较研究通常会寻找具有相似规模的案例不同，SCALE CCR 选择的七个案例在规模上具有极大的多样性，其中三个来自欧洲，另外四个来自亚洲。案例规模从单个学校到多国项目不等，后者涵盖了 33 个国家的 20 多万名教师。这种有意为之的案例多样性旨在刻画 ICT 赋能的学习创新的真实"生活史"（life histories），并从不同国家生动的、伴随着日常的混乱和复杂性的创新案例中开展对教学生态的探索。

在 SITES M2 中，教学创新聚焦于课程单元，尽管创新可能是更大的国家或国际网络的一部分，但案例的边界被明确界定于所属的课堂和学校层面。相反，SCALE CCR 关注的是围绕使用 ICT 的学习创新的可扩展性和系统影响问题进行理论建构。故创新的规模和性质便作为一种变量，决定着创新案例的不同历史、背景和规模是否以及如何对创新的可扩展性产生作用和影响。因此，本研究中的案例被认为是围绕共同主题和结构而形成的最广义的"项目"（project），它包括影响着创新的性质、变化和发展的各级利益团体与互动行为。正是基于理论建构的目的，本研究采用了有目的的抽样，即根据案例阐明和扩展研究中已有因素间关系的潜力来选择案例（Eisenhardt & Graebner，2007）。

SCALE CCR 选择的三个欧洲案例如下：
- eTwinning：该项目是一个面向教师的网络，帮助教师利用欧洲学校门户网站提供的安全在线环境来开展跨境课堂项目和教师专业发展。该项目始于 2005 年，截至 2013 年，已有 33 个欧洲国家的 20 多万名教师加入其中。eTwinning 之所以入选，是因为它取得了较大的规模并在提高欧洲学校社区和教师的跨文化意识方面获得认可。
- 欧洲的 1∶1 学习：这一由 31 个项目所组成的项目集在 19 个欧洲国家进行，旨在为特定班级、学校或年龄组的学生配备便携式计算机设备，实现教学变革和创新。这 31 个项目的实施方法、融资模式和主流战略各不相同，为我们了解这些因素如何影响项目及其规模扩张提供了宝贵资料。
- 丹麦的海勒鲁普学校（Hellerup School）：这所建于 2000—2002 年的创新型公立学校成功转变了教学方法并重塑了物理空间，促进了学生学习的多样性、灵活性和创造性，也充分体现了 ICT 所带来的诸多可能，它还满足了不同学习策略和风格的需要。此外，学校调整了整个生态系统以实现创新可持续发展，并对其他学校的生态系统发展产生了显著影响。

随后选择的四个亚洲案例包括：
- 未来教育改造计划（Renovating Education of the Future Project，CoREF）：该项目于 2010 年启动，旨在变革日本以教师为中心的教育，使其转向以学生为中心、社会建构主义取向的学习。在大学联盟的引导和地区教育委员会的支持下，它采用了一种名为"知识建构拼图"的特殊教学方法。2013 年，CoREF 覆盖了约 770 所学校，预计将为包括国家标准、学校评价体系以及课程开发在内的教育政策提供基于证据的建议。

- 韩国的数字教材计划：这是由韩国教育部领导的试点项目，旨在开发便捷易用的数字教材内容。它利用移动设备和社交网络服务工具，为学生提供了真实丰富的互动式学习体验。该项目同时也是韩国 ICT 总体规划的一部分。

- 中国香港地区的 e-Learning 试点计划：这项为期三年的计划由中国香港政府推行，并被作为第三个 IT 教育战略（Third IT in Education Strategy）的一部分来探索能够开发可持续、可迁移和可扩展的有效电子学习方案的适宜模式与必需的支持措施。该计划由香港教育局选择的 21 个项目组成，涉及多个学科领域和 61 所学校。

- 新加坡教育中的 ICT 应用的第三个总体规划（Third Masterplan for ICT in education，mp3）：新加坡政府的这一举措面向全体学生，旨在"丰富和转变学生的学习环境，使他们具备在知识经济时代取得成功所要求的关键能力和品质"。在第一个和第二个总体规划的愿景及成果的基础上，该项目已经进入主流化阶段。

上述案例清单表明，基于对规模（一所学校 vs 33 个国家的 20 万名教师）、能动性的主要来源（基于学校的项目 vs 欧洲层面的项目）和项目成熟度（最初的试点 vs 一项有多年历史的国家主流项目）方面的考量，本研究选择了"两级化"（polar）案例。与此同时，案例清单与旨在建构理论的案例研究设计相匹配，其中"每个案例都是一个独立的分析单位"，重点是"发展可建构、测量和检验的理论命题"（Eisenhardt & Graebner，2007：25）。

方法论、研究设计和测量工具

在大多数案例研究中，资料数据收集往往是在研究设计完成之后才开始。本研究并不涉及原始数据的收集工作，取而代之的是将研究者或研究小组指定为所选择的七个案例的报告撰写者，他们了解并能接触到与案例相关的信息和重要人物。每位撰写者将被提供一份报告模板，以保证每个案例能够与概念框架相映射。该框架共有五个维度，每个维度都用一条标签所界定，这一标签包含了两个极值和一个用于描绘教学变革创新情况的连续量表的中间点。具体的五个维度如下：

1. 创新的性质（从渐进式到激进式再到颠覆式）；
2. 实施阶段（从试点到形成规模再到成为主流）；
3. 实施层面（从地方到区域/国家再到跨境）；
4. 影响领域（从流程到内容再到组织）；
5. 目标对象（从单一行动者到多个行动者再到广泛的行动者）。

上述五个维度的设计不仅是为了探寻不同创新之间的差异，还为了捕捉创新案例的"生活史"的动态变化。

分析方法和主要结果

基于对七个案例的反复观察，SCALE CCR确定了能够使创新产生显著学习成果的条件，这些条件也与文献中的结论相一致。本节将介绍如何通过考察不同规模的构想之间的关系，总结出观察到的两种趋势。

技术的选择会影响教学创新吗？

其中一项观察探讨了所用技术的复杂性和精密性与技术在教学创新中发挥的作用之间的关系。研究发现，单项或多项技术往往要么是创新项目的附加物，要么是引发创新的重要原因。然而，技术若要成为深层教学变革的杠杆，就必须作为一种数字基础设施将硬件、网络、设备和在线学习环境及资源整合在一起。

战略协调的创新参与门槛及其规模

这一概念建构所基于的主要假设是，创新既可以自下而上形成，也可以自上而下开启，而这两种策略在任何具体的创新中往往都是共同发挥作用。此外，就创新而言，无论其性质、规模或能动性的主要来源如何，都必须有一个被参与了创新的所有人所共同接受的基础。战略协调的某些创新参与门槛可能很低，比如使用eTwinning门户网站与其他欧洲国家的课堂进行交流，或是使用1∶1学习的设备。另一种情况则是创新参与门槛要高得多，例如CoREF采用共同的教学模式，或是海勒鲁普学校追求颠覆式的学校愿景，这包含了与主流学校完全不同的空间安排、课程和日程表。基于这一概念框架，本研究将每个案例的战略协调的创新参与门槛与创新规模进行了映射，即根据上述创新图谱框架确定创新参与的程度。如图12.1所示，总体而言，规模较大的创新往往在战略协调时具有较低的参与门槛。

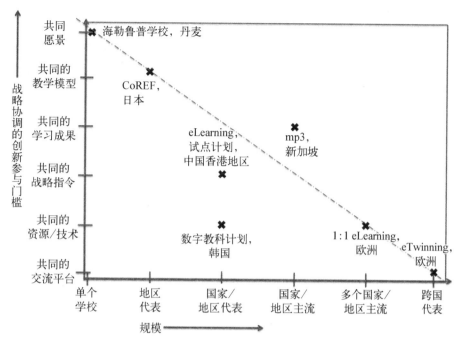

图 12.1 SCALE CCR 中战略协调的创新参与门槛和创新规模的对比图
资料来源：坎皮利斯（Kampylis, 2013）等，p.128。

研究的贡献和局限

SCALE CCR 的研究工作展现了当被调查的现象涉及复杂的分层互动和相互依存的反馈时，使用不同规模层次的案例来实现多维理解的方法论潜力。在这里，案例的边界是流动的、有机的，随着时间的推移而变化。本研究利用案例作者对所选案例的深入了解和联系，基于丰富的深度报告集进行了二次分析，根据确定好的模板精心编制了案例报告。因此，这样的设计使研究得以覆盖更广泛的地域和参与者，研究的持续时间也比通常情况更长。

此外，通过案例收集到的证据还被用于制定政策建议，以进一步将 ICT 赋能的系统创新纳入主流并扩大其规模（Brecko et al., 2013）。最终的分析考虑到正在进行的创新的动态和不断演变的性质，因此具有潜在的生态有效性，但同时也对生态效度的标准提出了方法论上的挑战。

虽然从图 12.1 中可以明显看出创新参与门槛和创新规模之间的负相关关系，但是也有一些重要的偏差。例如，中国香港地区的 e-Learning 试点计划与新加坡关于教育中的 ICT 应用的第三个总体规划均建立在大约同一时间开始的倡议的基础上，但后者的规模更大、战略协调的创新参与门槛更高。由于缺乏关于这些不同创新的动态演变的信息来说明图 12.1 所示的静态图，因此无法明确指出造成这些偏差的核心原因。若要理解促成不同变革路径及其演变的背景和战略差异，可能需要进一步发展教学创新比较研究的方法论。

ITL：在生态系统视角下调查旨在培养学生 21 世纪技能的 ICT 应用的条件

由 SRI 国际公司领导并由微软赞助的创新性教学与学习研究（ITL）于 2010—2011 年进行（Shear et al., 2011）。这项研究以生态系统概念框架为基础，调查了 ICT 的使用对教学创新的支持，以及这些支持如何影响学生的学习成果。ITL 在七个具有广泛的地理、文化和社会经济多样性的国家进行，它们分别是澳大利亚、英国、芬兰、印度尼西亚、墨西哥、俄罗斯和塞内加尔。研究的重点并非进行排名比较，而是通过比较来发现每个教育系统中能够影响教学创新和学生成果且相互作用的条件之间的相似之处。

研究背景和问题

ITL 关注三个研究问题（Shear et al., 2010）：
- 教学实践创新在多大程度上与 21 世纪学习成果相关？
- 哪些学校层面的条件与教学实践创新相关？
- 国家或地区层面的哪些支持计划与教学实践创新相关？

研究结果还为关注对教学实践的支持的后续研究提供了依据。与 SITES M2 一样，ITL 也由一个全球研究小组负责协调其在全球的研究设计、数据分析以及报告撰写工作。与此同时，每个国家对上述工作的本土化调整和数据收集由当地的研究伙伴负责。

创新案例的定义和选择

对于一项基于生态系统视角的研究而言，案例研究是最适于提供整体性理解的方法。由于 ITL 以教学实践创新为研究重点，故对案例进行了有目的的抽样。与 SITES M2 相似的是，每个国家的案例选择也由一个包含三到四名成员的提名委员会负责,他们负责确定 12 所创新学校和 12 所对照学校,前者指的是那些被认为具有高水平的教学实践创新的学校。具体而言,教学实践创新具备三个主要特征:以学生为中心的教学法、发生在课堂外部的学习以及融入了 ICT 的教与学(Gallagher et al.,2011)。

方法论、研究设计和测量工具

ITL 采用工具性案例比较研究开展了两个层面的比较。首先是在每个国家的学校之间进行比较,以回答三个描述性研究问题。随后是对七个国家的研究结果进行比较,以确定在整体数据集以及至少三个国家中具有重要意义的关系。

为了获得与教学创新相关的多组指标,本研究共收集了四类数据:对教师和学校领导的调查,课堂观察,对学校领导、教师和学生焦点小组的访谈,以及对学习活动和学生作品(Learning Activities and Student Work, LASW)的分析。其中,LASW 是衡量教师的教学实践和学生成果的主要客观指标(Gallagher et al.,2011)。在有关教学创新的大规模国际比较研究中使用 LASW 是一种相对较新的方法,下文将对此进行详细介绍。

作为学习过程的一部分,学习活动是教师在课堂内外布置给学生的任务。而学生作品则是学生在开展学习活动的过程中制作的人工制品(artifacts),如论文、演示文稿、工作单、播客和视频等多媒体作品。故在对 LASW 的分析中,学习活动和学生作品样本被收集起来,作为教学实践与学习成果的证据来反映真实的课堂环境中发生的事情。这一方法其实正是在先前关于"指定作业"的真实性和认知复杂性(Bryk et al.,2000)、严谨性和相关性(Mitchell et al.,2005)以及 21 世纪学习机会(Shear et al.,2009)的研究基础上开发出来的。

在 ITL 第一年的研究中,研究者从每个国家的 12 所创新学校中随机抽取出 6 所,并从这些学校的 8 名文科或理科教师处收集了 11—14 岁学生的学习活动和学生作品样本。每位教师都提供了四至六份学习活动样本,这些活动被教师认为在学年各阶段为学生提供了最佳的学习机会。需要说明的是,"最佳"的标准由教师自行决定,因此反映了他们对优质教学的看法。

除了提交学习活动的样本外,每位教师还需提供他们在其中四项学习活动中随机抽取的六份学生作品样本。具体而言,当地的研究伙伴通常会根据被指定了学习任务的班级的学生名册进行随机抽样。在此之后,他们首先对学习活动样本进行编码,以确定这些活动在多大程度上为学生提供了培养技能的机会;其次对相应的学生作品样本进行编码,以反映学生实际展现出目标技能的程度。

分析方法和主要结果

由于对调查和访谈数据的分析与 SITES M1 和 M2 所使用的分析方法一致,本部分因此只介绍了对 LASW 数据的分析。由当地研究小组单独招募和培训的教师负责进行 LASW 样本的编码工作(Gallagher et al., 2011)。学习活动样本的编码基于五个维度(合作、知识积累、使用 ICT 进行学习、解决现实问题、创新和自我管理),以衡量教师为学生提供发展 21 世纪技能机会的程度。对学生作品样本则进行了四个平行维度的编码,其中有所调整的部分是将"自我管理"维度改为"熟练交流",并取消了"合作"维度的编码,由此揭示学生作品在多大程度上展现了相应的技能。此外,编码采用四点量表,并对 20% 的样本计算了评分者间信度。

在此基础上,研究者对已编码的 LASW 数据进行了四类分析:加权分数的描述性统计、学生作品分数的组内相关系数(intraclass correlation coefficient)、学习活动和学生作品分数的有序回归分析(ordinal regression analysis)、学习活动和学生作品在各维度之间的合并加权平均分的线性回归分析(linear regression analysis)。与教师相关的 LASW 数据也被置于有序回归模型中,以考察 LASW 分数与教师在量表调查中所得分数之间的关系。

希尔(Shear,2011)等人报告了 ITL 的几项重要发现:第一,教学实践创新与 21 世纪学习成果正相关,而学习成果的发展在很大程度上受到学习活动设计的影响。第二,当教师有机会开展合作并经历持续的、实践性的专业发展,并在支持创新的学校文化中的时候,教学实践创新更有可能出现。第三,教师在教学中使用 ICT 比学生在学习中使用 ICT 更为常见。第四,所有国家都存在教学实践创新。而这往往只是教师个人努力的结果,与教育生态系统的其他部分(如学生评估和教师评价)脱节。此外,学校内部的教学实践差异很大,全校一致的创新实践非常少见。

研究的贡献和局限

ITL 提供了明确证据来证明教学实践创新影响着学生发展其在未来生活和工作中的有用技能。通过对每个参与国、每所选择的学校、每位抽样的教师进行嵌套式调查,本研究揭示了各个教育生态系统在 ICT 的使用和教学创新方面具有很强的相似性。无论是上述的第四条研究发现，还是在背景各异的七个国家间观察到的所有重要发现，都离不开嵌套式的案例研究设计。

尽管如此，ITL 也存在着研究局限。这主要表现为数据收集规模有限，没有严格遵循抽样设计，因此限制了研究结果在国家内部的概推能力和进行跨国比较的能力（Gallagher et al., 2011）。

教学法和教学创新比较研究的方法论进展与挑战

教学创新比较与教学法比较的主要区别在于，前者侧重于了解教学"冰山"的一角，即将课堂上涌现的教学变革视为更广泛的背景和力量的一部分，而后者则聚焦于特定背景下稳定、代表性的教学实践。此外，教学法比较研究旨在基于社会文化、历史和经济背景来发现和理解教学法差异，故"比较"是研究重点。不同的是，教学创新比较研究的主要目的是开发出更好的理论和模式，以维持和扩大教学创新，"比较"便作为一种工具性方法，用以回答与教育体制不同层面的变革和创新相关的问题。

从教学法比较研究到教学创新比较研究的转变由此提出了一些方法论问题，这些问题在比较教育研究的其他领域中也有所涉及，包括比较的目的、如何处理背景以及如何对植根于层层嵌套的系统中的动态教育现象进行比较研究。

静态的、去情境化的教学法比较研究作用有限

TIMSS 视频研究旨在理解美国、德国和日本在数学教学上的差异，它们同为经济发达国家，但在 TIMSS 数学排行榜上的排名却很不同。而研究的主要发现是国家之间的差异远远大于国家内部的差异，以至于像斯蒂格勒（Stigler, 1999）等人所言，每个国家的数学教学都能以脚本的形式来表示，就像学生的数学能力可以用考试成绩的平均分和标准差来表示一样。虽然这是一个有趣、也许还令人惊讶的发现，但其效度可能会受到质疑。ITL 就挑战了这一研究发现，得出与之形成鲜明对比的结论——即使在一所学校内部，教学实践也有着广泛的多样性。不仅如此，ITL 还指出，在课程设置、社会经济和文化背景大相径庭的国家中，教学实践与情境因素之间的关系其实是相似的。

在达到临界点之间的波动期，旨在测量核心趋势的工具在探寻变革方面往往是

迟钝的。例如，2006年的 SITES 报告称教师的教学实践仍然非常传统，SITES M2 在 2000 年收集的案例中发现的教学创新也很少（Law et al., 2008）。这是由于诸如 TIMSS 视频研究等采用的是快照式的研究设计，除非重复进行研究，否则是无法捕捉到教学实践的变化的。

从情境绘图到生态系统建模

不同于 TIMSS 视频研究，本章介绍的其他五项研究都非常重视情境资料数据（contextual data）。然而，它们在对情境的概念化和研究方法上各不相同。例如在亚历山大（Alexander，2000）和罗等人（Law et al., 2000）的研究中，情境被认为包含了学校和体制层面的多方面因素，如学校愿景和领导力、国家的文化和经济背景。在研究方法上，这两项研究均基于对质性数据的反复深入分析，获得了对教学实践及其背景条件的分类。这类研究由此建构起一幅幅"情境地图"（contextual maps），补充了对教学实践的质性描述。

相比之下，SITES M2 更进一步地建立了一个明确的概念模型，即影响微观层面教学创新特征的宏观和中观层面的情境因素所形成的多层嵌套结构。然而，由于每个层面仅有一项或几项数据点，这一研究设计无法总结出真正的教学创新的生态系统模型。

不负所望的是，采用最为复杂精密的研究设计的 ITL 可以捕捉到不同层面资料数据的复杂性。因此，ITL 为各国的教学创新特征和不同层面情境因素之间的关系提供了有趣的观察结果。

而 SCALE CCR 也创新了在案例定义方面的设计。该研究所选择的案例规模差异很大，并且是在分析性维度而非描述性维度上开展案例比较。这为探索在多个层面发生的教学创新提供了另一种设计。

建立教学创新的动态生态系统模型

SCALE CCR 和 ITL 都已初步尝试捕捉教学创新的动态方面，尽管二者采用的方式非常不同。总体来看，前者通过分析具有不同规模和发展历史的"项目"的横截面，设计出统计模型，以此说明不同类型的项目如何随着时间推移在创新程度（由战略协调的参与门槛表示）和创新的影响范围上发展。然而需要指出的是，这些模型仍是相对静态的，无法揭示项目及其子单元在上述两个维度上发生变革的机制与条件。

ITL 为期三年，本章介绍的是第二年的研究结果（第一年是试点，旨在完善研究设计和测量工具）。而第三年并未被设计为正常的追踪评估，而是作为一项制定和实施干预措施并调查由此引发的变革的研究。因此，这一安排可以对教学创新所处的教育生态系统各个层面的复杂互动和相互依存关系开展更为动态的探索。

研究展望

总之，教学创新比较研究领域在研究设计和测量工具方面取得了很大的进展，特别是在案例研究法中建立教学变革的多层次生态模型。鉴于许多研究者致力于通过教学创新的全球比较研究，来为教育系统的各个层面提供政策建议，可以预见这一领域将会取得进一步的方法论进展。发展动态变革模型尤为如此，这是因为该模型考虑到了嵌套在复杂互动和相互依存的层级结构中的情境。

（姚晓蒙 译，刘海静 校）

参考文献

Aldenderfer, Mark S. & Blashfield, Roger K. (1984): *Cluster Analysis*. Beverly Hills: SAGE.

Alexander, Robin J. (2000): *Culture and Pedagogy: International Comparisons in Primary Education*. Oxford: Blackwell.

Barnett, Homer (1953): *Innovation*. New York: McGraw-Hill.

Bransford, John D.; Brown, Ann L. & Cocking, Rodney R. (eds.) (2000): *How People Learn: Brain, Mind, Experience, and School*. Washington DC: National Academy Press.

Bray, Mark & Thomas, R. Murray (1995): 'Levels of Comparison in Educational Studies: Different Insights from Different Literatures and the Value of Multilevel Analyses'. *Harvard Educational Review*, Vol. 65, No. 3, pp. 472–490.

Brečko, Barbara N.; Kampylis, Pan & Punie, Yves (2013): *Mainstreaming ICT enabled Innovation in Education and Training in Europe: Policy Actions for Sustainability, Scalability and Impact at*

System Level. Luxembourg: Publications Office of the European Union.

Bryk, Anthony S.; Nagaoka, Jenny K. & Newmann, Fred M. (2000): *Chicago Classroom Demands for Authentic Intellectual Work: Trends from 1997 – 1999*. Chicago: Consortium on Chicago School Research.

CERI/OECD (1999): *Innovating Schools*. Paris: Centre for Educational Research and Innovation (CERI), Organisation for Economic Co-operation and Development (OECD).

CERI/OECD (2010): *Inspired by Technology, Driven by Pedagogy: A Systemic Approach to Technology-Based School Innovations, Educational Research and Innovation*. Paris: Centre for Educational Research and Innovation (CERI), Organisation for Economic Co-operation and Development (OECD).

Coburn, Cynthia E. (2003): 'Rethinking Scale: Moving Beyond Numbers to Deep and Lasting Change'. *Educational Researcher*, Vol. 32, No. 6, pp. 3 – 12.

Cros, Françoise (1999): 'Innovation in Education: Managing the Future?', in CERI/OECD (ed.), *Innovating Schools*. Paris: Centre for Educational Research and Innovation (CERI), Organisation for Economic Co-operation and Development (OECD), pp. 59 – 78.

Denmark, Ministry of Education (1997): *Information Technology and Education*. www. uvm. dk/eng/publications/9Informationtec/eng _ it. htm, accessed 4 October 2005.

Dill, David D. & Friedman, Charles P. (1979): 'An Analysis of Frameworks for Innovation and Change in Higher Education'. *Review of Educational Research*, Vol. 49, No. 3, pp. 411 – 435.

Eisenhardt, Kathleen M. & Graebner, Melissa E. (2007): 'Theory Building from Cases: Opportunities and Challenges'. *Academy of Management Journal*, Vol. 50, No. 1, pp. 25 – 32.

European Round Table of Industrialists (1997): *Investing in Knowledge: The Integration of Technology in European Education*. Brussels: European Round Table of Industrialists.

Finland, Ministry of Education. (2000): *Information Strategy for Education and Research 2000 – 2004 Implementation Plan*. Helsinki: Ministry of Education.

Gallagher, Larry; Shear, Linda; Patel, Deepa & Miller, Gloria (2011): *ITL Research Phase I Technical Supplement*. Menlo Park: SRI International.

Goodman, Paul S. (1982): *Change in Organizations: New Perspectives on Theory, Research, and Practice*. San Francisco: Jossey-Bass.

Hall, Gene E.; George, Archie A. & Rutherford, William L. (1979): *Measuring Stages of Concern about the Innovation: A Manual for the Use of the SoC Questionnaire*. Austin: The University of Texas, Research and Development Center for Teacher Education.

Hall, Gene E. & Loucks, Susan (1978): 'Teacher Concerns as a Basis for Facilitating and Personalizing Staff Development'. *Teachers College Record*, Vol. 80, No. 1, pp. 36–53.

Hargreaves, David H. (1999): 'Schools and the Future: The Key Role of Innovation', in CERI/OECD (ed.), *Innovating Schools*. Paris: Centre for Educational Research and Innovation (CERI), Organisation for Economic Co-operation and Development (OECD), pp. 45–58.

Hargreaves, David H. (2003): *Education Epidemic: Transforming Secondary Schools through Innovation Networks*. London: Demos.

Hershock, Peter D.; Mason, Mark & Hawkins, John N. (eds.) (2007): *Changing Education: Leadership, Innovation and Development in a Globalizing Asia Pacific*. CERC Studies in Comparative Education 20, Hong Kong: Comparative Education Research Centre, The University of Hong Kong, and Dordrecht: Springer.

Hiebert, James; Gallimore, Ronald; Garnier, Helen; Givvin, Karen Bogard; Hollingsworth, Hilary & Jacobs, Jennifer E. (2003): *Teaching Mathematics in Seven Countries: Results from the TIMSS 1999 Video Study*. Washington DC: National Center for Education Statistics.

Hong Kong, Education & Manpower Bureau (1998): *Information Technology for Learning in a New Era*. Hong Kong: Education & Manpower Bureau.

Kampylis, Panagiotis; Law, Nancy & Punie, Yves (eds.) (2013): *ICT-enabled Innovation for Learning in Europe and Asia: Exploring Conditions for Sustainability, Scalability and Impact at System Level*. Luxembourg: Publications Office of the European Union.

Kezar, Adrianna J. (2001): *Understanding and Facilitating*

Organizational Change in the 21st Century: Recent Research and Conceptualizations. San Francisco: Jossey-Bass.

King, Nigel & Anderson, Neil (1995): *Innovation and Change in Organizations*. New York: Routledge.

Korea, Republic of; Ministry of Education (2000): *Adapting Education to the Information Age: A White Paper*. Seoul: Korea Education and Research Information Service.

Kozma, Robert B. (ed.) (2003a): *Technology, Innovation, and Educational Change: A Global Perspective*. Eugene: International Society for Technology in Education.

Kozma, Robert B. (2003b): 'Study Procedures and First Look at the Data', in Kozma, Robert B. (ed.), *Technology, Innovation, and Educational Change: A Global Perspective*. Eugene: International Society for Technology in Education, pp. 19 – 41.

Kozma, Robert B. (2008): *ICT, Education Reform, and Economic Growth: A Conceptual Framework*. San Francisco: Intel Corporation.

Kozma, Robert B. & McGhee, Raymond (2003): 'ICT and Innovative Classroom Practices' in Kozma, Robert B. (ed.), *Technology, Innovation, and Educational Change: A Global Perspective*. Eugene: International Society for Technology in Education.

Law, Nancy (2004): 'Teachers and Teaching Innovations in a Connected World', in Brown, Andrew & Davis, Niki (eds.), *Digital Technology, Communities and Education*. London: RoutledgeFalmer, pp. 145 – 163.

Law, Nancy (2008): 'Technology-Supported Pedagogical Innovations: The Challenge of Sustainability and Transferability in the Information Age', in Ng, Chi-hung Clarence & Renshaw, Peter D. (eds.) *Reforming Learning: Issues, Concepts and Practices in the Asian-Pacific Region*. Dordrecht: Springer, pp. 319 – 344.

Law, Nancy; Chow, Angela & Yuen, Allan H. K. (2005): 'Methodological Approaches to Comparing Pedagogical Innovations using Technology'. *Education and Information Technologies*, Vol. 10, Nos. 1 – 2, pp. 7 – 20.

Law, Nancy; Kankaanranta, Marja & Chow, Angela (2005): 'Technology-supported Educational Innovations in Finland and Hong

Kong: A Tale of Two Systems'. *Human Technology*, Vol. 1, No. 2, pp. 176–201.

Law, Nancy; Pelgrum, Willem J. & Plomp, Tjeerd (eds.) (2008): *Pedagogy and ICT Use in Schools around the World: Findings from the IEA SITES 2006 Study*. CERC Studies in Comparative Education 23, Hong Kong: Comparative Education Research Centre, The University of Hong Kong, and Dordrecht: Springer.

Law, Nancy; Yuen, Allan; Chow, Angela & Lee, Yeung (2003): *SITES Module 2 Hong Kong Study Centre Secondary Analysis*. Hong Kong: Centre for Information Technology in Education, The University of Hong Kong.

Law, Nancy; Yuen, Hoi Kau; Ki, Wing Wah; Li, Siu Cheung; Lee, Yeung & Chow, Yin (eds.) (2000): *Changing Classrooms and Changing Schools: A Study of Good Practices in Using ICT in Hong Kong Schools*. Hong Kong: Centre for Information Technology in Education, The University of Hong Kong.

Law, Nancy; Yuen, Allan & Fox, Bob (2011): *Educational Innovations Beyond Technology: Nurturing Leadership and Establishing Learning Organizations* New York: Springer.

Levy, Amir & Merry, Uri (1986): *Organizational Transformation: Approaches, Strategies, Theories*. New York: Praeger.

Merriam, Sharan B. (1998): *Qualitative Research and Case Study Applications in Education*. San Francisco: Jossey-Bass Publishers.

Miles, Matthew B. & Huberman, A. Michael (1994): *Qualitative Data Analysis: An Expanded Sourcebook*. 2nd edition, Thousand Oaks: SAGE.

Mioduser, David; Nachimias, Rafi; Tubin, Dorit & Forkosh-Baruch, Alona (2003): 'Analysis Schema for the Study of Domains and Levels of Pedagogical Innovation in Schools using ICT'. *Education and Information Technologies*, Vol. 8, No. 1, pp. 23–36.

Mitchell, Karen; Shkolnik, Jamie; Song, Mengli; Uekawa, Kazuaki; Murphy, Robert; Garet, Mike & Means, Barbara (2005): *Rigor, Relevance, and Results: The Quality of Teacher Assignments and Student Work in New and Conventional High Schools*. Washington, DC: American Institutes for Research and SRI International.

OECD (2004): *Innovation in the Knowledge Economy: Implications for Education and Learning*. Paris: Organisation for Economic Co-operation and Development (OECD).

Pelgrum, Willem J. & Anderson, Ronald E. (eds.) (2001): *ICT and the Emerging Paradigm for Life-long Learning: An IEA Assessment of Infrastructure, Goals and Practices in Twenty-six Countries*. 2nd edition, Amsterdam: International Association for the Evaluation of Educational Achievement (IEA).

Reigeluth, Charles M. & Garfinkle, Robert J. (eds.) (1994): *Systemic Change in Education*. Englewood Cliffs: Educational Technology Publications.

Rogers, Everett M. (1995): *Diffusion of Innovations*. New York: Free Press.

Scardamalia, Marlene & Bereiter, Carl (2010): 'A Brief History of Knowledge Building. *Canadian Journal of Learning and Technology*, Vol. 36, No. 1, pp. 1 – 16.

Shear, Linda; Means, Barbara; Gorges, Torie; Toyama, Yukie; Gallagher, Larry; Estrella, Gucci & Lundh, Patrik (2009): *The Microsoft Innovative Schools Program Year 1 Evaluation Report*. Seattle: Microsoft.

Shear, Linda; Novais, Gabriel & Moorthy, Savitha (2010): *ITL Research: Pilot Year Findings and Lessons Learned*. Menlo Park: SRI International.

Shear, Linda; Gallagher, Larry & Patel, Deepa (2011): *Innovative Teaching and Learning Research 2011 Findings and Implications*. Menlo Park: SRI International.

Singapore, Ministry of Education (1997): *Masterplan for IT in Education*. Accessed 10 May 2002, http://www1.moe.edu.sg/iteducation/masterplan/summary.htm.

Singapore, Ministry of Education (2008): *Press Release: MOE Launches Third Masterplan for ICT in Education*, http://www.moe.gov.sg/media/press/2008/08/moe-launches-third-masterplan.php

SPSS Inc. (1999): *SPSS Base 10.0 Applications Guide*. Chicago: Statistical Package for the Social Sciences.

Stigler, James W.; Gonzales, Patrick; Kawanaka, Takako; Knoll, Steffen & Serrano, Ana (1999): *The TIMSS Videotape Classroom Study: Methods and Findings from an Exploratory Research Project on Eighth-grade Mathematics Instruction in Germany, Japan, and the United States*. Washington DC: National Center for Education Statistics.

Stigler, James W. & Hiebert, James (1999): *The Teaching Gap: Best Ideas from the World's Teachers for Improving Education in the Classroom*. New York: Free Press.

Strauss, Anselm L. & Corbin, Juliet (1990): *Basics of Qualitative Research: Grounded Theory Procedures and Techniques*. Newbury Park: SAGE.

Tubin, Dorit; Mioduser, David; Nachimias, Rafi & Forkosh-Baruch, Alona (2003): 'Domains and Levels of Pedagogical Innovation in Schools Using ICT: Ten Innovative Schools in Israel'. *Education and Information Technologies*, Vol. 8, No. 2, pp. 127–145.

US Department of Education, Office of Educational Technology (2010): *Transforming American Education: Powered by Technology*. Washington, DC: US Department of Education, Office of Educational Technology.

UNESCO (2003): *Building the Capacities of Curriculum Specialists for Educational Reform: Final Report of the Regional Seminar Vientiane, Lao PDR, 9–13 September 2002*. Bangkok: UNESCO.

Yin, Robert K. (2009): *Case Study Research: Design and Methods*. Beverly Hills: SAGE.

第十三章 学习方法比较

戴维·沃特金斯 简·凡·阿尔斯特

20多年来,我一直致力于有关不同文化中的学习的调查研究。在本章中,我们描述了一些方法论问题以及最近的一些新发现。本章还探讨了究竟比较哪些类型的学习是具有可行性的,并在此基础上寻求实施此类比较的适宜的分析方法。

我们早期的研究工作受到了自身科学学习背景的影响,特别是认知心理学。在心理学中,跨文化研究总是会引发一个基本问题。心理学是基于个体行为差异的研究领域,其分析单位毫无疑问主要就是"个体",用某文化中个体反应的累加值来代表该文化的某研究变量,这种做法会导致所谓的"生态荒谬"(ecological fallacy)(van de Vijver & Leung,1997)。

为了澄清这个问题,我们借用一下心脏病和中风的致死率之间的相关性。这二者均涉及血管,可能有相似的诱因,但是中风侵袭的是大脑而不是心脏。就个体层面而言,心脏病发死亡率和中风死亡率之间的相关性是为零的,因为人不可能同时死于这两种突发病。然而,在国家层面却呈现出显著相关性:大多数发达国家中,这两种疾病的死亡率往往都高于欠发达国家。

与此类似,在20世纪90年代,在心理学中占主导地位的是关于人类语言学习和动物迷宫学习的实验室研究,这类研究对于学生的课堂学习并无多大意义(Brown,1992)。

有关学习的实验研究,研究者往往试图模仿自然科学的实验室条件控制,即试图控制除自变量(independent variable)之外的所有变量,通过对自变量的操纵来观察它对一个因变量(dependent variable)的影响。例如通过改变强化的模式,观察不同模式对被试在既定时间内记住无意义音节数量的影响。这类研究似乎总是热衷于测试一些复杂的、人为条件下的并不重要的学习类型理论,而且这类研究往往以美国白人大学生为样本。

本章所描述的研究计划正是基于上述背景。为体现我们自身的兴趣与专业技能,本章特别聚焦中国与西方国家学生间的学习方法比较。我们首先梳理了研究学习方法的基础文献，然后比较了学习策略的相关因素，关注概念等同、信度与构念的内部效度。接着，我们聚焦所谓的亚洲学习者悖论，指出了悖论是什么以及可以如何加以解释。在结论之前，我们从中国视角进一步深入叙述了教学的概念。

学习方法

本章第一作者是被两篇开创性的论文吸引而投身学习生态学的研究（Biggs, 1979；Marton & Säljö, 1976），这两篇论文是教育心理学引用率最高的文献。比格斯（Biggs）、马特（Marton）和萨里（Säljö）想**从学习者视角**而非研究者视角实施对学习的研究，这就是我们后来所说的**第二视角**（the second order perspective）(Marton & Booth, 1997)。

尽管这些研究者都具有心理学的专业背景，他们却采用了一些不同的方法来实施他们的研究。例如，马特和萨里要求瑞典大学生阅读一篇学术类文章后回答关于学到了什么以及如何学习的问题。通过深入访谈，他们发现学生们其实主要使用两种方法来完成学习任务。有些学生尝试通过记住细节或关键术语以回答随后的问题，故他们往往是在词或句子的层面上来展开阅读；其他学生则大多尝试借助理解文章想要表达的信息来回答问题，故他们往往关注主题和主要观点，在阅读过程中追求意义。

这两种意图和相关阅读策略可以称为"表层"方法和"深层"方法。研究者还有另一重要发现，即学习结果的质的差别是与学生所使用的阅读方法相关的。其中，使用表层方法的学生往往不能说出作者的写作意图，而只能回想起文章中孤立的事实性片断；而使用深层方法的学生则能够就作者写作意图作出较为复杂的概述，并可频繁摘录文章中的片断来论证自己的推理。

随后，这些瑞典研究者还开发了一种质性研究方法，称为现象记录（phenomenography）(Marton, 1981)。这种方法试图了解学生如何感知学习的内容和过程（即"是什么"和"怎么做"），其理论基础是现象学的概念，即人们是依据自己对于一个情境的理解来行事的，而不是依据"客观现实"。

澳大利亚的比格斯和英国的安特维斯特（Entwistle）各自开发了"学习过程测量项目"（learning process inventories），均受益于马特和萨里1976年的论文以及后来他们所写的有关现象学的论文和采用的"表层/深层"和"学习方法"术语。例如，比格斯（Biggs，1987）在其"学习过程问卷"（Learning Process Questionnaire，LPQ）和第三版"研究过程问卷"（Study Process Questionnaire，SPQ）中，以及安特维斯特和瑞姆德（Ramsden，1983）在其"学习方法项目"（Approaches to Studying Inventory，ASI）中，均增加了一种学习方法：追求成就的方法。采纳这种方法的学生试图通过一些策略，如勤奋刻苦、追求高效率学习和实施自我提示等来获得尽可能好的成绩，学生们会愿意使用各种策略，既包括死记硬背，也包括理解基本原理的策略，当然前提是他们觉得这些策略会使他们实现最大程度的学术成功。

沃特金斯（Watskins）沿袭了比格斯和安特维斯特的方法，为他们的调查问卷提供了一些早期的信度和效度方面的证据。尽管最初他研究的绝大部分内容是关于澳大利亚大学生学习的影响因素，他也在菲律宾大学里进行了并行研究。他能够证实菲律宾大学生使用的调查问卷的心理测量特性（因素效度与信度），但两国大学生在问卷中所得的原始分数未进行比较的问题尚未解决。在跨文化心理学文献中，这被称为"测量的等同性"（measurement equivalence）的问题。如辉和切安迪斯（Hui & Triandis，1985）所述，当我们在不同文化中使用心理测量工具时，有必要对一系列的"等同"加以说明，每一类等同关系可以证明与之相关的解释的合理性。在最基本的层面上，所涉及的概念必须要在两种文化中具有等同的内涵，这样研究人员才能使用这类调查问卷来比较两种文化。

最高水平的等同则称为**度量等同**（metric equivalence），其意思为，某种文化的答卷者的原始分数与另一文化的答卷者的原始分数在数值意义上是相等的。例如，如果一个尼泊尔的学生在SPQ的表层策略量表（the Surface Strategy scale）中得了19分，这意味着他与一个来自澳大利亚、在同一量表中也得了19分的学生对表层策略的使用是完全一样的。可惜的是，这样的度量等同几乎是不可能证实的，其中的主要原因是：关于问卷的反应模式（response set）在不同文化中是有差别的。因此不管所提的问题是什么，来自不同文化的答卷者们往往都会给出不同的回答，这样做产生的结果是，从答卷看，他们会同意问题中的观点陈述，会作出社会期望的回答，会选择使用极端的评分分值。尽管这种模式在一个文化内部出现时往往会相互抵消，然而在跨文化的原始分数比较时，它们往往会使人不知如何处理为好（详见 van de Vijver & Leung，1997）。此外，以均值比较为目的的统计测试要求随机抽取样本，这在实际课堂教学中基本上是不可能做到的。另外，跨文化的比较，要求使用的样本应能代表该文化中的教师和学生，这几乎也是不可能实现的。因此，对这一类型实施比较还需持谨慎态度。

就等同的中间水平而言，如果对问题的回答能够表明该问卷在每个文化中都具有较高的信度和效度，那么可以比较每个文化中所测构念（construct）和其他变量。例如，对来自菲律宾和澳大利亚具有类似背景的学生，可以比较他们在学习过程问卷深层策略量表（the LPQ Deep Strategy scale）中的得分与其学术成就之间的相关性。借助这种相关性，可以对学习方法与其他重要心理变量和教育变量之间的关系展开跨文化比较。该技术可以进一步探究诸多西方理论命题在非西方文化中的效度。本章第一作者在这个领域发表了一系列文章并开展了一个名为"跨文化元分析（cross-cultural meta-analyses）的长期研究项目"（Watkins, 1998; 2001）。

对学习策略相关性的比较

在这项研究的第一阶段，必须先确定研究中涉及的概念在不同文化中具有相关性，以及所用测量表对于来自这些文化的答卷者具有使用的信度和效度。这就要求研究者注重概念等同（conceptual equivalence）、信度、构念的内部效度（within-construct validity）及其他一些方面。

概念等同

概念等同的观点与客位（etic）和主位（emic）的研究取向密切相关（Berry, 1989）。其中，客位法（etic approach）侧重寻求比较文化中的普适性范畴，与之相反，主位法（emic approach）则寻求那些产生于某一特定文化中的概念。概念等同的观点与人类学传统有一些关联，但与近期的本土心理学则有更多的关联（Kim & Berry, 1993）。切安迪斯（Triandis, 1972）曾指出"伪客位法"（pseudo-etic）的研究是不可靠的，因为这种研究会把某文化中的概念强加到另一文化中，使得这些概念似乎对所有文化都具有普适性，然而先前的研究并未对这种假设的正确性做过任何论证。

心理学家认为，通过比较不同文化中的个体回答调查问卷中的问题的方式，他们能够发现概念等同方面的问题（van de Vijver & Leung, 1997），他们倡导的是单项偏见分析的方法（the item-bias analysis），这确实可以凸显出不同的单项在遣词造句方面的问题。然而，这种方法并未触及到这个核心的问题：**这些概念是等同的吗？**

显然，对诸如 SPQ 这样的学习测量表中的构念进行概念是否等同的评估，应该采用质的分析，比如实施现象记录等。已有研究者在非西方文化中实施了此类质的分析，对象为中国、日本、马来西亚、尼泊尔和尼日利亚等国家的学生，以及南太平洋大学的学生。

举例来说，几项研究均表明，比格斯和安特维斯特论文中的概念适用于尼日利亚的学生。这是一项以对拉格斯（Lagos）几所小学长达 120 个小时的现场观察为基础的人种志研究，结果表明，尼日利亚的小学生被教会的是这样一种学习信念：得到正确答案是学习的主要目的，为此可以不惜一切手段，包括作弊（Omokhodion, 1989）。然而，理解问题和获得答案的过程到底有何重要性，教师和学生都不曾注意到。因此，研究者得出的结论是，肤浅的表层学习策略受到了强化。在另一项研究中，研究者得到了更多的支持性证据。250 名尼日利亚大学生被要求回答这个问题："你使用什么策略来学习？"（Ehindero, 1990）。之后，研究者对回答的内容进行了分析，结果表明，学生的学习策略可以分为三大类：勤奋刻苦，逐渐理解所学内容以及死记硬背所学内容。这三类回答看上去与追求成就的方法、深层方法和表层方法等学习策略方面的概念是一致的。

也有研究者针对中国学生的学习方法和学习理念（learning conception）实施了一些质性调查（例如 Kember & Gow, 1991；Marton et al., 1996；Dahlin & Watkins, 2000）。结果表明，对中国学生而言，深层方法和表层方法的构念只具有部分的概念效度。然而，所有研究的结论都表明，中国学生往往把记忆视为两种学习方式的共有特征，而西方学生则倾向将记忆视为表层方法的典型特征。在尼泊尔开展的研究（Watkins & Regmi, 1992；1995）则得出了这样的结论：虽然深层方法和表层方法适用于尼泊尔学生，但尼泊尔学生对学习即个人发展这一观念的认知程度低于西方研究中的对应概念。因此，有理由得出以下结论：尽管深层方法和表层方法的构念适用于非西方文化，但这些构念的某些方面在不同文化中具有特殊性。

信度

任何测量问卷所收集的答卷，都必须评估它在该文化中使用时的信度情况。SPQ、LPQ 和 ASI 答卷在几种文化中的可信度已经得到充分证明。沃特金斯（Watkins, 2001）所选取的样本是来自 10 个国家的 14 组共计 6 500 名的大学生，他们对 SPQ 量表的回答的 α 系数总体上超过了 .50，作为实施群体比较的研究工具，这个量值无疑是可以被广泛接受的；然而若要将其视为测量学生个体的重要的学术策略，那么研究者可能会需要比它低得多的量值（Nunnally，1978）。不足为奇的是澳大利亚学生的信度量值要略高，因为这个量表是专门为澳大利亚学生开发的。而尼泊尔学生的信度量值特别低，因为量表中的概念等同程度不高，此外也与他们的英语水平相对较低有关。

构念的内部效度（within-construct validity）

在 LPQ 和 SPQ 中，构念的内部效度也已得到了证实。证实的方法是，对来自不同文化学生的 LPQ 和 SPQ 量表答卷进行内部因子分析，并在不同文化间比较分析结果，以及比较分析结果和理论模式所假设的结果。因此，按照这个方法，研究者对来自 6 个国家的 10 组学生样本进行了 LPQ 反映的验证性因素分析，结果证实了深层方法和表层方法这两个基本因子具有有效性，而 LPQ 和 SPQ 拥有同样的动机—策略模式（Wong et al.，1996）。瑞查德逊（Richardson，1994）撰写过一篇关于因子分析研究的文章，主要也就是论述了学习方法项目（ASI）作为深层方法和表层方法的测量工具进行跨文化比较的效度。

跨文化元分析

跨文化元分析把"量化分析"运用到传统的"元分析"中（参见 Glass et al.，1981；Rosenthal & Dimatteo，2001），以便测出学习理论中各变量的跨文化相关性。学习理论中的这些变量被认为和学习的表层方法、深层方法和追求成就的方法具有很高的相关性。比格斯的研究表明，学生如何学习是由与学生个人和学习环境相关的预感因子所决定的。这些研究者还特别从跨文化的视角对以下相关性展开了分析：

- 与学业成绩的相关性。学生的学习方法影响学生的学业成绩。特别是在所有文化中，研究者预测表层方法和学业成绩之间有着很高的负相关，而深层方法及追求成就的方法会和学业成绩直接呈现出正相关（Biggs，1987；Schmeck，1988）。然而，研究者对上述相关性的预测其实都有个潜在假定，即质量较高的学习结果会受到评估系统的激励，但可惜的是真实情况往往并非如此。
- 与自我概念（self-concept）和心理控制源（locus of control）的相关性。学

生自信程度越高，尤其是对学业能力的自信程度越高，以及学生对学习结果所承担的责任越大，他们就会越倾向于运用深层方法和追求成就的方法。这些方法要求学生能够较高程度地依靠自己来实现对课程材料的理解，而不是完全依靠教师或教材（Biggs，1987；Schmeck，1988）。

在进行元分析时，首先有必要选择一些研究并对其进行定量的综合分析。在这个阶段中，研究者需要做出以下决策，即是否只有那些满足了某些预设的质的标准的研究才可纳入跨文化比较研究之中。接下来研究者需要决定这些预设的标准应是怎样的标准。

沃特金斯对可靠的 CD-ROM 数据库进行正式检索，并对香港大学图书馆的大量期刊进行非正式检索，在此基础上进行了跨文化元分析。他还在国际会议上搜集相关的已发表和未发表的材料，并向该领域的知名研究人员写信和发电子邮件。所有报告了至少一种学习方法与自尊心、心理控制源和/或学业成就的测量标准之间的相关性（或从统计的数据中估计这种相关性）的研究都被纳入元分析之中，只要量表答卷就所研究的文化而言能够显示出充分的内部相关水平（α 值在 .50 以上）。在此标准下，研究者筛去四项研究。

此类元分析的一个问题是，不同测量工具中的量表是否确实测量的是同样的变量，以及不同测量工具是否可以因此结合起来使用。正如测试主办者声明的那样，此元分析研究假定一些不同的学习过程测量表来评估学生的学习方法。此外，我们还假定关于自尊心、心理控制源和学业成绩的不同测量表所测的也是相同的变量（学业成绩的测定依据是校内测试、平均分值、标准化成绩测试等）。

一旦确定了所有应包含在内的研究并获得了其中的相关性分析后，研究者就可以计算出平均相关性。此次元分析的主要目的并不仅仅是就某个相关性强弱得到一个总估值，它还更强调去发现这些相关性是否因样本的特征而有所不同。因此，研究者希望这种做法会对某个相关性的本质获得较为深入的了解。该研究试图探究出在中小学和大学等不同层级的学生之间，西方和非西方的样本之间，学习方法和其他感兴趣的变量之间的相关性是否存在不同。

学习方法和学业成绩、自尊心、心理控制源之间的皮尔森相关系数均值分别见表 13.1。研究者对中小学和大学层级的学生分别进行了分析，也对有关变量的不同估值分别进行了分析。

表 13.1　学习方法和学业成绩、自尊心、心理控制源之间的相关性

组　　别	样本数量	表层方法	深层方法	追求成就
学业成绩				
西方	11 023	-.13	.18	.21
非西方	17 030	-.10	.14	.16
总体	28 053	-.11	.16	.18
自尊心				
西方	5 478	-.03	.33	.30
非西方	3 232	-.08	.27	.25
总体	8 710	-.05	.30	.28
心理控制源				
西方	4 339	-.15	.10	.15
非西方	8 673	-.22	.09	.11
总体	13 012	-.20	.09	.12

资料来源：改编自沃特金斯(2001)。

- 学习方法和学业成绩之间的相关性。根据 28 053 份答卷的数据（来自 15 个国家的 55 组自变量样本），学业成绩和学习方法之间的相关性平均值分别为：表层方法 -.11，深层方法 .16，追求学业成就的方法 .18。其中，西方样本中的平均值显得相对略高（特别是中小学层次）。尽管所得到的学习方法和学业成绩之间的相关性比较低，似乎有些令人失望，然而这也在意料之中，因为中小学和大学的成绩评定往往鼓励表面的学习结果。此外，较深层的学习方法和较高质量的学习结果之间的相关性就显得高很多（Watkins & Biggs，1996）。

- 学习方法和自尊心之间的相关性。根据 8 710 份答卷的数据（来自 15 个国家的 28 组自变量样本），自尊心和学习方法之间的相关性平均值分别为：表层方法 -.05，深层方法 .30，追求成就的方法 .28。在各组样本中，它与深层方法和追求成就的方法的相关性平均值都超过了 .25，其中西方大学生所得的这两种相关性平均值特别高（.33）。

- 学习方法和心理控制源之间的相关性。根据 13 012 份答卷的数据（来自 11 个国家的 27 组自变量样本），心理控制源和学习方法之间的相关性平均值分

别为：表层方法-.20，深层方法.09，追求成就的方法.12。进一步的分析表明，在非西方和西方样本中，尤其在西方样本中，心理控制源在中小学层次上与表层方法之间的负相关性较高。然而就西方样本而言，它在大学层次上与两种深层方法之间的相关性高得多。

总之，本次跨文化元分析表明，通过运用不同的测量量表可得出以下结论，即就西方和非西方的中小学和大学学生而言，学习方法和学业成绩、自我概念和心理控制源之间的相关性是相似的。这些结论无疑为本领域西方理论的跨文化效度提供了支持，也表明西方研究者以这些理论为基础提出的、旨在提高学习策略质量的一些措施，可能也是适合非西方学生的。

亚洲学习者悖论

所谓"亚洲学习者悖论"研究已经清楚地说明，质性研究方法对解释学生学习的跨文化比较结果意义重大。该悖论始于一个十分简单的三段论：

1. 亚洲学生比西方学生较多运用死记硬背的学习方法；
2. 死记硬背的学习方法会导致学习效果低下；
3. 因此，亚洲学生的学习效果比西方学生低下。

然而问题在于，所有对学生成绩实施的国际比较所显示的情况恰恰相反：在国际数学与科学趋势研究项目（TIMSS）与国际学生评估项目（PISA）中，亚洲某些国家的学生往往比西方学生表现出色（Mullis et al.，2008；OECD，2010；Martin et al.，2012）。虽然课程改革试图"西化"教育，但这样的结果一直非常稳定。这些教育系统在国际阅读能力研究（PIRLS）中取得的结果也高于国际平均水平（Mullis et al.，2012）。由此看来，上述三段论的结论似乎是不正确的，其中至少有一个前提是不正确的。

"亚洲学生常死记硬背"这种说法源自测试人员、亚洲教师和西方教师的报告。例如，在中国香港，对主要公共考试的各门科目实施测试的负责人员经常抱怨，考生们按照标准答案回答问题——有时候，来自同一学校的几百名学生，其答案的字数很多，然而却一模一样。一些西方高校教师也提及很多亚洲学生更喜欢死记硬背，而不愿意质疑文本或讲师。

正如比格斯（Biggs，1996：45）所指出的，这样的观察往往揭示了他所称的

"西方对儒家学习文化的误解",且与质性研究的结果并不一致。例如,TIMSS 视频研究分析了美国、德国和日本的八年级数学课程(Stigler & Hiebert, 1999),该研究表明日本学校的教学通常不是以死记硬背为导向的。日本数学课往往以对前一课的简要回顾开始,然后让学生先单独解决有挑战性的问题,再分成小组,并向全班展示他们的解决方案;教师们则在课末总结了要点。日本数学课更可能包含高水平的数学内容,而且有更多涉及思考和发明的课堂作业。然而,也有课会偏离这些模式,通过授课的方式讲解一些内容并要求学生背诵这些内容。斯蒂格勒(Stigler)和希尔伯特(Hiebert)指出,这些不同的方法常常同时存在于同一堂课上(1999:49)。一项关于中国上海、香港地区和捷克对八年级学生教学毕达哥拉斯定理的研究(Huang & Leung, 2002:276)发现中国上海的老师提出了最具挑战性的问题:学生不仅通过绘图和计算进行猜想,还探索了定理的多种数学证明。"学生在学习过程中非常投入,例如张贴和展示图表,解释他们的理解"。我们在中国香港也观察到了类似的课堂(van Aalst, 2010)。

此外,正如黄(Wong, 2004)所观察到的,中国学习者倾向于首先将新信息记忆,然后理解和应用它,直到那时再质疑和修改它。李(Li, 2009)对美国和中国大学生学习信念的研究发现,中国学习者具有以下积极特质:对学习的执着投入、强烈的求知渴望、尊师重道的传统、谦逊。研究指出,中国学习者追求知识的广博与精深,强调知识在实际生活中的运用,并注重知识与品德的统一(Li, 2009:61)。"尊重"并不意味着学生不加批判地接受老师说的话,而是学生对老师的态度是包容的、真诚的,并且学生在学习之后保持"谦逊",警惕自满,继续自我完善的旅程。华莱士和周(Wallace 和 Chou, 2001:704)在一项研究中比较了澳大利亚和中国台湾地区中学生科学课堂上的同伴互动,发现中国台湾地区的学生在访谈中谈论到同伴作为学习帮助的来源,而澳大利亚学生"似乎更感兴趣的是关系对他们自身的重要性"。研究者进一步观察到,当台湾地区学生在课堂上分组学习时,他们仍然专注于学习任务,身体互相靠近,以最大限度地进行眼神交流,这是一种认知投入的状态。最后,在涉及 LPQ 和 SPQ 问卷的比较研究中,澳大利亚学生比来自中国香港、马来西亚和尼泊尔的亚洲学生更经常地报告使用表面学习策略(Kember & Gow, 1991; Watkins et al., 1991)。

在我们看来,上述发现确实驳斥了西方对亚洲学生学习行为的误解,而正是这种误解导致了第一个前提。詹和饶(Chan 和 Rao, 2009)重新审视了"亚洲学习者"这一概念,他们认为,更准确地说,这是尊崇儒家价值观的文化环境,而这些环境是会随着全球发展而变化的。

李（Li，2009）发现了如学习投入程度和学习的愿望等影响因素，这些可能是解释东亚学习者在国际成就比较中取得优秀结果的重要因素。然而，亚洲学习者确实会背诵，而且对记忆和理解之间的关系有文化敏感性的理解，这似乎也是解决这一悖论的必要条件。

尽管死记硬背式学习曾经在西方教育中占主导地位，然而如今西方教育界强烈反对这种学习方法。在反对的过程中，很多人没有对"死记硬背式学习"（rote learning）和"反复学习"（repetitive learning）的差异作出区分。事实上，"死记硬背式学习"指的是"不伴有思考或理解的机械记忆"（《牛津英语辞典》的解释），而"反复学习"指的是在理解的同时经常复习以便将来能够回忆起所学内容。毫无疑问，不伴有理解的机械记忆只能产生极为有限的学习结果，但是很多西方教师错误地认为，当中国的学生在努力记住学习内容时，他们牺牲了理解，只是在机械地死记硬背。事实上，中国学生频繁地反复学习，目的既包括加强对所学内容的记忆，也包括加深对所学内容的理解。通过对中国的教师和学生进行"现象记录"式的深度访谈，研究者们清楚地发现，第一，在很多教师和学习较好的学生眼里，背诵和理解不是割裂的，而是互相密不可分的过程；第二，高质量的学习效果通常要求背诵和理解这两个过程的并存和互补（Marton et al.，1996；Marton et al.，1997）。这才是上述悖论的症结所在。的确，正如观察到的情况，中国学生学习时大量地记忆，但这并非如西方教师所认为的那样，他们一定是在死记硬背。实际上，很多中国学生是在通过背诵来促进对所学内容的理解，从而获得良好的学业成绩。

达林和沃特金斯（Dahlin & Watkins，2000）对这种可能性进行了实证研究。通过对中国香港就读国际学校和中文中学的学生进行深度访谈，他们发现，与西方同龄人不同，中国学生反复学习的目的有两个：一方面，反复学习可以帮助他们形成"深刻的印象"，从而促进其对所学内容的记忆；另一方面，在反复的学习中，他们可以发现所学内容蕴含的新意义，这就会加深其对所学内容的理解。然而西方的学生在对已学内容进行重复学习时，其中的目的往往只是检查自己是否真正记住了某些内容。这个研究发现与达林和沃特金斯的另一跨文化研究的发现是一致的。在西方学生眼里，理解基本上是一种顿悟的过程，但在中国学生眼里，理解往往是一个长期过程，需要持续的智力努力。

对教学的看法：中国人的视角

在沃特金斯和比格斯早期的研究中，他们的研究重心都是学生（Watkins & Biggs, 1996）。然而，他们也认识到，中国教师肯定还持有一些有效促进学生学习的方法，这才使得中国学生的学习结果常常优于西方学生。研究者很快发现，若要想理解中国课堂里的教师角色，理解中国的师生关系是非常重要的。按照中国人的传统观念，师生关系类似于父母和子女的关系。然而就这一点而言，西方学者们的观察往往是片面的。比如吉斯贝格（Ginsberg, 1992: 6）认为中国教师是一个权威角色，"负责地向年轻一辈传授知识和经验的、受尊重的长辈形象"。尽管这种认识反映了部分事实，但常见的教学方法往往并不是简单的高深知识的传授，而是在师生双方互相认可的社会环境中借助师生互动来实施教学。

何（Ho, 2001）的研究表明，教学内容存在着重要的跨文化差别。她运用一项调查对澳大利亚和中国香港的中学教师进行比较，结果发现澳大利亚的教师对自己角色的定位主要限于课堂教学中，而中国香港的教师则对自己角色的定位要宽泛很多，既包括学生的家庭矛盾，也包括学生的校外行为问题。

进一步的研究还证实了一个普遍看法，即中国的教师不仅需要关心学生的道德发展，而且自身还应该是道德高尚的人（Gao & Watkins, 2001）。该研究的主要目的是开发一个适合中国广东省中学物理教师的教学观念模式。研究者进行了大量的深度访谈、课堂观察和定量调查分析（quantitative survey），并开发了一个包括五个基本概念的模式（传授知识、准备考试、培养能力、促进态度、指导行为）。前两个概念被归入一组上位概念，即"塑造导向"（moulding orientation），它与西方研究中所指的"传授"维度具有较大一致性（参见 Kember & Gow, 1994）；高（Gao）和沃特金斯把后三个概念归入另一组上位概念，即"开发导向"（cultivating orientation）。在这个模式中，教师不仅需要促进学生的理解、促成高质量的学习成果，即卡姆博和高尔（Kember & Gow）所指的"促进"维度（facilitating dimension），而且还需要重视学生的情感发展结果，例如培养学生对科学的热爱，以及学生的道德发展结果（这不是指意识形态方面），比如对家庭和整个社会的责任感。

一项针对英国和中国中学生的研究则进一步揭示了文化间的差异。该研究是由金和科特兹（Jin & Cortazzi, 1998）实施的，研究方法包括问卷调查法和观察法。

其中，英国学生认为好教师的特征应包括以下几点：能够激发学生的兴趣，能够清楚解释要讲解的问题，能够运用有效的教学方法以及能够组织各种活动。这些恰恰都是西方教师教育方法课程中涉及的教学技能。与此相反，中国学生心目中的好教师却应包括如下特征：知识渊博，能够答疑解惑，品德高尚。就师生关系而言，英国学生喜欢教师有耐心，能够理解学习困难的学生，而中国学生则认为好教师还应在课后对学生很友好，很关心学生。

很多研究者注意到了中国学生心中的教师观念，并把它与儒家提倡的"仁"联系起来（Jin & Cortazzi, 1998；Gao & Watkins, 2001）。"仁"被理解为对人类怀有慈悲之心或爱心。事实上，在金和科特兹（Jin & Cortazzi, 1998）看来，中国几乎所有的教育都是建立在儒家的理论根基上的，尽管教师和学生往往意识不到这一点。儒家的基本理论包括：教育对社会具有非常重要的意义，学习时既要勤于思考也要学以致用，勤能补拙，教师既是知识楷模又是道德楷模，学习是学生的道德责任和对家庭应尽的义务（参见 Lee, 1996；Li, 2001）。

该领域的另一研究则表明如何结合质性方法和量化方法以更好地理解不同文化环境下人们心目中好教师的特点（Watkins & Zhang, 2006）。在研究者调查的128名对象中，绝大部分是中国学生，他们就读的中学是中国香港地区的中文中学或国际中学。在国际中学中，大部分教师是美国人，因此学生需要按照美国的课程大纲使用英语学习。我们借鉴了贝瑞曾等人（Beishuizen et al., 2001）使用过的研究方法，首先要求每个学生都写一篇短文，题目是"好老师"。随后，我们对这些短文进行内容分析，辨别出短文中用到的构念，并对它们进行归类，之后我们按照短文是否依次使用上述构念，再一次对每篇短文评"0"分或"1"分。可见，我们同时运用两种测量方法来确定答卷者列出的好教师包括哪些维度，并据此得出两个维度。第一维度是信守承诺、认真负责和诚实可靠等好教师的特点，第二维度是知识渊博、善于组织丰富多彩的教学活动和尊重学生的自由。国际中学的学生在第二维度的得分要高得多，在第一维度上的得分要低得多，这与我们之前的研究发现是一致的。由此可以看出，仅仅接触西方教育环境就足以使得他们用一种"西方的"视角来看待教学。

结论

通过介绍一些我们自己和我们同事的研究工作，本章详细阐述了实施跨文化学习的比较研究需要考虑的一些方法论问题。本研究领域的很多文献都运用了心理学的方法和理论。我们已经证明了，一旦教育心理学走出了实验室，开始使用基于真实学生和教师视角的二级研究方法，研究者就能够取得真正进展，真正理解西方课堂中的学习过程。然而，绝大多数的研究把个体的学生或教师作为分析对象。因此，与心理学相似，这些方法并不是非常适合跨文化的比较。

基于测量等同和取样的问题，我们应该质疑旨在测量大多数（如果不是全部的话）与学习相关的心理结构的工具的均值比较研究。值得庆幸的是，若试图检验大多数理论和培训方案是否适合于不同文化，只需要对其跨文化相关性和文化内部均值进行比较（参见表 13.1）。这种分析对概念等同的要求相对较低，且对各研究文化的答卷使用的测量工具的信效度要求也较简单。

此外，我们还展示了如何采用质性方法（或将质性方法和量化方法相结合）以发掘概念的意义，如跨文化学习与文化内部的学习（并由此发掘出测量概念等同的含义）。我们认为，如果试图高效度地对学习过程进行跨文化比较，就必须实施这种深层研究。它可能也为制定旨在提高不同文化中学习成果质量的教育方案提供了最佳基础。

（姚晓蒙 译，吕季月、朱冠怡 校）

参考文献

Beishuizen, J. J.; Hof, E.; van Putten, C. M.; Bouwmeeter, S. & Asscher, J. J. (2001): 'Students' and Teachers' Cognitions about Good Teachers'. *British Journal of Educational Psychology*, Vol. 71, No. 2, pp. 185 - 202.

Berry, John W. (1989): 'Imposed Emics — Derived Etics: The Operationalisation of a Compelling Idea'. *International Journal of Psychology*, Vol. 24, No. 6, pp. 721 - 735.

Biggs, John B. (1979): 'Individual Differences in Study Processes and the Quality of Learning Outcomes'. *Higher Education*, Vol. 8, No. 4, pp. 381 - 394.

Biggs, John B. (1987): *Student Approaches to Learning and Studying*. Melbourne: Australian Council for Educational Research.

Biggs, John B. (1996): 'Western Misperceptions of Confucian-heritage Learning Culture', in Watkins, David A. &. Biggs, John B. (eds.), *The Chinese Learner: Cultural, Psychological and Contextual Influences*. Hong Kong: Comparative Education Research Centre, The University of Hong Kong, pp. 45–67.

Brown, Ann L. (1992): 'Design Experiments: Theoretical and Methodological Challenges for Creating Complex Interventions in Classroom Settings'. *The Journal of the Learning Sciences*, Vol. 2, No. 2, pp. 141–178.

Chan, Carol K. K. & Rao, Nirmala (eds.) (2009): *Revisiting the Chinese Learner: Changing Contexts, Changing Education*. CERC Studies in Comparative Education 25, Hong Kong: Comparative Education Research Centre, The University of Hong Kong, and Dordrecht: Springer.

Dahlin, Bo & Watkins, David (2000): 'The Role of Repetition in the Processes of Memorising and Understanding: A Comparison of the Views of German and Chinese Secondary School Students in Hong Kong'. *British Journal of Educational Psychology*, Vol. 70, No. 1, pp. 65–84.

Ehindero, O. J. (1990): 'A Discriminant Function Analysis of Study Strategies, Logical Reasoning Ability and Achievement across Major Teaching Undergraduate Curricula'. *Research in Education*, Vol. 44, No. 1, pp. 1–11.

Entwistle, Noel J. & Ramsden, Paul (1983): *Understanding Student Learning*. London: Croom Helm.

Gao, Lingbiao & Watkins, David A. (2001): 'Identifying and Assessing the Conceptions of Teaching of Secondary School Physics Teachers in China'. *British Journal of Educational Psychology*, Vol. 71, No. 3, pp. 443–469.

Ginsberg, E. (1992): 'Not just a Matter of English', *HERDSA News*, Vol. 14, No. 1, pp. 6–8.

Glass, Gene V.; McGaw, Barry & Smith, Mary Lee (1981): *Meta-Analysis in Social Research*. Beverly Hills: SAGE.

Ho, Irene T. (2001): 'Are Chinese Teachers Authoritarian?', in Watkins, David A. & Biggs, John B. (eds.), *Teaching the Chinese*

Learner: Psychological and Pedagogical Perspectives. Hong Kong: Comparative Education Research Centre, The University of Hong Kong, pp. 99-114.

Huang, Rongjin & Leung, Frederick K. S. (2002): 'How Pythagoras' Theorem is Taught in Czech Republic, Hong Kong and Shanghai: A Case Study'. *Zentralblatt für Didaktik der Mathematik*, Vol. 34, No. 6, pp. 268-277.

Hui, C. Harry & Triandis, Harry C. (1985): 'Measurement in Cross-Cultural Psychology: A Review and Comparison of Strategies'. *Journal of Cross-Cultural Psychology*, Vol. 16, No. 2, pp. 131-152.

Jin, Lixian & Cortazzi, Martin (1998): 'Expectations and Questions in Intercultural Classrooms'. *Intercultural Communication Studies*, Vol. 7, No. 2, pp. 37-62.

Kember, David & Gow, Lyn (1991): 'A Challenge to the Anecdotal Stereotype of the Asian Student'. *Studies in Higher Education*, Vol. 16, No. 2, pp. 117-128.

Kember, David & Gow, Lyn (1994): 'Orientations to Teaching and their Effect on the Quality of Student Learning'. *Journal of Higher Education*, Vol. 65, No. 1, pp. 58-74.

Kim, Uichol & Berry, John W. (eds.) (1993): *Indigenous Psychologies: Research and Experience in Cultural Context*. London: Sage.

Lee, Wing On (1996): 'The Cultural Context for Chinese Learners', in Watkins, David A. & Biggs, John B. (eds.), *The Chinese Learner: Cultural, Psychological and Contextual Influences*. Hong Kong: Comparative Education Research Centre, The University of Hong Kong, pp. 25-41.

Li, Jin (2001): 'Chinese Conceptualization of Learning'. *Ethos*, Vol. 29, No. 2, pp. 111-137.

Li, Jin (2009): 'Learning to Self-Perfect: Chinese Beliefs about Learning', in Chan, Carol K. K. & Rao, Nirmala (eds.), *Revisiting the Chinese Learner: Changing Contexts, Changing Education*. CERC Studies in Comparative Education 25, Hong Kong: Comparative Education Research Centre, The University of Hong Kong, and Dordrecht: Springer, pp. 35-69.

Martin, M. O.; Mullis, I. V. S.; Foy, P. & Stanco, G. M. (2012): *TIMSS 2011 International Results in Science*. Chesnut Hill: TIMSS & PIRLS International Study Center, Boston College.

Marton, Ference (1981): 'Phenomenography: Describing Conceptions of the World around Us'. *Instructional Science*, Vol. 10, No. 2, pp. 177 – 200.

Marton, Ference & Booth, Shirley (1997): *Learning and Awareness*. Mahwah: Lawrence Erlbaum.

Marton, Ference & Säljö, Roger (1976): 'On Qualitative Differences in Learning — I: Outcome and Process'. *British Journal of Educational Psychology*, Vol. 46, No. 1, pp. 4 – 11.

Marton, Ference; Dall'Alba, Gloria & Tse, Lai Kun (1996): 'Memorizing and Understanding: The Keys to the Paradox?', in Watkins, David A. & Biggs, John B. (eds.), *The Chinese Learner: Cultural, Psychological and Contextual Influences*. Hong Kong: Comparative Education Research Centre, The University of Hong Kong, pp. 69 – 83.

Marton, Ference; Watkins, David A. & Tang, Catherine (1997): 'Discontinuities and Continuities in the Experience of Learning: An Interview Study of High-School Students in Hong Kong'. *Learning and Instruction*, Vol. 7, No. 1, pp. 21 – 48.

Mullis, I. V. S.; Martin, M. O. & Foy, P. (2008): *TIMSS 2007 International Mathematics Report: Findings from IEA's Trends in International Mathematics and Science Study at the Fourth and Eighth Grades*. Chestnut Hill: TIMSS & PIRLS International Study Center, Boston College.

Mullis, I. V. S.; Martin, M. O.; Foy, P. & Drucker, K. T. (2012): *PIRLS 2011 International Results in Reading*. Chestnut Hill: TIMSS & PIRLS International Study Center, Boston College.

Nunnally, Jum C. (1978): *Psychometric Theory*. 2nd edition, New York: McGraw Hill.

OECD (2010): *PISA 2009 Results: What Students Know and can Do — Student Performance in Reading, Mathematics and Science (Volume I)*. Paris: Organisation for Economic Co-operation and Development

(OECD).

Omokhodion, J. Otibhor (1989): 'Classroom Observed: The Hidden Curriculum in Lagos, Nigeria'. *International Journal of Educational Development*, Vol. 9, No. 2, pp. 99-110.

Richardson, John T. E. (1994): 'Cultural Specify of Approaches to Studying in Higher Education: A Literature Survey'. *Higher Education*, Vol. 27, No. 4, pp. 449-468.

Rosenthal, R. & DiMatteo, M. R. (2001): 'Meta-Analysis: Recent Developments in Quantitative Methods for Literature Reviews'. *Annual Review of Psychology*, Vol. 52, No. 1, pp. 59-82.

Schmeck, Ronald R. (ed.) (1988): *Learning Strategies and Learning Styles*. New York: Plenum.

Stigler, James W. & Hiebert, James (1999): *The Teaching Gap: Best Ideas from the World's Teachers for Improving Education in the Classroom*. New York: Free Press.

Triandis, Harry C. (1972): *The Analysis of Subjective Culture*. New York: John Wiley.

van Aalst, Jan (2010): 'Gaining an Insider Perspective on Learning Physics in Hong Kong', in Gomez, K.; Lyons, L. & Radinky, J. (eds.), *Proceedings of the 9th International Conference of the Learning Sciences* Chicago: International Society of the Learning Sciences, pp. 881-888.

van de Vijver, Fons & Leung, Kwok (1997): *Methods and Data Analysis for Cross-Cultural Research*. London: SAGE.

Wallace, John & Chou, Ching-Yang (2001). 'Similarity and Difference: Student Co-operation in Taiwanese and Australian Science Classrooms.' *Science Education*, Vol. 85, No. 6, pp. 694-711.

Watkins, David A. (1998): 'Assessing Approaches to Learning: A Cross-Cultural Perspective on the Study Process Questionnaire', in Dart, Barry & Boulton-Lewis, Gillian (eds.), *Teaching and Learning in Higher Education*. Melbourne: Australian Council for Educational Research, pp. 124-144.

Watkins, David A. (2001): 'Correlates of Approaches to Learning: A Cross-Cultural Meta-Analysis', in Sternberg, Robert & Zhang, Lifang (eds.), *Perspectives on Thinking, Learning, and Cognitive Styles*. Mahwah: Lawrence Erlbaum, pp. 165–196.

Watkins, David A. & Biggs, John B. (eds.) (1996): *The Chinese Learner: Cultural, Psychological and Contextual Influences*. Hong Kong: Comparative Education Research Centre, The University of Hong Kong.

Watkins, David A. & Regmi, Murari (1992): 'How Universal are Student Conceptions of Learning? A Nepalese Investigation'. *Psychologia*, Vol. 35, No. 2, pp. 101–110.

Watkins, David A. & Regmi, Murari (1995): 'Assessing Approaches to Learning in Non-Western Cultures: A Nepalese Conceptual Validity Study'. *Assessment and Evaluation in Higher Education*, Vol. 20, No. 2, pp. 203–212.

Watkins, David A.; Regmi, Murari & Astilla, Estela (1991): 'The Asian-Learner-as-a-Rote-Learner Stereotype: Myth or Reality?'. *Educational Psychology*, Vol. 11, No. 1, pp. 21–34.

Watkins, David A. & Zhang, Q. (2006). 'The good teacher: a cross-cultural perspective,' in Inerney, D. M., Dowson, M. & van Etten, S. (eds.), *Effective Schools*. Charlotte: Information Age Publishing, pp. 185–204.

Wong, Ngai-Ying (2004): 'The CHC Learner's Phenomenon: Its Implications on Mathematics Education', in Fan, L. H., Wong, N. Y., Cai, J. F. & Li, S. Q. (eds.), *How Chinese Learn Mathematics: Perspectives from Insiders*. Singapore: World Scientific, pp. 503–534.

Wong, Ngai-Ying; Lin, Wai-Ying & Watkins, David A. (1996): 'Cross-Cultural Validation of Models of Approaches to Learning: An Application of Confirmatory Factor Analysis'. *Educational Psychology*, Vol. 16, No. 2, pp. 317–327.

第十四章　教育成绩比较

梁贯成　朴炅美

20世纪60年代早期，当纽约哥伦比亚大学著名比较教育学家乔治·贝雷迪（George Bereday）第一次听说国际教育成就评价协会的工作时，他说，国际教育成就评价协会的研究者是在比较不具可比性的事物（Bereday，1964）。当时他的意思可能是不同文化的学生和学校之间无法比较，也可能是不同教育体系的差异非常之多因而无法比较。毕竟，学生的上学年龄不同、所学课程不同、教师所受训练不同……诸如此类的差异简直不胜枚举！

贝雷迪当时的质疑是：将一名10岁日本小学生的教育成绩与一名同龄荷兰小学生的教育成绩加以比较，这是否"公平"？一方面，由于两国的学校教育年限不同、课程不同，而留级因素的存在也可能使他们就读于不同年级，因此将他们的成绩加以比较，这会不"公平"；但另一方面，由于他们处于相同年龄段，通过比较，可以了解特定教育系统对同一年龄段孩子施加的影响如何，而这正是研究者真正想要作出的判断。这些正是本章的部分中心议题。

比较教育成绩的原因

在分析比较教育成绩的相关问题之前，我们应当先了解研究者和政策制定者为什么试图比较不同国家的教育成绩，即比较教育成绩的主要原因。下面是一位教育部长可能提出的问题，从中我们可以发现比较教育成绩的原因：

- 与他国教育体系相比，我们的教育成绩是高，是低，还是大致持平？
- 与我们相比，他国教育体系——尤其是优于我们的教育体系——如何进行教育投入？如何实施教育过程？付出什么样的成本？
- 我国学校与他国学校有多少不同之处？有多少相似之处？相似和差异的程度如何？
- 在其他国家，不同学生群体（如性别群体、社会经济群体和城乡群体等）存在多大差异？与我国相比，他国的教育体系内部差异程度如何？

虽然还有其他问题，但上述问题最为重要。它们可以归结为一个问题：我们可从其他教育体系中学到什么？

虽然国际性研究常常是国家之间的比较，但有些国际性研究涉及一国内部的比较。进行一国内部比较时，典型研究问题往往集中于教育成绩的差异程度，如同一班级内部和不同班级之间的差异、学校内部和学校之间的差异、不同性别群体之间或其他群体之间的差异。而要比较教育成绩，一个前提条件是人们对被比较学科的性质存在共同理解，另一个前提条件则是被比较的学生或学校群体具有可比性。

成绩测量的程序

教育成绩比较初看起来好像很简单。如果研究目标是比较八年级学生的数学成绩，如德国和智利的八年级学生数学成绩，那么针对两国八年级学生组织一次数学测试，然后将成绩一比，这不是很简单吗？实际情况远非如此。下面我们将用较长篇幅讨论这一点，因为它的重要性常常被很多比较教育学者所低估。

在任何关于成绩的比较研究中，不管是国内比较还是跨国比较，第一步都是设计一个研究框架，对所涉及学科的内容加以描述和界定，并制定详细的测试计划；第二步是实施测试；第三步是给每位参与学生打分。我们将一一探讨这三个步骤。首先，让我们分析以下问题：

- 学科内容如何界定？
- 测试如何打分？
- 测试方案如何制定？
- 测试运用哪些题型？
- 由谁编写和审查考题？
- 考题如何翻译？
- 考题如何试测？
- 考题如何定稿？

学科内容如何界定？

以数学成绩为例，第一步是"定义"何谓数学。"数学"在德国和智利所指相同吗？对于测量对象需要达成共识。

对这些问题，国际教育成就评价协会的早期研究（参见 Husén，1967；Comber & Keeves，1973）首先是对各国相关年级的课程内容进行分析。经充分讨论，研究者达成一致意见并制定一个描述学科内容的框架。第三届国际数学和科学研究（TIMSS）的数学框架就是这样的例子。在"几何"的学科内容上，有些国家包括欧式几何，有些国家包括立体几何，有些国家包括平面几何，那么测试应包括哪些内容呢？

测试方案必须以研究框架为基础。如早期 IEA 国际数学和科学研究的测试方案分为纵轴和横轴两个维度，纵轴为学科的内容范围（content areas），横轴为行为分类（taxonomic behaviours）。它的后续研究如 TIMSS 增加了一个维度即"视角"（perspectives）（Robitaille et al.，1993：44）。这些视角包括态度、职业、参与、兴趣提升和思维习惯。

另一个例子是经济合作与发展组织的国际学生评估项目（PISA）。该项目包括大量的习题，其目的是在阅读、数学和科学素养方面，就 15 岁学生应具备的知识和技能达成共识（OECD，1999）。它的研究详述这样写道（OECD，2009：14）：数学素养被定义为"一个人识别和理解数学在世界中的作用的能力，以此来作出有根据的判断，并通过运用数学思维以满足作为积极的、关切的、反思的公民的个人生活需要"。这不同于上述 IEA 的研究所采取的研究路径或方法。

此外，TIMSS 和 PISA 关注的内容也有所不同。在 2011 年八年级的 TIMSS 数学评估框架中[①]，内容维度由数字、代数、几何和数据四个部分组成。而 PISA 建立了四个总体观念：空间与形状、变化与关系、数量、概率。这四个包罗万象的概念很好地涵盖了学校课程的覆盖范围，并且大致分别对应于几何、代数、数字以及数据与可能性。这种对应并不清晰，因为 PISA 有意设置了一些模糊的边界，允许与其他内容重叠。PISA 的一个显著特征是，它包含了一系列有意义的现象和概念，这些现象和概念存在于现实世界之中。因此，PISA 关注的是总体观念，而不是传统的内容领域（如图 14.1）。

---

① TIMSS 在 1995 年和 1999 年的全称是第三届国际科学与数学研究（Third International Science and Mathematics Study），但在 2003 年更名为国际科学与数学研究趋势（Trends in International Science and Mathematics Study）。

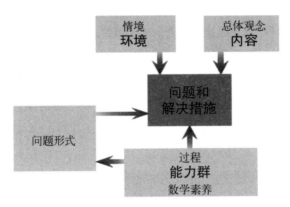

图 14.1　PISA 数学领域的组成部分
资料来源：OECD（2010a），p.90。

东南部非洲教育质量监督联盟（the Southern and Eastern African Consortium for Monitoring Educational Quality，SACMEQ）的一个研究项目对阅读和数学能力进行等级分类，因为这样一来，研究报告的阅读者可以非常简便地看到多少比例的学生处于哪一种能力等级，这比一个单纯的分数（如 487）意义大得多（Postlethwaite，2004）。

学科内容是由参与研究的课程专家确定的，没有对错之分。在分析和解释测试结果时，再次回想一下学科内容的界定显然十分重要，因为测试方案不可能对所有国家同样公平，正如人们常说，最终测试方案"对所有国家都不公平"。

测试如何打分？

如果报告测试的结果，不仅列出总分而且列出各部分的得分（domain scores），那么必须保证各部分的题目充足，以计算各部分的得分即子分数。如果题目旨在测出学生对学科内容的掌握情况，那么必须事先确定能力等级。所以，确定如何打分非常重要，因为它决定着题型和题目难度。

例如，如果是测量阅读能力和数学能力，通常结果是给出阅读能力的总分和数学能力的总分，但分别列出各部分得分的情况也屡见不鲜，如阅读能力测验可以分别列出记叙文、说明文和应用文的阅读得分，小学数学能力测验可以分别列出数字计算部分（number）、度量部分（measurement）和空间部分（space）的得分。与之相比，能力等级的概念不太为人所知。能力等级按照难度或复杂度划分，如表 14.1

中 2009 年 PISA 测试对 15 岁学生科学素养能力的划分。这种类型的评估会列出不同能力水平学生的百分比。这种研究报告被认为比只列出总分或分别列出各部分得分更为重要，因为它向决策者和课程开发人员提供了学生在已达到或尚未达到的科学素养方面的信息。

表 14.1　科学素养能力等级表

科学素养能力等级	
一级	学生的科学知识有限，只能应用于少数熟悉的情况。他们能提出明显的科学解释，并能从给定的证据中得出明确的结论。
二级	学生有足够的科学知识，可以在熟悉的环境中提供可能的解释，或通过简单的调查得出结论。他们能够对科学探究或解决技术问题的结果进行直接推理和文字解释。
三级	学生可以在不同的情境中，清楚地识别出所描述的科学问题。他们能够选择事实和知识来解释现象，并应用简单的模型或探究策略。这一层次的学生能够理解和使用不同学科的科学概念，并直接应用它们。他们可以利用事实做出简短的陈述，并根据科学知识做出决定。
四级	学生可以有效地处理可能涉及明确现象的情况和问题，从中推断科学或技术的作用。他们可以选择和整合来自不同科学或技术学科的解释，并将这些解释直接与生活情景的各个方面联系起来。这一层次的学生可以反思他们的行为，并用科学知识和证据来交流决策。
五级	学生可以识别许多复杂生活情境的科学成分，将科学概念和科学知识应用于这些情境，并可以比较、选择和评估适当的科学证据以应对生活情境。这一层次的学生可以充分利用自己的探究能力，恰当地将知识联系起来，并将批判性的见解带入实际情况。他们可以基于证据构建解释，基于批判性分析构建论证。
六级	学生可以在各种复杂的生活情境中，不断地识别、解释和应用科学知识和有关科学的知识。他们可以连接不同的信息源和解释，并使用来自这些信息源的证据证明决策。他们清楚地、始终如一地展示出先进的科学思维和推理，并利用他们的科学理解来支持解决不熟悉的科学和技术情况。这一层次的学生可以运用科学知识，提出论据，支持有关个人、社会或全球情况的建议和决定。

资料来源：OECD（2010a），p.144。

测试方案如何制定？

研究框架确定了要测试的学科内容后，各部分分别占多大比例要在测试方案中具体说明。测试方案包括以下部分：测试的学科内容范围（基于研究框架）、测试使用的题型、研究框架中学科内容的各部分所占试题比例（题目数量和各部分总分）。表 14.2 就是 2011 年 TIMSS 的测试方案。

表 14.2 八年级学生群体的各类数学测试数量和得分情况

	研究报告中的分类	多项选择题	简答题	题目总数（分）
内容得分	数字	31 (31)	30 (36)	61 (67)
	代数	37 (37)	33 (39)	70 (76)
	几何	25 (25)	18 (19)	43 (44)
	数据与概率	25 (25)	18 (20)	43 (45)
	总数	118 (118)	99 (114)	217 (232)
认知得分	了解	53 (53)	27 (30)	80 (83)
	应用	47 (47)	38 (44)	85 (91)
	推理	18 (18)	34 (40)	52 (58)
	总计	118 (118)	99 (114)	217 (232)

资料来源：Mullis et al. (2012)，p.427。

测试运用哪些题型？

测试时可用的题型多样，有开放式的问答题，也有多项选择题。测试的设计者必须决定用哪些题型。许多国际研究使用多项选择题。多项选择题的编写难度大，尤其是诊断性的多项选择题，因为它们旨在诊断学生的思维过程，即如果学生选择了错误答案，那么可以诊断该学生的思维方式错误。

20 世纪 90 年代中期，测试题型出现了一个趋势，倾向于所谓的操作性题型（performance items）。有人认为，多项选择题要求学生"识别"正确答案，但可能学生只是"猜"出了正确答案，而让学生自己"得出"正确答案才真正重要。然而，多项选择题有着容易计算得分的优势。目前，简答题的使用越来越多，并且借助扫描仪可以使用电脑阅卷来评分。而对错的判断题现在很少用，因为有学生猜答案的弊端。

但操作性题型面临的问题是评分。操作性题型需要很多评分人员，常常还需要复杂的计分体系，因而必须对评分员进行大量培训，费用庞大。图 14.2 显示了 1995 年 TIMSS 表现评估中关于"脉搏"的操作性题型的评分标准示例。

> 完全正确的回答标准
> **题目1——测量脉搏率并记录在表中。**
> 回答将根据呈现形式和数据收集的质量进行评分。
> **呈现形式的质量。**
> i) 在表中列出至少两组测量值。
> ii) 测量值是成对的：脉搏跳动的时间和次数。
> iii) 标签表是恰当的：按标题和/或单位列出数据项；单位合并进标题或放在每个测量值旁边；脉搏跳动次数的标题或单位包括时间间隔。
> 总可能得分：2
> **数据收集的质量。**
> i) 进行至少5次测量(休息时1次，运动时4次或更多)。
> ii) 脉搏率合理：每10秒7至25次(每分钟40至150次)。
> iii) 脉搏率随运动而增加(接近结束时脉搏可能趋于平稳或减慢)。
> 总可能得分：3分

图 14.2 操作性题型的评分标准示例
资料来源：Harmon et al.（1997），p.15。

由谁编写和审查考题？

在开展国际性研究时，通常会在各参与国成立项目中心并下设考题编写组。测试方案确定后，各国的考题编写组就开始编写考题，包括选用已有考题和编写新考题。然后各国将考题提交给一个国际性的考试委员会，由它决定选用或修改哪些考题。各国项目中心再对考题进行审查，经过讨论达成一致，最终考题定稿。

考题如何翻译？

测试工具——测试中的考题和调查问卷中的问题——的翻译远非纯粹的技术问题，因为翻译的精确性影响到所测内容本身和测试结果的可比性。对于一项国际性研究来说，它必须选择一种语言作为工作语言，并通常用该语言进行测试（以及用于其他方面如问卷调查）。当考题翻译成另一种语言时，必须要确保译文表达的意思与原文一致，译文中题目的难度水平与原文一致，使用不同语言的学生答题的认知过程尽可能相似。

翻译工作并非易事，特别是多国参与时。以 1995 年的 TIMSS 为例，它涉及 31 种语言，在它的国际性研究中心专门成立了翻译组以确保译文的准确性（accuracy）、敏感度（sensitivity）和等同性（equivalence）。PISA 项目也采取了一定的质量保障程序，以确保所有参与国的测试题和调查问卷材料具有等同性（Adams & Wu,

2002；Grisay，2003；OECD，2004a，2004b）。它的质量保障程序包括：

- 向各参与国提供两种语言的试题材料（一种为英语，一种为法语），并建议各参与国将它们分别译成本国教学语言（即两种语言的材料都要翻译），然后将两种译本整合成一套本国语言的试题；
- 对于有待翻译的试题和问卷材料，增加关于"出题意图"的详细说明以清晰说明各题的考查内容和特点，同时增加大量"翻译要点"以提醒译者注意翻译或改写过程中可能出现的问题；
- 制定详细的大纲指导试题材料的翻译或改写，然后在实地试验后进行修订，这些是PISA各国项目管理规定的重要部分；
- 从各参与国研究人员中挑选核心成员就翻译程序要求进行培训；
- 指派和培训一个国际审查小组（精通英法两种语言并熟练掌握目标语言的专业译员），确定各参与国的所有语言试题材料与原试题材料具有等同性。

由此可见，试题翻译不但难度大，而且费用庞大，但它的确是国际性测试无法忽视的重要因素。

考题如何测试？

一般而言，定稿中的每道题目在测试方案中有相应的三到五倍数量的题目备选。研究者将备选试题分成几套"试测"卷，从研究框架确定的目标人群中选择约200名学生作为判定样本（a judgment sample），将每套试测卷都发给这些学生进行测试。

随之，研究者将试测结果输入数据库进行考题分析。考题分析通常运用经典测试理论和项目反应理论，目的是确保每道考题仅测量一个要点，确保考题不会偏向某一群体的学生（如男生或女生群体、城市或农村儿童群体），以及确保学生的得分具有可靠性和有效性。有时考题会经过多轮编写和试测，才会确定一套最终的定稿。

考题如何定稿？

所有定稿题目汇集并形成一套考题，题目顺序基本按照难度排列。从学科内容上看，一次测试要想涉及测试方案确定的全部学科内容，题量必然很大，但测试的时间有限（如限时60—90分钟）。在这种情况下，研究者可以使用轮流测验（rotated tests）的方法，将所有题目分为几套但要确保每套包括一些相同题目以便进行后期校准（calibration），然后将一所学校的学生分为几组，每组学生测试不同的试卷。不过，这种方法可以得到一个学校得分，但无法得到学生在所有试题上的个人得分。

对哪些学生进行学业成绩的比较？

确定了比较内容后，下一个主要问题就是确定比较对象。这需要考虑两个方面：一是如何将学生分组，即按年龄分组还是按年级分组，二是如何确定限定群体（the defined population）。

年龄分组与年级分组

比较研究通常要指定一个年龄段或一个年级，有时两者兼有。例如，PISA研究就针对15岁年龄段。测量同一年龄组有助于研究者了解相关教育系统对同一年龄群体所施加的影响。然而，一些国家的正式入学年龄较早（如荷兰的正式入学年龄为4岁），另一些国家则较晚（如一些南美和非洲国家的正式入学年龄为6岁、7岁甚至8岁），所以，同样都是9岁，荷兰小学生已接受5年的学校教育，而一些南美国家的小学生刚开始上学。这种情况下，按照年龄分组比较是否公平？

按年龄分组还会出现一些更复杂的情况。如PISA研究中，一些国家的15岁学生分布在两个年级，另一些留级现象较多的国家的15岁学生分布在多个年级，这使抽样和测试十分复杂，也因而使研究费用十分高昂。

但是，与年龄相比，年级的概念却含糊不清。不同国家的"四年级"是否是同一回事？一些国家在学生上一年级之前开设一定年限的学前教育，把小学的第一年称为一年级不过是一种传统。如果要测试处于学校教育阶段最后一年的学生（如IEA的第二届国际数学研究），研究者也会面临类似问题，因为有些国家中学毕业时，学生接受了十年级的教育，有些国家则有十三年级。三年的学校教育差距必然造成巨大的成绩差异，因此年级难以比较。

各国教育系统的辍学率也有很大差异。即使所有国家教育系统的学校教育年限相同，同一年龄段的在学率也可能大相径庭。美国十二年级在读学生比例约为90％，但有些国家这一比例低至20％。此外，若要测试学生某些学科（如物理）的学业成绩，情况也非常复杂。如美国只有5％的学生把物理作为主修学科，但有些国家同一年龄段7％到35％的学生以物理为主修学科。因此，这些年龄组或年级组的学生之间是否具有可比性？

为了解决这一难题，1995 年的 TIMSS 将测试对象分为三个群体，对其中两个群体用了"年级—年龄"来综合界定。例如第一个群体的划分标准是"处于相邻两个年级、年龄大多为 9 岁的学生"。然而这种划分也略有欠缺，因为有些国家的 9 岁儿童已接受的学校教育比另一些国家的 9 岁儿童少得多。当面对是用"年级"还是用"年龄"划分学生群体时，研究者的基本问题是：研究的重心是学校教育的效果，还是学生的身心成长？（如果是学校教育的效果，应使用"年级"划分学生群体；如果是学生的身心成长，应使用"年龄"来划分。）

限定群体

即使对比较对象即目标群体有了恰当定义，如"4 月 25 日在公立学校和私立学校五年级上学的所有小学生"，目标群体的组成仍存在问题，如"所有小学生"如何组成？它是否包括下列五年级小学生：

- 偏远地区的小学生（联系并测试这些小学生的难度很大、成本很高）；
- 少数民族小学生（他们的语言与目标群体的大多数不同）；
- 所修课程与目标群体中大多数不同的小学生（如国际学校的小学生）；
- 有严重缺陷的儿童（如精神障碍）。

一般而言，通常基于成本考虑，允许少数人排除在外，但排除比例不得超过目标群体的 5%。比较教育研究者必须非常熟悉不同的教育体系，才能确定合适的限定群体（the defined population），即目标群体减去被排除群体。

在限定群体确定后，接下来要确定是否对它抽样。SACMEQ 的一项国际研究对塞舌尔（Seychelles）就没有抽样，因为它是个小国，研究者可以便捷地调查所有学生。研究者测试了该国所有六年级学生，共约 1 500 人（Leste et al., 2005）。但大多数国家的限定群体规模仍然非常庞大，测试限定群体的成本太高，抽样就必不可少。

抽样人数根据抽样标准误差（the standard error of sampling）确定。大多数国际研究将抽样标准误差定为测量标准差（the standard deviation of the measure）的 0.05。在 SACMEQ 的这项研究中，一个样本相当于随机抽取的 400 名小学生。由于难以对一国特定年级全体学生进行简单随机抽样，它的抽样过程分为两步：先对学校抽样，再对已选学校的学生抽样。学校抽样的比例根据特定年级学生在所有学生中的比例确定。

在对已选学校的学生抽样时，有些研究以班级为单位，有些研究则不分班级，对特定年级的所有学生随机抽样。前者适合多元分析，但必然会低估学校内部差异，同时如何定义"班级"也是一个问题。因为有些国家的"班级"定义很简单，所有科目以班级为单位而教学，但有些国家则不然，它们根据不同科目采用不同分组方式教学。这些问题需要注意，同时抽样的程序还需要统一。

在收集、记录和整理数据之后，下一步要考虑抽样的某个或多个层次（strata）是否存在学生或学校的抽样不足问题。如果抽样不足，需要用抽样权重（sampling weights）对抽样层次间比例失调进行调整，经过计算补充到数据中。

对学业成绩的水平和公平性的比较

学校内部的成绩比较

大多数教师（和许多家长）都非常想知道，学生在不同学科领域存在哪些优势和不足。国内研究和国际研究都面对着这样的期待。及时给予教师和学校反馈对研究者极其重要，它的好处很多，其中之一是增加学校将来参与研究的动力。教师可能会问：在数学和科学等科目的某些特定领域，我的学生成绩怎样？

如果对一个班级的全部学生进行测试，研究者可能为学校提供该班级的具体反馈，说明该班级学生在某些领域和某些技能上的得分。但如果是对不同班级轮流测试，这种反馈就无法产生了。

表14.3 显示了给某班的一份反馈，内容是该班前四名学生的成绩情况。从表中可以看到，1号学生阅读和数学的成绩都最好，3号学生的数学得分比阅读高。我们可将该班和国内同类班级进行比较，也可和国际研究中的班级平均分进行比较。

表 14.3　某班前四名学生的子分数

学生	阅读子分数			数学子分数		
	子分数 A (最大=20)	子分数 B (最大=20)	子分数 C (最大=20)	子分数 A (最大=15)	子分数 B (最大=15)	子分数 C (最大=15)
1	17	15	10	12	13	12
2	10	9	9	7	8	9
3	6	5	7	12	14	13
4	7	8	9	10	12	11

学校层面的成绩比较

学校的校长可能提出这样的问题：与本地同类学校相比，本校的哪些学科的哪些领域以及哪个年级表现较好或较差？与本地所有学校相比，本校表现怎样？

对此，校长需要一个或多个比较结果。其中之一是该校的"相对"成绩水平，即与目标群体中的本地同类学校甚至所有学校相比，该校的成绩如何。

表 14.4 说明了这一点。它以中国香港地区的数据为例，显示了 1999 年 TIMSS 的 Rasch 得分中某校八年级数学和科学的平均分和标准差（平均分为 150，标准差为 10）。通过这些数据，校长可以将所在学校目标群体的成绩与本地同类学校和所有学校进行比较。

表 14.4 中国香港地区某校与本地同类学校和所有学校的成绩比较

学 校	数 学		科 学	
	平均分	标准差	平均分	标准差
该校				
男生	160.3	8.1	158.6	7.2
女生	162.5	8.3	154.6	8.3
总计	161.4	8.1	156.7	7.9
同类学校				
男生	159.1	7.9	159.0	8.6
女生	157.4	8.5	154.8	7.8
总计	158.4	8.2	157.4	8.5
所有学校				
男生	150.5	10.4	151.4	10.7
女生	150.4	9.5	149.3	9.0
总计	150.5	9.9	150.4	10.0

在这项研究中，该校数学和科学得分高于中国香港所有学校的平均得分，这大大鼓舞了校长，因为该校学生这两门学科表现出色。与本地同类学校相比，该校数学成绩较高但科学成绩略低。

该校学生成绩很好，尤其是数学，校长可能对此满足。但如果校长想更进一步，让自己的学校成为领头羊，他就会试图找出科学成绩略弱的原因，改进教学。是本校科学老师的教学方法太过保守，还是学校缺乏良好的科学实验室？校长分别对此展开调查，了解学校科学课的教学安排和教学设施，考察借鉴同类学校。

在性别差异方面，该校男女生在数学和科学上的差异与同类学校类似，但高于中国香港的所有学校。是否接受这种差异取决于该校和校长的教育理念。

同时，与其他学校相比，该校的一个较特别之处是：该校女生的数学成绩优于男生。从该校学生的数学成绩可以看出该校的数学课程质量非常高，但男生数学成绩不如女生的原因不得而知。

由于 TIMSS 是国际研究，各地教育主管部门通常非常关注自己学校与所有学校相比或与邻国学校相比的结果。因为计算国际分数用近似值（plausible values）（平均分 500，标准差 100），而中国香港地区学校的比较使用 Rasch 得分，两者不能简单相加放到一张表格。然而，综合分析表 14.4 与表 14.5（摘录自 Martin et al.，2000；Mullis et al.，2000），校长对本校"在国际上处于什么水平"可以作出一些判断。

表 14.5　1999 年 TIMSS 中国香港学生成绩与国际平均水平的比较

	数　学		科　学	
	平均数	标准差	平均数	标准差
中国香港平均水平				
男生	581	5.9	537	5.1
女生	583	4.7	522	4.4
总计	582	4.3	530	3.7
国际平均水平				
男生	489	0.9	495	0.9
女生	485	0.8	480	0.9
总计	487	0.7	488	0.7

地区层面的成绩比较

各地教育主管部门希望了解各地区之间的差异。典型问题包括：

- 不同地区的成就会有差异吗？

表 14.6 显示了 2006 年国际学生评估项目（PISA）中韩国各地区分数的差异。在韩国，大多数普通高中（除了几所理科、英语等专业的特殊高中）要么位于"标

准地区",要么位于"非标准地区"。在标准地区,大多数学生被分配到附近的高中,而非标准地区的学校可以选择学生入学。学生成绩在标准地区学校中更为均衡。包括首尔和釜山在内的大多数大城市是标准地区,而许多小城市和农村地区则是非标准地区。在这两种地区,学生的整体成绩之间曾经存在着巨大的差距,但韩国自20世纪70年代后期开始,从非标准地区制度向标准地区制度过渡,成绩差距逐渐缩小。

表14.6 韩国学生在2016年PISA测试中阅读、数学、科学成绩的分布特征

		阅读		数学		科学	
	标准地区/非标准地区	标准地区	非标准地区	标准地区	非标准地区	标准地区	非标准地区
10th	平均数	476.2	485.0	470.5	468.6	441.9	445.9
	标准差	8.2	13.3	8.8	13.3	9.0	12.2
25th	平均数	527.1	531.7	521.4	515.4	492.2	497.0
	标准差	6.8	11.0	6.6	12.2	5.9	11.5
50th	平均数	579.7	581.4	576.8	575.8	546.4	552.0
	标准差	7.0	9.8	5.7	14.1	5.3	12.5
75th	平均数	627.4	627.6	628.3	633.2	597.8	609.6
	标准差	8.4	7.9	4.1	10.9	4.4	9.3
90th	平均数	667.6	666.8	668.6	679.0	637.1	663.0
	标准差	8.1	7.4	5.9	10.5	6.2	11.3

资料来源:Kim et al. (2010),p.85。

表14.6列出了在中小城市中的标准地区和非标准地区里,学生参与2006年国际学生评估项目在阅读、数学和科学方面的成绩。标准地区普通高中(不包括特殊高中)25所(845人),非标准地区20所(652人)。标准地区的学生和非标准地区的学生之间的阅读分数没有太多的区别。在数学成绩上,非标准地区取得75分段的学生和取得90分段学生的数量高于标准地区的学生,但在较低成绩下,情况则相

反。在科学成绩上，非标准地区的所有学生都比标准地区的学生表现更好。

表 14.6 显示了样本的标准误差和平均数估计数。当从样本推广到目标群体时，这些标准误差是很重要的。例如，如果研究人员希望评估非标准地区取得 90 分段的学生数量的科学平均值（663.0）的准确性，并且他们希望 20 次中有 19 次是确定的，或者 95％ 的置信度，那么他们将一个标准误差乘以 1.96。标准误差是 11.3，所以 1.96 乘以标准误差是 21.1。因此，研究人员可以确定 20 次中有 19 次的真实平均值在 663.0 ± 1.96 * （11.3）或 663.0 ± 22.1 之间，或者在 640.9 和 685.1 之间。这反过来又使研究人员能够比较分数，看看它们之间的差异是否大于抽样误差。

有人可能会问，非标准地区取得 90 分段的学生的科学成绩是否高于标准地区的学生。标准地区的总体均值处于 637.1 ± 1.96 * （6.2）之间，即在 624.9 至 659.3 的区间内。如前所述，非标准地区取得 90 分段的学生的科学成绩平均值在 640.9 和 685.1 之间。非标准地区取得 90 分段的学生的科学成绩平均值的实际值的下限在标准地区的总体均值区间（624.9—659）内，因此研究人员不能说这种差异大于抽样误差。因此，两类地区取得 90 分段的学生的科学成绩不存在显著统计学差异。

国家层面的重要信息

国家层面的典型问题包括：

- 我国学校教育系统中达到各个能力水平的小学生的百分比是多少？
- 达到基本要求即"能适应社会"或"能无障碍继续下一阶段学习"的小学生的百分比是多少？
- 与他国同类成绩相比，我国小学生的成绩如何？

在能力水平方面，表 14.7 显示了越南的状况，它涵盖了五年级学生从简单任务到复杂任务的各层次能力水平。从中可以看出 19％ 的小学生的阅读能力停留在水平 2 及以下，没有达到水平 3，但小学生通常在具备高于水平 3 的阅读能力后才能达到在社会生活中有效阅读的水平。能力层次划分由教育部的小学阅读和数学专家确定。他们审查各项测验题的 Rasch 难度水平，随后审查特定难度水平上的所有题目，并明确题目所测量的能力。这些分析的优势在于，可以使课程专家很容易地了解全国小学生的各种能力掌握状况（已掌握的和尚未掌握的），同时还可以估计各地区和省的相关情况。

表14.7 越南五年级小学生在阅读和数学上各个能力水平的百分比

阅读能力水平表		百分比	标准误
水平1	可以借助图片理解单词或句子层次的阅读文本,仅限于与图片相关的有限词汇范围。	4.6	0.17
水平2	能够识别以复述性句子形式表达的阅读文本,并能够不依靠图片理解文本。文本类型限于简短的复述性句子和短语。	14.4	0.28
水平3	能够阅读和理解较长段落。可以在阅读文本的上下文中查找所需信息;可以理解解释性的句子。增长的词汇量有助于理解含有某种复杂结构的句子。	23.1	0.34
水平4	能够将阅读文本中不同部分出现的信息联系起来。可以对文本内容作出选择并加以联系,从而发现和推导出各种可能的含义。	20.2	0.27
水平5	能够将各种推论联系起来,并能够依据以不同方式、不同类型文本表达的信息,或未明确表达主旨的阅读材料,识别作者的意图。	24.5	0.39
水平6	能够将文本内容与文本外知识相结合,推断出各种含义,其中包括潜在含义。能够识别作者的目的、态度、价值观、信仰、动机、未明确表达的假设和观点。	13.1	0.41
数学能力水平表		百分比	标准误
水平1	能够读、写、算自然数、分数和小数;能够对简单的整数进行加减乘除运算;能够对诸如时间等进行简单计量;能够识别简单的三维形状(3D shape)。	0.2	0.02
水平2	能够将分母是10的分数转换为小数;能够对只需一次运算的应用题,进行整数运算(+、-、×或÷);能够识别二维和三维形状。	3.5	0.13
水平3	能够识别位置值(place value);能够求出一个简单算式(a simple number sentence)的值;能够理解等值分数(equivalent fraction);能够对分数进行简单的加减;能够以正确的顺序进行混合运算;在解题时,能够对一些常用计量单位进行转换和估算。	11.5	0.27
水平4	能够对较大数字进行读、写、算;能够计算涉及日历和货币、面积和体积的问题;能够运用图表和表格进行估算;能够判断不等式;能够将三维图形进行变换;能够理解角的知识;能够理解简单的二维和三维图形(3D figure)的变换。	28.2	0.37
水平5	能够进行多项和混合运算;能够认识数列的规则和模式;能够计算周长和不规则图形的面积;能够计量不规则物体;能够识别经过反射(reflection)后的图形;能够对包含度量单位、百分比和平均数的多项运算题进行计算。	29.7	0.41
水平6	能够解决涉及时段、长度、面积和体积的问题;分析嵌入数和因变数的规律(embedded and dependent number patterns);能够进行公式推导(develops formulae);识别旋转和反射后的三维图形以及不规则形状中的嵌入图形和直角;从图形和表格中提取数据。	27.0	0.6

国家层面的第二种问题指能力基准,越南的例子可以说明这一点。它的五年级调查设置了两项基准:第一项是小学生为了适应越南社会必须具备的阅读和数学能力,低于它的能力称为"前功能"(pre-functional);第二项是小学生继续下一年级(六年级,即中等教育第一年)学习需要具备的阅读和数学能力。据此将学生分为三大群体,低于第一个基准的学生需要大量帮助才能适应和全面参与越南社会,介于第一和第二基准之间的学生需要一定帮助以应对中等教育的阅读和数学,而高于第二基准的学生具备足够能力应对中等教育的阅读和数学学习。

每一道题目被评估两次。第一次评估能适应越南社会的小学生答对每一道题的可能性,第二次评估具备六年级学习能力的小学生答对每一道题的可能性。这两种情况都用安格夫方法(Angoff approach)确定界值点(cut-off points),加总可能性。这项对越南五年级学生的研究(World Bank,2004)对基准的概念构建和计算作了详细描述。两项基准分别是:

- **基准 1**:第一组小学生被描绘为"前功能"水平是因为没有达到越南社会日常生活所需阅读或数学能力的基准。"前功能"并不意味这些小学生是文盲或不识数。这些小学生仍表现了一定的基本能力,只是尚未达到专家认可的成为越南社会有效成员的水平。第二组小学生介于第一和第二基准之间的水平,具备了应对越南社会生活所需的能力,称为具备"功能性"(functional)水平,但要继续六年级的阅读和数学仍需补救性学习。
- **基准 2**:第三组小学生的成绩高于第二基准,指无须补救性措施的帮助,具备下一阶段学校教育所需的阅读和数学能力。表中对这组学生的用语是"独立性"(independent)水平。

表14.8呈现了越南五年级的整体成绩情况。对阅读成绩的期望(与阅读测试的结果一致)高于数学(与数学测验的结果一致)。根据五年级阅读能力测试结果,只有51%的小学五年级学生具备升到六年级的独立学习能力。这对教育部来说是一个重要反馈,有助于教育部了解本国教育系统在培养小学生适应社会的能力和继续下一年级学习能力等方面做得如何。这个反馈并不出乎越南当局的意料,因为一段时间里越南当局一直致力于课程修订以提高五年级学生的阅读水平。

表 14.8　越南小学生在阅读和数学上达到功能性水平的比例和抽样误差情况

功能水平		阅读		数学	
		百分比	标准误	百分比	标准误
独立性	已达到六年级独立学习阅读和数学的水平	51.3	0.58	79.9	0.41
功能性	已达到功能性参与越南社会的水平	38.0	0.45	17.3	0.36
前功能性	尚未达到越南社会功能性参与所需的最低能力标准	10.7	0.3	2.8	0.13

从表 14.9 中可以看出越南不同地区达到这些基准的情况，表 14.9 中还增加了一项。红河三角洲地区 95% 的小学生处于功能性水平（functional level），这是将功能性比例（31.6）和独立性比例（63.4）相加得到的。该表还说明阅读存在问题的区域是西北地区和湄公河三角洲地区。

表 14.9　越南各地区在各基点上的百分比和抽样误差

	前功能性		功能性		独立性		
	百分比	标准误	百分比	标准误	百分比	标准误	百分比
			……阅　　读……				
红河三角洲地区	5.0	0.37	31.6	1.10	63.4	1.35	95.0
东北地区	12.0	0.63	34.8	0.95	53.2	1.13	88.0
西北地区	16.6	1.92	38.6	2.26	44.9	2.79	83.5
中北地区	8.8	0.95	35.7	1.52	55.5	2.09	91.2
中部海滨	10.9	0.91	41.2	1.23	48.0	1.65	89.1
中部高地	12.2	1.78	33.9	2.16	53.9	2.95	87.8
东南地区	7.0	0.56	39.9	1.34	53.1	1.51	93.0
湄公河三角洲地区	17.6	0.66	46.3	0.81	36.1	1.06	82.4
越南	10.7	0.30	38.0	0.42	51.3	0.58	89.4
			……数　　学……				
红河三角洲地区	1.7	0.24	11.2	0.67	87.1	0.83	98.3
东北地区	3.6	0.32	18.0	0.72	78.4	0.88	96.5
西北地区	7.8	1.42	19.3	1.82	72.9	2.72	92.2
中北地区	1.8	0.40	12.0	1.00	86.3	1.22	98.2
中部海滨	1.6	0.24	15.5	0.85	82.9	0.96	98.4
中部高地	2.9	0.60	13.7	1.59	83.5	2.05	97.1
东南地区	1.9	0.21	15.9	0.78	82.2	0.85	98.1
湄公河三角洲地区	4.6	0.30	28.6	0.86	66.8	0.93	95.4
越南	2.8	0.13	17.3	0.36	79.9	0.41	97.2

尽管这类反馈十分重要,但研究者必须了解教育部长需要勇气面对这样的研究结果。这些数据对教育部非常具有建设性,但很容易刺激反对党议员提出疑问:为什么接受五年学校教育之后仍有10%的小学生阅读水平处于前功能水平?

教育部的第三个问题是:与同类国家相比,我国的学生表现如何?

这是各国参与国际研究的一个重要原因。PISA 的研究对象是 15 岁学生,尽管各地区 15 岁学生可能处于本国教育体系的不同阶段。表 14.10 是 2009 年 PISA 研究的一些成果,它们是各个国家的关注焦点,因为各国都想知道自己的未来劳动力总体处于什么教育水平。该表清楚地显示亚洲国家已超过欧洲和美国。一个值得注意的例外是芬兰,它在三个科目和 PISA 测试周期中都表现良好,其教育体系引起了国际社会的极大关注。另一方面,传统上以技术精湛著称的德国得分要低得多。当国际学生评估项目的第一份结果公布时,这一结果在该国引发了一场关于教育的大讨论。

表 14.10 2009 年 PISA 部分研究结果

	数学能力		阅读能力		科学能力	
	平均分	标准误	平均分	标准误	平均分	标准误
中国上海	600	2.8	556	2.4	575	2.3
日本	529	3.3	520	3.5	539	3.4
韩国	546	4.0	539	3.5	538	3.4
芬兰	541	2.2	536	2.3	554	2.3
德国	513	1.9	497	2.7	520	2.8
英国	492	2.4	494	2.3	514	2.5
美国	487	3.6	500	3.7	502	3.6
OECD 平均数	496	0.5	493	0.5	501	0.5

资料来源:OECD (2010b),pp.56,135,152。

但是,这类研究结果只说明某国与他国比较的表现,不会就如何改进向某国提出建议。它们甚至不会显示哪些因素与小学生的成绩变化相关性最高。尽管如此,如果将此类研究结果与能力水平、基准和多变量分析方法相结合,那么这些研究会提供给教育主管部门非常有价值的信息。

前面提到,当同一年龄段人群的在校生比例差别较大时,需格外注意,IEA 研究中的群体 3 就如此。中学的毕业班通常出现这种情况。此外,哪个年级是毕业班也差别较大。在 2008 年 TIMSS 高级测试（见表 14.11）中，一些国家（如亚美尼亚）的毕业班是十年级，有些国家是十三年级（如意大利）。此外，参加测试的学生的平均年龄从 16.4 岁（菲律宾）到 19.0 岁（意大利）不等。某一年龄段人群的在校生比例在有些国家接近百分之百，但在另一些国家却低于 20%。涉及特定学科时，比例还会发生变化。例如，表 14.11 显示在 2008 年 TIMSS 高级测试中，学校毕业班学习数学的学生所占的百分比。从俄罗斯联邦的 1.4% 到斯洛文尼亚的 40.5%。这是一个相当大的范围，也应是解释成绩差距的一个维度。

表 14.11 2008 年 TIMSS 高级测试中高等数学成绩分布

国　　家	高等数学成绩		国家成就背景	
	平均规模分数	高等数学覆盖指数	正规教育年限**	平均测试年龄
俄罗斯联邦	561（7.2）	1.4%	10/11	17.0
荷兰*	552（2.6）	3.5%	12	18.0
黎巴嫩	545（2.3）	5.9%	12	17.9
TIMSS 高级量表平均数	500			
伊朗伊斯兰共和国	497（6.4）	6.5%	12	18.1
斯洛文尼亚	457（4.2）	40.5%	12	18.8
意大利	449（7.2）	19.7%	13	19.0
挪威	439（4.9）	10.9%	12	18.8
亚美尼亚	433（3.6）	4.3%	10	17.7
瑞典	412（5.5）	12.8%	12	18.8
菲律宾	355（5.5）	0.7%	10	16.4

* 只有在纳入替代学校后，才符合样本参与率的指导原则。
** 表示从小学或基础教育的第一年（ISCED Level 1 的第一年）开始计算的受教育年限。
资料来源：摘录于 Mullis et al.（2009），Exhibit 2.1, p.65。

学校之间的成绩比较公平性如何？

以上关注的是一所学校、同类学校、本地区所有学校以及本国所有学校的成绩水平。此外，教育主管部门也对本国各所学校之间的差异程度十分感兴趣。学生成绩与学校之间的差异有何关系？与校内学生之间的差异又有何关系？在整个班级都参加测试的情况下，研究的重点就转化为：学生得分差异在多大程度上与学校间差异、与校内各班间差异以及与学生间差异相关。

第一种情况中，一个简单的汇总统计量是组内相关系数。在越南五年级调查中，该统计量是 0.58——它说明学生得分差异的 58% 与学校间差异相关，因此只有 42% 与校内差异相关。如果研究重点是各省间、各校间、校内各班间、班内学生间的差异，可以进行多层次分析，如图 14.3 所示的越南五年级小学生阅读成绩差异。

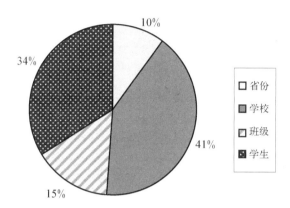

图 14.3　越南小学生阅读成绩差异的影响因素：省份、学校、班级和学生个人等因素所占百分比

从中可以看出 10% 的成绩差异与省份相关，41% 与学校相关，15% 与班级相关，34% 与班内学生间差异相关。图中的相关性比例差异明显，其中引人注目的是，影响越南学生成绩差异的最大因素是学校间差异。对学校教育体系的各层次加以分析，可以确定哪些影响因素（省、学校、班级或学生个人等）对学生成绩差异造成了影响。

组内相关关系是一个很好的统计数据，可以用来比较国家之间的校内差异。表 14.12 呈现了 2007 年 TIMSS 对一些国家的调查中八年级数学成绩的组内相关系数。以韩国为例，组内相关系数为 0.083，表明只有 8.3% 的差异存在于学校之间，因此 91.7% 的差异存在于学校内部。

以上发现表明，韩国学校之间的差异很小，只有 8.3% 的差异是由学校之间的差异造成的，而这一情况在美国是 46%。当教育公平成为具有重要政治意义的问题时，各国非常关注学校之间的差异。

表 14.12　2007 年 TIMSS 对一些国家的调查中八年级数学成绩的组内相关系数

	韩国		美国		以色列		新加坡	
	方差	百分比	方差	百分比	方差	百分比	方差	百分比
学校内部	7 204.2	91.7	3 630.7	71.0	5 484.2	64.2	4 381.4	54.0
学校之间	649.4	8.3	1 480.6	29.0	3 059.6	35.8	3 737.7	46.0
总数	7 853.6	100.0	5 111.3	100.0	8 543.8	100.0	8 119.1	100.0
组内相关系数	0.083	8.3	0.290	29.0	0.358	35.8	0.460	46.0

结论

本章讨论了学业成绩测量的一些问题，涉及比较一国内部的学生、学校、省份或地区的成绩差异，也涉及国家之间的成绩差异。在国家层面上，本章分析了能力水平、基准和总分等方面。

构建教育成绩测量方案的难度很大。一旦测量方案形成，并且抽样和数据收集恰当，那么教育成绩测量的结果将对教育计划的制定大有裨益。然而，研究者必须非常谨慎地对待国家间的比较，尤其当目标群体是差异较大的中学毕业年级时，因为目标人群的许多特征是不同的。

虽然教育成绩的比较已经迈出了此类研究的重要一步，但是仍处于起步阶段。任何国家都不可能在所有方面尽善尽美，各国的教育成绩各有优势和不足，它们想了解如何在某个或某些方面改进教育质量。因此，它们需要知道哪些变量影响教育成绩的变化，从而对症下药。对于研究者而言，这意味着此类研究必须精心设计以便测量那些可能影响教育系统内的学生、学校、地区以及国家之间教育成绩差异的因素。但如何做到这一点，仍有待进一步探讨。

编者注：本书第二版的这一章由梁贯成（Frederick Leung）和朴炅美（Kyungmee Park）基于内维尔·波斯特怀特（T. Neville Postlethwaite）和梁贯成为本书第一版所写的第九章修改而成。

（梁洁 译，吕季月、朱冠怡 校）

参考文献

Adams, Ray & Wu, Margaret (2002): *PISA 2000 Technical Report*. Paris: Organisation for Economic Co-operation and Development (OECD).

Bereday, George Z. F. (1964): *Comparative Method in Education*. New York: Holt, Rinehart & Winston.

Comber, L. C. & Keeves, John (1973): *Science Education in Nineteen Countries: An Empirical Study*. New York: Wiley.

Grisay, Aletta (2003): 'Translation Procedures in OECD/PISA 2000 International Assessment'. *Language Testing*, Vol. 20, No. 2, pp. 225-240.

Harmon, M.; Smith, Teresa A.; Martin, Michael O.; Kelly, D. L.; Beaton, Albert E.; Mullis, Ina V. S.; Gonzalez, Eugenio J. & Orpwood, G. (1997): *Performance Assessment in IEA's Third International Mathematics and Science Study*. Chestnut Hill, MA: International Study Center, Boston College.

Husén, Torsten (1967): *International Study of Achievement in Mathematics: A Comparison of Twelve Countries*. Stockholm: Almqvist and Wiksell.

Kim, S., Kim, H., Park, J., Jin, E., Lee, M., Kim S., & Ahn, Y. (2012): *Trends and International Comparative Analysis of Educational Environment in TIMSS*. Seoul: Korea Institute of Curriculum and Evaluation. RRE 2012-4-1.

Kim, K., Si, K., Kim, M., Kim, B., Ok, H., Yim, H., Yun, M., & Park, S. (2010). *An Analysis of Higher Achievement of Korean Students in OECD PISA*. Seoul: Korea Institute of Curriculum and Evaluation. RRE 2010-14.

Leste, A.; Valentin, J. & Hoareau, F. (2005): *The SACMEQ II Project in Seychelles: A Study of the Conditions of Schooling and the Quality of Education*. Harare: Southern and Eastern Africa Consortium for Monitoring Educational Quality.

Martin, Michael O.; Mullis, Ina V. S.; Gonzales, Eugenio J.; Gregory, Kelvin D.; Smith, Teresa A.; Chrostowski, Steven J.; Garden, Robert A. & O'Connor, Kathleen M. (2000): *TIMSS 1999 International Science Report: Findings from IEA's Repeat of the Third International Mathematics and Science Study at the Eighth Grade*. Chestnut Hill, MA: International Study Center, Boston College.

Mullis, Ina V. S.; Martin, Michael O.; Gonzales, Eugenio J.; Gregory, Kelvin D.; Garden, Robert A.; O'Connor, Kathleen M.; Chrostowski, Steven J. & Smith, Teresa A. (2000): *TIMSS 1999 International Mathematics Report: Findings from IEA's Repeat of the Third International Mathematics and Science Study at the Eighth Grade*. Chestnut Hill, MA: International Study Center, Boston College.

Mullis, Ina V. S.; Martin, Michael O.; Robitaille, David F. & Foy, Pierre (2009): *TIMSS Advanced 2008 International Report: Findings from IEA's Study of Achievement in Advanced Mathematics and Physics in the Final Year of Secondary School*. Chestnut Hill, MA: TIMSS & PIRLS International Study Center, Boston College.

Mullis, Ina V. S.; Martin, Michael O.; Ruddock, Graham J.; O'Sullivan, Christine Y.; Preuschoff, Corinna (2009): *TIMSS 2011 Assessment Frameworks*. Chestnut Hill, MA: TIMSS & PIRLS International Study Center, Boston College.

Mullis, Ina V. S.; Martin, Michael O.; Foy, Pierre, Arora, Alka (2012): *TIMSS 2011 International Results in Mathematics*. Chestnut Hill, MA: TIMSS & PIRLS International Study Center, Boston College.

OECD (1999): *Measuring Student Knowledge and Skills: A New Framework for Assessment*. Paris: Organisation for Economic Co-operation and Development (OECD).

OECD (2010a): *PISA 2009 Assessment Framework: Key Competencies in Reading, Mathematics and Science*. Paris: Organisation for Economic Co-operation and Development (OECD).

OECD (2010b): *PISA 2009 Results — What Students Know and Can Do: Student Performance in Reading, Mathematics and Science*. Paris: Organisation for Economic Co-operation and Development (OECD).

OECD (2010c): *Translation and Adaptation Guidelines for PISA 2012*.

Paris: Organisation for Economic Co-operation and Development (OECD).

Postlethwaite, T. Neville (2004): *Monitoring Educational Achievement*. Fundamentals of Educational Planning 81, Paris: UNESCO International Institute for Educational Planning (IIEP).

Robitaille, David F.; Schmidt, S. R.; McKnight, C.; Britton, E. & Nicol, C. (1993): *Curriculum Frameworks for Mathematics and Science*. Vancouver: Pacific Educational Press.

World Bank, The (2004): *Vietnam Reading and Mathematics Assessment Study*. Vols. 1 – 3. Report No. 29787 – VN, Hanoi: Vietnam Culture and Information Publishing House.

第三部分 结论

第十五章　不同的模式、不同的重点及不同的洞见

马克·贝磊　鲍勃·安德森　马克·梅森

最后一章将就前面各章所涉及的一些论题进行归纳总结，并对比较模式进行再"比较"。先前各章分别考察了比较教育多种范式的各个比较焦点。最后一章将首先讨论比较教育研究的模式，然后评述其重点，最后说明从比较教育研究的途径和方法中我们可以获得何种洞察。

比较教育研究模式

本书展现了比较教育研究所使用的多种模式，在此无法一一列举。但先前章节中的有些范例值得强调和阐释。本部分首先评述并列举比较单位的数量，然后重新检视导论中贝磊和托马斯设计的三维多层次分析模型，最后考察比较研究的认识论问题。

比较单位的数量

马丽明在"地域比较"一章中首先呈现了贝雷迪（Beredy, 1964）关于两国比较的经典模型。该模型由于聚焦于两个国家，有利于深度分析，因此广为采用并备受赞誉。

以东亚为例，本书的几个章节都提及与贝雷迪模式相呼应的一本书。这本书聚焦于中国的香港和澳门特别行政区，两地在包括教育在内的诸多领域享有自主权，在某种意义上非常具有比较研究的价值。这本书出版于 2004 年，由贝磊和古鼎仪主编。此书共有 15 章，涵盖了中国香港和澳门两地教育的各个方面：各级各类教育（学前教育、中小学教育、教师教育），政治、经济和社会问题（包括教会、政府与教育的关系，高等教育与劳动力，语言和教育），课程政策（课程改革、公民与政治教育）以及结论（方法论与教育的变化及延续）。一本长达 323 页的著作聚焦于两个小的区域，因此可以深入挖掘主题的丰富内涵。图 15.1 显示了两个区域"深入"比

较研究的简化模型。

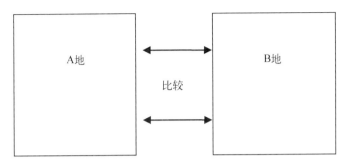

图 15.1　两个地域的比较研究类型图

另一种比较研究方法是将某一区域作为中心点，然后与其他区域一一对比。在《比较教育》一期以香港为特例的专辑中，阐明了这一模式。此刊题为《教育与政治转型》(*Education and Political Transition*)（Bray & Lee, 1997），它重点考察香港1997年回归中国时期的教育转型，并将其与斐济（Fiji）、尼日利亚（Nigeria）、罗得西亚（Rhodesia）① 以及新加坡进行了对比。研究对中国香港的数据进行了翔实的分析，而对其他地区轻描淡写。图 15.2 呈现了这种比较研究类型。

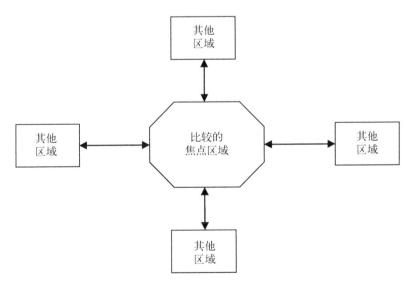

图 15.2　以某一地域为焦点的比较研究类型图

---

① 罗得西亚，津巴布韦的旧称。

第三种比较研究的模式类似于中国香港与澳门的比较研究，但涉及更多区域。如《东亚的教育与发展》（Education and Development in East Asia）一书就是这类比较研究的典型（Morris & Sweeting, 1995）。它对中国、马来西亚、新加坡、韩国等国家的地区都辟有专章进行详细描述和分析。尽管这些区域在人口规模、教育体制、经济实力等方面差异显著，但关于每一区域的章节，篇幅相当。这一模式的比较研究不可能达到第一类型——只聚焦比较中国香港和澳门——那样的纵深度，但其比较的宽广度更大、视野更开阔。图 15.3 显示了简化的多区域比较类型图（这里只标出了相邻两组之间的相互比较的箭头，实际上存在多组比较）。

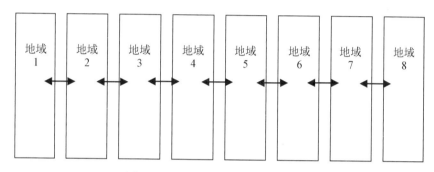

图 15.3　八个地域的比较研究类型图

顺延这一研究范式，可以进行更多区域的比较研究，如第十四章所提及的国际数学和科学研究项目。2003 年的 TIMSS 报告重点考查了 25 个国家或区域系统的四年级学生的数学成绩以及 46 个国家或区域系统的八年级学生的数学成绩（Mullis et al., 2005）。图 15.4 显示了 25 个国家或区域系统之间的四年级学生的比较研究类型（省略了比较的箭头），众多国家或区域系统之间的比较颇为可观，排列起来像一片

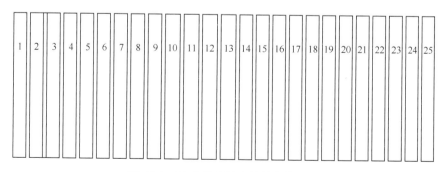

图 15.4　25 个地域的比较研究类型图

树林而不仅是一组树木。关于46个国家或区域系统的八年级学生的数学成绩比较更是如此。

面对如此众多的分析对象，TIMSS及类似研究中有关单个国家或系统的数据必定单薄。但庞大的研究案例提供了方法论上的优势。TIMSS项目由国际教育成就评价协会（IEA）资助。除了第十四章外，在其他章节中也多次提及IEA的研究项目，如方睿明在第三章中重点强调了IEA的读写能力研究，李荣安和马丽明在第九章中主要论述了IEA的公民教育研究。同样OECD也组织了国际学生评估项目。这些大型跨国研究可以通过标准化问卷系统获取相关证据，允许直接进行各国教育发展的可比性判断和比较分析。同时也可以用于诸多其他层面的比较研究，如课堂、学校、学区和省域。多国多点数据的收集为政策制定者提供了参照基准。

另一方面，这类研究涉及一些困难，如确保样本的可比性，协商研究问题适合不同文化，实现跨语言文化的翻译的确切性。同时，分析简化为量化分数和相关性，丢失了有助于解释模式的质性分析品位。基于这些考虑，PISA团队撰写了国别报告，这一报告既包括大型比较数据，也涵盖诸多质性资料分析（如参见，OECD，2011a，2011b，2012）。OECD教育录像提升了这一研究的质性维度分量。一些录像聚焦于国家层次，如巴西、德国、日本、荷兰和波兰，另一些录像关注某些国家的某个地区，如比利时的佛兰德斯，加拿大的安大略省和中国的上海地区。

对于研究者来说，在确定比较单位的数量的时候，还需要考虑自身的驾驭能力和相关信息的可获取情况。大型的国际调查往往不是由单个学者而是由研究团队完成的，因为大型的调查常常需要投入大量的人力，同时需要研究者掌握多种文化和语言知识。单个的研究者可以对大型研究团队的调查数据进行有价值的再分析，但单个的研究者往往无法独立从事在多个国家收集数据，进行原创性研究。因此，比较研究模式的选择是基于人力、财力、各种资源以及对研究的深度和广度的综合考虑。

最后，当研究者设计研究项目时，他们需要考虑信息的可获取性。在大部分情况下，TIMSS与PISA调查要么由政府直接实施，要么由跟政府紧密合作的团队实施。惟其如此，研究者才可能进入政府控制的学校采集数据。其他研究者可能无法或者不愿意通过政府来参与研究。实际上，若研究者希望访谈的对象知道其与政府存在关联，某些类型研究的开展将更为困难。如果研究聚焦的问题与政府管理规范或意识形态相抵牾，就更是这样。这种情况下，研究者不得不寻找其他进入调查的渠道。跨国比较也可以得到非政府组织和其他团体的帮助，研究者也可以通过个人关系获得展开调查的其他渠道。

重温贝磊和托马斯的三维模型

贝磊和托马斯于20世纪90年代中期设计了比较教育分析的三维多层次分析模型。他们注意到比较教育领域的研究主要聚焦于跨国比较，指出国内的比较也将不无裨益。这一分析模型广为引用，并对比较教育领域新方向的发展颇有助益。多年以后的今天，有必要再来评估这一模型，就其进一步拓展和深化进行探讨。

本书的绪论的图0.1展现了立方体模型的核心部分。该立方体模型的第一个维度为地理/地域层次，分别为世界性区域/大洲、国家、州/省、地区、学校、课堂及个体；第二个维度为非地域性人口群体，包括种族、年龄、宗教、性别乃至全部人口；第三个维度包括教育与社会方面的要素，如课程、教学方法、教育财政、教育管理结构、政治变化及劳动力市场等。

本书中，马丽明的章节清晰地阐述了立方体的正面维度。她指出地理/区域维度的分类还延伸为基于殖民历史、经济联盟和宗教等要素的国家群分析。就殖民历史而言，撒哈拉以南的非洲地区可以分为前英国殖民地、前法国殖民地和前葡萄牙殖民地。从经济联盟角度看，有欧盟和北美自由贸易区。宗教上，有伊斯兰教地区、天主教地区、佛教地区和其他宗教地区。立方体中的地理维度还可以包括城市和乡村。这些其他分类层次可以增补进地理/区域维度。

在这个关于分析单位的立方体模型上，如果某一分析单位不具有地理空间上的联系性，即便符合该模型的理论概念，也是有问题的。如同第五章所示，可以用系统而不是以国家作为比较单位，这样一来，比利时的佛兰芒语学校可以和它的法语学校进行比较，因为这些学校都拥有一定的物理空间，尽管它们也许不在地理上连成一片。如同第七章和第八章所讨论的，同样的方法可以处理不同阶层、种族、性别和文化的家庭的教育系统和机构之间的差异。可能对概念化更具有挑战意味的是互联网上的教育，因为它是基于虚拟的网络空间，而不是实实在在的物理空间。但即使是在互联网上的教育，学习者和教师还是处于一定的物理空间，这就意味着可以用他们所在的物理空间作为地理/区域的比较单位。

因此，在本书的第二部分，也许唯一不能在这个立方体比较模型上呈现的分析单位是第六章所涉及的历史比较。实际上贝磊和托马斯不是没有考虑过这一分析单位（1995：474），但1995年的那篇文章为了突出重点，将跨时间的比较放在注释中加以说明。如同图15.5所示，那篇文章的初稿曾经包括三个时间段的图形，即过去、现在与将来。阴影部分的小立方体代表在三个时间段上，一个国家或地区课程的比较。当然三个时间段可以任意变化，如可能是指过去的某三个时间段。

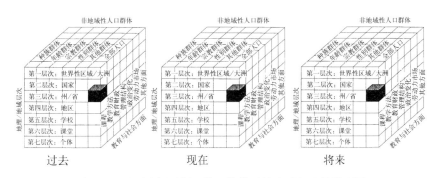

图15.5 贝磊和托马斯三维比较模型的跨时间比较类型图

立方体中的分类还可以进一步细分为次一级的分析单位。如第五章中国香港的教育体系可以分为公立和私立学校，用不同语种教学的学校以及不同课程体系的学校。但如果把这些次一级的分析单位事先列在立方体模型中，那将存在提前规定的风险。当然，如果研究是从事解决某一特定问题的评估性的比较，从一开始就固定分析单位也许不无裨益。如果研究者应用解释学或归纳式的研究方法，那将更倾向于从原始数据中归纳出次一级的分类。

然而，虽然以上的阐述使这个立方体模型看上去完整无缺，在概念上也很有说服力，但是，必须承认，特别是在量化的某些案例研究中，上位的比较单位的样本数量往往不足，统计分析存在缺陷。

并且，本书前面章节关注到一个很重要的一点，就是分类的属性。在某些案例中，虽然概念界定清晰，但在实际比较单位之间则显得较为松散。例如第十一章中所言，课程既可以指所有的学习体验，也可以简单地指学习的知识体系。关于界定概念问题，马丽明在第四章中给出了清晰透彻的解释。她认为不但立方体正面的地理单位如此，另两面的分析单位也是这样。分析单位的边界在许多情形下已经变得模糊不清并可能互相渗透。马丽明说：

> 不同的地理单位，彼此虽然所指不同，却紧密相连。它们就像生态环境，是一组嵌入的结构，一层嵌入另一层之中，环环相扣。不同层次的地理单位之间彼此影响，相互塑造，就像是一个"全球与地方的对话"。对不同空间层次相互关系的理解……不仅仅有益于我们的理论发展，更是有利于教育政策的改善。

请记住这一点：不同地理单位之间的边界是模糊的，但更为重要的是，其处于动态变化的状态。佐贝和科瓦尔奇克（Sobe & Kowalczyk，2014）试图"扩大立方体"，以便预先考虑此前存在的情境性的类属。怀斯曼和黄（Wiseman and Huang，2011）为了理解特定国家的教育政策改革研究，采取了另外的方法，他们将立方体的正面改为主题，议题和方法变化。他们认为（2014：13—14）：

> 无定形的社会文化因素，实证量化和质性探究，不可捉摸的关系和文化，穿透立方体式的云层，塑造了不同因素、力量和问题的活动空间，这些空间既在我们的框架之中被定义为层级，又不受其约束。

其他研究者可能觉得这一框架难以掌握，但这些新的方法至少提供了多种可能性。

认识论方法

当然这一模型考虑的不仅是立方体正面的地理层次以及比较单位，在广义上，模型包含更基本的认识论方法。正如第二章所述，比较教育包含广泛的范式，鲍尔斯顿（Paulston）对一些范式进行了整理描述，参见图 2.2。有些研究者偏爱特定的范式，另一些研究者偏爱其他范式，他们之间鲜有交流。相反，他们生活在由不同概念模型主宰的彼此分割的学术王国中，而且各个学术王国的概念模型也常常难以兼容。

在此，继续探讨贝磊和托马斯的立方体模型，不难发现该模型更具描述性，它适用于对已有的比较教育研究加以分类，而不是为研究者从事特定的比较研究提供工具。模型确实鼓励研究者考虑多维度分析，但这一点也不是绝对的。经验丰富的比较教育研究者在考虑假设中的变量之前，必将考虑这个立方体每一个轴上的各个因素。为了做到这一点，研究者需要明确方法与认识论路径之间的适切性，也就是需要回答，认识论框架及其方法论是否能解答所要研究的问题。这反过来需要研究者考虑研究的目的和背景。这些考虑与社会科学研究常常考察的规范性的问题密切相关。话语中出现的问题形成特定研究，其价值推动这些研究。

倘若研究者将其研究设计基于一定的假设，即假定可能造成变异的原因，就更有可能确定变化的根源。以 IEA 关于读写能力的研究的设计为例，研究者不可能会根据学生瞳孔颜色的差异来比较学生读写能力上的差异，这是因为在研究之前他们就已经有哪些因素可能影响学生读写能力的理论假设。然而，他们可能发现学生鞋码尺寸或家里电灯的数量与读写能力密切相关。因为这些变量可能是其他关键因素的表象，如鞋码尺寸可以说明年龄以及个体的发展，家里的电灯的数量表明社会经济状况。显然不相关或细小因素可能会，也可能不会相关，研究者在形成关于因素之间的相关性的假设之前，是无法开始研究设计的。

另一方面需要考虑研究者与资料互动的方式及其解释资料的方式。社会科学将这种方式称为主位视角和客位视角，其中主位（emic）指文化内的，基于对价值的内在的、本土的定义与区分，而客位（etic）指跨文化的，基于对价值的外在的、局外人的定义与区分。匆匆一瞥，也许似乎客位视角更有利于比较研究。贝雷迪的模型暗示研究可以也应该保持客观和距离。然而阿瑟（Arthur, 2004：1）注意到，只有在研究者对考察的国家没有任何先前的经验的情况下才能做到——并且这往往被认为是从事比较教育的劣势，因为比较往往依赖于对情境的深入理解。阿瑟（p.4）观察到，在实践中，大多数比较研究要求彼此理解，相互沟通（另参见 Crossley, 2000, 2006），而这就要求与研究对象的互动和研究的个人化。

从上述分析中可见，个案的数量或立方体中层次的数目本身并不能提供确切的假设。研究者因此必须确立认识论问题，决定选择哪个模型来分析研究，因此方法与研究路径互有启发。对于自己正在考察什么，正在寻找什么样的答案，研究者需要具有一定的理论素养。他们需要围绕着所调查各因素之间的主要关系提出假设。随后，研究者可以从这些假设出发，选择合适的领域进行分析评估，并且如果条件适当，可以进行测量。

比较教育研究的重点

上面的讨论让我们进一步关注比较教育这一宽泛领域的重点。导论部分已经言及几十年来的发展和演变。卡扎米亚斯和施瓦兹（Kazamias & Schwartz, 1977;

151）认为，在 20 世纪 50 年代，尽管存在不确定因素，但那也正是比较教育成为一门受推崇的学科的奠基阶段。这一点可以从其时的权威性代表人物及其教材中得到证明，比较教育的雏形和主题也由此得以确立。卡扎米亚斯和施瓦兹认为，到 20 世纪 70 年代中期，这一学科的统一性被消解："丧失了内在一致性的知识体系，缺乏这一领域人员所共同认可的原则、准则或研究范式。" 20 世纪 80 年代，阿特巴赫与凯利表达了类似观点（Altbach 和 Kelly, 1986：1）。

然而，许多学者表达了更积极的看法，他们认为多样性既是比较教育的不足，也是它的财富（参见 Kubow & Fossum, 2007：18—24；Rust et al., 2009：133）。尼内斯和梅塔（Ninnes & Mehta, 2004：1）积极地认为综合主义"整合了社会科学的诸多理论和方法，产生了一些交叉学科领域，如教育社会学、教育规划、教育人类学、教育经济学以及教育与发展"。同样，阿诺夫（Arnove, 2013：12）认为"比较教育领域的活力和成长不断加强"，这种活力"来自加强彼此之间的对话，欢迎研究教育和社会关系时采取不同的路径收集和分析资料"（p.14）。

第二章涉及福斯特等人（Foster et al., 2012）的一项调查。他们考察了发表在四份主要英文杂志上的文章，他们发现比较教育偏重考察宏观问题甚于微观问题，同时忽视一些重要主题，如教育信息技术，教育领导力，考试与教材。这个研究是 1999 年瑞斯特等人的研究和 2008 年沃尔胡特（Wolhuter）的研究的延续，这两个研究发现，英文期刊上的大量文章是基于文献评论和质性方法。不过，两项研究均观察到研究范式的多元化趋势。瑞斯特等人（Rust at al., 1999：106）观察到"比较教育者倾向于将现实看作主观而多元的世界，而不是客观的单一的世界"；因此"比较教育者并不将研究视为价值无涉和没有偏见的，反之，他们认为其研究都是价值负载并带有研究者个人偏见的"。本书各章的内容与这一看法相契合。尽管本书的大多数章节都是基于文献评述，但作者的文献可能涵盖了质性和定量的两种类型。所有章节都或显或隐地承认了在选择和解释资料的过程中研究者的作用。

同样值得注意的是，瑞斯特等人（Rust at al., 1999）、沃尔胡特（Wolhuter, 2008）、福斯特等人（Foster et al., 2012）的调查仅仅是基于两个英语国家的英文期刊。这些期刊确实也吸引了不以英语为母语的其他国家学者的投稿，但同样这些期刊选择稿件的过程本身，也可能会产生一定的偏向。一项关于世界比较教育学会联合会的 39 个专业学会所出版的杂志及其他学术活动的考察表明，这些专业学会不仅在理论取向或应用取向上各具特色，而它们所选择的研究主题也各有千秋。

仔细分析不同国家比较教育专业学会的研究主题，哪怕是粗略归纳，可以得出一些有趣的研究发现。美国比较与国际教育学会的年会论文及其相关成果显示，与日本比较教育协会相比，其更关注社会性别问题的研究。而英国的国际与比较教育协会的学者比韩国比较教育协会的同行更加关注非洲教育问题，澳大利亚和新西兰比较与国际教育协会比乌克兰同行更多地讨论后殖民时代的认同问题。这些差异一方面反映这些专业协会中的核心领导人员所关注的重点不同，另一方面反映了特定国家的国际关系存在差异。国际关系的差异源于语言、政府的外交政策、殖民主义时期的历史联系或其他因素等。同样，学术文献所强调的研究范式方面存在显著差异，从不同语言的学术文献中可以看出，如中文、英文、韩文、俄文和西班牙语的学术文献。由于多种原因，如同科恩和卡扎米亚斯（Cowen & Kazamias, 2009：1295）所阐述，我们将比较教育研究表述为多元互存的共同体更为合适，我们不能假设比较教育是一个统一的、同质的研究领域（还可参见：Cowen, 1990：322；Cowen, 2000：333；Manzon, 2010：83；Wiseman & Anderson, 2013：221—226）。

与此同时，许多从事比较教育研究的学者并不见得就是这些专业组织的成员，可能甚至还缺乏这一领域的认同感。第一章提到从事比较教育研究的人员分类包括决策者、国际组织机构人员以及学者。决策者往往仅对他国的经验感兴趣，认为这些经验可供借鉴。国际机构人员也是比较务实的，以便对其服务对象提供合适建议。因此，决策者和国际机构人员较之学者而言不太关注理论。即便是学者，有些人的事业发展更多是基于实践和咨询工作，而不是纯粹的理论工作。随着全球化的不断深化，政府的政策制定和咨询工作较之以前更关注国际维度的影响。但令人遗憾的是，这些实践人员相对而言缺乏对比较教育领域的认同感，或者说没有使用这一领域的工具。

最后，本书内容所反映的变化与延续也颇有启发意义。本书的第一部分和第三部分包括定性与定量方法，范式认同问题，与先前的文献遥相呼应。第二部分的分析单位也都有先例可循。但每一章都增添了当代的气息和洞察。本书也深化阐述了一些概念问题。第二部分的第十一章关于分析单位的阐释在第一版发行后颇受欢迎，因此第二版继续保留这些内容。当然，许多学者都有从事跨地区、跨系统、跨时期、跨文化比较研究的经验，这一点从各章的参考文献可见一斑。先前的著作没有像本书那样对分析单位做出评论。即便是经验丰富的学者也可能感觉到对分析单位的并置可以拓宽和深化我们的洞察。

另外，本书的第二章提出了因地理形状的转变引起的一些新的主题。世界政治、经济的重组给比较教育和其他领域带来了深远影响，并决定了学者会选择哪些国家作为研究对象。第二章比较了两个时期——分别是20世纪70年代与目前的21世纪初期——在国际比较教育会议和文献中，对中国的关注程度上的差异。国际上对中国的关注日渐增加，这不仅反映了中国所实施的对外开放政策，也反映了其经济力量的提升。上海已经成为PISA项目的一个研究对象，在重要指标上都名列前茅，提升了国际上对于中国特定区域和整体的关注。

此外，本书的作者们还探索了如何选取一些新的比较单位，将其放在一起来进行分析。如第四章将美国不同州的学校考试成绩与世界多个国家的考试成绩进行了并置比较。本书还提到了一项研究，它将不同国家内的某个区域作为分析单位，分析了巴西东北部和泰国东北部的教育与发展模式。在不同维度上，第十二章比较了教学创新，第十三章比较了学习方式。这些研究将多年来一直以整个国家作为分析单位的比较研究向前推进了一大步。

持久的思路

尽管有上述不足，比较教育的诸多概念维度还是一如既往地具有价值。如本书第一章引用的萨德勒写于1900年的经典名言，他认为对于他国教育体制的研究有助于"我们更好地研究并了解自己"（1964再版，p.310）。对此歌德（Johann Wolfgang Goethe）还有一个著名的论述，他在《格言录》（*Sprüche in Prosa*）（引自Rust，2002：54）中写道："对他国语言一无所知的人，对自己的语言也同样无知。"

比较探究具有"让陌生变为熟悉，再让熟悉变为陌生"的功用。这句话前半句强调向外看，学习他国和其他地方的不同模式，而这些模式对于我们本为陌生的；后半句是关于反思，要求我们对那些关于熟悉模式的想当然的假设重新提出疑问（参见Spindler & Spindler，1982：43；Choksi & Dyer，1997：271）。

几乎在萨德勒之后的一个世纪，沃森（Watson，1996：387）曾对比较教育作出过掷地有声的判断。他承认这一领域的模糊性和多元化，但同时认为：

> 毫无疑问，比较教育研究使我们对于世界不同地方的教育体制和过程，对于无限丰富的教育目的与目标、教育理念和教育体系，对于全世界教育决策者所面对的越来越相似的问题，极大地增加了认识，加深了理解。

沃森强调了利用全球各地的统计数据和其他数据的宝贵之处，即数据在数量和质量上的提升都取得了惊人成果。而且，由于互联网技术的突飞猛进，数据获取的便利性大大提高。沃森同时不无道理地指出，对于理解和分析这些浩如烟海的数据、信息和知识绝非易事。基于此，他提出比较教育的作用：

> 或许最为重要的是，我们意识到教育与发展、教育与社会变迁以及教育改革对社会的影响远比我们原本以为的要复杂得多。

这一评述值得强调和重申。许多观察家认为，比较教育研究的一个最主要功用是识别其他地方所采用的教育模式，以便加以借鉴。这的确是比较教育一个主要的实际目的，但如果在方法论上使用不当，就存在一定的危险。比较教育领域也普遍承认这种危险。在此，让我们再次重温萨德勒 1900 年的经典名言：（重印，1964：310）：

> 我们无法像一个孩子徜徉于花园那样流连于世界的教育系统——在一束花丛中摘一枝花，再到另一束花丛中摘些叶子——然后期望将这样采摘的花束种在家里的土壤里就能生长出一个生机勃勃的花园。

这一精辟总结需要在多种情境和场合下再三强调，因为简单分析和移植发展模型并认为其适合其他环境的诱惑是如此强烈。尽管比较教育研究者确实能够为政治决策者等人提供帮助，使之能够识别他国的哪些实践可以加以借鉴并应用于本国，但是，比较教育研究者应当同时说明，借鉴和引用本身就蕴含着相当程度的复杂性。

为了更好地做到这一点，比较教育研究者需要密切关注方法的选择与应用。对于复杂的教育比较和借鉴，一定要非常慎重。语言和文化上的差异可能会导致草率的研究。例如，对于中学的比较研究，需要言明，在英国，"中学"（middle school）是连接初等教育和中等教育之间的桥梁。而在中国，中学（*zhongxue*）这个概念，则是指介于初等和高等教育之间的机构，即中等教育机构。在中国香港地区，中学历史课程（有两门课）的性质、作用、目的与美国历史课程相比，迥然不同。研究者每天通过互联网可以获取浩如烟海的信息资源，但并不能因此而不去考证这些资料的确切性。即便这些资料的来源据称是可靠的，我们也不能信以为真。学术严谨性极其重要。严谨性不足会导致比较教育领域的研究显得不够专业，这不但令人遗憾，而且甚至可能贻害无穷。

本书并非想要成为，也无意于成为一本关于如何使用具体工具的比较教育研究实用手册。本书旨在概要地说明研究的"工具箱"中有哪些种类的工具，同时说明一些重要的情境性因素会影响到工具的选择。如果本书能激发读者认真地思考比较教育这一领域，包括其长处、面临的挑战和具有的潜力，那么本书就达到了它的目的。

（李梅 译）

参考文献

Altbach, Philip G. & Kelly, Gail P. (1986): 'Introduction: Perspectives on Comparative Education', in Altbach, Philip G. & Kelly, Gail P. (eds.), *New Approaches to Comparative Education*. Chicago: The University of Chicago Press, pp. 1-10.

Andere, Eduardo (2008): *The Lending Power of PISA: League Tables and Best Practice in International Education*. CERC Monographs in Comparative & International Education & Development 6, Hong Kong: Comparative Education Research Centre, The University of Hong Kong.

Arnove, Robert F. (2013): 'Introduction: Reframing Comparative Education: The Dialectic of the Global and the Local', in Arnove, Robert F.; Torres, Carlos Alberto & Franz, Stephen (eds.), *Comparative Education: The Dialectic of the Global and the Local*. 4th edition, Lanham: Rowman & Littlefield, pp. 1-25.

Arthur, Lore (2004): 'Bridging Gaps and Clearing Pathways: Towards the Construction of Intercultural Meaning'. Paper presented at the 12th World Congress of Comparative Education Societies, Havana, Cuba, 25-29 October.

Bereday, George Z. F. (1964): *Comparative Method in Education*. New York: Holt, Rinehart & Winston.

Bray, Mark & Koo, Ramsey (eds.) (2004): *Education and Society in Hong Kong and Macao: Comparative Perspectives on Continuity and Change*. CERC Studies in Comparative Education 7, 2nd edition, Hong Kong: Comparative Education Research Centre, The University of Hong Kong.

Bray, Mark & Lee, W. O. (eds.) (1997): *Education and Political Transition: Implications of Hong Kong's Change of Sovereignty*. Special issue of *Comparative Education*, Vol. 33, No. 2, pp. 157 - 169; reprinted as CERC Studies in Comparative Education 2, Hong Kong: Comparative Education Research Centre, The University of Hong Kong.

Bray, Mark & Thomas, R. Murray (1995): 'Levels of Comparison in Educational Studies: Different Insights from Different Literatures and the Value of Multilevel Analyses'. *Harvard Educational Review*, Vol. 65, No. 3, pp. 472 - 490.

Choksi, Archana & Dyer, Caroline (2011): 'North-South Collaboration in Educational Research: Reflections on Indian Experience', in Crossley, Michael & Vulliamy, Graham (eds.), *Qualitative Educational Research in Developing Countries: Current Perspectives*. New York: Garland, pp. 265 - 299.

Cowen, Robert (1990): 'The National and International Impact of Comparative Education Infrastructures', in Halls, W. D. (ed.), *Comparative Education: Contemporary Issues and Trends*. Paris: UNESCO, and London: Jessica Kingsley, pp. 321 - 352.

Cowen, Robert (2000): 'Comparing Futures or Comparing Pasts?'. *Comparative Education*, Vol. 36, No. 3, pp. 333 - 342.

Cowen, Robert & Kazamias, Andreas M. (2009): 'Conclusion', in Cowen, Robert & Kazamias, Andreas M. (eds.), *International Handbook of Comparative Education*. Dordrecht: Springer, pp. 1295 - 1296.

Crossley, Michael (2000): 'Bridging Cultures and Traditions in the Reconceptualisation of Comparative and International Education'. *Comparative Education*, Vol. 36, No. 3, pp. 319 - 332.

Crossley, Michael (2006): 'Bridging Cultures and Traditions: Perspectives from Comparative and International Research in Education'. Inaugural Professorial Lecture, University of Bristol, 9 February.

Crossley, Michael & Jarvis, Peter (2000): 'Introduction: Continuity and Change in Comparative and International Education'. *Comparative Education*, Vol. 36, No. 3, pp. 261 - 265.

Foster, Jesse; Addy, Nii Antiaye & Samoff, Joel (2012): 'Crossing Borders: Research in Comparative and International Education'.

International Journal of Educational Development, Vol. 32, No. 6, pp. 711–732.

Kazamias, Andreas M. & Schwartz, Karl A. (1977): 'Introduction'. *Comparative Education Review*, special issue on 'The State of the Art', Vol. 21, Nos. 2 & 3, pp. 151–152.

Kubow, Patricia K. & Fossum, Paul R. (2007): *Comparative Education: Exploring Issues in International Context*. 2nd edition, Upper Saddle River: Pearson Merrill Prentice Hall.

Manzon, Maria (2010): 'Shape-shifting of Comparative Education: Towards a Comparative History of the Field', in Larsen, Marianne A. (ed.), *New Thinking in Comparative Education: Honouring Robert Cowen*. Rotterdam: Sense, pp. 83–101.

Meyer, Heinz-Dieter & Benavot, Aaron (eds.) (2013): *PISA, Power and Policy: The Emergence of Global Educational Governance*. Oxford: Symposium.

Morris, Paul & Sweeting, Anthony (eds.) (1996): *Education and Development in East Asia*. New York: Garland.

Mullis, Ina V. C.; Martin, Michael O. & Foy, Pierre (2005): *IEA's TIMSS 2003 International Report on Achievement in the Mathematics Cognitive Domains: Findings from a Developmental Project*. Chestnut Hill: TIMSS & PIRLS International Study Center, Boston College.

Mullis, Ina V. C.; Martin, Michael O.; Foy, Pierre & Alka, Arora (2012): *TIMSS 2011 International Results in Mathematics*. Chestnut Hill: TIMSS & PIRLS International Study Center, Boston College.

Ninnes, Peter & Mehta, Sonia (2004): 'A Meander through the Maze: Comparative Education and Postfoundational Studies', in Ninnes, Peter & Mehta, Sonia (eds.), *Re-imagining Comparative Education: Postfoundational Ideas and Applications for Critical Times*. New York: RoutledgeFalmer, pp. 1–18.

OECD (2011a): *Strong Performers and Successful Reformers in Education: Lessons from PISA for the United States*. Paris: Organisation for Economic Co-operation and Development (OECD).

OECD (2011b): *Strong Performers and Successful Reformers in Education: Education Policy Advice for Greece*. Paris: Organisation for

Economic Co-operation and Development (OECD).

OECD (2012): *Strong Performers and Successful Reformers in Education: Lessons from PISA for Japan States*. Paris: Organisation for Economic Co-operation and Development (OECD).

Pereyra, Miguel A.; Kotthof, Hans-Georg & Cowen, Robert (eds.) (2011): *PISA Under Examination: Changing Knowledge, Changing Tests, and Changing Schools*. Rotterdam: Sense.

Phillips, David & Schweisfurth, Michele (2008): *Comparative and International Education: An Introduction to Theory, Method and Practice*. London: Continuum.

Rust, Val D. (2002): 'The Meanings of the Term Comparative in Comparative Education'. *World Studies in Education*, Vol. 3, No. 1, pp. 53–67.

Rust, Val D.; Johnstone, Brian & Allaf, Carine (2009): 'Reflections on the Development of Comparative Education', in Cowen, Robert & Kazamias, Andreas M. (eds.), *International Handbook of Comparative Education*. Dordrecht: Springer, pp. 121–139.

Rust, Val D.; Soumaré, Aminata; Pescador, Octavio & Shibuya, Megumi (1999): 'Research Strategies in Comparative Education'. *Comparative Education Review*, Vol. 43, No. 1, pp. 86–109.

Sadler, Sir Michael (1900): 'How Far can we Learn Anything of Practical Value from the Study of Foreign Systems of Education?'. Reprinted 1964 in *Comparative Education Review*, Vol. 7, No. 3, pp. 307–314.

Sobe, Noah W. & Kowalczyk, Jamie (2014): 'Exploding the Cube: Revisioning "Context" in the Field of Comparative Education'. *Current Issues in Comparative Education*, Vol. 17, No. 1.

Spindler, George & Spindler, Louise (1982): 'Roger Harker and Schönhausen: From Familiar to Strange and Back Again', in Spindler, George (ed.), *Doing the Ethnography of Schooling: Educational Anthropology in Action*. New York: Holt, Rinehart & Winston, pp. 20–46.

Watson, Keith (1996): 'Comparative Education', in Gordon, Peter (ed.), *A Guide to Educational Research*. London: Woburn Press,

pp. 360–397.

Wolhuter, C. C. (2008): 'Review of the Review: Constructing the Identity of Comparative Education'. *Research in Comparative and International Education*, Vol. 3, No. 4, pp. 323–344.

Wiseman, Alexander W. & Anderson, Emily (2013): 'Diversification of the Field', in Wiseman, Alexander W. & Anderson, Emily (eds.), *Annual Review of Comparative and International Education 2013*. Bingley: Emerald, pp. 221–226.

Wiseman, Alexander W. & Huang, Tiedan (2011): 'The Development of Comparative Education Research on Chinese Educational Policy Reform: An Introduction', in Huang, Tiedan & Wiseman, Alexander W. (eds.), *The Impact and Transformation of Education Policy in China*. Bingley: Emerald, pp. 1–18.

作者简介

鲍勃·安德森（Bob ADAMSON），国际知名语言教育与政策研究专家。曾任香港比较教育学会会长、香港大学比较教育研究中心主任。先后在香港大学、香港教育大学、昆士兰科技大学以及利物浦霍普大学任教。研究领域包括英语语言教学、应用语言学、课程研究和比较教育。

通讯地址：中国香港新界大埔露屏路 10 号香港教育大学国际教育与终身学习系；电子邮箱：badamson@ied.edu.hk。

马克·贝磊（Mark BRAY），香港大学讲座教授，联合国教科文组织比较教育讲席教授，2006 年—2010 年任联合国教科文组织国际教育规划研究所所长。自 1986 年开始任职于香港大学，曾担任香港大学比较教育研究中心主任，香港比较教育学会会长，世界比较教育学会联合会秘书长、会长，比较与教育学会会长等职务。曾在肯尼亚和尼日利亚从事中学教育，在爱丁堡、新几内亚巴布亚、伦敦担任教师。

通讯地址：中国香港薄扶林道香港大学教育学院比较教育研究中心；电子邮箱：mbray@hku.hk。

方睿明（Gregory P. FAIRBROTHER），香港教育大学社会科学系副教授。他在香港大学获得博士学位，15 年来一直在中国内地和香港从事公民教育研究。

通讯地址：中国香港新界大埔露屏路 10 号香港教育大学社会科学系；电子邮箱：gfairbro@ied.edu.hk。

莉兹·杰克逊（Liz JACKSON），香港大学比较教育研究中心助理教授。此前她负责阿拉伯联合酋长国高等技术学院 17 所校园的政策，担任南非教育部（西北省份和 KwaZulu-Natal）区域办公室的政策顾问。她的主要研究领域包括教育哲学、多元文化教育、公民教育，关注宗教和少数族裔的课程代表性。著有《美国教育中的穆斯林和伊斯兰：多元文化主义再审思》（2014）一书。

通讯地址：中国香港薄扶林道香港大学教育学院比较教育研究中心；电子邮箱：lizjackson@hku.hk。

蒋凯，北京大学博雅特聘教授、教育学院院长，兼任中国教育学会比较教育分会常务理事、香港大学比较教育研究中心协作研究员。曾任香港大学博士后研究员、哈佛大学高级研究学者。他对高等教育、比较教育和教育研究方法论进行了广泛的研究。

通讯地址：北京大学教育研究院，北京，100871；电子邮箱：kjiang@pku.edu.cn。

罗陆慧英（Nancy LAW），香港大学教育学院教授，1998年创立教育信息技术中心，一直担任该中心主任。她还担任科学学习战略研究组联合召集人、国际教育成就评价协会（IEA）出版和编辑委员会的委员、学习科学国际学会的理事会理事、21世纪技能（Cisco-Intel-Microsoft）教学与评估项目技术工作组成员等职务。

通讯地址：中国香港薄扶林道香港大学教育学院教育信息技术中心；电子邮箱：nlaw@hku.hk。

李荣安（Wing On LEE），原新加坡国立教育研究院院长。曾任香港大学比较教育研究中心创立主任、世界比较教育学会联合会会长。曾任香港教育大学副校长（学术）、比较教育讲席教授、教育理论学院创始院长、公民教育中心创始主任。2005年，他受邀担任悉尼大学教育和社会工作学院教授及人文和社会科学学院（国际）院长。

通讯地址：新加坡国立教育研究院教育研究办公室，1 Nanyang Walk，新加坡637616；电子邮箱：wingon.lee@nie.edu.sg。

梁贯成（Frederick LEUNG），香港大学教育学院教授。1996—2002年任香港大学教育学院院长。其主要研究兴趣包括不同国家数学教育的比较以及不同文化对教与学的影响。他是很多重要科研项目的主要研究人员，其中包括国际数学与科学研究（TIMSS）项目。他是《国际数学教育手册》第2辑和第3辑的主编之一，任国际数学教学委员会的执行委员（ICMI）、国际教育成就评价协会常委会委员。荣获 2013 年 Freudenthal 金奖和 2003 年富布莱特学者。

通讯地址：中国香港薄扶林道香港大学教育学院；电子邮箱：frederickleung@hku.hk。

马丽明（Maria MANZON），新加坡国立教育研究院研究员。世界比较教育学会联合会准入与新学会常务委员会主席。曾任香港大学比较教育研究中心兼职研究员。她与人合编了关于比较教育学会史（2007 年），以及关于全球大学中的比较教育（2008 年）的书籍。著有《比较教育：领域塑造》（2011）一书，该书因其综合性和概念贡献而颇受好评。

通讯地址：新加坡国立研究院教育研究办公室，1 Nanyang Walk，新加坡 637616；电子邮箱：maria.manzon@nie.edu.org。

马克·梅森（Mark MASON），联合国教科文组织国际教育局资深项目专家。先后在开普敦大学、香港大学、香港教育大学任教。曾任《教育发展国际期刊》主编、香港比较教育学会会长、香港大学比较教育研究中心主任。其研究领域包括比较与国际教育和发展、哲学、社会理论与教育研究。

通讯地址：中国香港大埔露屏路 10 号香港教育大学；电子邮箱：mmason@ied.edu.hk。

保罗·莫礼时（Paul MORRIS），1976—2002 年任职于香港大学。其间，1997 晋升为教授，任香港大学教育学院院长六年。曾任香港政府教育委员会和教师与资格顾问委员会委员。2007 之前任香港教育大学校长。随后，他加入伦敦大学，目前是该校的教育学院教授。

通讯地址：英国伦敦大学教育学院，继续与专业教育系，20 Bedford Way，London WC1H 0AL；电子邮件：P. Morris@ioe.ac.uk。

朴炅美（Kyungmee PARK），韩国弘益大学教授，从事教师职前培养工作。她是 1998—2004 年 PISA 项目数学专家组成员，是韩国课程与评估研究所研究人员，负责韩国的 PISA 项目。她从事数学课程和教材研究 20 余年，为主要日报撰写关于数学与教育的专栏文章，致力于在公众中普及数学。

通讯地址：韩国首尔弘益大学数学教育系，Sangsu-dong，Mapo-gul；电子邮件：kpark@hongik.ac.kr。

安东尼·斯威汀（Anthony SWEETING），曾任香港大学教育学院教授、比较教育研究中心研究员。他于2008年去世，在教育史、比较教育等领域留下宝贵的学术遗产，大部分学术成果聚焦于中国香港地区，其他成果涉及国际和跨文化研究。

简·凡·阿尔斯特（Jan VAN AALST），香港大学教育学院副教授、助理院长。担任《学习科学期刊》副主编、多本科学教育与计算机辅助学习期刊的编委。其研究领域主要为课堂场域的知识建构过程，计算机支持的学习，学生协作学习。目前正进行香港地区课程改革的研究。其教学课程包括研究方法论、科学教育和计算机辅助学习。

通讯地址：中国香港薄扶林道香港大学教育学院；电子邮箱：vanaalst@hku.hk。

戴维·沃特金斯（David A. WATKINS），曾任香港大学教育学院教授，2009年退休。曾在澳大利亚和新西兰的四所大学从事教学和研究工作。曾担任国际应用心理学学会和国际跨文化心理学学会的执行理事。现从事跨文化研究，在自我概念、学生学习和教学观念等领域发表过大量文章和著作。

电子邮箱：drdwatkins@gmail.com。

杨锐，香港大学讲席教授，教育学院院长。曾任香港大学比较教育研究中心主任。他曾在中国汕头大学、西澳大利亚大学、澳大利亚莫纳什大学教育学院从事教学与科研工作，完成诸多比较教育研究项目，现任 *Frontiers of Education in China* 主编。

通讯地址：中国香港薄扶林道香港大学教育学院比较教育研究中心；电子邮箱：yangrui@hku.hk。

译后记

《比较教育研究：路径与方法》第一版于 2010 年由我组织翻译，北京大学出版社出版。本书是 2014 年出版的《比较教育研究：路径与方法》第二版的中文版本。第二版全面更新了各章内容，优化了结构，新增了第七章，足见编者和作者追求精益求精之精神。承蒙主编信任，委托我继续组织第二版的翻译工作，但因事务缠身，翻译校对工作多有耽搁。导师贝磊教授时常挂怀翻译进度，并不时来函委婉催促，让我在 2024 年的酷暑之中，决心完成审校工作。

本书是在第一版中文版基础上，根据第二版英文所作的重译，在此对第一版的译者和校对者致以诚挚谢意。特别感谢张薇组织力量对第二版大部分章节进行了初步校对。随后我组织人员对各章译稿重新进行了校对，蒋凯参与了部分章节的审校工作，我最终审校了全书。各章译者和校对者如下：

序：李梅 译
导论：梁洁 译，李梅、刘童 校
第一章：胡竞菲 译，郑杰 校
第二章：李梅 译，王琰、朱冠怡 校
第三章：胡竞菲 译，郑杰、李梅 校
第四章：谢爱磊 译，冯慧、孙昱 校
第五章：蒋凯 译
第六章：张勇军 译，刘童、王琰 校
第七章：胡蓉卉 译，王琰、郑杰 校
第八章：张勇军 译，王琰 校
第九章：谢爱磊、范舒楠 译，王琰、盛铭叶 校
第十章：沈裕挺、万梅 译，蒋凯 校
第十一章：梁洁 译，邱燕楠、朱冠怡 校
第十二章：姚晓蒙 译，刘海静 校
第十三章：姚晓蒙 译，吕季月、朱冠怡 校
第十四章：梁洁 译，吕季月、朱冠怡 校

第十五章　李梅 译
作者简介　李梅 译

　　本书的出版得益于诸位师友的敦促和支持，特别感谢华东师范大学出版社孙娟女士的支持。

　　值得一提的是，与本书的作者多为资深学者形成鲜明对照的是，本书的绝大多数译者都是青年学者和研究生。因此翻译本书的过程实为不折不扣的系统学习过程。也因此，译文中难免会有错误疏漏之处，祈望学界同仁和读者朋友批评指正！

李　梅

2024 年 9 月于上海